बहुजन
(उपन्यास)

बहुजन

शरणकुमार लिंबाले

अनुवाद

सूर्यनारायण रणसुभे

वाणी प्रकाशन

वाणी प्रकाशन
4695, 21-ए, दरियागंज, नयी दिल्ली 110 002
फ़ोन : +91 11 23273167 फ़ैक्स : +91 11 23275710
शाखाएँ
अशोक राजपथ, पटना 800 004, बिहार
कॉफ़ी हाउस कैम्पस, महात्मा गांधी मार्ग, इलाहाबाद 211 001, उत्तर प्रदेश
महात्मा गांधी अन्तरराष्ट्रीय हिन्दी विश्वविद्यालय, वर्धा 442 001, महाराष्ट्र
www.vaniprakashan.in
marketing@vaniprakashan.in
sales@vaniprakashan.in

BAHUJAN
by Sharankumar Limbale
Translated by Suryanarayan Ransubhey

ISBN : 978-93-5000-095-3
Novel

प्रथम संस्करण 2009
आवृत्ति 2018

मूल्य : ₹495

सिटी प्रेस, दिल्ली-110 095 में मुद्रित

वाणी प्रकाशन का लोगो मक़बूल फ़िदा हुसेन की कूची से

लेखक की ओर से

उपल्या (1998) उपन्यास जब मैंने लिखा था, तब इस उपन्यास का शृंखलाबद्ध विस्तार करने का कोई विचार मन में नहीं था। उपल्या (हिन्दी में नर-वानर शीर्षक से अनुवादित एवं प्रकाशित) उपन्यास वास्तव में डॉ. बाबा साहब आम्बेडकर जी के महानिर्वाण के बाद महाराष्ट्र में चल रहे दलित आन्दोलन का जायजा लेने वाला उपन्यास है। महाराष्ट्र में स्थित आम्बेडकरी आन्दोलन, दलित पैंथर, दलित साहित्य, मराठवाडा विश्वविद्यालय का नाम विस्तार, कांग्रेस-रिपब्लिकन गठबंधन और नब्बे के बाद प्रतिक्रियावादी शक्तियों का सत्ता में आना यह सब 'उपल्या' (नर-वानर) का आशय-विषय था। 'उपल्या' प्रकाशित होने के बाद उसके अगले हिस्से के रूप में हिन्दू (2003, हिन्दी में 'हिन्दू' शीर्षक से अनुवादित तथा प्रकाशित) उपन्यास प्रकाशित हुआ। उपल्या में केवल महाराष्ट्र के दलित आन्दोलन की गतिविधियों को और उसकी हुई हानि को शब्द-बद्ध किया गया था। 'उपल्या' के बाद के कालखण्ड में मैं लेखक के रूप में महाराष्ट्र और महाराष्ट्र के बाहर के प्रदेशों से जुड़ता रहा। इस कारण भी मेरे लेखन-वाचन का भौगोलिक क्षेत्र व्यापक होता गया।

दलित लेखकों ने 'हिन्दू' और 'हिन्दुत्व' के सन्दर्भ में भरपूर चर्चा की है। बहुजन समाज पार्टी और भाजपा का गठबन्धन हो, नामदेव ढसाल का शिवसेना के साथ जाना हो, अथवा समरसता मंच पर दलित लेखकों की उपस्थिति हो, इसके विषय में दलितों में वैचारिक मतभेद काफी उभर कर आए हैं। रावसाहेब कसबे जी के 'झोत' से यह चर्चा अधिक तीखी होती गई है। दलित लेखकों ने 'हिन्दू' और 'हिन्दुत्व' के सन्दर्भ में जो चर्चा की है, वह चर्चा 'हिन्दू' उपन्यास के मूल में है। सन् 1996 से 2003 तक के कालखण्ड में धर्मनिरपेक्ष ताकतें तथा हिन्दुत्ववादी ताकतें आमने-सामने खड़ी थीं। बाबरी मस्जिद से गुजरात के दंगों तक के काल में उग्र हिन्दुत्व की लहरों ने मेरे मन में स्थित विद्रोह को विचलित किया। उग्र हिन्दुत्ववादियों की आक्रामक सत्ता और परिवर्तनवादियों में हुआ विखण्डन ही मेरे चिन्तन का विषय था। दलित पैन्थर की बरखास्तगी से लेकरे मराठवाडा विश्वविद्यालय के नाम-विस्तार तक

में दलित आन्दोलन से संगठनात्मक स्तर पर शिथिलता आ चुकी थी।

महाराष्ट्र में भाजपा-शिवसेना गठबन्धन सत्ता में आ जाने के बाद दलितों में स्थित अनेक जातियाँ सत्ता-स्पर्धा में उतरीं। आम्बेडकर जी के अनुयायियों में भी सत्ता संघर्ष शिखर बिन्दु पहुँचा चला गया था। दलित आन्दोलन का नेतृत्व करनेवाले नेतागण अपने-अपने गुटों के नेता रह गये थे। किसी भी एक पार्टी को केवल अपनी शक्ति के बलबूते पर 'शासन करने वाली जमात' होना संभव नहीं था। इस कारण राजनीति में टिके रहने के लिए जो पार्टी सुविधाजनक महसूस हो रही थी उस पार्टी की उँगली छोटे बच्चे जैसे पकड़ लेते हैं, वैसे पकड़ कर वे चल रहे थे।

सन् 1996 के बाद के कालखण्ड में महाराष्ट्र के दलित आन्दोलन का काल खुद को तलाशने का, अस्तित्व बनाए रखने का, इक्कीसवीं सदी में संक्रमण के सम्मुख रूबरू होने का और बड़ी पार्टियों के साथ घिसटते हुए जाने का काल था। इस कारण दलित आन्दोलन रुक-सा गया। कार्यकर्ताओं में उदासी, निराशा छा गई। कुछ का भ्रम टूट गया। राष्ट्र के स्तर पर उग्र हिन्दुत्ववादी वातावरण और महाराष्ट्र में स्थित आम्बेडकरी आन्दोलन पर मैं विचार कर रहा था। 'उपल्या' के बाद 'हिन्दू' लिखा। इस कारण 'उपल्या' के बाद का काल 'हिन्दू' में आया। 'हिन्दू' के बाद 'बहुजन' लिखने के कारण इन तीनों उपन्यासों का कालक्रम आगे बढ़ता दिखलाई देगा। कालिक संलग्नता के कारण ही इन तीनों उपन्यासों के आशय-विषय को एक शृंखला का स्वरूप प्राप्त हुआ है। चरित्र, घटनाएँ और शैली में स्थित समानता तो बहाना मात्र है। दलित आन्दोलन की गति और विस्तार को पकड़ने का प्रयत्न इन तीनों उपन्यासों में हुआ है।

प्रतिक्रियावादी पार्टियों में दलित और बहुजन समाज के जो नेता क्रियाशील हैं, वे वहाँ बहुत सुख से हैं, ऐसा नहीं लगता। हमें ब्राह्मणी राजनीति ने हमेशा हाशिए में रखा है ऐसी व्यथा इन नेताओं ने समय-समय पर व्यक्त की है। हिन्दुत्व के मजबूत आधार पर खड़ी हिन्दुत्ववादी ताकतें तथा हिन्दू धर्म का आध्यात्मिक नेतृत्व करनेवाले साधु-संन्यासियों में स्थित विसंवाद उग्र रूप धारण करता जा रहा है। हिन्दुत्ववादी ताकतों को केवल 'हिन्दुत्व' के आधार पर देश का नेतृत्व करना सम्भव नहीं है इस कारण समय-समय पर वे अपनी भूमिकाएँ बदलते रहे हैं। मन्दिर-मठों में स्थित साधु-संन्यासियों की राजनीतिक अपरिपक्वता, जिस हिन्दू धर्म के आधार पर खड़ी होनी है वह आधार जाति-व्यवस्था ने खोखला कर दिया है। मन्दिर के आश्रय से अगर ताकत बढ़ानी है तो वहाँ हिंसा तथा वाममार्ग का प्रवेश हो चुका है, भाग्य तथा धर्म में की श्रद्धा ने विज्ञान और प्रतिकूल परिस्थितियों को विपरीत आयाम दिए हैं ऐसे एक विभिन्न चक्र में हिन्दुत्ववादी शक्तियाँ फँस गई हैं। दलित आन्दोलन तो अभी भी 'एकता' की विफल चर्चा के परे पहुँच नहीं पाया है।

धर्मनिरपेक्ष शक्तियों में भी एक–नहीं है। सत्ता तथा स्वार्थ के कारण आम आदमी के साथ की प्रतिबद्धता भी खोखली हो चुकी है। केवल 'हिन्दुत्ववादियों' का विरोधी नारा धर्मनिरपेक्षता के नाम पर बहुत समय तक मतदाताओं को बाँध कर रखनेवाला नहीं हो सकता। राजनीति का अपराधीकरण, भ्रष्टाचार, सम्पत्ति का खेल, जात-जमातवाद की प्रवृत्तियाँ जनतन्त्र को कमजोर कर रही हैं। जनतन्त्र में जनसंख्या शस्त्र की तरह होती है। उसका उपयोग बहुत ही सावधानी से, संवेदनशील होकर, सुसंस्कृत पद्धति से करना पड़ता है। दीर्घ राजनीति का विचार न करते हुए राजनीतिक दाँवपेंच के बिना लोगों को दिग्भ्रमित करते जाना वास्तव में भविष्य के अनर्थ को ही आमन्त्रित करना है। ऐसे एक अनर्थ के सम्मुख आज हम खड़े हैं। इस अनर्थ की कहानी 'बहुजन' में व्यक्त की गई है।

> "अपने हाथों के शस्त्रों को अब नीचे रख दो,
> वह मनुष्य के खिलाफ उपयोग में लाये जाएँगे,
> शस्त्र उपयोग करने वाले का भी विनाश शस्त्र करते हैं
> जाति-धर्म के विरोध में शस्त्रों से लड़ा नहीं जा सकता,
> उसके लिए विचारों की सुरंग बिछानी पड़ती हैं।"

एक ओर अमीरी बढ़ रही है, दूसरी ओर दरिद्रता। एक ओर ऐय्याशी और विलासी जीवन दूसरी ओर किसानों की आत्महत्याएँ। अविकसित प्रदेश और अंतिम मनुष्य की उपेक्षा कर महासत्ता कैसी आएगी? इस देश में अनुसूचित जातियाँ, आदिवासी, अल्पसंख्यक तथा अन्य पिछड़ों की संख्या बहुत बड़ी है। इतनी बड़ी जनसंख्या को जाति-धर्म के नाम पर बहुत दिनों तक विभाजित, विखण्डित करके नहीं रखा जा सकता। उनमें ध्रुवीकरण की शुरुआत हो चुकी है। इस ध्रुवीकरण के संकेत 'बहुजन' में दिखलाई देंगे।

धार्मिक उन्माद और अपराधीकरण से समाज का मन अस्थिर हो जाता है। जब किसी समाज में जाति, धर्म, भाषा, प्रदेश आदि में भेद किए जाते हैं, तब सत्ता हिंसक और अहंकारी हो जाती है। सत्ताधारी सत्ता प्राप्त करने हेतु धार्मिक नेता तथा झोंपड़-पट्टी गुंडों का सीढ़ियों की तरह उपयोग करने लगते हैं। जाति, धर्म तथा अपराधियों का राजनीति के लिए सीधे-सीधे दुरुपयोग करना शुरू हो जाता है। ऐसी प्रतिकूल स्थिति में भी आम आदमी अपने विवेक का उपयोग कर जनतन्त्र को जीवंत रख रहा है। इसका प्रतिबिम्ब 'बहुजन' में मुद्रित हुआ है।

भावना, श्रद्धा, मूलभूत अधिकार, हक और सुरक्षितत्त को मनुष्य कितना महत्त्व देता है, इसका लेखा-जोखा बहुजन में किया गया है। कला के माध्यम से कालबाह्य विषयों पर विचार करना कहाँ तक उचित है ऐसा भी एक प्रश्न उठाया जा सकता

है। समाज का ऊपरी तबका नीचे और नीचे का तबका ऊपर ले जाने के लिए कला रूपी नाव के उपयोग की जरूरत है। बहुजन एक ऐसी ही नाव है।

शरणकुमार लिंबाले

'बहुजन' एक काल्पनिक उपन्यास है। इसमें उल्लिखित चरित्र, संस्थाएँ और संगठन भी काल्पनिक ही हैं।

शरणकुमार लिंबाले

नीले रंग की स्कार्पियो रुक गई और नागनाथ बलशेटवार के बदन से पसीना छूटा। हार्ट अटैक आने के पूर्व जैसा पसीना निकलता है, वैसा! उसके शरीर पर रोंगटे खड़े हो गये। कार भूतपूर्व मन्त्री सदानन्द काम्बले की थी। सदानन्द काम्बले ने विण्डो ग्लास नीचे उतारा और बलशेटवार को भीतर आने के लिए इशारा किया।

बलशेटवार क्षण भर चौंका। क्या करे—समझ नहीं पाया। भाग जाए या कार में बैठे, इसका वह निर्णय नहीं ले पा रहा था। सदानन्द काम्बले शिवशक्ति संगठन के अध्यक्ष थे। सवर्ण हिन्दुओं की ओर से राजनीति करने वाली वह एक आक्रामक संगठना थी। बलशेटवार उलझन में पड़ गया। कार में बैठें या न बैठें? काफी परेशान होने के बाद वह सदानन्द काम्बले के निकट बैठ गया। जीवन में पहली बार वह ए. सी. कार में बैठा था। कार के गिअर के साथ उसके मन के गिअर भी गिर रहे थे। जीवन में पहली बार वह इतना विचार कर रहा था। तब भी, जब उसने तात्या काम्बले की हत्या की थी, उसने इतना विचार नहीं किया था। तात्या काम्बले सदानन्द काम्बले का बड़ा भाई था। सदानन्द काम्बले अपने भाई की हत्या का प्रतिशोध तो नहीं लेनेवाला? बलशेटवार के दिमाग में उथल-पुथल थी। उसे लग रहा था कि कार से कूदें, जोर-जोर से चिल्लाएँ, पब्लिक को इकट्ठा करे, पर वह शान्ति से बैठा रहा। सदानन्द काम्बले कुछ भी बोल नहीं रहा था। मेरी हत्या कर लाश को ठिकाने लगा दिया जाएगा; कोई सुराग नहीं रखा जाएगा। कार में बैठकर मैंने बहुत बड़ी गलती की। बलशेटवार खुद को दोष दे रहा था। उसका दम घुट रहा था। वह भयभीत हो चुका था। "मुझे छोड़िए। मैं पैदल निकल जाऊँगा।" अत्यन्त विनम्रता से बलशेटवार बोल रहा था। सदानन्द काम्बले मूर्तिवत् बैठे थे। बलशेटवार के बदन में से मानो सारी हवा ही निकल गई। किस क्षण क्या घटित होगा, इसका डर उसे सता रहा था।

'गरीबी हटाओ झोंपड़पट्टी' आई और कार रुक गई। बलशेटवार कार से उतरा। उसे मुक्ति का अहसास हुआ। कार तेजी से निकल गई। सदानन्द काम्बले की कार से उतरते समय लोगगों को मुझे देखना चाहिए था। जिससे बस्ती में मेरी कीमत बढ़ जाती, ऐसा विचार कर वह कदम बढ़ा रहा था। भूतपूर्व मन्त्री की कार से मैं उतरा हूँ, यह सोच उसमें नया जोश आया। वह मस्ती में बस्ती की ओर निकला।

कॉर्नर पर खड़े बण्टी ने उसे देख लिया था। बण्टी के चेहरे पर अरबी समुद्र की तरह कौतूहल फैल गया। कलशेट्टी के कबूतर बस्ती पर मँडरा रहे थे।

''साहब की कार में से उतरे हैं आप! खुल जा सिम-सिम। क्या बोल रहे थे साहब?''

बण्टी की पूछताछ के कारण बलशेटवार फूला न समाया। यह समाचार पूरी बस्ती में बण्टी फैलाएगा। यह सोच उसे अत्यधिक खुशी हुई।

राहु-केतु की यह जोड़ी जब बस्ती में घुस गई, तब सड़क पर खड़ी औरतें घरों में चली गईं। सड़क पर लेटे हुए कुत्ते बण्टी को पहचान कर उसके पीछे हो लिए। एक के दो, दो के तीन, तीन के चार हो गये। अपनी झोंपड़ी के सामने बैठे हुए दादू नामक बूढ़े ने मुँह में रखी तम्बाकू को थूकते हुए बलशेटवार को देख दोनों हाथ जोड़ लिए। दादू की बहू सजग हो गई। उसने कन्धे पर का आँचल सिर तक ओढ़ लिया। सड़क पर क्रिकेट खेलनेवाले बच्चों ने क्षण भर के लिए अपने खेल को रोककर बलशेटवार को रास्ता दे दिया। सामने से जॉबर जा रहा था। बण्टी ने उसकी साइकिल रोक ली। जॉबर ने लाचारी से हँसते हुए बलशेटवार को नमस्कार किया। बण्टी ने उसकी साइकिल पकड़ रखी थी।

''मामा, जॉबर ने पिछले तीन माह से भाड़ा नहीं दिया है।''

''कलशेट्टी के आदमी आकर भाड़ा ले जाते हैं।''

''झोंपड़ी डालने के लिए जगह हमने दी, तो भाड़ा उसे क्यों देता है?''

''वे जबरदस्ती वसूल करते हैं।''

''तो फिर हम भी जबरदस्ती शुरू करेंगे, तेरी झोंपड़ी तोड़ देंगे।''

''आप कलशेट्टी के उन लोगों को रोकिए।''

''तू उनके नाम हमें बता।''

''वे मेरे यहाँ आयें तो मैं उन्हें आपके पास ले आऊँगा।''

''तीन महीने का भाड़ा आना है। उसके बदले में यह साइकिल दे दें। मुझे साइकिल चाहिए।''

बण्टी ने जॉबर की साइकिल जबरदस्ती से छीन ली। ''अरे, जाने दे, छोड़।'' बलशेटवार ने बण्टी को डाँटा। जॉबर साइकिल पर बैठकर निकल गया। जॉबर को सड़क पर रोका गया है, यह खबर उसके घर पर पहुँची। इस कारण उसकी पत्नी कल्पना, लड़का प्रशान्त और पिता नाना दौड़ते आए थे। बलशेटवार ने उन्हें हाथ के इशारे से लौटाया था। बण्टी जॉबर के घर से निकले इस झुण्ड की ओर देख रहा था। कुत्ते उस झुण्ड की ओर देखकर भौंक रहे थे। गटर में लोटे हुए सूअर कुत्तों के भौंकने की आवाज सुनकर भाग गये थे। एक कुत्ता सूअर के एक पिल्ले पर टूट पड़ा था। बलशेटवार ने कुत्ते को भगाया। केरबा ने बस्ती में सूअर लाकर छोड़े थे। वह

सूअर पालता था।

बण्टी और बलशेटवार अपने मौन में खो चुके थे। उनकी उपस्थिति मात्र से सड़क पर चरने वाली मुर्गियाँ भाग चुकी थीं। बलशेटवार तेजी से अपने घर की ओर निकला था। बण्टी उसके पीछे था। बण्टी का मन तेजी से दौड़ रहा था। "बलशेटवार और काम्बले साहब में संवाद बढ़ना चाहिए। इस कारण पुलिस की तकलीफ कम हो जाएगी। हम लोगों पर जो मुकदमे हैं, वे वापस के लिये जाएँगे। कलशेट्टी के गैंग को सेटबैक बैठेगा। हमारा धन्धा जोरों से शुरू हो जाएगा।" बण्टी दिवास्वप्न देख रहा था।

सड़क पर कुत्ते भौंक रहे थे। बण्टी के पीछे लगे कुत्ते उस ओर दौड़े। बलशेटवार घर पहुँचा। ज़ाहिरा लेटी हुई थी। आलस्य छोड़ते हुए वह उठ बैठी। बिखरे बाल उसने बाँध लिए। बण्टी उसके उन्नत उरोजों की ओर चोरी-छिपे देख रहा था। उसका ब्लाउज काँख में पसीने से भीग चुका था।

"मामू, साहब की गाड़ी में आया।"

"कौन-सा साहब।"

"मन्त्री काम्बले साहब।"

ज़ाहिरा ने बलशेटवार की ओर देखा। ज़ाहिरा की खुली नाभि पर बण्टी की नजर भौंरे की तरह तेजी से घूम रही थी। ज़ाहिरा की अनुभवी नजर ने बण्टी की चोरी छिपी नजर को भाँप लिया था। हाथ से जैसे मछली फिसल जाती है, वैसे बण्टी की नजर ज़ाहिरा की नजर से निकल चुकी थी। बण्टी का मोहित होकर देखना ज़ाहिरा जान चुकी थी। उसने उसे अपनी तीखी नजर से डाँटा था। उसे बण्टी की आँखें गन्दगी के गड्ढे की तरह लगीं।

बलशेटवार ज़ाहिरा को हिरा कहता। ज़ाहिरा उसका सही नाम नहीं था। वह बांग्लादेश की थी। उसके पीछे पुलिस लगी थी। इस कारण उसे हमेशा के लिए मुम्बई छोड़ना पड़ा। बलशेटवार उसका स्थायी ग्राहक था। वह बलशेटवार का हाथ पकड़ कर निकली। रोज शाम को पाइप-लाइन पर इकट्ठे बस्ती के बूढ़ों में ज़ाहिरा और बलशेटवार की कामक्रीड़ा को लेकर अश्लील गपशप होती। उसकी देह में गहरे समुन्दर की लहरें खो चुकी थीं। सबेरे की कोमल धूप की तरह उसकी कान्ति थी। उसके आकर्षक व्यक्तित्व को देख, प्रत्येक में उसे चाहने की हवस होती। उसे देखने के बाद मन के भीतर की प्यास ग्रीष्म ऋतु के बवण्डर जैसी उठती।

"ऐसा क्यों देखता है रे? तेरी नजर अच्छी नहीं। मेरी तरफ ऐसा नहीं देखना। अभी तू बच्चा है। अन्दर जाके बाहर आएगा। समझा क्या?" बण्टी का चेहरा ताश के बंगले की तरह ढह गया। ज़ाहिरा ने उसे उसकी असलियत बतलाई थी। "बच्चा है, जाने दे" बलशेटवार ज़ाहिरा को समझा रहा था। "जिस थाली में खाते हैं...उसी

में छेद नहीं करना चाहिए।" बलशेटवार बण्टी को डाँट रहा था। बण्टी चुपचाप खड़ा था। गरदन नीचे झुकाकर बण्टी ने विषय बदला—

"सुरेखा माने के घर के पास की जगह मैंने एक को दी है।"

"पैसे देने वाला आदमी ही हो वह।"

"हम अगर जगह नहीं देंगे, तो कलशेट्टी दे देगा। हम भला अपना नुकसान क्यों करे?"

"तेरी बात ठीक है रे! भाड़ा देने में वह किचकिच न करे, बस्स!"

"ड्रायवर है, दे देगा।"

बण्टी चाय लेकर बाहर निकला। "आज का मटन अच्छा है।" ज़ाहिरा मीट को धोते-धोते बलशेटवार के साथ बातचीत कर रही थी। गरम तवे पर पानी गिरने से जैसी आवाज आती है, वैसी उसकी आवाज थी। "काम्बले की कार में बैठने की जरूरत ही क्या थी? बस से आ जाता। उसके भाई का तूने मर्डर किया है, वह आज नहीं तो कल बदला लेगा ना!" ज़ाहिरा लगातार बोलती जा रही थी। बलशेटवार अलबत्ता मौन था।

"आज तुझे हुआ क्या है?"

"कुछ नहीं।"

"फिर बोलता क्यों नहीं?"

"कुछ नहीं।"

"फिर क्या सोच रहा है?"

"तू खाली-पीली क्यों तकलीफ दे रही है? तू अपना काम कर।"

"तेरा कुछ हुआ तो।"

"कुछ नहीं होगा, तू है ना मेरे पीछे।"

ज़ाहिरा की चिन्ता बेबुनियाद नहीं थी। बलशेटवार मन से टूट चुका था। उसके हाथ-पैरों से मानो जान चली गई थी। वह गलित गात्र हो चुका था। आँधी-तूफान से सब कुछ जैसे तितर-बितर हो जाए—वैसी उसके मन की अवस्था थी। वह धीरे-धीरे पूर्ववत हो रहा था। बदन को सिमेट कर अपने खोल में छिपे घोंगे की तरह उसकी अवस्था थी। इस कारण ज़ाहिरा भी बेचैन थी। उसके मन में शंकाओं का बवंडर उठ रहा था।

बलशेटवार चौफुला पर बस की प्रतीक्षा कर रहा था। वहाँ भी भीड़ थी। सदानन्द काम्बले की कार आई। रुकी। सदानन्द काम्बले ने बलशेटवार को भीतर बिठा लिया—

"उसने मुझे ही कार में क्यों बिठाया?" बलशेटवार को यही प्रश्न सता रहा था। सदानन्द काम्बले शायद ज़ाहिरा और मुझे नजदीक कर रहा है। क्या कारण रहा

होगा? उसका नाम है। वह पैसेवाला है। यह रण्डी उसके पीछे जा सकती है। बलशेटवार ने ज़ाहिरा को आँख भरकर देखा। ''ये बहुत सुन्दर है। मुझे तो गोपनीय धन ही प्राप्त हुआ है। मैं इस खदान का मालिक हूँ।'' बलशेटवार के मन में तरह-तरह की कल्पनाएँ उभर रही थीं।

''तुझे कुछ हुआ तो मुझे मुम्बई जाना पड़ेगा।''

''तेरी आदत नहीं गई है क्या, हर रोज दस आदमी लेने की।''

यह हत्यारा, वह वेश्या! यह जेल में सड़ता रहा, तो वह वेश्यालय में। इसे लगता कि है वह वेश्या है कभी भी निकल जाएगी। इसे अनेको को ऊपर लेने की आदत है, वह किसी एक के पास कैसे रहेगी? उसे लगता, वह बदमाश है। उसे धोखा देगा और किसी दूसरी को घर में ले आएगा। एक-दूसरे पर प्रेम करने की दोनों की पद्धति ही भिन्न थी। सन्देह करना, मारपीट करना, अपमानित करना, व्यथित करना आदि प्रकारों से उनका प्रेम व्यक्त होता था। उनके आपसी झगड़े, उनके प्रेम का आविष्कार था। दोनों का मजहब अलग, स्वभाव अलग, भाषाएँ अलग। पर दोनों देह से एक हो चुके थे।

''कलशेट्टी को कुछ तो बोलो। वह औरतों के पीछे पड़ा है।''

''क्या हुआ?''

''अकेली औरत देखकर वह घर में घुसता है और उसके साथ जबरदस्ती करता है।''

''कल उसने वैशाली के साथ गलत काम किया। उसे डराया।''

''यह उसकी पुरानी आदत है।''

''इससे यहाँ से लोग भाग जाएँगे। कोई नहीं रहेगा यहाँ।''

बलशेटवार फिर से भूतकाल में गया। उसने तात्या काम्बले को बरछे से मारकर घायल किया था। पहला प्रहार उसी ने किया था और अंतिम प्रहार भी उसने ही किया था। सड़क पर खून से लथपथ तात्या काम्बले की देह की याद आज भी उसे सताती है और उसके भीतर रीछ की तरह सुप्तावस्था में बैठा हुआ डर उसे बेचैन करता है। वह आज भी पुलिस से डरता है और नींद में पुलिस को गालियाँ देता है। उसका सिर मानो गन्दगी से भरा हुआ गड्ढा हो गया था।

ज़ाहिरा की लम्बाई और उसका छरहरा बदन ही उसका सौन्दर्य था। गरीबी हटाओ झोंपड़पट्टी की प्रत्येक नजर उसे देखने को उत्सुक होती थी। उसके भूतपूर्व जीवन में झाँकने के लिए अनेक प्रयत्नशील होते। उसके सम्बन्ध में अश्लील विनोद सुनने के लिये कान लम्बे हो जाते। ज़ाहिरा के कारण वह जितना खुश था, उतना ही बेचैन भी। उसकी इस अवस्था में आज और अधिक इजाफा हुआ था। सदानन्द काम्बले ने उसे अपनी कार में बिठा लिया। बलशेटवार को इससे मानसिक तकलीफ हो रही थी।

नागनाथ बलशेटवार तथा अनन्त कलशेट्टी को अचलपुर में से निकाल बाहर किया गया था। सदानन्द काम्बले के मन्त्री हो जाने के बाद बलशेटवार और कलशेट्टी के बुरे दिन शुरू हो गये थे। वे गाँव के बाहर झोंपड़ी में रह रहे थे। लोगों ने उन का पर बहिष्कार ही कर डाला था। जेल की जिन्दगी की अपेक्षा जेल के बाहर की जिन्दगी उनके लिए असहनीय हो गई थी। छोटी-छोटी बातों के लिए उन्हें अचलपुर की अपेक्षा धरणगाँव जाना पड़ता था। सदानन्द काम्बले.के मन्त्री हो जाने के बाद पूरा गाँव काम्बले के पीछे पूरी ताकत के साथ खड़ा था।

कलशेट्टी और बलशेटवार एक ही झोंपड़ी में रह रहे थे। उनके पड़ोस में दूसरी झोंपड़ी डाली गई। फिर तीसरी, फिर चौथी। धीरे-धीरे झोंपड़ियाँ बढ़ने लगीं। इन झोंपड़ियों के निकट भीमाई सहकारी सूत गिरनी शुरू हो जाने के कारण झोंपड़पट्टी तेजी से बढ़ने लगी। कलशेट्टी और बलशेटवार जरूरतमंदों को झोंपड़ी खड़ी करने हेतु जगह देने लगे और उनकी ओर से पैसे लेने लगे। आगे चलकर उन दोनों का यह धंधा ही बन गया। झोंपड़ी खड़ी करनी हो तो हजार रुपए और प्रतिमाह सौ रुपए ऐसा रेट ही उन्होंने निश्चित किया। बस्ती बढ़ने लगी, तो फिर आय भी बढ़ने लगी। आय को लेकर इन दोनों में झगड़े शुरू हुए। झगड़े बढ़ने लगे। इसलिए दोनों अलग हुए। दोनों के दो गैंग बने।

कलशेट्टी की गैंग 'भाई की गैंग' के रूप में पहचानी जाने लगी। तो बलशेटवार की गैंग' 'मामा की गैंग' के रूप में। दोनों गैंगों में हमेशा चकचक होती। मारपीट होती। बावजूद इसके कलशेट्टी और बलशेटवार आमने-सामने आ गये कि मित्र की तरह एक-दूसरे से मिलते, बात करते। दोनों के नाम कुख्यात झोंपड़पट्टी दादा के रूप में पुलिस-फाइल में दर्ज थे। कलशेट्टी गैंग में उस्मान, आगलावे, रघु और भावडया ये कुख्यात गुण्डे थे। तो बलशेटवार के गैंग में सावल्या, बण्टी और पिण्टया ये अपराधी वृत्ति के लोग थे। दोनों गैंग के गुण्डे झोंपड़ी खड़ी करने हेतु जगह देना, भाड़ा वसूल करना, भाड़ा न देने वाले को उस झोंपड़ी में से निकाल बाहर करना; ज्यादा होशियारी करने वाले को ठीक-ठाक करना आदि काम किया करते थे। यहाँ रहने वाले सभी गरीब थे, इसलिए यह झोंपड़पट्टी 'गरीबी हटाओ झोंपड़पट्टी' नाम से पहचानी जाने लगी थी। कांग्रेस के प्रचार में स्थित 'गरीबी हटाओ' का नारा यहाँ काम आया था। बस्ती की मुख्य सड़क पर 'गरीबी हटाओ झोंपड़पट्टी' शीर्षक से एक बड़ा बोर्ड लगाया गया था।

कलशेट्टी बलशेटवार के दरवाजे पर खड़ा था। उसके हाथ में तेज धारदार हथियार था और वह भरपूर शराब पीकर आया था। आकाश बादलों से भर जाने के बाद जिस प्रकार वातावरण में परिवर्तन हो जाता है, ठीक उसी प्रकार बस्ती की हवा बदल गई थी। बलशेटवार कलशेट्टी की ओर व्यथित नजरों से देख रहा था। ज़ाहिरा

की तो बुद्धि ही काम नहीं कर रही थी।

कलशेट्टी की पहली आवाज से ही बस्ती की दस-पाँच झोंपड़ियों के दरवाजे बन्द हो गये थे। बस्ती के छोटे बच्चे दूर खड़े होकर कलशेट्टी की ओर देख रहे थे। वे उस भयावह स्थिति का जायजा ले रहे थे।

कलशेट्टी यमदूत की तरह खड़ा था। उसकी आँखें लाल हो गई थीं। उसके हाथ में चमकनेवाला हथियार डरावना लग रहा था। बलशेटवार घबरा गया था। कलशेट्टी क्रूर था। कलशेट्टी ने ही तात्या काम्बले पर तलवार से वार किए थे। अड़ोस-पड़ोस की झोंपड़ियों में रहने वाले लोगों के कान इधर ही लगे हुए थे। लोग भयभीत हो गये थे।

"तू काम्बले की कार में बैठा, इसलिए बहुत बड़ा हो गया—ऐसा मत समझ। यह काम्बले की चालाकी है। वह तुझे अपनी कार में घुमाएगा। तुझे खिलाएगा-पिलाएगा। तू उसके दरवाजे का कुत्ता हो जाएगा। तू उसकी पेशाब तक पीएगा। उसका गू खाएगा। तूने लाज छोड़ रखी है। वह तुझे मेरे खिलाफ भड़काएगा। पर याद रख, उसके पहले ही मैं तेरी अँतड़ियाँ बाहर निकालूँगा। तेरी अँतड़ियाँ अपने गले में डाल घूमूँगा। हरामखोर तू बिक चुका है। बाहर आ, तेरा पेट फोड़ूँगा। गाँड में चाकू डाल मुँह में से निकालूँगा।" कलशेट्टी के हाथ में स्थित धारदार हथियार चमक रहा था। वह प्रक्षुब्ध हो चुका था। इन गुण्डों का झगड़ा कहाँ तक जाएगा इसकी चिन्ता बस्ती के लोगों को सता रही थी।

बलशेटवार गलित गात्र हो चुका था। ज़ाहिरा भीतर के कमरे में जाकर खड़ी थी। बलशेटवार कलशेट्टी की गालियाँ सुनते हुए मूँगफली खा रहा था। कलशेट्टी गरज रहा था। उसने अपने बूट का पैर बलशेटवार के सिर पर रख दिया था। "बोल, एक-दो शब्द मेरे खिलाफ बोल। तेरी आँखें निकालकर तेरे हाथों में रख दूँगा। काम्बले ने तुझे क्या कहा?" बलशेटवार का शरीर भय से थरथरा रहा था।

बण्टी भागते हुए बलशेटवार के घर की ओर निकला। रास्ते में लड़कों ने उसे रोक लिया। "बण्टी चाचा, उधर मत जाइए। झगड़ा शुरू हुआ है। भाई तुम्हें मारेगा, यहाँ से भाग जाओ।" बण्टी को उन छोटे बच्चों की बातों की गम्भीरता समझ में आ गई। वह पीछे की तरफ लौट गया।

बण्टी पुलिस वालों को फोन करने के लिए निकला।

भीमाई सहकारी सूत गिरनी के गेट के सामने 'जगदंबा टी हाउस' था। इसी हाउस से चिपक कर 'कलकत्ता पान स्टाल' था। इस पान स्टाल में कॉइन बाक्स था। बण्टी वहाँ पहुँचा। उसने काइन बॉक्स में से पुलिस-चौकी को फोन लगाया। पुलिस से बोलते समय उसका गला सूख गया था। और हाथ-पैर थरथरा रहे थे।

पुलिस के आने के बाद ही बस्ती में जाने का उसने तय किया था। तब तक

वह सिगरेट पीने लगा। पुलिस कब आएगी और कलशेट्टी को उठा ले जाएगी, इसकी प्रतीक्षा वह करने लगा। उसका भेजा गुलेल की तरह तना हुआ था। ''कलशेट्टी ने अब तक बलशेटवार पर प्रहार तो नहीं किया होगा ना। बण्टी चिन्तित हुआ। मैं अगर वहाँ पहुँचा होता, तो वह मुझ पर भी प्रहार करेगा। मैं इस ओर आया, अच्छा हुआ। छोटे बच्चों ने मेरी जान बचाई।'' बण्टी की आँखें सिगरेट की तरह सुलग रही थीं। कलशेट्टी बलशेटवार को अगर खत्म कर देगा, तो मैं ज़ाहिरा के साथ रह सकता हूँ। बण्टी के भेजे में कीड़ा रेंगने लगा। बण्टी ने पान ठेके पर बैठी जवान लड़की को देखा। उसे देख वह प्रसन्नता से हँस रही थी। उसे आश्चर्य हुआ। उसकी हँसी में आसक्ति थी। वह लज्जित भी हो रही थी। सोलह-सत्रह वर्ष की प्रीति उस पर फिदा थी।

बण्टी का तनाव कम हुआ। कोई गुदगुदाने पर जैसे स्त्री हँसती है वैसी प्रीति की हँसी थी। बण्टी के लिए भी यह नजारा नया ही था। इस प्रसंग से वह खुश हुआ। उसका मन खुशी से नाच उठा। इसे सिगरेट की तरह उँगलियों में पकड़ पीना चाहिए—उसने सोचा। बण्टी प्रीति के यहाँ जाने को निकला। वह लाज से छुई-मुई हो गई। उसकी जवानी के उन्माद से वह पागल हो गया। उसने उसकी चिकोटी काटी। उसका पूरा शरीर लाल-लाल हो गया। उसका लाज से भरा चेहरा झुँझला उठा।

उसने बड़े लाड़ से कहा—''कोई देखेगा।''

बण्टी ने उसके चेहरे की ओर देखा। अभी-अभी खिली कली की तरह वह दीख रही थी।

पुलिस की जीप बस्ती की ओर गई थी। बण्टी को अच्छा लगा। वह बस्ती की ओर निकला। प्रीति घायल हो कर उसकी मुड़ी हुई आकृति को देख रही थी। बण्टी बस्ती की ओर तेजी से निकला। उसका मन अलबत्ता पान स्टॉल में ही घुट रहा था।

प्रीति काक्या की बड़ी लड़की थी। काक्या सूत गिरनी में सिक्यूरिटी गार्ड का काम करता था। उसे एक के बाद एक छह लड़कियाँ हुईं। छठी प्रसूति के समय काक्या की पत्नी गुजर गई। छठी लड़की गर्भ में ही मर चुकी थी। माँ के बाद प्रीति ने ही काक्या का घर सँभाला। 'एक के बाद एक पाँच जनों को भोगा जा सकता है। प्रीति को भोगने के बाद तो उसकी बहनों की क्यू लग जाएगी।' यह सोच बण्टी पुलकित हुआ। मानो उसे गुप्तधन प्राप्त हुआ हो। प्रीति मानो उसे मसाला-पान ही लग रही थी।

बण्टी बस्ती में घुसा। उसी समय पुलिस-जीप बस्ती के बाहर निकली। बण्टी बलशेटवार के घर के सामने उपस्थित हुआ। ''मैंने पुलिस को फोन किया था।'' वह छाती तानकर अपना कर्तृत्व बतला रहा था। और गले में लाल रूमाल बाँध रहा था। ज़ाहिरा बिगड़ चुकी थी। पुलिस क्या करेगी? दो दिन में वह बाहर आ जाएगा। बण्टी

भी ज़ाहिरा के सुर में सुर मिला रहा था। "मामा, काम्बले साहब को बोलो। काम्बले साहब ने पुलिस को एक फोन भी किया तो काम हो जाएगा। पुलिस उसकी हड्डी-पसली एक कर देगी। लोग उससे डरते हैं। उसके खिलाफ बोलते नहीं। कलशेट्टी को सबक सिखाना होगा। नहीं तो हमको भी उसे किराया देना पड़ेगा।" बण्टी अपनी बातचीत से एक भयावह चित्र निर्मित कर रहा था। उसकी असहायता उसके भयभीत चेहरे से स्पष्ट दिखलाई दे रही थी।

बलशेटवार गम्भीर हो चुका था। कलशेट्टी के और मेरे सम्बन्धों में दरार पैदा हो इसलिए तो काम्बले ने मुझे अपनी कार में बिठा लिया होगा? ऐसा सन्देह बलशेटवार के मन में पैदा हुआ।

"चुप बैठने से क्या होगा?"

"हम कुछ नहीं करेंगे।"

"फिर क्या होगा?"

"लोगों को करने दो।"

"लोग गाँडू हैं।"

'गरीबी हटाओ झोंपड़पट्टी' हिंदोस्तान का छोटा संस्करण ही था। इस बस्ती में सभी जाति-धर्म के लोग थे। उनके रहन-सहन का स्तर एक था। वे सभी गरीब थे। झोंपड़पट्टी में रह रहे थे। पर उनके सामाजिक स्तर भिन्न-भिन्न थे। उनके रीति-रिवाज भिन्न थे। उनके त्योहार भिन्न थे। उनमें भले ही रोजी-रोटी का संबंध हो तो भी उनमें अलगाव की सुप्त भावना भी थी। उनमें भेदभाव था। छोटे-छोटे झगड़ों के कारण उनमें स्थित दुश्मनी उग्र रूप धारण कर लेती। अपनी बिरादरी के मनुष्य के प्रति उनमें आत्मीयता थी। अन्धश्रद्धा, नशे की वृत्ति तथा कर्ज लेने की वृत्ति की शृंखला ने बस्ती को घेर लिया था।

कलशेट्टी और बलशेटवार इस बस्ती के आदिपुरुष थे। सभी उन्हें झोंपड़पट्टी के दादा के रूप में पहचानते थे। अपने विवादों को सुलझाने के लिए लोग उनके यहाँ ओर जाते। उनका शब्द अंतिम माना जाता। बस्ती के प्रत्येक प्रकरण में झोंपड़पट्टी के दादा का वर्चस्व होता था। बस्ती में दहशत फैलाने हेतु वे जानबूझकर झूठमूठ झगड़े के करवाते, मारपीट होती, रात-रात भर हो-हल्ला होता।

बलशेटवार और कलशेट्टी कभी भी आमने-सामने नहीं आते। झगड़े-मारपीट उनके चेलों में होती।

आज पहली बार कलशेट्टी हाथ में सत्तूर लिये बलशेटवार के दरवाजे पर खड़ा था। पूरी बस्ती आतंकमय थी।

बलशेटवार पर अट्ठाईस पुलिस केस थे, तो कलशेट्टी पर उनतालीस चैप्टर केस थे। उनके चेलों पर भी अनेक अपराध दर्ज थे। जितनी बार वे जेल में जाते,

उतनी उनकी दहशत बढ़ती जाती। जमानत पर छूटा गुण्डा खुला घूमता। लोग गुण्डों के कारनामों से डरते।

रात में बस्ती में भयावह शोर होगा। ऐसा प्रत्येक को लग रहा था।

ठीक वैसा ही हुआ।

कलशेट्टी के गुण्डों ने बण्टी के घर पर हल्ला बोल दिया। बण्टी भाग गया। गुण्डों ने बण्टी के माँ-बाप की बुरी तरह पिटाई की। बण्टी के पिता का सिर फट गया। बण्टी के घर के सामान को तहस-नहस कर दिया गया। बलशेटवार तलवार लेकर बण्टी की सहायता के लिए पहुँचा। बलशेटवार को देख कलशेट्टी के गुण्डे भाग गये। रात में बहुत देर तक बण्टी की माँ के रोने का करुण स्वर सुनाई देता रहा।

आगलावे ने अपने सहयोगियों को साथ लेकर बण्टी के घर पर हमला बोल दिया था। बण्टी ने पुलिस को फोन किया था; यह जानकारी उसे मिली थी। आगलावे ने इसका बदला लिया था।

बलशेटवार उठा। उसने कपड़े पहने। ''मैं पुलिस चौकी पर कलशेट्टी को मिलकर आता हूँ, वह मेरा पुराना दोस्त है।'' बलशेटवार वहाँ जाने की जल्दी कर रहा था।

ज़ाहिरा उसकी ओर आश्चर्य से देख रही थी। सदानन्द काम्बले की कार में बैठने से इतना बड़ा काण्ड होगा उसे यह नहीं मालूम था। ''फिर कभी काम्बले की गाड़ी में नहीं बैठना।'' ज़ाहिरा ने ब्लाउज में से नोट निकालकर उसके हाथ में रख दिए। बलशेटवार चुपचाप घर से बाहर निकला।

बलशेटवार कलशेट्टी से मिलने गया है, यह खबर पूरी बस्ती में फैल गई। बलशेटवार कलशेट्टी से डरा हुआ है। वह बाहर आने पर झंझट खड़ा कर देगा। बलशेटवार उससे मिलकर उसका मन जीतना चाहता है। उसके सामने नाक रगड़ रहा है। बस्ती के लोगों में इस तरह की चर्चा थी।

बलशेटवार बण्टी घर से बाहर निकला। वह उदास दीख रहा था। बण्टी थका हुआ था। वह 'कलकत्ता पान स्टॉल' के पास गया। उसे प्रीति की याद सताने लगी। व्यथित मन को वह सहलाना चाहता था। प्रीति की याद में उसका मन खो गया था। वह बड़ी फुर्ती से खोके पर गया। प्रीति स्टॉल पर नहीं थी। काक्या ठेले पर बैठा था। बण्टी नाराज हो गया। काक्या ड्यूटी पर जाता तो प्रीति कलकत्ता पान स्टॉल पर बैठती। काक्या की जब ड्यूटी नहीं होती, तब वह स्टॉल पर बैठता। प्रीति घर के कामकाज देखती।

बण्टी ने काक्या से सिगरेट सुलगाई। ''प्रीति अगर होती तो सिगरेट फोकट में मिल जाती। वह उसकी चिकोटी काट लेता।'' बण्टी अपने दुःख को धुएँ के

माध्यम से बाहर निकाल रहा था। उसके सपनों की राख हो चुकी थी। "अब काक्या की ड्यूटी का टाइम-टेबुल ध्यान में रखना होगा।" बण्टी संकल्प कर रहा था।

सदानन्द काम्बले की स्कार्पियो सड़क पर रुक गई। बण्टी के रोंगटे खड़े हो गये। उसका बदन गिरगिट की तरह रंग बदल रहा था। कार से हमीद उतरा। काक्या ने हमीद के हाथ में 555 सिगरेट का पाकिट दिया। बण्टी हमीद की ओर देखता ही रह गया। हमीद सदानन्द काम्बले की कार ड्राइवर था। उसने ट्रक की ड्राइवरी छोड़ दी थी। सदानन्द काम्बले के ड्राइवर के रूप में बस्ती में हमीद का रूतबा बढ़ने लगा था। लोगों का उसके प्रति नजरिया बदल गया था। नई नौकरी के कारण हमीद की चाल ढाल भी बदल गई थी।

बण्टी की ओर देख हमीद मुस्कराया था। बण्टी हैरान हो गया। हमीद सिगरेट का पाकिट लेकर सूत गिरनी में चला गया। बण्टी की नजर में रोड जाम हुआ था। उसे अनगिनत हॉर्न सुनाई दे रहे थे।

"अब हमीद से सुलह कर लेनी होगी।" बण्टी मन-ही-मन सोच रहा था। पाइप-लाइन के पास बूढ़े इकट्ठे हुए थे।

सदानन्द काम्बले जब मन्त्री हो गये थे, तब इस पाइप-लाइन का काम हुआ था। इसके कारण ही अचलपुर के पीने के पानी की समस्या स्थायी रूप से खत्म हो गई थी। जॉबर के पिता नाना, सय्यद के अब्बा कासिम, पिंकी के चाचा दादूया, अशरफ के पिता अब्बू और अमरिंदर के पिता सुरजीत ऐसे अनेक बूढ़े रोज शाम को पाइप-लाइन पर इकट्ठे होते। यह उनकी खास जगह थी।

सदानन्द काम्बले बलशेटवार को अपनी कार से यहाँ तक ले आया। हमीद को उसने ड्राप कर दिया। बस्ती के अनेक लोग सूत गिरनी में थे। "काम्बले हमारी इस बस्ती पर अगर थोड़ा-सा ध्यान दें, तो बस्ती का रूप बदल सकता है। उनके कारण ही अचलपुर का कायाकल्प हुआ है।" नाना सदानन्द काम्बले की प्रशंसा कर रहे थे। नाक पकड़ोऽऽ नाक...ऽ" दादूया चिल्लाया। सभी बूढ़ों ने नाक दबा लिए। केरबा और सोनबा हाथगाड़ी पर जानवरों की चमड़ी लिये जा रहे थे।

"हम जब इस बस्ती में रहने आए, तब यहाँ केवल पचास झोंपड़ियाँ थीं। सभी ओर कीचड़ ही कीचड़। साँप निकलते। मेढक चिल्लाते। मच्छरों का साम्राज्य था। लोगों में भूत-प्रेतों की चर्चाएँ जोरों पर चलती थीं।" नाना बस्ती का भूतकाल बतला रहे थे। "सच बोल रहा हूँ। मैंने भूत से बात की है। बस्ती की सुन्दर लड़कियाँ इस बलशेटवार ने मुम्बई ले जाकर बेच दी हैं। पिंकी और रिंकी को भी बलशेटवार ने ही बेच दिया है। हमारी इस बस्ती में एक मास्टर साहब रहते थे। उनकी नई शादी हुई थी। बलशेटवार उसकी औरत को भगा ले गया और मुम्बई में बेच आया। मास्टर जी ने आत्महत्या की। मास्टर जी का भूत अपनी पत्नी की खोज करते अनेक दिनों

तक यहाँ घूमता था। मास्टर जी का यह भूत मुझसे भी मिला था। यह देख, मेरे रोंगटे खड़े हो गये।'' अब्बू भाव विवश होकर कहने लगे।

दाद्या ने भी उनके स्वर में स्वर मिला दिया—''इस बलशेटवार ने अनेको घर ध्वस्त किए हैं। एक दिन मास्टर जी का भूत इसकी गरदन मरोड़ देगा। इसे ध्यान में रखें।'' दाद्या की आवाज से वेदना व्यक्त हो रही थी।

सुरजित ने अपनी आँखों पर स्थित मोटे शीशे का चश्मा निकाला। उसके चश्मे की कड़ी टूट चुकी थी। वह चश्मे की कड़ी को धागा बाँधते हुए बोल रहा था। ''हमारी गली में शुरुआत के दिनों में चार-पाँच कुत्ते थे। अब कुत्ते ही कुत्ते दिखलाई देते हैं। हमीद की जहाँ झोंपड़ी है ना, वहाँ पहले मुर्दों को दफनाया जाता था। पर अब वहाँ भी बस्ती बढ़ गई है।'' बूढ़ों की गपशप चल रही थी।

पाइप-लाइन में से फव्वारे उड़ रहे थे। बस्ती की औरतें उस पानी से कपड़े धो रही थीं। पानी भर रही थीं। छोटे बच्चे नहा रहे थे।

ज़ाहिरा बण्टी के घर की ओर निकल पड़ी। अब्बू गरदन ऊँची कर उसकी ओर देखने लगा। ''चिकनी है।'' दाद्या ने अब्बू को छेड़ा। दाद्या की शेरो-शायरी सुनकर सुरजित को खाँसी लग गई थी तो कासिम देख रहा था। बूढ़ों की महफिल इकट्ठी हुई कि बस्ती के खास समाचारों की चर्चा होती। बूढ़े नटखट थे, चालाक थे, छँटे हुए थे।

''इसने कितने लोग लिए होंगे, अब तक?''

''तू जा उसके घर, हिसाब दर्ज करने।''

बूढ़ों के दन्तविहीन मुँह से हँसी का फव्वारा फूटा। नाना बीड़ी पी रहा था। अब्बू तम्बाकू घिस रहा था। दाद्या अपने नाती को जाँघों पर लेकर बैठा था। कासिम ने भी आधी पीकर रखी बीड़ी निकाली थी। नाना से बीड़ी लेकर उसने अपनी बीड़ी सुलगाई। अब्बू अपने कृत्रिम दाँतों को निकालकर जेब में रख रहा था। बूढ़े गिद्धों की तरह बैठे थे।

ज़ाहिरा बण्टी के घर गई।

बस्ती के गुण्डे सलाखों के पीछे चले गये थे। इस कारण बस्ती में शान्ति थी। पुलिस वालों ने सभी को थर्ड डिग्री लगायी थी। ''बस्ती में शोरशराबा करते हो, औरतों-लड़कियों को छेड़ते हो। लोगों से पैसे वसूलते हो। गुण्डागर्दी करते हो।'' आदि आरोप लगाते हुए पुलिस वालों ने उनकी हड्डियाँ तोड़ डाली थीं। पुलिस चौकी को झोंपड़पट्टी दादा के खिलाफ लिखित शिकायत की जरूरत थी। बस्ती में से कोई भी लिखित शिकायत देने को तैयार नहीं था। लोग गुण्डों को सहयोग दे रहे थे, और पुलिस को टाल रहे थे।

झोंपड़पट्टी के गुण्डे रात भर ताश खेलते। पैसे लगाकर। रात भर हो-हल्ला

मचाते और दिन भर सोते रहते। उनकी कुकर्म की कहानियाँ पुलिस तक पहुँच गई थीं। बण्टी के फोन के कारण उन्हें अच्छा मौका मिला था। वे कलशेट्टी को पकड़ कर ले गये थे। कलशेट्टी को छुड़वाने गये गुण्डों को भी उन्होंने अन्दर कर दिया था। कलशेट्टी से मिलने गये बलशेटवार को भी उन्होंने अन्दर कर दिया था। दो दिन वे उन दोनों की खूब धुलाई करते रहे।

''बण्टी, तू जा के आ। क्या हुआ देख, किसी को तो बोल। तेरा मामू गया, वह अभी तक वापस नहीं आया। उन्हें देखने सावल्या, पिण्टया गये थे, वे भी नहीं आए।'' ज़ाहिरा बण्टी से आग्रह कर रही थी।

बण्टी जगह से हिलने को तैयार नहीं था। इस कारण वह चिढ़ गई थी, ''घर पर सोने से कैसे चलेगा? वे अन्दर गये हैं और तू इधर मजे में रेडियो सुन रहा है।'' ज़ाहिरा की आवाज में उद्वेग था।

ज़ाहिरा के पीछे-पीछे सावल्या की औरत भी बण्टी के घर जा पहुँची। बण्टी आलस्य को झाड़ते हुए खड़ा हुआ, ''जा, देखकर आ।'' ज़ाहिरा बण्टी पर उखड़ गई थी। बण्टी चुपचाप बस्ती के बाहर निकला। पुलिस की गाड़ी आएगी और मुझे भी उठा कर ले जाएगी, इस विचार से वह भयभीत था। इसी कारण वह पुलिस चौकी पर जाने की हिम्मत नहीं कर पा रहा था।

बूढ़े रंग में आ चुके थे।

काशिम और अब्बू पाइप-लाइन के निकट की खुली जगह पर मगरिब की नमाज अदा कर रहे थे। शेष बूढ़े उनकी ओर एकाग्रता से देख रहे थे। बण्टी सामने देखकर चल रहा था। 'कलकत्ता पान स्टॉल' पर प्रीति बैठी हुई थी। बण्टी की जान में जान आ गई। उसके पैर तेजी से उठने लगे। भीमाई सूत गिरनी के गेट पर हाथ में लाठी लिये खटके गार्ड खड़ा था। 'जगदम्बा टी हाउस' के सामने सायकिलें लगी हुई थीं। पान स्टॉल पर एक-दो ग्राहक थे।

बण्टी पान स्टॉल की ओर मुड़ा। प्रीति की भी चुलबुलाहट शुरू हुई।

''सिगरेट दे।''

''चेहरा क्यों उदास है तेरा?''

''सिर में दर्द है।''

''सिर है क्या तुझे?''

''सुन्न हो गया है।''

''क्यों?''

''तेरा विचार करके।''

''अच्छा ऽ ऽ अच्छा।''

''सिगरेट दे।''

''यह देख, तूने जो चिकोटी काटी, उसका दाग हुआ है।''

प्रीति अपना हाथ दिखा रही थी। बण्टी ने फिर से एक बार, पूरे नटखटपन के साथ चिकोटी ली। प्रीति चिढ़ गई। उसके माथे पर की चन्द्रबिन्दी, उसके ओठों पर तिल और गाल पर गड्ढा उसे पागल बना रहे थे। वह उस पर मोहित हुआ था।

'जगदम्बा टी हाउस' के वेटर ने उसे चाय लाकर दी।

प्रीति–"छोटे, किसने दिया रे।"

छोटा–"सेठ ने।"

प्रीति–"पैसे लेकर जा।"

छोटा–"बिल मत लो, ऐसा सेठ ने कहा है।"

बण्टी–"सेठ मरता है शायद तुझ पर।"

प्रीति–"बूढ़ा बड़ा चालू है।"

प्रीति चाय पी रही थी। बण्टी सिगरेट पी रहा था। कॉइन बॉक्स की रिंग बजकर बन्द हुई। किसी ने तो मिस कॉल दिया था। प्रीति ने झट से चाय पी ली और कॉइन डालकर नम्बर घुमाया। "प्रीति बोल रही हूँ। कहाँ हो? पास में कोई दूसरा है क्या? फिर आ जाना। रविवार को फिल्म देखेंगे। जगह है क्या? मैंने कल चाबी ले रखी थी। तू झूठ बोलता है। ठीक-ठीक।" प्रीति की ये बातें सुनकर बण्टी आश्चर्यचकित हुआ।

"किससे बोल रही थी?"

"तुझे उससे क्या मतलब? तू अपनी बात कह।"

"सिगरेट दे।"

"कितनी सिगरेट फूँकते हो? ओठ काले हो गये हैं।"

"आदत हो गई है।"

"यह ले, सुलगा दूँ क्या?"

बण्टी सुन्न हो चुका था। वह वहाँ से निकला। बस्ती की ओर जाने की अपेक्षा वह सूत गिरनी के गेट की ओर मुड़ा। वह ज़ाहिरा की नजर से बचना चाहता था। पान स्टॉल पर ग्राहक बढ़ चुके थे।

बण्टी गेट पर गया। वहाँ के गार्ड को उसने सलाम किया। खटके गार्ड ने उसके नमस्कार को स्वीकार नहीं किया। उलटे उसे डाँटते हुए बोला–"बाहर खड़ा रहना, अन्दर नहीं आना, क्या काम है?" खटके की कड़ी आवाज सुन बण्टी घायल हो गया। कुछ भी न कहते हुए वह पीछे मुड़ा। "पान ठेले पर मत जाना, काक्या को मालूम हुआ तो बुरा हाल होगा।" खटके की धमकी से बण्टी भड़क उठा। पैरों में काँटा धँस जाए वैसे खटके के शब्द उसे तकलीफ देने लगे। 'प्रीति किसी से तो लग गई है। 'खटके उस पर लाइन मारता होगा।' 'होटल वाला उस पर मरता होगा।' 'अब मुझे वहाँ कौन पूछेगा?' बण्टी टूटी पतंग की तरह बस्ती की दिशा में विचार करते निकला।

बहुत तेजी के साथ पुलिस की जीप आई और बण्टी के पास रुक गई। बण्टी तेजी से दौड़ने लगा। जीप में हास्य का विस्फोट हुआ। जीप में से झोंपड़पट्टी दादा उतर रहे थे, और जीप वापस चली गई थी। कलशेट्टी और बलशेटवार विजयी मुद्रा से बस्ती में प्रवेश कर रहे थे। सावल्या और आगलावे ने नारे लगाना शुरू किया। घर की ओर लौटने वाले बूढ़े सकपकाए थे। जंगल में से दरिन्दा जैसे आता है, वैसे ही इन गुण्डों का आगमन हुआ था।

ज़ाहिरा का चेहरा खुश हो उठा। वह दरवाजे पर आकर रुक गई। बलशेटवार से मिलने के लिए लोगों की भीड़ लगी थी। प्रत्येक अपनी उपस्थिति दर्ज करना चाह रहा था। आत्मीयता से बलशेटवार से पूछताछ कर रहे थे। बलशेटवार मनमानी हाँक रहा था। ज़ाहिरा प्रत्येक को चाय दे रही थी।

बण्टी वहाँ धीरे-से पहुँचा। वह काफी शर्मिन्दा हो चुका था।

धीरे-धीरे भीड़ कम होती गई। ज़ाहिरा को घर भरा हुआ लगा। दो ही दिनों से बलशेटवार की आँखें अन्दर चली गई थीं। "क्या हुआ वहाँ?" इसे जान लेने हेतु ज़ाहिरा उत्सुक थी। वह लगातार प्रश्न पूछ रही थी।

"क्या हुआ, पुलिस चौकी में?"

"जो कुछ हुआ, ठीक हुआ।"

"पुलिस-चौकी में कभी किसी का कुछ अच्छा हुआ है?"

"अब पुलिस को भी हफ्ता देना पड़ेगा।"

मानो लॉटरी लग गई है, इस खुशी से बलशेटवार बोल रहा था। ज़ाहिरा उसकी ओर देखती ही रह गई। "पुलिस ने दो दिनों तक हमें खूब धोया। उस्मान को उलटा टाँग दिया था। कहने लगे कि आप सब को जिला बन्दी कर देंगे। हम सरण्डर हो गये। किराये से जो राशि इकट्ठी होगी, उसमें से आधी राशि पुलिस को देना तय हो गया। बिना माँगे पुलिस-चौकी को हफ्ता पहुँचना ही चाहिए। प्रतिमाह दस हजार रुपये उन्हें चाहिए। अब झोंपड़ियों का किराया बढ़ाना पड़ेगा। अब पुलिस हमारे साथ है, घबराने की कोई बात नहीं। पुलिस हमारे खिलाफ कोई शिकायत नहीं लेगी। उलटे शिकायत करने वाले का नाम हमको बता देगी। हम उसका मुँह बन्द करें—ऐसा तय हुआ है। जब पुलिस और लोग इकट्ठे हो जाते हैं, तब गुण्डों का सफाया हो जाता है। जब लोग और गुण्डे इकट्ठे आ जाते हैं, तब पुलिस मजबूर होती है। जब पुलिस और गुण्डे इकट्ठे आ जाते हैं, तो लोग मजबूर हो जाते हैं। इस मजबूरी का अधिक से अधिक फायदा उठाने का हमने तय किया है।" जैसे हिसाब दिया जाता है, वैसे बलशेटवार जानकारी दे रहा था।

"पुलिस और हम अब पार्टनर बन चुके हैं।" बलशेटवार मूँछों पर ताव देते हुए कह रहा था—

"पुलिस को क्या कम पड़ा था।" ज़ाहिरा रुष्ट हो पूछ रही थी।

बलशेटवार समझाने के स्वर में बोल रहा था—"यह अच्छा हुआ। अब किसी का डर नहीं। पुलिस की गाड़ी प्रतिमाह पाँच तारीख को एक बार आएगी। पुलिस आधा घण्टा रुकेगी। लौटते समय बन्द लिफाफा ले जाएगी। लोगों को लगेगा, पुलिस बन्दोबस्त के लिए आई है, परन्तु वे खाकी वर्दी के गुण्डे होंगे। अब वे हमारी गैंग में शामिल हुए हैं।" ज़ाहिरा ने हताश होकर अपने माथे पर हाथ मार लिया। सिलेसिलेवार पूरी जानकारी बलशेटवार दे रहा था। "पुलिस ने मोबाइल लेने के लिए कहा है।" ज़ाहिरा की उत्सुकता बढ़ गई थी। पुलिसवालों से समर्थन मिलने के कारण बलशेटवार का रोब बढ़ गया था। "पुलिस कह रही थी, पूरी राशि उन्हें चाहिए। हममें खूब विवाद हुआ। वे कह रहे थे पैसे शाम को इकट्ठे करो। दिन में काम करो। लोगों से पैसे इकट्ठे करने के लिए पारिश्रमिक के रूप में रोज के सौ रुपये ले लो। तो तब कलशेट्टी भड़क गया। हम जीएँ कैसे? हम अगर जीते रहे तो आप जी सकेंगे। हम अकेले नहीं हैं। हमारी गैंग है। हमें गुण्डों को पालना-पोसना पड़ता है। हम आपके वेतनभोगी गुण्डे नहीं हो सकते। तो फिर ऐसा करो—आप खुद आ जाइए और लोगों से पैसे इकट्ठे कीजिए। लोग आपको पैसे नहीं देंगे। अगर देंगे, तो पावडर लगाकर देंगे। हम लोगों से पैसे वसूल करेंगे। आपका जो भी हफ्ता है, वह दे देंगे। आप हमारे खिलाफ कोई कार्रवाई नहीं करेंगे। अगर आपने हमें धोखा दिया तो फिर हम आपको धोखा देंगे। हफ्ता बन्द कर देंगे। दो दिन से चर्चा चल रही थी। सहमति नहीं हो पा रही थी। पुलिस-कोठरी में हमें बिर्यानी और बीयर दी गई। अन्ततः फिफ्टी-फिफ्टी पर विवाद मिट गया। पैसे वसूलते समय पुलिस के नाम का उपयोग हम नहीं कर सकते—यह उनकी एक शर्त थी। बस्ती के भीतरी समाचार पुलिसवालों को देंगे और पुलिस जैसे कहेगी, वैसे हम चलेंगे।" बलशेटवार की यह बातचीत सुन ज़ाहिरा का चेहरा पके आम की तरह हो गया।

"काम्बले ने हमीद को अपना ड्राइवर बनाया है।"

"कौन काम्बले?"

"तेरा मन्त्री और कौन?"

"तुझे कैसे पता चला?"

"काम्बले की गाड़ी लेकर हमीद खाना खाने आया था। लोग उसके आगे पीछे घूम रहे थे।

बलशेटवार फिर से चिन्तित हो गया। काम्बले के ड्राइवर के रूप में बस्ती में हमीद का रुतबा बढ़ रहा था। हमीद बस्ती की खबरें काम्बले तक पहुँचाएगा। फिर लोग अपना काम पूरा करवाने के लिए उसके पीछे दौड़ेंगे। हमीद मेरा प्रतिस्पर्धी

बनेगा। उसके पीछे सदानन्द काम्बले की ताकत खड़ी हो जाने से वह सिर दर्द बन सकता था। बलशेटवार फिर से एक बार विचारों के दलदल में फँस गया। ज़ाहिरा भी विचलित हुई। बस्ती की खबरें अगर पुलिस तक पहुँचने वाली हैं तो एक दिन मैं मूलतः बांगलादेशी हूँ, यह खबर भी पुलिस तक पहुँचेगी। पुलिस और गुण्डों का एक हो जाना, यह बहुत खतरनाक बात है। ज़ाहिरा भी परेशान हो गई। उसे आँखों के आगे बेचिराग होने वाली विस्थापितों की छावनियाँ दिखलाई दे रही थी। किसी ऐसे ही असावधानी के क्षणों में हुई गलतफहमी के कारण उसने नोमेन्सलैण्ड का उल्लंघन किया था। और इसी कारण उसकी पूरी जिन्दगी पश्चात्ताप की आग में झुलस रही थी। इतनी बेचिराग जिन्दगी अगर अपने हाथ लगनेवाली थी तो फिर अपना ही देश क्या बुरा था? कम-से-कम अपने लोगों के बीच तो रह लेती। ज़ाहिरा की आत्मा भटक रही थी।

रात होते ही बस्ती में से किसी-न-किसी स्त्री के रोने की आवाज आती। किसी का पति अपनी पत्नी को पीट रहा है। कोई शराब पीकर, तो कोई उसके चरित्र पर सन्देह करके। बस्ती के अनेक परिवार व्यसनों और सन्देहों से उद्‌वस्त हो चुके थे। अति आक्रोश, असाध्य वीमारी और बलि के बकरे की तरह जीना, यहाँ के जीने की पद्धति बन चुकी थी।

बलशेटवार को मिलने हमीद आया था।

"मैं काम्बले साहब का ड्राइवर हूँ।" शायद यही कहने वह आया था। "अब आप मेरे रास्ते में न आएँ"–यही उसे सुझाना था। हमीद के आने के कारण ज़ाहिरा ने उसके लिए चाय रखी। बलशेटवार ने भी हमीद की खूब प्रशंसा की। "सदानन्द काम्बले को तो मैं बचपन से जानता हूँ। वह वॉचमैन था। बाद में मन्त्री हुआ। तू भी ड्राइवर से मन्त्री हो जा। देखूँ तेरा हाथ। अरे वाह! तेरे हाथ में सत्ता है। यह तय है कि तू किसी दिन लाल बत्ती की गाड़ी में ही घूमेगा। यह याद रख।" हमीद बलशेटवार के व्यंग्य को समझ नहीं पा रहा था। बलशेटवार पूरी चालाकी से उसकी अतिशयोक्तिपूर्ण प्रशंसा कर रहा था। "मामा, मैं अगर मन्त्री हो गया, तो आपको पी. ए. बनाऊँगा।" हमीद प्रसन्नता से बोल रहा था। हमीद की पत्नी रुबीना उसे बुलाने आई। ज़ाहिरा ने उसे भीतर बुलाया। उसके बदन पर महँगी और खूबसूरत साड़ी थी। वह लजाते-लजाते भीतर गई।

"साड़ी खरीदी है क्या?" ज़ाहिरा ने हमीद की पत्नी से पूछा।

"नहीं। काम्बले साहब की पत्नी राधा मैडम ने अपनी पुरानी साड़ियाँ दी हैं। और साहब ने उनके पुराने कपड़े मुझे दिए हैं। कल से हम दोनों उनके यहाँ काम पर जा रहे हैं। ये उनके घर के कामकाज करेगी और मैं गाड़ी पर।" हमीद स्वप्नवत् बोल रहा था।

"चलो अच्छा हुआ।" ज़ाहिरा इस बातचीत को बीच में ही काटते हुए बोली। हमीद भी निकलना चाह रहा था। वह और उसकी पत्नी दोनों बलशेटवार के घर के बाहर निकल गये। ये दोनों जैसे ही बाहर गये, बलशेटवार तिरस्कार से जोर से थूका। "कुत्ता ऽ ऽ मुझे पी.ए. कहता है—ऐसा बोल रहा है। अछूतों का जूठन खाएगा। उनके पुराने कपड़े पहनेगा और हम पर रोब झाड़ेगाऽऽ।" बलशेटवार के प्रत्येक शब्द में से चिनगारियाँ निकल रही थीं।

ज़ाहिरा भी आक्रामक हुई थी। "मेरे पर थूक। उस पर क्यों थूकता है। मुझे फँसाकर लाया। बंगला है, खेत है। कहाँ है? यहाँ झोंपड़ी में रखा है। मेरे साथ एक बार सोने का जो रेट था, उतना भी तू मेरे ऊपर खर्च नहीं करता। इन गरीबों को डरा-धमका कर जितना कमाता है, वह मैं एक रात में कमाती थी। बड़े-बड़े लोग आते थे, मेरे पास। मेरे पैर चाटते थे। मैं यहाँ भिखारिन बन गई हूँ।" ज़ाहिरा की आँखों से आँसू बहने लगे।

"मैंने तुझे फँसाया नहीं है। गाँव में मेरा घर है, खेती है।" बलशेटवार उसे समझा रहा था।

ज़ाहिरा प्रक्षुब्ध हो चुकी थी। "उसे क्या आग लगाने का है?" ज़ाहिरा पागल हो गई थी। वह बलशेटवार की ओर एक लफंगे के रूप में देख रही थी। उसकी नजर में द्वेष झलकता था।

"मैं कल निकल जाऊँगी, यहाँ से। बस्स, बस्स हो गया।"

"तू यहाँ से गई तो मैं मर जाऊँगा।"

"मैंने तेरे जैसे बहुत देखे हैं। आदमी को अच्छी तरह से पहचानती हूँ मैं।"

बलशेटवार पश्चात्तापदग्ध था। उसे कुछ भी सूझ नहीं रहा था। वह जगह से उठा और उसने सन्दूक से सत्तूर निकाला। उसके हाथ में तेज सत्तूर था। उसने सत्तूर से खुद पर वार करना चाहा।

"यह नाटक किसी और को दिखा।" कहते हुए ज़ाहिरा ने सत्तूर उसके हाथ से ले लिया। "तू मरेगा और मैं जेल जाऊँगी, समझा, मेरे जाने के बाद आराम से मर।"

ज़ाहिरा ने उसके हाथ से सत्तूर लेकर कोने में फेंक दिया और बलशेटवार की ओर तीखी निगाहों से देखा। उसकी वह नजर सत्तूर से भी तेज थी। बलशेटवार असहाय होकर जमीन पर गिर गया। वह बेहोश हो गया था।

शाम को उन दोनों में पता नहीं क्या समझौता हुआ? सबेरे अलबत्ता दोनों हमेशा की तरह एक-दूसरे के साथ पेश आ रहे थे।

बलशेटवार का चेहरा उदास हो गया था।

हमीद ने सदानन्द काम्बले के कपड़े पहन लिए थे।

हमीद की पत्नी राधा मैडम के कपड़े पहनी थी।

बस्ती की जुबान पर उन दोनों की चर्चा थी।

सभी लोग कलशेट्टी के कवेलु के घर में इकट्ठे हुए थे। बलशेटवार और कलशेट्टी बीच में बैठे थे। उसके सम्मुख उनके गैंग के लोग थे। दोनों के गैंग की संयुक्त बैठक चल रही थी।

सर्वप्रथम कलशेट्टी सबको सम्बोधित करते हुए बोलने लगा, "अब हम लोगों पर ज्यादा जिम्मेदारी है। अब हमें पैसे थोड़े से कम मिलेंगे, पर पुलिस का डर नहीं रहेगा। भाड़ा अगर बढ़ा देंगे, तो लोगों में असन्तोष पैदा हो जाएगा। बजाय इसके झोंपड़ियों की संख्या बढ़ानी होगी। खुली जगह पर झोंपड़ियाँ खड़ी करनी होंगी। लोगों पर नजर रखो। कौन क्या कर रहा है इसे देखते रहो। आँखें खुली रखकर चलो।"

कलशेट्टी के बाद बलशेटवार ने मार्गदर्शन किया। उसने कहा, "हमें अपनी आय बढ़ाने के लिए नये मार्ग खोजने पड़ेंगे। बाहर के गुण्डों के सम्पर्क में आना होगा। गुण्डों के अन्य दलों के साथ उठना-बैठना पड़ेगा। वहाँ के गुण्डों को प्रोत्साहन देना होगा। अन्य झोंपड़ियों में हमें अपना काम बढ़ाना होगा। वहाँ अगर गुण्डे न हों तो गुण्डों का निर्माण करना होगा। आक्रामक और झगड़ालू युवकों को पकड़ कर यह काम किया जा सकता है। भड़कीले माथे के और गरम खून के युवकों को खोज निकालना होगा। इसके सिवा हम सफल नहीं हो सकेंगे।" बलशेटवार अपनी योजना विस्तार से रख रहा था।

"अगर ऐसा हुआ, तो मालामाल हो जाएँगे।" आगलावे आलस्य झटकते हुए बोला।

"सभी तरफ मेरी पहचान है," उस्मान सुपारी लेने पर जैसे बोलते हैं, वैसे बोल रहा था।

बैठक खत्म होने पर बलशेटवार पीठ पीछे हाथ बाँधकर अपने घर की ओर निकला। उसके पीछे सावल्या, बण्टी और पिण्टया चल रहे थे। बलशेटवार को खुद का दिमाग भूत-बँगले की तरह लग रहा था। उसके मन में घुड़दौड़ शुरू हुई थी। "हम गुनहगारों का संगठन बना रहे हैं। समाज में संगठित गुनहगारी को जन्म दे रहे हैं। गुनहगारी का धर्म नहीं होता। गुनाह ही उनका धर्म होता है। हमारे गैंग में सभी जाति-धर्म के गुण्डे हैं। हम उनकी जाति नहीं देखते। उनमें स्थित 'क्रिमिनल' तत्त्व देखते हैं।"

बलशेटवार फाँसी के फन्दे की ओर जाते कैदी की तरह चल रहा था। सावल्या, बण्टी और पिण्टया उसके पीछे हँसी-मजाक करते निकले थे। रास्ते में आने-जाने वाले उन्हें नमस्कार कर रहे थे।

सड़क पर एक बड़ी घुस मरी पड़ी थी। कौओं ने उसकी अँतड़ियों को बाहर

निकाला हुआ था। बलशेटवार के कदमों की आवाज से कौआ उड़ गया। "सुना है कि मृत पूर्वज मरे हुए घुस भी खाते हैं।" पिण्टया अनर्गल बातें कर रहा था। "यह भी कोई तो तेरा पूर्वज रहा होगा।" सावल्या ने पिण्टया से व्यंग्य किया। कौआ फिर से मरी हुई घुस के पास आकर बैठ गया।

बस्ती के बूढ़े पाइप-लाइन के पास इकट्ठे हुए थे और आने-जाने वाले वाहनों की भीड़ को देख रहे थे। इनमें से कुछ कह रहे थे कि ठीक से दिखाई नहीं देता, कोई कह रहा था ठीक से सुनाई नहीं देता। किसी की दाढ़ दुख रही थी, तो किसी की कमर में दर्द था। किसी को छड़ी खरीदनी थी, तो किसी को चश्मा। किसी की बहू ठीक से व्यवहार नहीं कर रही थी, तो किसी का बेटा ठीक से बोल नहीं रहा था। सभी को मौत का इन्तजार था।

नाना अधिकार पूर्वक बोल रहा था—"बूढ़ों को विद्रोह करना चाहिए। महात्मा गाँधी जी बूढ़े ही तो थे।"

अब्बू ने नाना का मजाक उड़ाया था—"राम-राम बोल। विद्रोह से व्यवस्था नहीं बदलती। वह अपनी सुविधा के अनुसार बदलती है। अब हमें इस दुनिया की नहीं, उस दुनिया की सोचनी चाहिए। ऊपर से बुलावा आया कि निकलना होगा।" दाद्या ने विषय को मोड़ दिया—"तुझे औरत के साथ सोने की इच्छा होती है कि नहीं?" दाद्या का प्रश्न सुनकर सभी बूढ़े जोर-जोर से हँसने लगे। "अरे अभी तू मरेगा नहीं। नाती की शादी करके मरेगा तू।" सुरजित आज खामोश था। आवारा बच्चों ने उसे छला था। कोई बूढ़ा बच्चों के समूह में फँस गया कि बच्चे उसे सताते। बूढ़े की टोपी उछालते। उसकी पीठ पर कंकड़ मारते। उसकी छड़ी ले भागते। इस कारण बूढ़े आवारा बच्चों से घबराते। उन आवारा लड़कों के पीछे बूढ़े छड़ी लिए भागते। उन्हें अश्लील गालियाँ देते। आज बस्ती के आवारा लड़कों ने सुरजित को काफी परेशान किया था। सुरजित का चश्मा उन्होंने तोड़ दिया था।

बण्टी को तो बूढ़े कभी पसन्द नहीं आते। वह अपने बूढ़े माँ-बाप के साथ भी गलत ढंग से पेश आता। ये बूढ़े पाइप-लाइन के पास जहाँ इकट्ठे होते, वहाँ उस स्थान पर वह कई बार पेशाब कर चुका था। सण्डास भी कर चुका था। तब बूढ़ों ने एक दिन उसके सण्डास को जला दिया था। इस कारण उसके पेट में दर्द हुआ था। तब से वह इन बूढ़ों से कतराता था।

परन्तु आज वह जानबूझकर बूढ़ों के पास आया। बूढ़े सजग हो गये—"यह जगह किसी को देनेवाले हो क्या?" नाना ने जानबूझ कर पूछा। "यहाँ जो करोगे ना, उसका हिसाब ऊपर देना पड़ता है। ध्यान में रखा करो। ऊपर वाला सब देख रहा है।" दाद्या बण्टी को ऊपर वाले का डर बतला रहा था।

"अपनी छड़ियाँ सँभालो। छड़ियाँ चुरा कर ले जाएगा यह।" अब्बू ने सबको

सजग किया। बण्टी को अपराधी की तरह लगा। पर वहाँ से भाग खड़ा हुआ।

बूढ़े भजन गाने लगे। उनकी आवाज में करुणा थी। अब्बू और कासिम मगरिब की नमाज अदा करने के लिए उठे।

बण्टी 'जगदम्बा टी हाउस' की ओर निकला। वहाँ उसने उधारी लगाई थी। खटके गार्ड के साथ उसने सम्बन्ध सुधार लिए थे। और काक्या से भी।

'जगदम्बा टी हाउस' के पड़ोस में अशरफ ने साइकिल ठीक करने की दुकान खोली थी। अशरफ का लड़का रफीक यह दुकान सँभालता। बण्टी इसी दुकान में बैठकर टाइम-पास करता। बण्टी का सिगरेट फूँकना बढ़ गया था। और 'कलकत्ता पान स्टॉल' पर जाना भी। बण्टी के मन में उस पान ठेले के प्रति अद्भुत आकर्षण था। पक्षी जैसे घौसले की ओर निकलते हैं, वैसे वह पान-ठेले पर जाता। आज काक्या ने उसे खुद ही आवाज देकर बुला लिया था। बण्टी को लगा कि वह प्रीति की शादी के विषय में बातचीत करेगा। बण्टी गम्भीर था। वह संकोच के साथ काक्या के पास गया।

''बण्टी, मैं तुम्हारी बस्ती में होटल खोलना चाहता हूँ। बस्ती के बहुत से लोग यहाँ चाय के लिए आते हैं। उनको सुविधा हो जाएगी। और मेरा धन्धा शुरू हो जाएगा। मुझे रोड के पास की जमीन दिलवा दे।'' बण्टी ने काक्या के शब्दों को लपक लिया। पटाखे की लड़ी लगाने पर वह जैसे आवाज करते हैं, वैसे वह बोलने लगा—

''चलिए, अभी, इसी समय। अभी देखकर बतला देता हूँ। जगह के हजार रुपए होंगे। प्रतिमाह सौ रुपए अलग से देना होगा। काम्बले साहब से अगर आप फोन करें तो कम अधिक हो सकता है।'' काक्या ने बण्टी से हामी भरी—''दूँगा मैं हजार रुपए। इतनी छोटी बात के लिए साहब को क्यों फोन करूँ? मुझे फ्रन्ट साइड की जगह चाहिए '' काक्या आज पकड़ में आ गया है, यह देख बण्टी बेहद खुश था। काक्या अगर बस्ती में होटल खोलना चाहता है तो प्रीति को पटाना आसान हो जाएगा।

''पैसे दो। जगह अपने कब्जे में लो। कम्पाउंड मार लो।''

''पेट काटकर मैंने पैसे जमा किए हैं, धोखा नहीं होना चाहिए।''

''तू काम्बले साहब का आदमी है। तुझे कौन धोखा देगा। तेरे जैसे बड़े लोग हमारी बस्ती में आ जायें तो बस्ती में सुधार ही होगा।'' काक्या ने बण्टी को ताली दी। सहजता से ग्राहक मिलने के कारण बण्टी को अत्यधिक खुशी हुई थी। काक्या ने बण्टी को चाय पिलाई। सिगरेट के पैसे भी नहीं लिए।

''औरत मिलती है क्या रे तुम्हारी बस्ती में''

''एक क्यों दस औरतें मिलेंगी। तू होटल तो खोल। मैं लाकर देता हूँ काम करने वाली बाई।''

"सोने के लिए मिलती हैं क्या?"

काक्या का यह प्रश्न सुनकर बण्टी परेशान हुआ। काक्या ने भी बाद में विषय को नहीं बदला। "मैंने तो मजाक किया था।" कहकर उसने विषय बदल दिया। बण्टी को भी इसका कुछ विशेष कारण समझ में नही आया। बण्टी सिगरेट फूँकते बस्ती की ओर निकला। आने-जाने वाले ट्रकों पर की शेरो-शायरी वह पढ़ रहा था।

"बुरी नजरवाले तेरा मुँह काला।"

"मुद्दई लाख बुरा चाहे तो क्या होता है, वही होता है जो मंजूरे खुदा होता है।"

"कण्डोम कब-कब यौन सम्बन्ध जब-जब।"

"माँ का आशीर्वाद।"

"सुरक्षित फासला रखिए।"

"हॉर्न प्लीज।"

बण्टी बलशेटवार के घर की ओर निकला। काक्या जगह लेनेवाला है—यह वह बलशेटवार को सूचित करना चाहता था। बण्टी को प्रीति की लगातार याद आ रही थी।

बलशेटवार का घर काफी बड़ा था। घर के पिछवाड़े नीम का पेड़ था। घर के बायीं ओर एरण्ड के पेड़ थे। नहाने के पानी के कारण वे काफी बढ़ गये थे। उनसे सट कर दो केले के पेड़ थे। वहाँ चार-पाँच बत्तख चर रहे थे। बण्टी दरवाजे पर गया। बलशेटवार आराम से कुर्सी पर बैठकर मोबाइल का रिंगटोन बदल रहा था। बण्टी को देखकर उसने आलस्य त्यागा।

"मामा, काँख के बाल बहुत बढ़ गये हैं।"

"समय नहीं मिलता।"

"मैं निकालूँ क्या?"

"सैलून खोलने का इरादा है क्या?"

बलशेटवार के प्रतिप्रश्न से बण्टी को नया व्यवसाय सूझ गया। बस्ती में सैलून नहीं था। काक्या होटल खोल रहा है। मैं सैलून क्यों न खोलूँ? बण्टी मन ही मन बलशेटवार की काँख के बाल निकालने लगा। रघू की मूँछ का कट साधने लगा। कलशेट्टी की दाढ़ी बनाने लगा। उस्मान के सिर पर तेल लगाकर मालिश करने लगा। सावल्या की कटिंग करने लगा। पिण्टया का फेसियल करने लगा। आगलावे के बालों को डाय लगाने लगा।

"आओ ऽ आओ ऽ" बलशेटवार ने दरवाजे पर खड़े मुसलमानों को भीतर बुलाया। बण्टी ने सबके लिए सरतंजी डाल दी। बलशेटवार मुसलमानों की दाढ़ियों की ओर एकाग्रता से देख रहा था। इतने मुसलमान इकट्ठे यहाँ क्यों आए होंगे—इसको वह

समझ नहीं पा रहा था। बण्टी सबको पानी दे रहा था। मुसलमान घर आए इसे देख ज़ाहिरा का चेहरा खुल गया था। बलशेटवार अलबत्ता उलझन में था।

"मुस्लिम औरत को घर में क्यों रखे हो? पर पूछने तो नहीं आए होंगे ना!" यह सोच बलशेटवार चिन्तित हुआ।

सय्यद विशुद्ध मराठी में बोलने लगा—"हम लोग इन दिनों एक झोंपड़ी में नमाज अदा करते हैं। अब वह जगह कम पड़ रही है। हम मस्जिद बनाने का विचार कर रहे हैं। यह बात आपके कानों में डालकर काम शुरू करने की हमारी इच्छा है। धार्मिक कार्य को आप नकारेंगे नहीं, ऐसा विश्वास है।" सय्यद की बात का सभी ने समर्थन किया। अशरफ जोर-जोर से मस्जिद का समर्थन कर रहा था।

बहुत देर तक मौन साधे रहे बलशेटवार ने उन सबको डाँटा—"मस्जिद के लिए जगह नहीं मिलने वाली है। आज आप मस्जिद के लिए जगह माँगेंगे, कल कोई मन्दिर के लिए माँगेगा, परसों बौद्ध विहार के लिए। मस्जिद बनवा कर आप गुख्य धारा से अलग हो जाएँगे। वैसा मत कीजिए। हम सब लोगों को मिल-जुल कर करना चाहिए।"

सय्यद चिढ़ गया था—"अशरफ, ठीक है।" कहते हुए वह उठा। बलशेटवार ने सबको चाय पीने का आग्रह किया। पर चाय के लिए कोई भी नहीं रुका। ज़ाहिरा दुःखी हुई। "मैं एक हिन्दू की रखैल हूँ इसलिए उन्होंने मेरे हाथ की चाय को नकारा होगा।" बलशेटवार भी चिढ़ गया था—"मुसलमानों के लिए बनाई गई चाय मैं नहीं पीऊँगा, फेंक दे।" बलशेटवार की आवाज में चिढ़ थी। ज़ाहिरा ने भी बलशेटवार की बात को माना। पूरी चाय उसने गटर में उँड़ेल दी।

बदकों की दौड़-धूप शुरू हुई—"यहाँ रहना हो तो ठीक से रहो, नहीं तो पाकिस्तान चले जाओ।" बलशेटवार तनतना रहा था।

"बहुत हुआ तेरा नाटक, अभी चुप बैठ।" ज़ाहिरा ने इस एक वाक्य से ही बलशेटवार का मुँह सी दिया। "मुसलमान यहाँ क्यों नहीं रह सकते? वे यहाँ पैदा नहीं हुए हैं क्या? उन्हें पाकिस्तान भेजनेवाला तू कौन होता है? क्या इस मुल्क का तू मालिक है?" ज़ाहिरा अपना गुस्सा व्यक्त करते हुए घर के बर्तन समेट रही थी।

बलशेटवार—"तुझे क्या हुआ है?"

ज़ाहिरा—"तुझे हुआ है।"

बलशेटवार—"क्या हुआ है?"

ज़ाहिरा—"तेरे दिमाग में पाकिस्तान घुसा है। उसे बाहर निकाल।"

दरवाजे पर काक्या खड़ा था। वह सेक्युरिटी गार्ड की वर्दी में आया था। "आऊँ क्या?" उसने पूछा। "आओ काका, आओ।" बलशेटवार ने काक्या को आवाज देकर बुलाया। बलशेटवार सरौते से सुपारी काट रहा था। बण्टी नें ही मुँह खोला—"मामा,

इन्हें जगह चाहिए। मैंने इन्हें बुलाया है।" बलशेटवार कुछ न बोलते हुए सुपारी काट रहा था।

बलशेटवार–"तुझे मुसलमानों ने भेजा है?"

काक्या–"नहीं मैं ही आया हूँ।"

बलशेटवार–"तू मुझसे जगह लेकर मुसलमानों को दे देगा, मस्जिद बनाने।"

काक्या–"नहीं, मुझे होटल शुरू करना है।"

बलशेटवार–"लोग डुबा देंगे तुझे, उधार ले-लेकर।"

काक्या–"मैं किसी को उधार नहीं दूँगा।"

बलशेटवार–"नौकरी कौन करेगा?"

काक्या–"जब ड्यूटी नहीं होगी, मैं बैठूँगा। शेष समय में मेरी बेटी बैठेगी।"

बलशेटवार–"वह भाग जाएगी, किसी के साथ।"

काक्या–"आप जगह की बात कीजिए।"

बलशेटवार–"नोट ले आए हो?"

काक्या–"पाँच सौ हैं।"

बलशेटवार–"देखें।"

काक्या के हाथों से बलशेटवार ने नोट छीन लिए। काक्या का चेहरा उतर गया। "मैं ये पाँच रख लेता हूँ। होटल का उद्घाटन करने के पूर्व शेष राशि देनी पड़ेगी।" बलशेटवार की इस प्रकार की भाषा से काक्या परेशान हो गया। "पूरी राशि इकट्ठी दूँगा। पाँच सौ वापस कीजिए।" काक्या गिड़गिड़ाकर कहने लगा। "क्यों? मुझ पर विश्वास नहीं है क्या? एक बार ली हुई लक्ष्मी वापिस नहीं करनी चाहिए।" बलशेटवार की आवाज में कड़क और धमकी भी थी। काक्या ठण्डा पड़ गया। "जगह अलबत्ता किसी को मत दीजिए।" बार-बार कह रहा था। "पन्द्रह दिन के भीतर शेष राशि जमा कर, नहीं तो ये पाँच सौ डूब गये ऐसा समझ।" बलशेटवार अक्खड़ता से बोल रहा था। "हाँ, दूँगा।" काक्या डर गया था।

"अब निकलो यहाँ से।" बलशेटवार ने उसे जबरदस्ती से घर से निकाल दिया।

"उसको क्यों डराया।" ज़ाहिरा हँस रही थी। बण्टी भी हँस रहा था।

बण्टी–"मैं भी निकलता हूँ।"

बलशेटवार–"बैठ, कहाँ जाता है?"

ज़ाहिरा–"खाना खाकर जा, मीट है।"

ज़ाहिरा ने अलमारी में से ख्वाजा गरीब नवाज अजमेर शरीफ की दरगाह की तस्वीर निकाली। "बण्टी इसे दीवार पर लगा दे।" बण्टी ने तस्वीर हाथ में पकड़ दीवार पर नजर डाली। "कहाँ लगाऊँ?" बण्टी ने पूछा। "गणेश जी के पास"

ज़ाहिरा दृढ़ता से सुझा रही थी। "हाँ, लगा दे।" बलशेटवार ने भी समर्थन किया। बण्टी और बलशेटवार को गणेश जी की तस्वीर के पास ख्वाजा गरीब नवाज अजमेर शरीफ की दरगाह की तस्वीर देख चक्कर आ गया था। उसकी आँखों के आगे अँधेरा छा गया।

बाहर ठण्डी हवा शुरू हुई थी। घर में मीट की हल्की सुगन्ध फैल रही थी। भीतर बलशेटवार और बण्टी हिसाब-किताब की कापियाँ लेकर बैठ गया। "कौन पैसे नहीं देता, किससे कितने आने बाकी हैं और कौन नियमित रूप से पैसे देता है।" वे दोनों इसकी चर्चा कर रहे थे।

बस्ती में ट्रक के आने की आवाज हुई। सम्भवतः अमरिन्दर के आने की यह सूचना थी। वैशाली भी ऐसे ही रात-बेरात आती। कभी रिक्शा से तो कभी टैक्सी से। बस्ती में कोई नया आदमी आता कि कुत्ते बेतहाशा भौंकते। कुत्ते भौंकने लगे कि बस्ती के लोग समझते कि कोई नया बस्ती में आया है। सूत गिरनी के भोंपू के कारण कितने बजे हैं और कौन-सी पाली शुरू हुई है, इसका पता चल जाता।

बलशेटवार, बण्टी और ज़ाहिरा खाना खा रहे थे। बाहर तालियों की आवाज आई। "कैसी तालियाँ बजीं?" बण्टी के चेहरे पर उत्सुकता झनझना रही थी। "तू खाना खा पहले।" बण्टी और प्रश्न न पूछे, इसलिए ज़ाहिरा ने उसे टोका। "शायद किसी छोटे बच्चे का बर्थ डे मनाया जा रहा है।" बलशेटवार नली को चूसते हुए अपना अन्दाज व्यक्त कर रहा था।

"क्या है रे?"

"पेढ़े ले आया हूँ।"

"किसलिए?"

"हमने टी.वी. खरीदी है।"

"कौन सी फिल्म है।"

"शोले।"

प्रशान्त ने पेढ़े दिए थे। और ज़ाहिरा का खाने पर से मन उचट गया। बलशेटवार के भी खाने का मजा किरकिरा हो गया। बण्टी टी. वी. देखने को बहुत उत्सुक था। बस्ती में पहला टी.वी. सेट आया था। बलशेटवार निवाले को चबाते-चबाते विचार कर रहा था। अब बस्ती में जॉबर का महत्त्व बढ़ जाएगा। लोग उसके घर टी. वी. देखने जाएँगे। और लोग भी टी. वी. खरीदेंगे। उन्हें जानकारी मिलती जाएगी। शोषण के विरोध में उनमें अहसास का निर्माण होगा। धर्म और सेक्स यही मनुष्य की मूलभूत जरूरतें हैं। टी. वी. वालों को इन दो विषयों के ही कार्यक्रम दिखलाने चाहिए। इससे किसी भी प्रकार का विद्रोह नहीं होगा। टी. वी. वाले मेरी कैसे मानेंगे? बजाय इसके सबको ही टी.वी. सेट खरीद करने हेतु ब्याज से पैसे दें

और केबल का व्यवसाय शुरू करें। बलशेटवार को नया व्यवसाय सूझ गया था। बलशेटवार ने हाथ धो लिए। ज़ाहिरा का भी खाना हो चुका था। बण्टी अलबत्ता थाली पोंछकर खा रहा था। बलशेटवार बेचैन हो गया था। ज़ाहिरा को भूतकाल में देखे हुए ब्लू फिल्म्स की याद आने लगी।

"चल बण्टी, टी.वी. देखकर आएँगे।"

"मैं भी आऊँ क्या?"

"तू चुप बैठ।"

"क्यों?"

"हम भी टी. वी. लेंगे, तब देखना।"

"इस जन्म में या अगले जन्म में।"

ज़ाहिरा के जिद्दी स्वभाव के कारण बलशेटवार हताश हो गया था। अब टी.वी. खरीदे बगैर मेरी छुट्टी नहीं होगी, इसे वह भाँप गया था।

दाँत में काड़ी डालते हुए बलशेटवार उठ खड़ा हुआ। बण्टी ने आराम करना चाहा।

"अरे गधे! खाना खाते ही नहीं चाहिए। इससे खाया हुआ अन्न गधे के शरीर में चला जाता है।" बलशेटवार ने बण्टी को डाँटा।

ज़ाहिरा बर्तन समेट रही थी। बण्टी उसके गोरे अंगों की ओर रहा था। आगे बलशेटवार और पीछे बण्टी निकले। बण्टी को जबरदस्त ठेस लगी। पर गिरते-गिरते बचा। अगर गिरता तो शायद आगे के दो दाँत भी गिर जाते। उसके एक पैर का अँगूठा फट चुका था। उसकी आँखें भर आईं। वह लँगड़ाते-लँगड़ाते बलशेटवार के पीछे निकला।

"ज़ाहिरा ने गाली दी होगी, इसीलिए ठेस लगी है।" बण्टी मन-ही-मन ज़ाहिरा को दोष दे रहा था।

खुद बलशेटवार के घर पर आ जाने से जॉबर और उसकी पत्नी कल्पना हड़बड़ा गये थे। उनका लड़का प्रशान्त अड़ोस-पड़ोस में पेढ़े देकर अभी-अभी आया था। जॉबर को अपनी टी. वी. महिमा का पता चल गया। उसने बलशेटवार को बैठने के लिए कुर्सी और बण्टी के लिए स्टूल दे दिया। जॉबर ने अपनी जेब से रूमाल निकाल कर बलशेटवार को दी हुई कुर्सी पोंछ ली। बण्टी असहनीय यातना को सहते हुए स्टूल पर बैठा।

जॉबर—"क्या हुआ रे?"

बण्टी—"ठेस लग गई। किसी ने तो गालियाँ दी होगीं।"

जॉबर—"तुझे कौन गालियाँ देगा?"

बलशेटवार—" ज्यादा लग गया है क्या?"

बण्टी–"अँगूठा फट गया है।"

बलशेटवार–"देखें ऽ ऽ"

जॉबर–"मिट्टी का तेल ले आ।"

कल्पना मिट्टी के तेल का डिब्बा ले आई। जॉबर ने बण्टी के अँगूठे पर तेल उँड़ेल दिया। "बहुत लग गयी है।" जॉबर ने खेद व्यक्त किया। "नीचे देखकर नहीं चलता है ना! जा, अँगूठे पर मूत कर आ, ठीक हो जाएगा।" बलशेटवार ने बण्टी के प्रति नाराजगी के स्वर में प्रतिक्रिया व्यक्त की। "अँधेरे में दिखलाई नहीं दिया"–बण्टी अपनी इस गलती के प्रति उद्वेग व्यक्त कर रहा था।

"तेरे टी. वी. के कारण इसका अँगूठा फट गया। अब वह नुकसान तुझे भरना होगा।" बलशेटवार ने मजाक में जॉबर को सुनाया। इसे सुन जॉबर गम्भीर हो गया।

जॉबर ने पोर्टेबल ब्लैक एण्ड व्हाइट टी. वी. खरीदा था। प्रादेशिक चैनल के कार्यक्रम दिखलाई दे रहे थे। स्क्रीन पर चित्र की अपेक्षा चींटियाँ ही अधिक दिखलाई दे रही थीं। अलबत्ता आवाज सुस्पष्ट सुनाई दे रही थी। जॉबर की पत्नी ने उतनी गड़बड़ी में भी सबको चाय दी। बलशेटवार चाय का स्वाद लेते हुए नेता की तरह दृढ़ आवाज में बोल रहा था–"सबको टी. वी. खरीदना चाहिए। जॉबर ने अच्छा उदाहरण प्रस्तुत किया है।" जॉबर के मुँह से सूत गिरनी के भोंपू की तरह आवाज निकल रही थी। "खामोश बैठिए ऽ ऽ... शोर मत कीजिए।" घर में बैठे बच्चों की भीड़ एकदम खामोश हो गई।

"लोग तुम्हारे घर में भीड़ करेंगे। घर थिएटर बन जाएगा।"

"जब तक नयापन होगा, तब तक लोग आएँगे ही।"

"ठीक है, चलने दो। आवाज अलबत्ता कम ही रखो। अगर ऐसा नहीं हुआ तो टी. वी. कुर्क कर लूँगा।"

बलशेटवार ने हँसते हुए जॉबर से विदाई ली। जॉबर ने बलशेटवार की विदाई हेतु दोनों हाथ जोड़े। बण्टी लँगड़ते हुए धीरे-धीरे बलशेटवार के पीछे-पीछे निकला। आगलावे के घर के सामने आठ-दस साइकिलें खड़ी थीं। उसके घर के पिछवाड़े जुआ चल रहा था। राजा शितोले रातपाली के लिए निकला था। रास्ते से आने-जाने वाले लोग बलशेटवार को नमस्कार कर रहे थे। 'खाना हुआ क्या?' पूछ रहे थे। वैशाली का भाई हर्षद घर के सामने बैठ अध्ययन कर रहा था। अब्बू आँगन में बैठ खाना खा रहा था। उस्मान की पत्नी वहीदा आँगन में झाड़ू लगा रही थी। मैना के घर के सामने दारू पीनेवालों की भीड़ लगी हुई थी। सुरेखा माने के घर से जवार की रोटी थापने की आवाज आ रही थी। रात की भयावह शान्ति में जानवरों के चमड़े की दुर्गन्ध फैल रही थी।

बण्टी–"मामा, यह दुर्गन्ध दिन-ब-दिन बढ़ती जा रही है।"

बलशेटवार–''आदत बना ले।''

बण्टी–''आपकी बात समझ नहीं पा रहा हूँ मैं।''

बलशेटवार–''एक अछूत की हत्या कर मैं जेल हो आया हूँ, उसके फल भोग रहा हूँ।''

बण्टी–''हवा चलते ही गन्दी बास आने लगती है। नींद नहीं आती।''

बलशेटवार–''अछूतों को उनकी जाति का संरक्षण है। हम अगर कुछ करें तो अट्रोसिटी लग जाती है।''

अचलपुर धरणगाँव रोड पर स्थित भूखण्डों की कीमतें बढ़ चुकी थीं। इस रोड पर मदर टेरेसा हाईस्कूल तथा जूनियर कालेज की इमारतें बन चुकी थीं। सूत-गिरनी शुरू हो चुकी थी। डॉ. बाबासाहेब आम्बेडकर कला तथा वाणिज्य महाविद्यालय की भव्य इमारत खड़ी हो चुकी थी। माणिकचन्द और गोपीचन्द के प्रयत्न से शिवाई सहकारी चीनी कारखाने का निर्माण कार्य जोरों से था। इस रोड पर भूखण्ड लेकर अनेकों बँगले बनवाये जा रहे थे। धरणगाँव और अचलपुर ये दोनों गाँव तेजी से बढ़ रहे थे और एक-दूसरे से जुड़ रहे थे। गरीबी हटाओ झोंपड़पट्टी बढ़ रही थी। और झोंपड़पट्टी की समस्याएँ भी बढ़ रही थीं।

बलशेटवार–''तू इतने तनाव में क्यों बोलता है? मेरा फोन करना तुझे पसन्द नहीं आता क्या?''

सदाशिव मोरे–''वैसा कुछ नहीं है''

बलशेटवार–''मुझे केबल का व्यवसाय शुरू करना है। कितना खर्च आएगा? मुझे तेरी मदद चाहिए?

बलशेटवार–''हमारी केबल सूत गिरनी तक जाती है। वहाँ से आगे वायर खींचनी होगी कितने कनेक्शन हैं? कब काम शुरू करना है?''

बलशेटवार–''मुझे केवल जानकारी चाहिए।''

सदाशिव मोरे–''तू बता कब शुरू करना है। मैं तेरी मदद करूँगा।''

बलशेटवार–''मेरा नम्बर सेव करके रख। मुझे मोबाइल मत कर। पर मेरे करने के बाद जरा ठीक से बोल।''

बलशेटवार घर के पास पहुँच चुका था। चलने में तकलीफ हो रही थी ऐसा कह कर बण्टी घर से निकल चुका था। ''लोगों को ब्याज से पैसे दूँगा। टी. वी. लेने पर मजबूर करूँगा।'' बलशेटवार भविष्य की योजनाएँ बना रहा था। उसका प्रत्येक कदम योजना आयोग की तरह बढ़ रहा था। युनुस की पत्नी इमराना ब्याज से पैसे माँगने हेतु उसके घर पर आकर बैठी थी। बलशेटवार को देखकर, बहुत देर से उसके इन्तजार में बैठी इमराना को खुशी हुई थी।

इमराना–''मामा, मेरी जरूरत को पूरा कीजिए। दो सौ रुपये चाहिए।''

बलशेटवार–"युनूस, इन दिनों कहीं दीख नहीं रहा है।"

इमराना–"मुम्बई गया है। बहन के पास। अगले सप्ताह आनेवाला है। इकबाल को कॉल आया है। उसे बदलापुर जाना है। उसका पहला पगार हो गया कि मैं पैसे वापस करूँगी।"

बलशेटवार–"दो सौ क्यों? दो हजार ले, टी. वी. ले।"

इमराना–"वापस कैसे करूँगी?"

बलशेटवार–"उसकी फिक्र क्यों करती हो? मैं थोड़े ही परेशान करनेवाला हूँ। दे, जैसे भी होगा।"

इमराना–"दो सौ ही दीजिए।"

बलशेटवार–"अब छोटे कर्ज देना मैंने बन्द किया है। दो हजार चाहिए तो बोल।"

ज़ाहिरा–"यह ले दो सौ। जा।"

इमराना–"मेरी बहन ने पैसे दिए हैं। अल्लाह, तेरा भला करे।"

इमराना खुशी से बाहर निकली। उसकी जरूरत पूरी हो चुकी थी। "अल्लाह, मेरा क्या भला करेगा?" ज़ाहिरा खुद को दोष देते हुए उठी। उसने घर में झाड़ू लगाया। बलशेटवार खामोश था। घर के पास टिटिहरी बोल रही थी। "तीन दिन से लगातार टिटिहरी बोल रही है, कुछ तो बुरा घटित होगा।" बलशेटवार मौन छोड़ते हुए बोला। "रिंकी की माँ बहुत बीमार है। वह मरेगी। और क्या होगा?" ज़ाहिरा बिस्तर ठीक करते हुए बोली।

"कल हम भी टी. वी. लेंगे।"

"पहले गाड़ी ले।"

"गाड़ी भी लेता।"

"ऐसा ही बोलता है तू, करता कुछ नहीं।"

"अचलपुर का घर बेचकर गाड़ी लूँगा।"

"तेरा घर कोई नहीं खरीदेगा।"

"वैशाली को उठाऊँगा। पचीस हजार आराम से मिल जाएँगे। मुम्बई में पचीस हजार में गाड़ी मिलेगी।"

"वैशाली के पीछे कलशेट्टी है।"

"दूसरी मिलेगी।"

"मुझे बेच।"

"तुझे बेचूँगा तो हेलिकॉप्टर आएगा।"

"तू मुझे बेचेगा?"

ज़ाहिरा और बलशेटवार की बातों में रात अच्छी तरह से कट चुकी थी। अँधेरा

अफीम की तरह मदभरा लग रहा था। दोनों बिस्तर पर चले गये। ज़ाहिरा को धन्धे के दिन याद आ गये।

बलशेटवार ने ज़ाहिरा की मालकिन को पचास हजाए रुपये दिए थे। और ज़ाहिरा के बदले में दो लड़कियाँ–पिंकी और रिंकी। पिंकी और रिंकी इसी गाँव की। दोनों अपने घर मनीऑर्डर भेजतीं। दोनों के घरों की हालत सुधार चुकी थी।

रिंकी के भाई गोविंदा ने खेत खरीद। दो भैंसें भी ली थीं। रिंकी के घर से बलशेटवार के घर रोज एक लिटर दूध जाता था फोकट में।

पिंकी के भाई तुषार ने घर लिया था। रिक्शा थी। बलशेटवार को कहीं बाहर जाना हो तो वह तुषार की रिक्शा का उपयोग करता। गोविंदा और तुषार का बलशेटवार के यहाँ आना-जाना था।

पिंकी और रिंकी मुम्बई से घर आने पर ज़ाहिरा के यहाँ गपशप हेतु आतीं। ग्राहकों के मजेदार किस्सों को याद करके तीनों खूब हँसते। पिंकी और रिंकी को ज़ाहिरा धन्धे की चार अच्छी बातें बतलाती–''ग्राहक अपना भगवान है। उसे खुश करना चाहिए। उसकी इच्छा पूरी करनी चाहिए, उसकी मर्जी रखनी चाहिए, उसके लिए सिगरेट पीनी चाहिए। दारू पीनी चाहिए। उसे जो चाहिए वह देना चाहिए। हमारा जन्म उसे देने के लिए ही हुआ है। ग्राहक को पूर्ण सन्तुष्ट होकर जाना चाहिए। वह हम पर पैसे लुटाता है। इसलिए हमें उस पर कुर्बान हो जाना चाहिए। अपनी देह उसे समर्पित कर देनी चाहिए। हमारी जवानी, हमारी खूबसूरती उसके लिए ही है। वह नहीं तो इस जवानी का कोई मतलब नहीं। हमें उसे भरपूर प्रतिसाद देना चाहिए। उसे चूस लेना चाहिए। उसके आलिंगन में खुश हो जाना चाहिए। अपना सब कुछ उस पर लुटाते समय हमें खुशी होनी चाहिए। ऐसा ग्राहक अपवाद रूप में ही आता है। बदन का पानी-पानी कर देता है। शेष सभी मुर्गे की तरह अलग हो जाते हैं।''

रात को पहरेदार पहरा देते समय जैसे आवाज देता है, ठीक वैसे ही बैलों की आवाज आ रही थी। सोचते-सोचते ज़ाहिरा को नींद आ गई। बलशेटवार जोर-शोर से नींद में बड़बड़ा रहा था। पुलिस को गालियाँ दे रहा था। ज़ाहिरा स्वप्न देख रही थी। वह सड़क पर भाग रही थी। नग्न थी। उसके पीछे एक साँड़ लगा था।

ज़ाहिरा की नींद खुल गई। फिर से एक बार उसे बैलों का चिल्लाना सुनाई दे रहा था।

❑ ❑ ❑

''यह देख हमें फिर-से एक बार बस्ती के बाहर निकाल दिया जाएगा। पचास प्रतिशत झोंपड़ियों पर नीला झण्डा फहरा रहा है। जगह देते समय हमने किसी की जाति नहीं पूछी। नोट देखते रहे। उसका यह परिणाम।'' कलशेट्टी पिंजरे में फँसे

बाघ की तरह आक्रोश में था।

"झोंपड़पट्टी में यही लोग तो आएँगे न!" ज़ाहिरा ने कलशेट्टी को निरुत्तर करने का प्रयत्न किया। कलशेट्टी ने उसकी बात की ओर जरा भी ध्यान नहीं दिया।

"ये सब रमा बाबर के कारण हुआ है। काशिनाथ पोलके, सिद्धार्थ पगारे, प्रा. राहुल बनसोडे और रमा बाबर ने झोंपड़पट्टी धारकों का संगठन बनाया है। अब वे इस बस्ती में पैर रख रहे हैं।" कलशेट्टी सन्तप्त था। उसकी आँखें धधकते कोयले की तरह दीख रही थीं। उसे और बलशेटवार को अपमानित करके अचलपुर में से निकाल दिया गया था; इस याद में वह बेचैन था। "हम उन्हें रोक नहीं सकते। उनके हाथ बहुत ऊपर तक पहुँचे हैं।" बलशेटवार बड़े धीमे परन्तु दृढ़ स्वर में बोल रहा था।

"हम भी शिवशक्ति की शाखाएँ निकालेंगे।" कलशेट्टी नया उपाय सुझा रहा था।

गरीबी हटाओ झोंपड़पट्टी में स्थित आधे से अधिक झोंपड़ियों पर नीले झण्डे लहरा रहे थे। इस कारण बस्ती में दलितों की मेजोरिटी है—यह स्पष्ट था। अचलपुर—धरणगाँव रोड पर एक बहुत बड़ा मण्डप सजाया गया था। मण्डप में छत्रपति शिवाजी महाराज, महात्मा फुले, राजर्षि शाहू महाराज, अहिल्या देवी, बाबा साहब अम्बेडकर और अण्णाभाऊ साठे की प्रतिमाएँ रखी गई थीं। विकास मोरचा नामक झोंपड़पट्टी धारकों के संगठना की स्थापना हो चुकी थी। गरीबी हटाओ झोंपड़पट्टी की शाखा का आज उद्घाटन होनेवाला था।

"इस झोंपड़पट्टी को हमने बसाया। इन लोगों को यहाँ ले आए। झोंपड़ियाँ बढ़ाईं। तब किसी को याद नहीं आई। बाहर के लोगों को अब इस झोंपड़पट्टी की याद आ रही है। वे हमारे नेता बनने के लिए निकले हैं। लोग भी उनके पीछे लगे हैं। अब वे हमें भूल रहे हैं। हम अगर इन्हें जगह न देते तो ऽ ऽ ऽ" कलशेट्टी लगातार बोल रहा था। गरीबी हटाओ झोंपड़पट्टी की बगल में 'विकास मोरचा' का बोर्ड लग गया था। कलशेट्टी प्रक्षुब्ध होकर बोल रहा था। "आज इन्होंने संगठन के नाम का बोर्ड लगाया है। कल वे संगठन का ऑफिस शुरू करेंगे। पावतियाँ फाड़ने लगेंगे। लोग किन-किन को पैसे दे सकेंगे? इन्हें कि हमें? उनके पास संगठन का बैनर है। हमें भी संगठन बनाना चाहिए। संगठन का बोर्ड लगाना चाहिए। पावतियाँ छपानी चाहिए। ऑफिस शुरू करना चाहिए। अगर हम ऐसा नहीं करेंगे तो हमारे खिलाफ शिकायतें शुरू हो जाएँगी। खामोश बैठकर नहीं चलेगा, हाँ। हाथ-पैर हिलाने होंगे।" कलशेट्टी अपने मन में स्थित टीसती वेदना को प्रगट कर रहा था।

"तेरा कहना ठीक है। दलित लोग भाड़ा देने से मुकर गये तो अन्य जाति के लोग हैं। उन्हें अपनी ओर मोड़ना होगा। सवर्णों के सिर गिनने होंगे। वे दलितों के साथ न जायें, इसलिए उनमें मनमुटाव पैदा करना होगा। जातिवाद बढ़ाना होगा। दलित ईश्वर और धर्म के विरुद्ध बोलते हैं। इसलिए हमें ईश्वर और धर्म के पक्ष

में खड़ा होना होगा। अब हमारे अस्तित्व की लड़ाई शुरू हुई है, इसलिए ढाल-तलवार के रूप में जाति-धर्म का ही उपयोग करना पड़ेगा।'' बलशेटवार परिपक्व राजनीतिज्ञ की तरह बोल रहा था।

''कल क्या करेंगे, यह प्रश्न मेरे सम्मुख नहीं है। अगर जरूरत पड़ी तो मैं जेल भी जाऊँगा। मेरा कहना है कि हम अगर यह सब देखते बैठेंगे, तो वे हमारा घर भी जला देंगे। अगर हमें जिन्दा रहना है तो फिर निरन्तर उपद्रव मचाना होगा। उनका बोर्ड निकाल फेंकना होगा। उनके कार्यक्रम तितर-बितर करने होंगे। लोगों को धमकाना होगा।'' बलशेटवार के सुर में सुर मिलाकर कलशेट्टी बोल रहा था। उसके स्वर में अत्यधिक निराशा और अकेलेपन का अहसास था। ''लोग हमारे खिलाफ नहीं जाएँगे। उन्हें यही रहना है।'' बलशेटवार कलशेट्टी की झूठी समझ को दूर करने का प्रयत्न कर रहा था। ''एक ओर हम लोगों से बात करेंगे, दूसरी ओर उनके नेताओं को बहलाने का प्रयत्न भी करेंगे। बाहर के लोग हमारी बस्ती में हस्तक्षेप न करें। लोग अगर नहीं माने तो बाहर के गुण्डे लाएँगे। अब पीछे नहीं हटेंगे।'' कलशेट्टी अपना निश्चय व्यक्त करने का और बलशेटवार को भड़काने का काम कर रहा था।

'विकास मोरचे' का पूरे जिले भर में काम था। जिले की प्रत्येक झोंपड़पट्टी में उनकी शाखा थी। जाति-धर्म के परे जाकर शोषितों की ओर से संघर्ष करने वाली यह संगठना थी। झोंपड़पट्टी धारकों की मुक्ति झोंपड़पट्टी के दादा से करना और उन्हें मूलभूत सुविधाएँ करा देना, इसलिए यह संगठन अस्तित्व में आया था। इस कारण कलशेट्टी क्षुब्ध था। सूत गिरनी के कामगार सबसे पहले इस संगठन के सदस्य बन गये थे। उनमें से अधिकांश दलित थे। विकास मोरचे के कार्यकर्ताओं में भी अधिकांश दलित ही थे। इस कारण दलितों को उनके खिलाफ भड़काना आसान था। कलशेट्टी और बलशेटवार इस पर गम्भीरता से विचार कर रहे थे।

विकास मोरचे ने अपनी प्रमुख माँगें लोगों के सम्मुख रख दी थीं।

विकास मोरचे के काम से लोग परिचित थे। विकास मोरचे की माँगों का हैण्डबिल घर-घर बाँटा जा रहा था–

- तहसील में स्थित दलित-आदिवासी की बस्तियाँ 1995 के शासकीय नियमानुसार स्थायी कर दी जाएँ।
- झोंपड़पट्टी में स्थित प्रत्येक झोंपड़ी के लिए स्वतन्त्र नल की सुविधा दी जाए।
- झोंपड़पट्टी की सड़कों पर कोलतार बिछाया जाए।
- झोंपड़पट्टी जहाँ शुरू हो जाती है, वहाँ गतिरोधक लगाया जाए।
- झोंपड़पट्टी के पास प्रत्येक बस का स्टॉप दिया जाए।

- झोंपड़पट्टी दादाओं को वहाँ से निकाल दिया जाए।
- झोंपड़पट्टी को हगनहटी से मुक्त किया जाए।

विकास मोरचे की माँगें व्यापक थीं। इस कारण झोंपड़पट्टी धारकों की आशाएँ पल्लवित हुई थीं। "दलितों में से जो कोई भी ऊपर देखकर चलेगा, उसका वंश मिटा दिया जाएगा।" ऐसी धमकी झोंपड़पट्टी दादाओं ने दी। तो गरीबी का अर्थ केवल आय कम नहीं होना है, अपितु निरक्षरता, अस्वच्छता, निकृष्ट पद्धति का जीवन, पारिवारिक अन्याय, लड़कियों की उपेक्षा और गरीबी आदि कई कारण हैं। इस आशय का हैण्डबिल पढ़कर लोगों ने मुक्ति की साँस ली थी। झोंपड़पट्टी दादाओं को जिन्दगी में पहली बार लोगों से डर लगने लगा था।

विकास मोरचे की स्थापना के कारण बस्ती के लोगों में नया अहसास पैदा हुआ। लोगों में नई हवा बहने लगी। लोग खुलकर नहीं बोल रहे थे। तो भी आपस में खुसपुस कर रहे थे। आम आदमी स्वाभिमान से खड़ा हो रहा था। उन्हें शोषण का अहसास हो चुका था। लोग गुण्डों के भय से मुक्त होना चाह रहे थे। लोगों को स्वतन्त्रता के सपने दिखलाई दे रहे थे। लोग गुण्डों को पैसे देने से आनाकानी करने लगे। बस्ती को स्वाभिमान का स्पर्श हो चुका था।

जब न्याय प्राप्त हो जाने का विश्वास लोगों को लगने लगता है, तब वे अन्याय के विरोध में बोलने लगते हैं। कोई तो हमारी ओर से खड़ा होने वाला है या खड़ा हो रहा है इसकी गारण्टी हो गई कि लोग बोलने की हिम्मत करने लगते हैं। न्याय मिलने की सम्भावना जब नहीं होती, और हमारी ओर से कोई खड़ा होगा कि नहीं होगा—इस सम्बन्ध में जब सन्देह होता है, तब लोग चुपचाप अन्याय सहन करना पसन्द करते हैं। विकास मोरचे के कारण बस्ती के लोगों में नयी हलचल शुरू हो गई थी। हमारा अपना मन है, हमारे पास बुद्धि है इसका अहसास प्रत्येक को हो चुका था। अपने हिटलरी साम्राज्य में दरारें पड़ जाने से कलशेट्टी और बलशेटवार बेचैन थे।

गरीबी हटाओ झोंपड़पट्टी की अधिकांश स्त्रियाँ सूत गिरनी में काम पर जाती थीं। उनमें ऐक्य था। वे महिला मण्डल की स्थापना कर चुकी थीं। रंजना कदम और सुरेखा माने भिसी चलातीं। रंजना कदम ने महिला अल्प बचत संगठन की स्थापना की थी। सुरेखा माने और रंजना कदम की आर्थिक स्थिति ठीक थी। बस्ती की महिलाओं का नेतृत्व भी वे ही कर रही थीं। वे सब इकट्ठे काम पर जातीं। इकट्ठे आतीं। इकट्ठे खाना खाती। बस्ती की महिलाओं में भी विकास मोरचे की चर्चा शुरू हो चुकी थी।

"अब भाड़ा देना बन्द हो जाएगा। अब तक हमारा काफी शोषण हुआ है।" रंजना कदम आवेश में बोल रही थी।

"अब हम विकास मोरचे का काम शुरू कर देंगे।" सुरेखा माने इसके लिए सबको तैयार कर रही थी।

गरीबी हटाओ झोंपड़पट्टी में विकास मोरचे के पोस्टर लग चुके थे।

❑ ❑ ❑

केरबा और सोनबा सदानन्द काम्बले के चचेरे भाई थे। सदानन्द काम्बले के मन्त्री हो जाने के बावजूद केरबा और सोनबा की दरिद्रता खत्म नहीं हुई थी। सदानन्द काम्बले स्कार्पिओ गाड़ी में घूम रहा था। तो केरबा और सोनबा मरे हुए जानवरों का चमड़ा बेचकर जी रहे थे। अचलपुर और धरणगाँव के आसपास के कसाइयों के यहाँ से वे जानवरों का चमड़ॉ खरीद लेते थे। इतना ही नहीं, देहातों में स्थित अछूत भी उन्हें मरे हुए जानवरों का चमड़ा लाकर बेचते थे। केरबा और सोनबा के चमड़ा बेचने के व्यवसाय से सब परिचित थे। केरबा और सोनबा गीले चमड़े को नमक लगाकर रखते और अचलपुर के सप्ताह के बाजार में आए चमारों को वे इस चमड़े को बेच देते। एक-एक चमड़ा, आठ-सौ, नौ सौ रुपयों में बिकता। केरबा और सोनबा ने चंदा देने से मना कर दिया था। इसलिए शिवशक्ति के कार्यकताओं ने उन्हें अचलपुर के बाजार में चमड़ा बेचने से मना किया था। इस कारण केरबा और सोनबा धरणगाँव के बाजार में जाकर चमड़ा बेच रहे थे। केरबा और सोनबा गीला चमड़ा खरीदते। उसे नमक लगाते और रख देते। चमड़ा सड़ने लगा कि उसकी लालिमा कम होकर वह सफेद हो जाता था और उस पर के बाल झड़ने लगते। चमड़ा सड़ न जाए, इसलिए वे उस पर नमक लगाते। चमड़े की दुर्गन्ध सब ओर फैलती। इस कारण लोग हमेशा केरबा और सोनबा को अपमानित करते।

कलशेट्टी और बलशेटवार ने भी कई बार केरबा को धमकाया था।

केरबा और सोनबा के घर के सामने हमेशा गीला चमड़ा फैला हुआ रहता। गाय, बैल, भैंस और साँड़ के चमड़े को धूप में सुखाने हेतु फैलाया गया होता। केरबा और सोनबा के पिताजी हाथ में लाठी लिये चमड़े की हिफाजत करते। कौए आए कि वे उन्हें कंकड़ से मारते और कुत्ता आया कि लाठी फेंककर। कुछ चमार केरबा और सोनबा के घर आकर चमड़ा खरीद ले जाते।

शुरुआत में केरबा और सोनबा चमड़े को सिर पर रखकर ले जाते। कुछ दिनों बाद उन्होंने एक ठेला खरीद लिया था। ठेले पर चमड़े का ढेर रखकर वे बाजार जाते। कभी सोनबा ठेले को खींचता तो कभी केरबा उन्होंने चमड़े के व्यवसाय हेतु पुराना टेम्पो खरीद लिया था।

❑ ❑ ❑

आज सूत गिरनी में सप्ताहान्त की छुट्टी थी। आज अचलपुर का सप्ताह का बाजार होने के कारण बस्ती के अधिकांश लोग बाजार गये थे। जो घर खुले थे, वहाँ बण्टी जा रहा था और भाड़ा माँग रहा था। प्रत्येक स्थान पर उसे नकार ही मिला। बण्टी चिढ़ गया था। लोग उसे अपमानित कर रहे थे। उसकी परवाह नहीं कर रहे थे।

बण्टी रंजना कदम के दरवाजे पर खड़ा था। रंजना कदम ने उसे अपमानित कर घर से बाहर निकाल दिया था। अपमान के कारण बण्टी बेहद चिढ़ गया था। उसने रंजना कदम के लिए गन्दे शब्दों का प्रयोग किया। इस कारण रंजना कदम ने उसके मुँह पर थूक दिया। बण्टी उबल पड़ा था। उसने रंजना कदम के बाल पकड़ उसे जमीन पर लिटा दिया। दोनों में छीना-झपटी हुई। रंजना कदम आक्रोश प्रकट कर रही थी। बण्टी आक्रामक हो चुका था। रंजना कदम ने बण्टी की कलाई को बुरी तरह से काटा। बण्टी उसे लातों से मार रहा था।

पाइप-लाइन पर निकले हुए बूढ़े वहाँ पहुँचे। अब्बू ने बण्टी को डाँटा—"बण्टी उसे छोड़, औरत जात पर हाथ नहीं उठाया जाता।"

बण्टी ने बूढ़ों की उपेक्षा की। रंजना कदम का आक्रोश सुन अड़ोस-पड़ोस के लोग इकट्ठे हुए। बण्टी को रोकने का साहस कोई नहीं कर पा रहा था।

सुरजित ने बण्टी की पीठ पर लाठी मार दी। नाना और कासिम भी आगे आए। वहाँ औरतें हो-हल्ला मचाने लगीं। शोरशराबे के कारण बण्टी वहाँ से भाग गया।

रंजना कदम बेहोश हो गयी थी। सुरेखा माने ने पुलिस को फोन किया। रमा बाबर को भी मोबाइल किया गया। सूत गिरनी में भी सूचित किया गया।

बस्ती में पुलिस आई। पुलिस के पीछे-पीछे पार्थ पोलके, सिद्धार्थ पगारे और रमा बाबर भी आए। पुलिस ने धर-पकड़ शुरू की। आगलावे के घर के पीछे चलनेवाले जुए के अड्डे पर पुलिसवालों ने छापा मारा और जुआ खेलनेवालों को पकड़ लिया। उनमें मदर टेरेसा हायर सेकेंडरी स्कूल और जूनियर कालेज के शिक्षकों का भी समावेश था। पुलिस ने मैना के शराब धन्धे पर भी छापा मारा था। देशी शराब का सामान कुर्क किया था। मैना और कुछ शराबियों को अपने कब्जे में लिया था।

लगातार तीन घण्टों की तलाश के बाद बण्टी को ताड़ के पेड़ों के पीछे से पकड़ कर लाया गया। बण्टी को देखने के लिए लोगों ने भीड़ की। जैसे किसी जंगल से बाघ को पकड़ लाया हो। ऐसा देखनेवालों को लगा। भीड़ को तितर-बितर करने के लिए पुलिस को लाठी चलानी पड़ी।

कलशेट्टी और बलशेटवार पुलिसवालों के साथ विवाद कर रहे थे। कलशेट्टी प्रक्षुब्ध था। वह पुलिसवालों के साथ मनमानी कर रहा था।

मराठे पी. आय. चिढ़ गये थे। कमर में बाँधे रिवॉल्वर को निकालकर उन्होंने कलशेट्टी को निशाना बनाया। वातावरण गम्भीर था। पुलिस उन गुनहगारों को

लेकर बस्ती से बाहर निकल गई।

बस्ती के लोग घबरा गये। उन्होंने उसी रात अब तक का भाड़ा जमा कर दिया था। कलशेट्टी और बलशेटवार के घर के सामने लोगों ने क्यू में खड़े होकर भाड़ा जमा किया। दो दिन के बाद सभी अपराधी जमानत पर छूट कर आए।

रंजना कदम की जो मारपीट हुई, उसकी खबर सभी समाचार-पत्रों में छपी। विकास मोरचे के कार्यकर्ताओं में क्रोध की लहर दौड़ गई। बाहर की झोंपड़पट्टी में स्थित विकास मोरचे के युवक गरीबी हटाओ झोंपड़पट्टी में आकर हो-हल्ला मचाकर गये। बस्ती को पुलिस संरक्षण दिया गया। झोंपड़पट्टी के दादाओं की नींद हराम हुई। गुण्डों की पिटाई के बाद लोग घबरा जाते। गुण्डों के भय से, आतंक से, बस्ती में भीषण शान्ति छा जाती। गुण्डों को प्रत्युत्तर देने का साहस आज तक किसी ने नहीं किया था।

रंजना कदम के प्रकरण से लोगों में हिम्मत आई थी। उनके बदन में सभी की ताकत संचारित हुई थी। लोगों की मानसिक ताकत बढ़ गई थी।

गरीबी हटाओ झोंपड़पट्टी में विकास मोरचे के कार्यकर्ताओं की बैठक हुई। इस बैठक के लिए पूरे जिले में से कार्यकर्ता आए। इस बैठक में गरीबी हटाओ झोंपड़पट्टी में सार्वजनिक सभा करने का निर्णय लिया गया। गुण्डों को वहाँ से निकाल बाहर करने हेतु लिखित निवेदन पर हस्ताक्षर लेने की मुहिम शुरू की गई। इस कारण कलशेट्टी और बलशेटवार परेशान हो गये। रंजना कदम घर-घर जाकर इस निवेदन पर हस्ताक्षर लेने लगी। लोग उसका स्वागत कर रहे थे।

''गुण्डों के दिन अब चले गये।'' ऐसी चर्चा शुरू हुई। संगठित होने के महत्व को लोग समझने लगे। अन्याय का अर्थ अब वे समझने लगे।

''गुण्डे वास्तव में आदि मानव के अंवशेष हैं। मनुष्य में छिपे पशु को ही गुण्डा कहते हैं। इन गुण्डों को निकाल बाहर करना चाहिए। समाज की असहायता का फायदा लेकर गुण्डे जीते रहते हैं। समाज की उदासीनता उनका पोषण करती रहती है। लोग गुण्डों को आश्रय दे रहे हैं तो पुलिस गुण्डों का बन्दोबस्त कैसे कर सकती है? लोगों को चाहिए कि वे कानून का हाथ मजबूत कर दें। रंजना कदम आज चक्की में हैं और हम चक्की के बाहर हैं। कल हम पर भी ऐसा समय आ सकता है। इसलिए लोगों को चाहिए कि वे सब विकास मोरचे की ओर से खड़े रहें।'' विकास मोरचे के कार्यकर्ता लोगों का प्रबोधन कर रहे थे।

कलशेट्टी ने सुरेखा मांने को अपने घर बुला लिया था। सुरेखा माने भयभीत हो गई।

कलशेट्टी ने उसका स्वागत हँस कर किया। उसकी भरपूर प्रशंसा की। कलशेट्टी के स्वागत और प्रशंसा के कारण सुरेखा माने हड़बड़ा गई। इधर-उधर की

गपशप मारते हुए कलशेट्टी मूल विषय पर आया। जिसका डर सुरेखा माने को लग रहा था, उसी विषय पर कलशेट्टी बोलने लगा—

"माने बहन, मैं तुम्हें अपनी बहन मानता हूँ। आप यहाँ अकेली रहती हैं। आपकी ओर कोई गलत नजर से देखता है क्या? आपने मुझे कई बार राखी बाँधी है। आज आपको यह भाई दुश्मन लग रहा है? हमारी क्या गलती हुई? आपका पति एक दलित को मारकर जेल में गया और अब आप उन्हीं दलितों के साथ जाएँगी? आपके पति की आत्मा को क्या लगता होगा? इस पर आप विचार करें। हम उनके मित्र थे, इसलिए हमने आपको जगह दी। आप हमें शायद भूल गईं। दलितों ने आप पर ऐसा कौन-सा जादू किया है।"

सुरेखा माने—"मैं भूली नहीं हूँ।"

कलशेट्टी—"फिर हमें यहाँ से निकाल बाहर किया जाए इस हेतु हस्ताक्षर-अभियान क्यों चल रहा है?"

सुरेखा माने—"सभी लोगों ने हस्ताक्षर किए, इसलिए मैंने भी कर दिए। मैं आपके विरोध में नहीं हूँ।"

कलशेट्टी—"सबों के हस्ताक्षर हैं। यह सब दलितों का षड्यन्त्र है। अपने लोग इस षड्यन्त्र के बलि हो रहे हैं। उन्हें हम नहीं चाहिए। उन्हें उनकी जाति का नेता चाहिए। हमने इस बस्ती को बसाया। अब वे इस बस्ती को अपने नियन्त्रण में लेना चाहते हैं। हमने मरी माँ का दूध नहीं पीया है। एक रात में सभी झोंपड़ियाँ जला देंगे। झोंपड़पट्टी में सभी ओर नीले झण्डे लहरा रहे हैं। कल वे तुम्हारी झोंपड़ी पर भी नीला झण्डा लगा देंगे। तुम्हें जयभीम करने के लिए मजबूर करेंगे। तुम्हारे घर में आम्बेडकर जी की तस्वीर लगाएँगे। तुम अगर दलित को चाहती हो तो हमारी जरूरत महसूस न करती हों, तो वैसे स्पष्ट रूप से कह दो हस्ताक्षर-अभियान क्यों चला रही हो। मुझे कह दो, मैं यहाँ से निकल आऊँगा।"

सुरेखा माने—"ये हस्ताक्षर गुनहगारों के खिलाफ किए जा रहे हैं।"

कलशेट्टी—"हाँ तो, यही न कि मैं गुनहगार हूँ। मैंने किया है गुनाह, तुम सबको यहाँ जगह देने का। तुम्हें झोंपड़ियाँ डालने में सहायता की। तुम्हारा संरक्षण किया। हमारे कारण यहाँ इस बस्ती में बाहर के गुण्डे आ नहीं सके। बस्ती पर हमारी धाक है। अब दलितों की धाक के नीचे रहना है तो ठीक, हमारी शुभकामनाएँ तुम्हारे साथ हैं।"

सुरेखा माने—"हमारा वैसा उद्देश्य नहीं है?"

कलशेट्टी—"हमें यहाँ से बाहर कर देंगे मतलब क्या करेंगे? पाकिस्तान में तो नहीं भेजेंगे ना। हम यहीं कहीं पर ही रहेंगे ना। हमें यहाँ से निकाल बाहर करने के बाद क्या हम यहाँ रात-बिरात नहीं आ सकते हैं? चौबीसों घण्टे पहरा थोड़े ही

रहनेवाला है? हमें कोई जिन्दगी से बर्बाद कर रहा हो तो हम थोड़े ही चुपचाप बैठने वाले हैं? तुम्हें पता है, तात्या काम्बले का मर्डर मैंने किया। तुम्हारा पति भी था हमारे साथ। तुम दलितों के साथ गईं इसलिए उसने आत्महत्या की। तुम्हें कहे दे रहा हूँ कि हमारे खिलाफ जो कोई भी हस्ताक्षर करेगा, हम उससे बदला लेंगे। तुम्हें उन धेड़ चमारों के पीछे नहीं जाना चाहिए। मैं तुम्हें बहन मानता हूँ। रिश्ता दोनों ओर से बनता है। तुम मुझे भाई मानो और बहन की तरह आचरण करो। इधर राखी बाँधना और उधर मेरे खिलाफ हस्ताक्षर-अभियान चलाना। ऐसा विश्वासघात नहीं चलेगा। ये पाँच हजार लो। अपने घर सभी सवर्ण स्त्रियों के लिए कोई कार्यक्रम रखो। सबेरे तुम्हारे घर भगवे झण्डे लाकर दिए जाएँगे। उन्होंने नीले झण्डे लगाए हैं, तो फिर हम भगवा झण्डा क्यों न लगाएँ? तुम्हें भगवा झण्डे लेने में शर्म आती है क्या? अथवा दलितों ने क्या तुम्हें पागल बना दिया है?''

सुरेखा माने—''मैं किसी कार्यक्रम में सवर्ण महिलाओं को अपने घर बुलाऊँगी। मैं अब आपके खिलाफ हस्ताक्षर इकट्ठी नहीं करूँगी। अगर आप चाहते हों तो सवर्णों के हस्ताक्षर लूँगी।''

कलशेट्टी—''हम भी स्वाक्षरी अभियान शुरू करेंगे।''

सुरेखा माने—''आप निवेदन टाइप करें। मैं हस्ताक्षर इकट्ठे करूँगी।''

''हमारी बस्ती में कानून और व्यवस्था है। हमें किसी तरह की भी कोई तकलीफ नहीं है। हमारे बन्धुओं को खौफनाक अपराधी घोषित कर उन्हें यहाँ से निकाल बाहर न करें।'' उसे जो चाहिए, वह सुरेखा माने के मन पर कलशेट्टी बिम्बित कर रहा था। सुरेखा माने गरदन हिला रही थी। उसके दिमाग में आँधी उठी थी। उसके मन में जाति-भेद की जंगली मधुमक्खियों का छत्ता मँडरा रहा उठा था। ''अपना आदमी गुनहगार हो तो भी उसकी ओर से ही हमें बोलना चाहिए। जाति के लिए मिट्टी खानी चाहिए। अन्ततः जाति ही काम आती है।'' सुरेखा माने सोच रही थी। अब सवर्ण एक ओर हो चुके थे। उन्होंने दलितों को अलग कर दिया था। एक ओर रंजना कदम, विकास मोरचा तथा सूत-गिरनी की नौकरी थी तो दूसरी ओर कलशेट्टी, घर और जात-भाई थे। सुरेखा माने के मन में उथल-पुथल शुरू हुई।

कलशेट्टी का गुस्से से तमतमाया हुआ चेहरा, उसके माथे पर तनी हुई नसें, उसके मुँह से निकलने वाली शराब की दुर्गन्ध, गरदन के पास इकट्ठा पसीना, लगातार बोलते जाने के कारण ओठों के पास जमी झाग, लाल आँखें, बीच में ही उनका दाँतों को चबाना इस कारण सुरेखा माने घबरा गई थी।

कलशेट्टी के पीछे आगलावे, उस्मान, बण्टी, भावडया और रघू ताश खेलने बैठे थे। शराब पी रहे थे। बीच में घोड़े की तरह हिनहिना रहे थे। बण्टी सिगरेट पी रहा था। वह बीच में ही ताश खेलना छोड़कर उठ आता। ''भाई दरवाजा बन्द कर दूँ

क्या।'' पूछता। उसके अश्लील और विकृत हाव-भावों से सुरेखा माने भयभीत थी। ''उसका थोबड़ा देख, जाने दे।'' रघू ताश फेंकते हुए बड़बड़ा रहा था।

सुरेखा माने वहाँ से बाहर निकल नहीं पा रही थी। बण्टी फिर से ताश खेलने लगा। सुरेखा माने के शरीर पर रोंगटे खड़े हो गये थे। कलशेट्टी ने भी सिगरेट सुलगाई थी। बण्टी फिर ताश खेलना छोड़ उठ खड़ा हो गया। उसने दरवाजा बन्द कर कुण्डी लगा दी। वह पैंट निकालकर खड़ा हो गया। उस्मान उस पर बिगड़ गया—''बण्टी, पागल है क्या? बात क्या हो रही है? और तू कर क्या रहा है? भाई, इसको बोलो।'' बण्टी ने फिर से दरवाजा खोला और ताश खेलने बैठ गया।

''मैं जैसे कह रहा हूँ, वैसा होना चाहिए।'' कलशेट्टी गम्भीर होकर अपने दृढ़ स्वर में बोला। सुरेखा माने भय से काँप रही थी।

सुरेखा माने को लग रहा था कि यह सब रंजना कदम से कहा जाए। पुलिस की सहायता ली जाए, परन्तु उसकी हिम्मत नहीं हो रही थी। रंजना कदम अगर नाराज हुई तो उसे समझाया जा सकता है। पर झोंपड़पट्टी के दादा से शत्रुता लेना महँगा पड़ सकता है। सुरेखा माने ने बहुत विचारपूर्वक शिकार हो जाना तय कर लिया।

सबेरे बस्ती की औरतें काम पर निकलीं। रोज की तरह हँसी-मजाक चल रहा था। सुरेखा माने अलबत्ता गम्भीर थी। उससे कोई भी बात नहीं कर रहा था। वह खुद भी किसी से बात नहीं कर रही थी। वह कलशेट्टी के घर गई थी, इस बात को सब जान चुके थे। सुरेखा माने खुद औरों से अलग हो रही थी। दोपहर में उसने अकेले बैठकर खाना खाया। पहली बार! उसके इस अलगाव में विध्वंस भड़क रहा था।

शाम को काम समाप्त होने पर सुरेखा माने गेट से बाहर निकली। तब उसके साथ सवर्ण स्त्रियों का समूह था। उसके बाद मुसलमान स्त्रियाँ गेट से बाहर निकलीं। दलित स्त्रियाँ सबसे अन्त में गेट से बाहर निकलीं। इन दलित स्त्रियों को पता चल गया था कि अब उन्हें अलगाया गया है। सुरेखा माने के नेतृत्व में सवर्णों की झोंपड़ियों पर भगवे झण्डे लहरा रहे थे।

❑ ❑ ❑

बलशेटवार ने बस्ती के मुसलमानों को चाय के लिए निमन्त्रित किया। मस्जिद के लिए जो मुसलमान जगह माँगने के लिए आए थे, उनके घर जाकर उन्हें विशेष निमन्त्रण दिया गया था। सय्यद शिक्षित बेरोजगार था। उसका पूरा घर दंगे का शिकार हो चुका था। इस कारण वह गरीबी हटाओ झोंपड़पट्टी में रहने आया था। अशरफ की साइकिल की दुकान थी। यूनुस सब्जियाँ बेचता था। वाहेद बीफ बेचता था। सलिम का धन्धा श्रृंगार की वस्तुओं का था। अनिस की रद्दी की दुकान थी। गफार की-मेकर

था। अहमद फूल बेचता था। जावेद की बेकरी थी। बस्ती में सभी मुसलमान बलशेटवार के घर पर इकट्ठे हुए थे। उनकी बातचीत में असन्तोष उबल रहा था।

सय्यद—"हम लोगों ने अपने अल्पसंख्यकत्व को अपनी नियति के रूप में स्वीकारा है।"

यूनुस—"दंगों के कारण हमें अपना घर भी असुरक्षित लग रहा है।"

अनीस—"हिन्दुओं के सभी त्योहार हमें मनाने पड़ते हैं।"

सय्यद—"स्थानिक हिन्दू हमसे ठीक से पेश आते हैं। पर हिन्दुत्ववादी, कट्टर हिन्दू हमारे साथ पेश आते समय मन में तिरस्कार रखते हैं।"

अहमद—"दंगे हुए कि हम अड़चन में आ जाते हैं। शहर के मुसलमान नेता जब विस्फोटक भाषण देते हैं, तब झोंपड़पट्टी के मुसलमान भिखारी को भी कोई हिन्दू भीख नहीं देता। हिन्दू धर्म को गालियाँ न देते हुए संयम से बोलना चाहिए।"

सय्यद—"हम अपने दोयम रूप को स्वीकार कर यहाँ जी रहे हैं।"

अशरफ—"हम अल्पसंख्यक हैं, इसलिए किसी भी पार्टी को हमसे राजनीति में खतरा महसूस नहीं होता"

सय्यद—"यह देश आपका नहीं, आप देशद्रोही हैं—यही हम पर बिम्बित किया जाता है। यह देश आपका है, आप भी भारतीय हैं—ऐसा कोई नहीं कहता। हर बार हमारा सम्बन्ध सीमा के उस पार से जोड़ा जाता है। देश के प्रति हमारी निष्ठा को सन्देह से देखा जाता है।"

अशरफ—"बौद्ध धर्म में जो गये उन दलितों को अनेक सुविधाएँ दी गई हैं। मुसलमान अथवा ईसाई धर्म में गये हुए दलितों को वह सुविधाएँ क्यों नहीं।"

युनूस—"शिक्षा, भाषा, त्योहार, वेशभूषा, सामाजिक और राजनीतिक परिवेश हिन्दूमय रहनेवाला है, हमें यह चुपचाप स्वीकारना पड़ रहा है।"

सय्यद—"भारत-पाक क्रिकेट स्पर्धा में पाकिस्तान जीत गया तो हम खुशी में झूम रहे हैं—ऐसा बिना किसी प्रमाण के समझा जाता है।"

अशरफ—"दलितों की तरह सार्वजनिक रूप से हम वक्तव्य दें, यह अपेक्षित नहीं है। अपने अधिकारों की भाषा बोले तो यूँ लगता है कि हम पाकिस्तान की ओर से बोल रहे हैं। ऐसा समझा जाता है।"

सय्यद—"धर्म और जाति के कारण होने वाले दंगे धर्मवादी राजनीति के माध्यम से होते हैं।"

अहमद—"अल्पसंख्यकों को अपने अल्पसंख्यकत्व को मिटाने हेतु बहुसंख्यकों के साथ जाना जरूरी है।"

बलशेटवार मुस्लिम-भय को जानकर हैरान हुआ। धधकती हुई आग के पास मैं बैठा हूँ—इसका उसे तीव्रता से अहसास हुआ। ज़ाहिरा के कारण वह मुसलमानों

की ओर सहानुभूति से देख रहा था। बलशेटवार ने मस्जिद हेतु जगह देने की बात जब घोषित की तब वहाँ उपस्थित मुसलमानों ने तालियाँ बजाकर उसका स्वागत किया। बलशेटवार को मुसलमानों के समर्थन की जरूरत थी और उन्हें विकास मोर्चे से दूर रखना था। मुसलमान विकास मोर्चे के निवेदन पर हस्ताक्षर न करें इसलिए वह यह चाल चल रहा था। घर आए मुसलमानों को विदा करते समय बलशेटवार ने जान बूझकर 'ज़ाहिरा' का उल्लेख किया। तब अशरफ ने तुरन्त प्रतिक्रिया दी ''अब वह मुसलमान कहाँ हैं?'' बलशेटवार यह सुनकर व्यथित हुआ।

सय्यद–''यह जगह बलशेटवार की कहाँ है? वह तो एक दानी की तरह बोल रहा है।''

अशरफ–''यह सारी धरती अल्लाह की है।''

❑ ❑ ❑

कलशेट्टी ने सुरेखा माने को अपने यहाँ का बुलवा भेजा।

बण्टी सुरेखा माने के घर गया था। रंजना कदम की पिटाई कर देने के बाद बस्ती में बण्टी की दहशत बढ़ गई थी। कलशेट्टी बण्टी को महत्वपूर्ण जिम्मेदारियाँ सौंप रहा था। बलशेटवार तथा कलशेट्टी–इन दो गैंगों के बीच वह महत्वपूर्ण सेतु बन चुका था। झोंपड़पट्टी दादा के रूप में मेरी पहचान हो रही है, इसे महसूस कर वह गर्व अनुभव कर रहा था। कलशेट्टी और बलशेटवार के यहाँ उसका उठना-बैठना बढ़ गया था और इस कारण वह अधिक बेरहमी से पेश आ रहा था। बस्ती के लोग उसे देख भयभीत हो रहे थे। कभी-कभार वह सत्तूर लेकर भी घूमते था। सड़क पर से पुमते रागय भी वह एक दो को फटकार देता था।

बण्टी कलशेट्टी का सन्देश लेकर सुरेखा माने के घर गया। बण्टी की आवाज सुनकर सुरेखा माने घबरा गई थी। इतनी रात बण्टी उसके घर आया है, इसे देख अड़ोस-पड़ोस के लोग क्या समझेंगे, इस विचार से वह डर गई।

बस्ती सो चुकी थी और बण्टी सुरेखा माने को जगा रहा था। सुरेखा माने उसे किसी भी प्रकार का प्रतिसाद नहीं दे रही थी।

बण्टी ने दरवाजे के पीछे हाथ डालकर कुण्डी खोली और दरवाजा खोल दिया। दरवाजा खुलते ही सुरेखा माने हड़बड़ाकर बिस्तर से उठ बैठी। बण्टी शैतान की तरह आया था। वह सिगरेट पी रहा था। शराब तो पी ही चुका था।

''क्यों रे! इतनी रात को क्या काम है? तेरी माँ-बहन है कि नहीं? भाई को कहूँ क्या?''

''भाई ने ही भेजा है। चल।''

''मैं सबेरे आऊँगी, अब नहीं।''

"भाई ने कहा है कि उसे साथ में ही लेकर आओ।"

"भाई को कह दे, मैं कल आऊँगी।"

बण्टी ने सुरेखा माने की कमर पर हाथ रखकर उसे खड़ा किया। वह परेशान हो गई। वह पचास साल की थी, यह पच्चीस का था। दोनों बाहर निकले। बण्टी आगे आगे, वह पीछे-पीछे। चलते-चलते वह बण्टी की मजबूत और सुडौल जाँघों को निहार रही थी। ये जाँघें मुझ पर कैसे सवार हो सकेंगी—इस विचार से वह उत्तेजित हो गई। भाई ने इतनी रात को क्यों बुलाया होगा? सभी मुझ पर अगर टूट पड़ें तो? सुरेखा माने घबरा गई।

बण्टी के मोबाइल की घण्टी बजी। बण्टी मोबाइल पर से बोल रहा था, "दो मिनट में पहुँचूँगा। नजदीक आया हूँ।"

सुरेखा माने के हाथ-पैर ठण्डे पड़ रहे थे। 'अब मेरा सामूहिक बलात्कार होगा।' इस कल्पना से वह भयभीत थी। हो-हल्ला मचाकर लोगों को जगाऊँ, उसने सोचा। परन्तु इसके बावजूद वह चुपचाप बण्टी के पीछे चलती गई।

बण्टी और सुरेखा माने कलशेट्टी के सामने खड़े हो गये। कलशेट्टी ने बण्टी से कहा कि वह बाहर जाकर खड़ा रहे। तब तो सुरेखा माने का दिल तेजी से धड़कने लगा। और उसकी जाँघें छुईमुई के पत्तों की तरह सिमट गयीं। कलशेट्टी ने उसे अपने पास बिठा लिया। वह बदन समेटकर बैठ गई। इस पर कलशेट्टी जोर से चिल्लाया, "ठीक से बैठ जा, मैं तुझ पर चढ़नेवाला नहीं हूँ। अत्यन्त महत्वपूर्ण विषय पर मुझे तेरे साथ बातचीत करनी है।" सुरेखा माने रोने की स्थिति में आ गई थी। उसने आराम से बैठने की कोशिश की।

कलशेट्टी केवल जाँघिया पहने बैठा था।

उसके बदन पर रीछ की तरह बाल थे। सुरेखा माने खुद को सँभालने की बेतरह कोशिश कर रही थी। बावजूद इसके उसकी घायल नजर कलशेट्टी की मजबूत छाती पर टिकी जा रही थी।

गरदन नीचे झुकाकर वह बैठी हुई थी।

कलशेट्टी ने सुरेखा माने को अपनी योजना समझा दी। "समझ गई या फिर से बता दूँ" कलशेट्टी उससे बार-बार पूछ रहा था। सुरेखा माने गरदन हिला कर इशारे से बतला रही थी कि वह सब समझ गई है। "मुँह से बोल ना!" कलशेट्टी उसकी ओर खिसक आया। सुरेखा माने ने घबरा कर 'हाँ, हाँ' कहा। उसकी नजर उसकी नंगी जाँघों पर गई थी।

कलशेट्टी अपनी जगह पर से उठा और भीतर के कमरे से एक थैली लेकर आया। उस थैली में अंकुर निकलने वाले अनाज थे। उसी में सफेद संगमरमर के पत्थर की गणेश की मूर्ति थी। कलशेट्टी ने वह थैली सुरेखा माने को सौंप दी।

कलशेट्टी खुद उसे घर पहुँचाने के लिए उसके घर तक गया।

लौटते हुए दोनों में किसी भी प्रकार का संवाद नहीं हुआ। यह जिम्मेदारी उसने जान-बूझकर बण्टी पर सौंपी नहीं थी। इस बारे में उसे स्थायी रूप से गोपनीयता बरतनी थी क्योंकि यह बात लोगों की धार्मिक भावना से जुड़ी हुई थी। इस कारण कलशेट्टी हर बात बड़ी सावधानीपूर्वक कर रहा था। सुरेखा माने का घर निकट जाने पर वह अत्यन्त गम्भीर होकर बोला, "सुनो, ये सारी बातें केवल हम दोनों के बीच में ही हैं। वह अगर किसी तीसरे को पता चल जाए, तो उसके गम्भीर परिणाम भुगतने पड़ेंगे।" सुरेखा माने कठपुतली की तरह गरदन हिला रही थी।

सुरेखा माने रात भर सो नहीं सकी। उसे यह तनाव असहनीय हो चुका था। कलशेट्टी ने उसे बहुत कठिन जिम्मेदारी सौंपी थी। अत्यन्त संवेदनशील और विस्फोटक काम के लिए वह खुद को तैयार करवा रही थी। उसकी नींद गायब हो चुकी थी और अकेलापन असहनीय हो रहा था।

उसने दरवाजा खोला। अँधेरे में दूर तक देखती रही। कहीं कोई हलचल नहीं थी। दरवाजे पर सोया कुत्ता भी वहाँ नहीं था। अँधेरे में अकेले उड़नेवाले जुगनू चमक रहे थे। बचपन में उसने ऐसे जुगनू पकड़े थे।

अत्यन्त निराशा से उसने दरवाजा बन्द कर लिया। बिस्तर भी उसे तकलीफ देह लग रहा था। उसका दिमाग संवेदनाशून्य हो गया। प्रातःकाल मुर्गे ने बाँग दी और तब उसे नींद आई।

दिनभर वह बिस्तर पर ही लेटी रही। उसे हल्का-सा बुखार था। आज वह काम पर भी नहीं गई। नहाई भी नहीं। झाड़ू भी नहीं लगाया। बिस्तर भी नहीं निकाला। उसने दो बार चाय बनाकर पी ली। आज वह दिन भर अलसाई रही जिससे उसका शरीर भारी हो चुका था। झोंपड़पट्टी के दादाओं ने उसे अपने चंगुल में की लपेट लिया था।

शाम हो गई। जैसा कि तय था, विकास मोरचे की सभा की शुरुआत हुई।

अचलपुर-धरणगाँव रोड भीड़ से खचाखच भर गई था। गरीबी हटाओ झोंपड़पट्टी का प्रत्येक व्यक्ति इस सभा में उपस्थित था। सारी बस्ती सभा में उपस्थित थी। केवल सुरेखा माने घर पर थी। झोंपड़पट्टियों में से लोग आए थे। विकास मोरचे के कार्यकर्ताओं में जबरदस्त उत्साह था। पुलिस बन्दोबस्त ठीक-ठाक था। लाउडस्पीकर के कारण वक्ताओं की आवाज दूर तक सुनाई दे रही थी।

सभा में स्थित वक्तागण झोंपड़पट्टी के दादाओं पर टीका-टिप्पणी कर रहे थे। तालियों की और नारों की आवाज़ से वातावरण गूंज रहा था। कलशेट्टी और बलशेटवार के गैंग के गुण्डे कलशेट्टी के घर पर बैठे यह भाषण सुन रहे थे। जनशक्ति को देखकर वे भयभीत हो चुके थे। बण्टी गायब हो चुका था। झोंपड़पट्टी

दादाओं के सम्मुख चुनौती खड़ी कर दी गई थी। वे चिन्तित हो चुके थे और पूरी निर्दयता से लोगों पर टूट पड़ना चाह रहे थे।

विकास-मोरचे के नेताओं की आवाज गूँज रही थी। उनके भाषण में फुले-आम्बेडकर जी का बार-बार उल्लेख हो रहा था। विकास मोरचे की यह विराट सभा थी। लोग अपनी जातियों का भेदभाव भुलाकर यहाँ आए थे। अन्याय के विरोध में कहे जाने वाले प्रत्येक नारे का वे स्वागत कर रहे थे। आम आदमी के मन में घुमड़ रहे असन्तोष ने आग का रूप धारण किया था। अपराधियों के खिलाफ वे आक्रामक मुद्रा में थे। अपने शोषण के अहसास से उनके ओंठ थरथरा रहे थे। जनशक्ति प्रक्षुब्ध हो रही थी।

"लोक-समूह का अर्थ—प्रक्षुब्ध समुदाय। प्रार्थना स्थल में बन्द हजारों आँखें। लोक का अर्थ है, स्वतन्त्रता की जबदरस्त पुकार। लोक का अर्थ है, महाकाय अहिंसा। लोक का अर्थ है, संवेदनशील भावना का प्रचण्ड विस्फोट। लोक का अर्थ है, राष्ट्र का मन। लोक का अर्थ है, संस्कृति का स्वभाव धर्म। लोक का अर्थ है, सृजनशील ताकत। लोक का अर्थ है, समुद्री उफान। लोक है आकाश की ताकत। लोक अर्थात् ईश्वर, धर्म और राष्ट्र के निर्माता।" रमा बाबर अपने भाषण से लोगों को उनका महत्त्व बतला रही थी। और ठीक उसी समय सुरेखा माने कलशेट्टी द्वारा दी गई थैली को लेकर घर से बाहर निकली थी। उसे अपने घर का दरवाजा बन्द करने का ध्यान भी नहीं रहा। सभा में चल रही शोरगुल, तालियाँ, नारेबाजी सुनकर उसके तनाव का पारावार न रहा। सभा हेतु लगाई गई हेलोजेन ट्यूबों का प्रकाश दूर तक फैल गया था। वह अकेली मैदान में चल रही थी। उसके साथ दूर तक फैली हुई उसकी परछाईं थी। मुझे कोई देख तो नहीं रहा है न? इस डर से उसके हाथ-पैर काँप रहे थे। वह सभा स्थल की ओर स्थान पर तेजी से जा रही थी।

रमा बाबर की आवाज उत्कर्ष बिन्दु तक पहुँच चुकी थी। बस्ती के बूढ़े अपनी छड़ियाँ ऊँची कर-कर के उसके भाषण की दाद दे रहे थे। "लोग अगर सक्रिय हो गये तो झोंपड़पट्टी के चार-पाँच गुण्डे तो जाने दीजिए, भारत की सीमाओं से घुसपैठ करनेवाले आतंकी भी भाग जाएँगे।" रमा बाबर के इस वाक्य की श्रोताओं ने तालियाँ बजाकर अपनी प्रतिक्रिया दी।

लोग स्वेच्छा से सभा में सम्मिलित हुए थे। गुण्डों की धमकी के आगे वे झुके नहीं। मुसलमान औरतें भी बुरक़ा पहनकर सभा में आई थीं। अनाज में से जैसे कंकड़ निकालकर फेंक दिए जाते हैं, वैसे गुण्डों को अलग कर दिया गया था। गुण्डे विकास मोरचे को दोष दे रहे थे।

सुरेखा माने ने अपना काम पूरा किया। उसके हाथों में कलशेट्टी द्वारा दी गई थैली अब खाली हो चुकी थी। जिस रास्ते से वह वहाँ आई थी, उसी रास्ते से लौटने के बजाए वह ताड़ के पेड़ों के पास पगडण्डी से निकल पड़ी। जल्दी से कैसे एक

बार घर पहुँच जाऊँ–ऐसा उसे लग रहा था। तभी उसे पगडण्डी से थोड़ी दूरी पर स्थित पौधों से कुछ हलचल का अहसास हुआ। वह घबरा गई। उसके शरीर पर रोंगटे खड़े हो गये।

वह पौधों के उस पार आँख फाड़कर देखने लगी। काक्या की बड़ी लड़की प्रीति और अशरफ का एकमात्र जवान लड़का रफीक–दोनों प्रेमालाप कर रहे थे। प्रीति की ऊपर उठी हुई टाँगें उसे स्पष्ट दीख रही थी। सुरेखा माने रुक गई। रफीक के शरीर के नीचे प्रीति सोई हुई थी।

सुरेखा माने कुछ न कहते हुए आगे निकल गई। थोड़ा-सा आगे जाकर वह रुक गई। पीछे लौटकर देखा। वे अभी वहाँ से उठे नहीं थे। बस्ती के लोग सभा में भाषण सुनने में व्यस्त थे, तो यहाँ प्रीति और रफीक एक-दूसरे में व्यस्त थे।

सुरेखा माने हड़बड़ा गई थी। वह अपने घर के दरवाजे के पास पहुँच गई। 'हम सब एक हैं' के गगन नारे अब सुनाई दे रहे थे। दरवाजे के पट भिड़े देखकर उसे आश्चर्य हुआ और अपनी गलती का एहसास भी।

वह दरवाजा खोलकर भीतर आई। वह बहुत डर गई थी। पैरों के नीचे की जमीन खिसक रही है, ऐसा उसे महसूस हुआ। वह रुआँसी हो गई।। डर से उसके हाथ-पैर काँप रहे थे। वह बात भी नहीं कर पा रही थी। उसके बिस्तर में कोई तो आकर सो गया था। वह दृश्य किसी लावारिस लाश की तरह दिखाई दे रहा था।

"कौन है?" डर के मारे वह चिल्लाई और उसी समय बिस्तर में पड़ा वह शरीर हिलने लगा।

"कौन है?" सुरेखा माने रोती हुई आवाज में फिर से एक बार चिल्लाई। बिस्तर में स्थित देह में से करुण चीत्कार सुनाई देने लगी। पूरी शक्ति के साथ उसने चादर खींच। चादर के नीचे बण्टी था।

सुरेखा माने ने चादर हटा ली। बण्टी ने उसके पैर पकड़े। वह रो रहा था। दरवाजा बन्द करने की याचना उसने की। सुरेखा माने ने दरवाजा बन्द कर दिया।

बण्टी के गले में चप्पलों का हार था। उसके मुँह पर काला रंग पुता हुआ था और उसके कपड़े फटे हुए थे। विकास मोरचे के लोगों ने उसकी बेहताशा पिटाई की थी। वह जान हथेली पर लेकर वहाँ से भागा था। उसकी आँखों से आँसुओं की धारा बह रही थी।

सुरेखा माने ने उसके गले में पड़ा चप्पलों का हार निकाल दिया। बण्टी थोड़ा सा सँभला। परन्तु वह सुरेखा माने के घर से बाहर निकलने को तैयार नहीं था। सुरेखा माने उसे घर से बाहर निकालने का प्रयत्न कर रही थी। बण्टी पूर्णतः असाध्य होकर याचना करने लगा।

सुरेखा माने को प्रीति की टाँगों की याद आ गई। रफीक का नग्न शरीर याद

आया। उसके शरीर तप्त होने लगा। उसने बण्टी को अपनी छाती से लगा लिया। उसके शरीर की गर्मी बाहर निकल रही थी। उसने बण्टी के आँसू पोंछे। वह उसकी जाँघों पर पड़ा रहा।

विकास मोरचे की सभा खत्म हुई। भीड़ तितर-बतर हो गई। लोग चर्चा करते हुए अपने-अपने घर निकले।

सड़क पर से जानेवाली भीड़ का अहसास होते ही पर बण्टी भय से सुरेखा माने की बाँहों में समाने की कोशिश करने लगा। बण्टी ने उसे झट आलिंगन में भर लिया।

सुरेखा माने ने अपने घर के बन्द दरवाजे को तीसरे दिन ही खोला। बण्टी सवेरे उठ कर गया था। बण्टी के चले जाने के बाद ही उसने बिस्तर को समेट कर रख दिया नहाने के लिए पानी गरम किया था। बण्टी की याद में वह सिगरेट के उन टोटों को सुलगा कर पी रही थी, जिसे पीकर बण्टी वहाँ फेंक गया था। अपने पेटीकोट पर गिरे हुए वीर्य के असंख्य दागों को वह कुतूहल से निहार रही थी। उसके शरीर में मीठी-मीठी लहरें उठ रही थीं।

उसकी दाढ़ी-मूँछों के स्पर्श से हुई गुदगुदी, उसकी साँस से निकलने वाली उग्र दुर्गन्ध, उसके शरीर से निकलेवाले पसीने की गंध, उसके मुँह में से आने वाली सिगरेट की बास, उसकी लंबी जीभ, उसके धारदार दाँतों के निशान उसके शरीर पर दीख रहे थे। बण्टी ने अपने मुँह में सुरेखा माने की जीभ को खींच लिया था। उसकी याद, उसके द्वारा चूसी गई उसकी लार, उसके कन्धे को उसने पूरे प्यार से जोर लगाकर काटा था। नखों के उसके शरीर उभरे में फैले हुए निशान, उसकी पीठ पर चाकू के जख्म के निशान, उसका उजड्ड स्वभाव उसे रह-रह कर याद आ रहे थे।

अपने कन्धे पर उठा ली गई उसकी दोनों टाँगें, कमर में झुकी हुई उसकी आधी देह, उसके घुटने उसके पेट के निकट, उसकी दोनों जाँघों की उसके बदन पर मजबूत लपेट, उसके दोनों कन्धों को पूरे आवेग के साथ पकड़े हुए उसके हाथ, पसीने से लथपथ उसकी देह, उसके खुले, नग्न स्तन, उनमें महसूस होनेवाली सुखद वेदनाएँ, उसकी मदमाती देह, उसके शरीर द्वारा अपने भीतर खींच लिया गया उसका कड़ा अवयव, उसके गर्भ में शुरू हुई प्रचण्ड आँधी, उसके शरीर में प्रवेश करने वाले गरम पानी के झरने, उसके मस्तिष्क में चटखती चिनगारियाँ, उसके अणु-रेणु से बहने वाली हिम नदियाँ, उसका ढीला हुआ शरीर, पसीने से लथपथ उसके शरीर को अपने आँचल द्वारा उसका पोंछना; उसके पेटीकोट से अपने छोटे होते हुए लिंग को उसके द्वारा पोंछना—ये सभी बातें उसे बार-बार याद आ रही थीं। उन बेहद आत्मीय क्षणों का वह पूरा-पूरा उपभोग कर रही थी। उसके चेहरे पर तृप्ति के बादल फैल चुके थे। अब फिर से बरसने की उसकी तीव्र इच्छा हो रही थी।

वह आज भी काम पर नहीं गई।

दोपहर ढल रही थी। तीसरे पहर की शुरुआत हुई। सुरेखा माने नियत स्थान पर चली गई। उसने जो दृश्य देखा वह अद्भुत और विलक्षण था। वह खुशी से झूम उठी। उसे अपनी आँखों पर विश्वास नहीं हो रहा था। वह आश्चर्यचकित हो गई। उसने दैवी चमत्कार देखा था। मिट्टी को मौर फूटा था। पृथ्वी के गर्भ से साक्षात् ईश्वर प्रगट हो रहे थे। वह अपूर्व दृश्य था। शुभ्र संगमरमरी गणेश के सूँड़ मिट्टी में से जैसे अंकुर फूट पड़ता है, वैसे बाहर निकल रहा था। शुभ्र सफेद सूँड़ पर गीली काली मिट्टी दिखलाई दे रही थी। मिट्टी हट रही थी। उसके शरीर में से हजारों आवाजें निकलने लगीं। उसकी आवाज सुनकर आसपास के किसान और चरवाहे दौड़ते हुए आए।

धरती में से विघ्नेश्वर प्रगट हो रहा है, यह देख चरवाहों ने जल्लोष व्यक्त किया। दैवी चमत्कार का यह समाचार हवा की गति से फैलने लगा। दर्शन हेतु लोग पंक्ति में खड़े होने लगे। सबसे पहले कलशेट्टी अपने गैंग को लेकर घटना स्थल पर पहुँच गया। भूमि में से अवतार लेनेवाले श्री गणेश की मूर्ति के चारों ओर सौ फुट का घेरा बना डाला गया।

घेरे के भीतर किसी को भी प्रवेश नहीं था। घेरे की दीवार पर भी श्रद्धालु फूल और नारियल लाकर रखने लगे। चारों ओर से लोग आ रहे थे।

पत्रकार, कैमरामैन और फोटोग्राफर भी आए।

पुलिस भी पहुँच गई।

विभिन्न केबल वालों के प्रतिनिधियों की भीड़ उमड़ आई।

कलशेट्टी ने गणेश मन्दिर बनाने की घोषणा की। लोग उस्फूर्त होकर दान दे रहे थे।

सुरेखा माने ने वहाँ उस गड्ढे में जिस अंकुरित अनाज को रख छोड़ा था उनमें अंकुर फूट रहे थे और उस पर रखी गणेश की मूर्ति धीरे-धीरे मिट्टी से बाहर निकल रही थी।

❑ ❑ ❑

गरीबी हटाओ झोंपड़पट्टी में मस्जिद बन कर तैयार हुई। उस पर स्पीकर भी लगा दिया। गणेश मन्दिर भी बन गया। सबेरे-शाम लाउड स्पीकर से प्रार्थना के स्वर सुनाई देने लगे। नमाज और महाआरती में तेजी आई। लोग अन्धश्रद्धालु और धार्मिक बन रहे थे। उनके प्रश्नों ने प्रार्थना का स्वरूप धारण कर लिया था। ईश्वर ही विश्व का निर्माता है, वही सब कुछ करने-धरने वाला है, लोग अपने जटिल दुःखों के निराकरण हेतु ईश्वर की खोज में भटक रहे थे। ईश्वर ही हमारी सभी समस्याओं के मूल में है,

ईश्वर ही हमारी सभी समस्याओं का उत्तर है—ऐसी लोगों की दृढ़ श्रद्धा थी। इस कारण जाग्रत मन्दिरों के सामने भीड़ बढ़ रही थी। अज्ञात, रहस्यमय और सर्वशक्तिमान ईश्वर के सम्मुख लोग नतमस्तक हो रहे थे। एक मन्दिर से उनका समाधान नहीं हो रहा था। इस कारण मंदिरों की संख्या के साथ-साथ ईश्वरों की संख्या भी बढ़ रही थी। लोगों के प्रश्नों ने गम्भीर रूप धारण कर लिया था। उसे व्यवस्था ने उत्तर दिया था। भ्रष्टाचार और अपराध, इन दो कदमों पर सत्ता चल रही थी। सामान्य लोग रोजी-रोटी हेतु ईश्वर से मनौती माँग रहे थे। अपना मत जिसमें वे डालते हैं, उस डिब्बे का दर्शन उन्हें पाँच वर्ष में एक बार होता था। मन्दिर के दान का डिब्बा उन्हें रोज दिखलाई दे रहा था। मत-डिब्बे (बैलेट बॉक्स) की अपेक्षा उन्हें दान डिब्बा अधिक निकट का लग रहा था। गणेश-मन्दिर के कारण मन्दिर-परिसर में पूजा का साहित्य बेचनेवालों के दुकानों की कतारें लग गईं। बस्ती के भिखारियों को अब भीख माँगने हेतु बहुत दूर जाने की जरूरत नहीं पड़ती।

दलितों की झोंपड़ियों पर नीले झण्डे, सवर्णों की झोंपड़ियों पर भगवा झण्डे और मुसलमानों की झोंपड़ियों पर हरे झण्डे लहरा रहे थे।

अपने पड़ोस में एक पाकिस्तान है, इसका अहसास हिन्दुओं को हो गया था।

हम बहिष्कृत भारत में रह रहे हैं, ऐसी भावना दलितों में थी।

हमें आतंकवादी सिद्ध करके बदनाम किया जा रहा है, ऐसा मुसलमानों को लग रहा था।

सामाजिक एकता जीर्ण-शीर्ण हो गई थी। एक-दूसरे के प्रति अविश्वास की भावना बढ़ रही थी। सहिष्णुता नष्ट हो रही थी। सम्वाद खत्म हुए जा रहे थे। जाति-जाति में दरारें पैदा करने के षड्यन्त्र चल रहे थे। इस कारण विकास मोर्चे को जाति-धर्म से अलग होकर संगठन बनाना कठिन होता जा रहा था।

एक ओर सामाजिक ध्रुवीकरण की प्रक्रिया में तेजी आ रही थी। अनुसूचित जाति, जनजाति, पिछड़े और अल्पसंख्यक वर्ग निकट आ रहे थे। नई सामाजिक सत्ता का उदय हो रहा था। ठीक इसी समय सामाजिक विघटन के दाँव भी खेले जा रहे थे। जिनके पैर तले की जमीन खिसक रही थी, वे दलितों को अलगाने की कोशिश कर रहे थे। ''अपने मित्र बढ़ते जाएँगे, ऐसे ही आन्दोलन किए जाने चाहिए।'' ऐसी नई जरूरत आन्दोलन के सम्मुख पैदा हुई थी।

सूत-गिरनी के पास शिवाई सहकारी चीनी कारखाने का निर्माण हो चुका था। कारखाना, कारखाने का गेस्ट-हाऊस, किसान-सदन, कर्मचारियों के क्वार्टर्स, कैंटीन, वजन काँटा, रिजर्व्ड टैंक, स्प्रे पाँड, गोदाम, डिस्टिलरी प्लान्ट, कागज-कारखाना, दवाखाना, बगीचा और फव्वारे—इस कारण कारखाने का परिसर भव्य लग रहा था। करीब-करीब बारह हजार किसान कारखाने के कर्मचारी थे। माणिकचन्द और

गोपीचन्द, इन दोनों का कारखाने पर पूर्ण नियन्त्रण था। कारखाने के कारण अचलपुर-धरण गाँव रोड पर ट्रक, ट्रैक्टर और बैलगाड़ियों का यातायात बढ़ चुका था।

बलशेटवार ने कॉर्नर पर स्थित मौके की जगह पर 'हीरा केबल्स' का ऑफिस शुरू किया था।

कलशेट्टी ने वेज-नॉन वेज ढाबा शुरू किया था। उसे 'भाई का ढाबा' नाम दिया गया था।

काक्या ने बस्ती के निकट 'श्री दत्त कैण्टीन' शुरू की थी।

हमीद ने अपने भाई को आटे की चक्की डाल कर दी थी।

पिंकी के भाई तुषार ने किराना एण्ड जनरल स्टोर्स शुरू किया था।

रिंकी के भाई गोबिन्द ने टेलीफोन बूथ और ज़ेरोक्स मशीन लगा लिए थे।

युनूस ने लाण्ड्री की दुकान शुरू की।

अहमद ने मटन-स्टॉल शुरू किया था।

अमरिन्दर ने टायर रिमोल्डिंग और पंक्चर की दुकान शुरू की थी। कारखाने के पास बस स्टॉप शुरू हुआ था। अचलपुर-धरणगाँव रोड का कायाकल्प हो चुका था।

❑ ❑ ❑

"यह देश हिन्दुओं का है। किसी भी पार्टी की सरकार हिन्दुओं की भावनाओं का मजाक नहीं उड़ा सकती। राष्ट्र-निर्माण का दर्शन है—हिन्दुत्व। करोड़ों बेचैन हिन्दू मनों को अपने सम्मुख एक ही लक्ष्य रखना चाहिए और वह लक्ष्य है—एक संघ हिन्दू राष्ट्र का।" महाआरती होने के बाद लोगों के समुदाय के सामने धार्मिक-भावनाओं को बढ़ावा देनेवाले प्रवचन रखे जाते।

बस्ती के आक्रामक धर्मवाद का पहला झटका बलशेटवार और ज़ाहिरा को लगा था। धर्म ने उनके दरवाजे पर दस्तक दी थी। उनकी जिन्दगी को अधखुला कर दिया था। किसी भी क्षण उनके व्यक्तिगत जीवन में धर्म किसी झोंपड़पट्टी के दादा की तरह उपस्थित होकर धमकी देनेवाला था। दोनों विचलित हो गये थे।

"सोच, एक तो मुझे छोड़ दे, नहीं तो खुद का मजहब छोड़ दे।"

"तुझे भी छोड़ नहीं सकता और अपना मजहब भी छोड़ नहीं सकता।"

"तो फिर मुझे हिन्दू बना।"

"हमारे लोग तैयार नहीं हैं। तुझे कौन-सी जाति में लेना है, यह उनकी समझ में नहीं आ रहा है।"

"नागनाथ, मेरी शादी नहीं हुई। अपने मज़हब अलग हैं। हम समाज में रहते हैं। मैं अकेली पड़ गई हूँ। सब मुझ से नफरत करते हैं।"

सुरक्षित जीवन जीने हेतु लोगों को अपने जाति-धर्म का समर्थन चाहिए था।

कानून और व्यवस्था पर से लोगों का विश्वास उठ गया था। उसका यह प्रमाण था।

❑ ❑ ❑

ज़ाहिरा–"ऐसे क्यों देख रहा है रे?"

बण्टी–"यूँ ही।"

ज़ाहिरा–"तेरी आँखों में मिर्च डालूँगी।"

बण्टी–"मामी, तू बहुत सुन्दर है।"

ज़ाहिरा–"बण्टी, मैं बहुत बुरी औरत हूँ। मुझे सब समझ है। मर्द जाति को मैं अच्छी तरह जानती हूं। तू छोटा है। किसी की ओर भी ऐसा देखना अच्छा नहीं होता।"

बण्टी बलशेटवार के घर पर आते ही ज़ाहिरा की ओर चोर निगाहों से देखता। उसकी बुरी नजर ने ज़ाहिरा को कई बार अटपटा लगा था। ज़ाहिरा ने एक बार उसे डाँटा था। बलशेटवार जब घर पर न होता, तब बण्टी जान बूझकर किसी-न-किसी बहाने उनके घर आता और ज़ाहिरा से हँसी-मजाक करता। ज़ाहिरा उसकी नज़र की कामुक वासना को पहचान चुकी थी। ज़ाहिरा उसका चाहे जितना अपमान करे तो भी बण्टी निर्लज्जता से हँसता रहता।

❑ ❑ ❑

कलशेट्टी–"लोगों को आज नहीं तो कल उनके अपने प्रश्नों की तीव्रता का पता चल जाएगा। बहुत समय तक उन्हें भावनाओं को भड़कानेवाले प्रश्नों पर संघर्ष करते हुए रखा नहीं जा सकता।"

बलशेटवार–"हमें आज का विचार करना चाहिए। अपराधियों का भविष्यकाल नहीं होता। पुलिस एनकाउण्टर में उन्हें गोली मार देती हैं अथवा दूसरा अपराधी तैयार हो जाता है और वह गोली मार देता है। और अगर ऐसा कुछ न हुआ तो वह जेल की हवा खाता है। इनसे उन्हें छुटकारा नहीं है।"

कलशेट्टी–"इनसे छुटकारा हो सकता है। अगर राजनीति में सक्रिय हो जाएँ तो?"

बलशेटवार–"क्या सदानन्द काम्बले से बात करें?"

कलशेट्टी–"हमें राजनीति के नेताओं का आश्रय लेना ही होगा।"

विकास मोर्चे के कार्य के कारण झोंपड़पट्टी दादाओं के सम्मुख चुनौती खड़ी हो गई थी। जाति-धर्म के परे जाकर विकास मोर्चे के कार्यकर्ता काम कर रहे थे। उनका काम लोक-कल्याण का था। वे लोगों के मूलभूत प्रश्नों के साथ जूझ रहे थे। उनका काम धीमी गति से परन्तु अनुशासन के साथ चल रहा था। वे दीर्घकामी

योजनाओं पर विचारपूर्वक काम कर रहे थे। 'बहुजन हिताय, बहुजन सुखाय' ही उनका लक्ष्य था।

रमा बाबर ने गरीबी हटाओ झोंपड़पट्टी के बच्चों के लिए अंग्रेजी माध्यम का स्कूल शुरू किया था। ग़रीब बच्चों को इकट्ठे कर उन्हें पढ़ाया जा रहा था। बच्चों में शिक्षा के प्रति प्रेम-निर्माण किया जा रहा था।

रमा बाबर–"निरक्षरों की पीढ़ियाँ आगे बढ़ रही थीं। किसी भी स्कूल में जाकर परीक्षा लें तो यही दृश्य दिखलाई देगा। शिक्षक यही इस देश की मूलभूत समस्या है। प्रतिबद्धता को बाहर से लाया नहीं जा सकता। शिक्षक, के पास ही ज्ञान नहीं है तो वह छात्रों को कहाँ से देगा? छात्रों में क्षमता निर्माण करना यह मेरी जिम्मेदारी है–ऐसा यहाँ के शिक्षकों को लगता ही नहीं। शिक्षकों की गुणवत्ता ध्यान देने योग्य बात है। गाँवों-गाँवों में शिक्षा की किस तरह बर्बादी हो रही है, इसे शासन-प्रशासन की व्यवस्था समझ नहीं पा रही है। सब ओर अराजकता की स्थिति है। बच्चों को ठीक से पढ़ना-लिखना नहीं आता। फिर भी वे उत्तीर्ण होते जा रहे हैं।"

जॉबर–"हमारे बच्चों को भविष्य नहीं है मैडम।"

रमा बाबर, काशीनाथ पोलके, सिद्धार्थ पगारे, सय्यद और विश्वनाथ कुलकर्णी प्रशाला कार्यालय में बैठे थे। सावित्री बाई फुले न्यू इंग्लिश स्कूल बहुत कम समय में बस्ती गें चर्चा का विषय बन चुका था। विश्वनाथ कुलकर्णी को प्रशाला के हेडमास्टर के रूप में नियुक्त किया गया था। बस्ती के सय्यद को अनट्रेंड शिक्षक के रूप में काम पर लिया गया था। काशीनाथ पोलके भी शिक्षक के रूप में कार्यरत था। बिना अनुदान तत्व पर स्कूल शुरू किया गया था। शिक्षक पढ़ा रहे थे और विकास मोरचे का काम भी कर रहे थे। सवेरे ग्यारह से शाम के पाँच बजे तक वे छोटे बच्चों को अंग्रेजी माध्यम से प्राथमिक शिक्षा दे रहे थे। प्रौढ़ साक्षरता क्लास की जिम्मेदारी राजा शितोले को सौंपी गई थी। हर रविवार को महिलाओं के लिए साक्षरता की क्लास शुरू की गई थी। रंजना कदम ने इस क्लास की जिम्मेदारी ली थी। सावित्रीबाई फुले न्यू इंग्लिश स्कूल के कारण झोंपड़ी-झोंपड़ी तक अक्षर पहुँच चुके थे।

झोंपड़ी-झोंपड़ी में से उफनती दुर्गन्ध, झोंपड़ियों के सामने दीख रहे दमा और क्षय से ग्रस्त रोगी, पोलियो और रिकेट्स के रोगी बच्चे, निरन्तर गर्भ का बोझ लेकर जीने वाली औरतें, कचरे के ढेर पर खेलते बच्चे, चूल्हों से उठने वाले धुएँ के बादल, मटन स्टॉल के सम्मुख गुर्रानेवाले कुत्ते, गन्दगी में लोटने वाले सुअर, आवारागर्दी करने वाले कुत्ते, आगलावे के घर के पीछे चल रहा जुए का अड्डा, मैना के घर के सामने शराब पीते हुए शराबी, पिंकी के घर के सामने जुगाली करनेवाली भैंसें, कलशेट्टी के घर के पीछे स्थित कबूतरखाना, बलशेटवार के घर के पीछे पानी में चल रही बदखें, रिंकी के घर के सामने चरनेवाली मुर्गियाँ, झोंपड़ियों के बाहर सुखाने के

लिए डाले गये कम्बल और चादरें, नमाज अदा करने तेजी से निकलते मुसलमान, झोंपड़ियों-झोंपड़ियों से बस्ता लेकर स्कूल के लिए निकले वर्दी पहने हुए बच्चे—बस्ती की यह सामान्य पहचान थी। सावित्री बाई फुले न्यू इंग्लिश स्कूल में चल रही सामुदायिक प्रार्थना का स्वर अब बस्ती का परिचित हो गया था।

पाईप लाईन पर इकट्ठे बूढ़े भी अब रमा बाबर के प्रति आदर से बोल रहे थे। इस कारण कलशेट्टी और भी परेशान हो गया था।

❑ ❑ ❑

गणेश-मन्दिर के निर्माण के कारण कलशेट्टी के प्रति लोगों का नजरिया बदल गया। झोंपड़पट्टी दादाओं को निकाल बाहर करने की फाईल पुलिस के रिकॉर्ड में धूल खाती हुई पड़ी थी। बस्ती के लोग खुद कलशेट्टी के यहाँ जा रहे थे। हाथ जोड़कर नमस्कार कर रहे थे और मन्दिर के विकास हेतु खुलेदिल से दान दे रहे थे। बस्ती के गुण्डों को वसूली हेतु लोगों के दरवाजे पर जाने की जरूरत अब नहीं थी। लोग ही अब झोंपड़पट्टी दादाओं के घर के सम्मुख पंक्तिबद्ध खड़े हो जाते। कलशेट्टी की प्रतिष्ठा बढ़ने लगी थी।

❑ ❑ ❑

बस्ती के बूढ़े पाईप लाईन के पास इकट्ठे हुए थे। मुस्लिम बूढ़ों की संख्या बढ़ गई थी। इस कारण बूढ़ों की चर्चा के विषय भी बदले थे। कभी-कभार हिन्दुओं का अन्न और मुसलमानों का अन्न—इस पर भी बहस होती।

हिन्दू बूढ़े कहते—"मुसलमानों को अब दाढ़ियाँ रखना बन्द कर देना चाहिए। इस कारण उनकी भिन्न आयडेंटिटी का पता चल जाता है।" तो मुस्लिम बूढ़े कहते, "हिन्दुओं को माथे पर तिलक लगाना बन्द करना चाहिए।"

देश में आतंकवादी कारवाईयाँ हुईं कि हिन्दू बूढ़ों की आवाज में तुर्शी आती। "हिन्दुस्तान में हिन्दुओं की आवाज ऊँची ही रहेगी।" जिन्दगी भर संजोए हुए जातीयता के अवशेष बूढ़ों की आवाज में से गिरते-पड़ते सुनाई देते।

"सभी मुस्लिम आतंकवादी नहीं हैं।

परन्तु जो आतंकवादी पकड़े जाते हैं वे सबके सब मुसलमान ही हैं।"

❑ ❑ ❑

पिंकी और रिंकी गाँव आई थीं। रिंकी दस दिन रह कर वापिस मुम्बई चली गई। पिंकी अलबत्ता नहीं गई। उसे मुम्बई की हवा रास नहीं आ रही थी। वह वहाँ हमेशा बीमार रहती। उसे दमे की बीमारी हो गई थी। वह हवा-पानी बदलने हेतु गाँव आई

थी। बाद में वह वापिस गई ही नहीं। दमे की उसकी बीमारी हमेशा के लिए ठीक हो चुकी थी।

पिंकी और रिंकी गाँव आई तो ज़ाहिरा से अवश्य ही मिलतीं। अलबत्ता इस बार वे दोनों ज़ाहिरा से मिलने नहीं गईं। पिंकी तो ज़ाहिरा के सम्बन्ध में गलत-सलत बातें फैला रही थी। रिंकी अकेली दुःखी मन से लौटी थी। पिंकी का घर पर रुकना उसके परिवार वालों को अच्छा नहीं लगा था। उन्हें पिंकी की कमाई चाहिए थी। दो दिन के लिए उसका अतिथि बनकर आना उन्हें अच्छा लगता था पर स्थायी रूप से उसका घर पर लौटना उन्हें बिल्कुल पसन्द नहीं था। उसके खिलाफ घर पर किच-किच शुरू हो गई। पिंकी को अब घरवालों की परवाह नहीं रही थी। वह सिगरेट पीती थी, शराब पीती थी। दिन-रात भाई के ढाबे पर जाकर बैठती थी। उसने उस्मान को अपने जाल में फँसा लिया था। पिंकी का बिंदास जीना, देररात को शराब पीकर घर आना, इस कारण उसका भाई तुषार चिढ़ गया था।
पिछली रात पिंकी शराब पीकर घर आई। तुषार ने उसकी बेदम पिटाई की और उसे घर से निकाल बाहर किया। पिंकी आक्रोश करते हुए घर से बाहर निकली। चलते-चलते वह भाई को गालियाँ दे रही थी। ''मेरी कमाई खाते हो। मैंने दस-दस लोगों को अपने बदन पर सौपकर तुम्हें पैसे दिए। मेरी कमाई तुमने छीन ली। तुम्हारा सत्यानाश होगा।''

❑ ❑ ❑

कलशेट्टी ने ढाबे पर काम करने हेतु औरतों को रखा था।

उसका ढाबा जोरों से चल रहा था। ट्रक-ड्राइवरों की वहाँ हमेशा भीड़ रहती। ढाबे के सामने चार-पाँच ट्रक हमेशा खड़े रहते। ग्राहकों को डुप्लिकेट ब्राण्ड की शराब बेची जाती। लड़कियाँ भी सप्लाई की जातीं। जवानी की देहलीज पर खड़ी लड़कियों को कलशेट्टी काम देने की बात कहकर ढाबे पर ले आता और उन्हें गलत रास्ते पर चलने पर मजबूर करता। एक बार गलत कदम उठाने पर ये लड़कियाँ हमेशा के लिए उसकी चंगुल में फँस जातीं।

उस्मान कलशेट्टी का ढाबा चलाता। वह हमेशा गल्ले पर दिखलाई देता।

पिंकी अन्य लड़कियों को लेकर ढाबे पर के ग्राहक को अपनी ओर खींच लेती। 'पायल बार' पर पुलिस वालों ने छापा मार दिया। अनेक बार-गर्ल को पकड़ा गया। होटल मालिक को भी पुलिस वालों ने अपने कब्जे में ले लिया। रात देर तक इस बार में गलत धन्धे चलते हैं, ऐसी शिकायत पुलिस को मिली थी। पुलिस वालों ने छापे की वीडियो शूटिंग कर सभी चैनल्स को भेज दिया था। अनेक जवान लड़कियाँ अपने चेहरों को ओढ़नी के पीछे छिपाती पुलिस जीप पर चढ़ती हुई टी. वी. पर

दिखलाई दे रही थीं। अलबत्ता वैशाली उस छापे में मिली नहीं। पुलिस के छापे के पूर्व ही वह किसी ग्राहक के साथ बाहर गई थी।

'पायल बार' पर छापा पड़ने के कारण वैशाली दो दिन घर पर ही थी। उसका भाई हर्षद मदर टेरेसा हाईस्कूल में दसवीं कक्षा में पढ़ रहा था। उसके माँ-बाप एक दुर्घटना में मर चुके थे। वह अपनी दादी के साथ गरीबी हटाओ झोंपड़पट्टी में रह रही थी। वह अकेली कमाती थी और भाई को पढ़ा रही थी। नाचने-गाने के सिवा उसके सम्मुख कोई दूसरा पर्याय नहीं था। कलशेट्टी ने उससे विवाह की इच्छा व्यक्त की थी। वह कलशेट्टी से आयु में इक्कीस वर्ष छोटी थी। "जब चाहिए तब बुलाओ, मैं आऊँगी।" उसने कुशलता के साथ कलशेट्टी को टाला था। कलशेट्टी उसकी आस लगाए बैठा था।

पायल बार पर छापा डालने के बाद पुलिसों ने वेश्यावृत्ति हेतु लड़कियाँ सप्लाई करने के आरोप में तीन लोगों को गिरफ्तार किया था। इन तीनों को न्यायालय ने सात दिन की पुलिस हिरासत दी थी। पिण्टया उर्फ शाकीर रहमान सिद्दीकी (आयु 23, निवास गरीबी हटाओ झोंपड़पट्टी, अचलपुर) यास्मीन अहमद शेख (आयु 28, निवास मोमिन पुरा, धरणगाँव) पूजा आधार विश्वास (आयु 25, निवास रजनीगन्धा हॉउसिंग सोसायटी, धरणगाँव) अपराधियों के नाम थे। पुलिस वालों ने इन्हें चौफुला के पास गिरफ्तार किया था। उनके पास से एक हजार रुपये नकद, पन्द्रह हजार रुपये मूल्य की मोटर-सायकिल और तीस हजार रुपये मूल्य का मोबाईल ज़ब्त किया था। जुबेदा उस्मान सिद्दीकी (नि. वाल्झोबावाडी धरणगाँव) चम्पत हो गई थी। पिण्टया मोटर सायकिल पर से लड़कियाँ लाकर ग्राहकों को सप्लाय करता था। पूजा और यास्मिन पैसे प्राप्त करने हेतु पिण्टया और जुबेदा की सहायता करती थी। झुबेदा कलशेट्टी के ढाबे पर भी लड़कियाँ सप्लाई करती थी। झुबेदा की डायरी में वैशाली का मोबाईल नम्बर भी था।

भाई के ढाबे पर पुलिस की जीप आकर खड़ी हो गई। खुद उस्मान ने उन्हें बताया था। उस्मान ने हवलदार शरद काले को बन्द पाकिट दिया था। पुलिस वालों ने आने-जाने वाले दो-तीन वाहन रोक कर उनके कागजपत्रों की जाँच-पड़ताल की थी। उस्मान ने सबकी ख़ातिर की। पुलिस जीप जैसी आई, वैसी चली गई।

पाईप लाईन पर इकट्ठे बूढ़ों ने पुलिस जीप देखी थी। उनकी आज की चर्चा का विषय पुलिस वाले हो गये थे। पुलिस पर उनमें से प्रत्येक टीका-टिप्पणी कर रहा था।

"पुलिस वालों ने पायल-बार पर छापा मार दिया।"

"जवान लड़कियों को पकड़ा।"

"रुपये लेकर छोड़ देंगे।"

"कलशेट्टी हफ्ते देता है, इसलिए उसके ढाबे पर छापा नहीं मारा।"

"पुलिस का अर्थ ही है वर्दी में गिद्ध।"

"समाज को लगी घुन है घुन।"

"वे कानून के रखवाले हैं।"

❑ ❑ ❑

कलशेट्टी ने भरपूर शराब पी और वैशाली के घर गया। वैशाली की दादी सोनू आँगन में सोई हुई थी। वैशाली के घर का दरवाजा बन्द था और भीतर लाईट जल रही थी। कलशेट्टी ने सोनू को बिरयानी का पैकेट दिया। सोनू आँखें पोंछते हुए उठ बैठी। बिरयानी मिलने के कारण वह बहुत खुश थी।

"वैशाली कहाँ है?"

"काम पर गई है।"

"बार तो बन्द है न"

"अब वह आर्केस्ट्रा में जाती है।"

"घर में कौन है?"

"वैशाली का भाई।"

"झूठ बोलती है तू।"

"झूठ क्यों बोलूँ? तू भीतर जाकर देख।"

कलशेट्टी को सन्देह हुआ। 'वैशाली दरवाजा बन्द करके किसी के साथ रंगरेलिगाँ मना रही है शायद। बूढ़ी झूठ बोलकर मुझे टरकाना चाहती है। वैशाली दोपहर में दिखलाई दी थी। अभी कैसे किस काम पर गई?' कलशेट्टी सन्देह से पागल हो गया था। उसे झूठ-सच जान लेना था।

उसने दरवाजे पर हाथ दे मारा। दरवाजा खुला। कलशेट्टी आँधी की तरह भीतर घुसा। कलशेट्टी शर्मिन्दा हुआ। उसका सारा नशा उतर गया।

कलशेट्टी चुपचाप बाहर निकल गया।

हर्षद विचलित न होते हुए अध्ययन कर रहा था। कलशेट्टी ने खुद दरवाजा भी बन्द कर दिया। वह सोनू के पास आकर बैठ गया। उसने उसे सुपारी दी।... कलशेट्टी ने मुँह में सुपारी डालते-डालते सोनू को गुदगुदी की। बूढ़ी मुक्त होकर हँसने लगी।

कलशेट्टी अपने घर की ओर निकला।

वह छटपटा रहा था। उसे स्ट्रीट-लाईट के नीचे अध्ययन करने वाले राजा शितोले के बच्चे दिखलाई दिए। कलशेट्टी ने पहली बार इस प्रकार का दृश्य देखा था। जॉबर आँगन में बैठकर अपने बच्चों को पढ़ाई करवा रहा था। दाद्या का नाती

उसे ए. बी. सी. डी. बोलकर बतला रहा था। स्ट्रीट लाईट के पोल के नीचे बैठकर सुरजित अध्ययन करने वाले अपने नाती को देख रहा था। कलशेट्टी सनकी हो रहा था। बस्ती का यह दृश्य उसके लिए नया और अनोखा लग रहा था। उसके मस्तिष्क में विस्फोट हो रहा था। उसके विचारों के टुकड़े-टुकड़े हो रहे थे।

झोंपड़पट्टी के बच्चे अगर पढ़ने लगे तो हमें गुण्डे कैसे और कहाँ से मिलेंगे? यह शिक्षित पीढ़ी हमारे विरोध में संघर्ष कर सकती है। इन बच्चों को स्कूल जाने के बजाए मन्दिर-मस्जिद में जाना चाहिए। तभी अपने हाथ मजबूत हो सकेंगे और उनके हाथों मुझ जैसे का भविष्य सुरक्षित रह सकता है। लोगों को ज्ञान मिल रहा है, इसका मतलब क्रांति की शुरुआत हो चुकी है। ज्ञान ही सच्ची क्रांति होती है। उसे नष्ट कर देना चाहिए। झोंपड़पट्टी के लड़के अगर पढ़ने गये तो वे शासन-प्रशासन में जाएँगे और पीढ़ी-दर-पीढ़ी झोंपड़पट्टी पर चलती आ रही गुण्डों की सत्ता खत्म हो सकेगी। कलशेट्टी बेचैन हो गया। स्कूलों के परिसर में गुटखा बेचना चाहिए, स्कूल में जानेवाले बच्चों को जुए की लत लगानी चाहिए। उनका लैंगिक शोषण किया जाना चाहिए। ज्ञान में प्रचण्ड शक्ति है। उसे घुन लगाना चाहिए। कलशेट्टी दृढ़ संकल्प करता रहा।

लोग इकट्ठे न आएँ इसलिए हरेक जाति में दीवारें खड़ी की जानी चाहिए। इन दीवारों को फौलादी बनाने हेतु जुलूस, उत्सव आयोजित करने चाहिए। शोषण के खिलाफ की लड़ाई अथवा धर्म के परे जाने वाला मन, इनके बीच धर्मनिरपेक्ष शक्ति छिपी होती है। धर्मनिरपेक्षता को वास्तव में हमारी संस्कृति पर लगी घुन के रूप में सम्बोधित किया जाना चाहिए। विविध व्रत-कर्मकाण्ड, त्यौहार, उत्सव, मेले, पूजा-पाठ, यज्ञ, हरिनाम सप्ताह, सन्त पुरुषों का सत्संग आदि द्वारा लोगों को धर्मान्ध बनाना चाहिए। कलशेट्टी के मन में श्रुति-स्मृति का हाहाकार सुनाई दे रहा था।

❑ ❑ ❑

आगलावे ने कबूतरखाना साफ किया. बण्टी ने कबूतरों का पानी बदल दिया था। कलशेट्टी कबूतरों के सम्मुख दाने डाल रहा था।

❑ ❑ ❑

नागनाथ बलशेटवार को एक केस में तीन माह की सजा हुई थी। ज़ाहिरा अकेली ही रहती थी। उसको प्रत्येक दिन पहाड़ की तरह लग रहा था। सारी जिन्दगी में कालिमा समा गई थी। वह अँधेरे के आँचल में ही सिसकती रही। अँधेरे की अंजुली में वह फैली थी। उसे अँधेरा शृंगार की तरह लग रहा था। पर आज उसे रात को डर लग रहा था। उसने अपने तकिए के पास सत्तुर रख छोड़ा था। मिर्च-पावडर रखा था। रात-अँधेरे में उसे मनुष्य की ठठरी हँसते हुए दिखलाई देती। बाहर बिजली

चमक रही थी। धुँआधार बारिश हो रही थी। हवा तेजी से बह रही थी। हवा में ठण्ड थी। बिस्तर पर वह अकेली सोयी थी। उसके शरीर में स्थित प्रणय गायब हो चुका था और मनुष्य के प्रति भय उसके तन-मन को सता रहा था। अँधेरे की कालिमा में उसकी भूतकाल की स्मृतियाँ जुगनू की तरह चमक रही थीं। गुमशुदा लड़की की तरह वह अपनी जिन्दगी के बरामदे पर खड़ी थी। उसे अपनी जिन्दगी खाली-खाली लग रही थी।

बांग्लादेश से जब वह भारत में आई तब वह चौदह वर्ष की थी। दलालों के ट्रक में बैठी हुई लड़कियाँ ज़िन्दगी में फिर कभी अपने घर नहीं लौट सकती थीं। उनमें से वह एक थी। ढाका के लोकल ट्रान्सपोर्ट से होते हुए वह सीमा पर स्थित पेट्रोपोल आई थी। वहाँ पहली रात उसने दलाल के साथ बिताई। दूसरे दिन उसने पेट्रोपोल से भारत के सीमावर्ती प्रदेश के बेनापोल में प्रवेश किया था। बांग्ला देश की सीमा का उल्लंघन करते समय उसे बांग्ला देश राईफल्स का डर लग रहा था। नो मैन लैण्ड को लाँघ कर आने के बाद भारत की सीमा में प्रवेश करते समय उसे

बॉर्डर सिक्यूरिटी फोर्स का डर लगा था। रिक्शा से वह बणगाँव स्टेशन आई थी। बणगाँव में कचौड़ी-सब्जी खरीदते समय उसके बांग्ला देशी उच्चारण सुनकर कैंटीन वाले के माथे पर त्यौरियाँ चढ़ गई। "बांग्ला देश से आई है, यहाँ, भीड़ जमाने।" कोलकाता और ढाका की भाषा भले ही एक होती थी, उच्चारण अलग होते हैं। उच्चारण से घुसपैठिए को पहचाना जा सकता है। इस कारण वह बहुत कम बोल रही थी। बणगाँव रेलवे स्टेशन पर उसने लोकल ट्रेन पकड़ ली और सियालदह पहुँच गई थी। उसे अब लगने लगा कि वह भारत में पहुँच चुकी है। सियालदह से हावड़ा की यात्रा उसने सिटी बस से की थी। हावड़ा ब्रिज को लाँघते समय उसकी आँखों में गंगाजल तैर रहा था। दोपहर डेढ़ बजे वह गीतांजलि एक्सप्रेस में बैठी और दूसरे दिन रात के नौ बजे वह मुम्बई सेन्ट्रल पर उतरी। उसका सही नाम फारू अबुल हुसैन था। उसने अनेक बार अपने नाम बदले थे।

आज की रात उसे मौत की रात लगी। प्रकृति के रौद्र रूप से वह भयभीत हो गई थी। किसी जाने-पहचाने व्यक्ति द्वारा पीठ थपथपाने जैसी आवाज उसके दरवाजे पर हुई। कड़कती हुई बिजली की अपेक्षा दरवाजे पर किसी के थपथपाने की आवाज से वह काँप गई। इतनी रात और इतनी भयावह बारिश में उसका दरवाजा थपथपाया गया था।

हाथ में सत्तूर लेकर वह खड़ी हो गई। बाहर से कोई तो दरवाजे को ढकेल रहा था। वह जोर से चिल्लाई, "कौन है?" पीछे से कामुक हँसी सुनाई दी। ज़ाहिरा ने फिर से एक बार आक्रामक आवाज में पूछा, "मैं पूछ रही हूँ कौन है? क्या चाहिए?" ज़ाहिरा की आवाज काँप रही थी।

"मैं बण्टी हूँ मामी।" बहुत लड़कते स्वर में बण्टी बोल रहा था।

ज़ाहिरा गुस्से से लाल-पीली हो गई। वह हाथ में सत्तूर लेकर खड़ी थी।

बाहर वर्षा हो रही थी, हवा तेजी से बह रही थी। बण्टी पूरी ताकत के साथ दरवाजा खोलने की कोशिश कर रहा था, पर दरवाजा खुल नहीं रहा था। वह मजबूर हो गया।

ज़ाहिरा ने दरवाजे के छेद से बाहर की ओर देखा। बण्टी आँगन में असहाय खड़ा था। बारिश में भीग रहा था पर जगह से हिल नहीं रहा था।

दूर से छाता लेकर कोई औरत बण्टी की ओर ही आ रही थी। ज़ाहिरा ने उत्सुकतावश देखा। वह सुरेखा माने थी। वह बण्टी को खोजती आयी थी। बण्टी को खींचकर वह ले गई।

ज़ाहिरा बहुत देर तक सो नहीं पाई। बारिश का जोर कम हो गया था। रिक्शा की आवाज सुनाई दी। वैशाली आई थी। इतनी रात वैशाली को डर नहीं लगता होगा क्या? फिर मैं क्यों डरती हूँ? क्या है ऐसा मेरे पास जिसकी हिफाजत मैं जान से

भी ज्यादा कर रही हूँ? किसी का विश्वास? और क्या?

गिरना नदी में बाढ़ आ चुकी थी। बाढ़ की आवाज ने अँधेरे को घेर लिया था। बाढ़ का पानी ताड़ के जंगल तक पहुँच गया था। ताड़ के वन में पानी फैल गया होगा। नदी किनारे का सूखा कुआँ पानी में डूब गया होगा। नदी के उस ओर महारोगियों की झोंपड़ी में पानी घुस गया होगा। अगर पानी बढ़ गया तो वह गणेश मन्दिर की सीढ़ियों तक पहुँचेगा। बाढ़ उतरने में ही दो दिन लगेंगे। नदी के उस ओर के बच्चे स्कूल कैसे आएँगे? सभी गड्ढे भर जाएँगे। मेंढक शोर मचाना शुरू करेंगे।

तकिए के पास उसे कुछ हलचल का अनुभव हुआ। वह झट से उठकर बैठ गई। तकिए के पास मेंढक बैठा था। उसे मेंढक से बहुत डर लगता है। उसे बण्टी की अपेक्षा मेंढक अधिक भयानक लगा।

वह उठ खड़ी हुई। उसके शरीर पर रोंगटे खड़े हो गये। उसने हाथ में झाड़ू लिया और मेंढक को दरवाजे तक ढकेलती रही। मेंढक उल्टा-पुल्टा होकर दरवाजे के पास गिर गया। ज़ाहिरा आगे बढ़ने के पूर्व ही वह छलांग लगाते हुए फिर से बिस्तर के पास चला गया। ज़ाहिरा बहुत डर गयी। यह मेंढक अगर बैल की तरह बड़ा हो गया तो

उसने फिर ज़ोर लगाया। और मेंढक को पूरी ताकत से ढकेल दिया। जैसे उस मेंढक के साथ उसका युद्ध ही शुरू हो गया था। मेंढक दूर जाकर गिरा। वह पेशाब कर चुका था। उसे लगा कि मेंढक को सत्तुर से मार देना चाहिए परन्तु उसकी हिम्मत नहीं हुई।

ज़ाहिरा ने दरवाजा खोल दिया। ठण्डी हवा की लहर भीतर आ गयी। बारिश की बूँदें भी भीतर आईं।...कड़कती बिजली का प्रकाश भीतर आया। सड़कें पानी से भरी हुई थीं। उसने फिर से एक बार मेंढक को झाडू से उठाया। मेंढक हवा में तैरता हुआ दरवाजे के बाहर जाकर गिरा। संकट से मुक्ति का अहसास उसे हुआ।

उसने बिस्तर झटक दिया। साफ किया। मेंढक का कोई दूसरा साथी भीतर रह गया है क्या, इसकी खोजबीन की। दरवाजा लगा लिया। बाहर से मेंढक फिर से भीतर न आए, इसलिए दरवाजे के फटे हिस्सों में चिंदियाँ घुसा दी।

उसे लगा कि मेंढक सपने में आएगा, छाती पर बैठेगा। वह चिल्लाते हुए उठेगी। पर ऐसा कुछ नहीं हुआ।

उसे गहरी नींद आई।

❑ ❑ ❑

पिंकी आज दवाखाने होकर आई। उसने साथ में सोना और मोना को लिया था। सोना का गर्भपात किया गया तो मोना के गुप्त रोग का इलाज। कई बार समझाने के

बावजूद उन्होंने निरोध का उपयोग करने में कोताही की थी। उसी कारण सोना गर्भवती हुई थी, तो मोना गुप्त रोग से पीड़ित हो गई थी।

पिंकी लड़कियों को पूरा-पूरा समझाती थी कि–"एक नहीं, दो निरोधों का उपयोग करो। एक पर एक चढ़ाएँ। अगर वह तैयार नहीं होता, तो उसके साथ सोओ नहीं। बीच में ही ग्राहक को उठाओ। निरोध फटा है क्या देखो। तुम लोग खुद की परवाह नहीं करती?"

पिंकी की आवाज में गुस्सा भी होता, रोना और प्रेम भी।

हवा नीचे से ऊपर की ओर बह रही थी। बीच-बीच में चमड़े की दुर्गन्ध की लहर टकराती। केरबा और सोनबा के चमड़े का व्यवसाय बढ़ रहा था।

कलशेट्टी के कबूतर बस्ती पर से उड़ रहे थे।

❑ ❑ ❑

बलशेटवार जेल से छूटकर आया था। वास्तव में ज़ाहिरा भी अपने इस घर में नजर-बंदी की सजा भोग चुकी थी।

बलशेटवार के घर आने पर मानो उत्सव ही शुरू हुआ। बण्टी ने जल्दी-जल्दी में घर की रोशनाई की। पिण्टया ने पटाखे फोड़े। सावल्या गुलाब का हार ले आया। बस्ती के अनेक लोग आ-आकर बलशेटवार से मिल रहे थे। ज़ाहिरा का चेहरा प्रसन्न हो उठा था। बलशेटवार भी आने-जानेवालों से उत्साह के साथ मिल रहा था।

बलशेटवार के घर पहुँचे अभी दो-तीन घण्टे भी नहीं हुए थे कि पुलिस आ पहुँची। पुलिस के सिपाही जीप से कूद पडे थे। वे बलशेटवार के घर में घुस गये और बलशेटवार को तकरीबन धकेलते हुए जीप में जबरदस्ती से बिठाते रहे। बलशेटवार ने जब प्रतिकार किया तब हवलदार शरद काले ने अपने डण्डे से उसे मारा था। डण्डा टूट गया था। ज़ाहिरा क्षुब्ध हो गई थी।

"अभी छूटकर आया है। उसे क्यों ले जा रहे हो?" ज़ाहिरा व्याकुल होकर पूछ रही थी। पुलिस वाले जोर-जबरदस्ती करते हुए बलशेटवार को पकड़ ले गये थे।

झोंपड़पट्टी के गुनहगारों के दल परेशान हो गये थे। बूढ़े रोज़ की तरह पाईप लाईन के पास इकट्ठे हुए थे। बलशेटवार को पुनः पकड़ ले जाना उनकी आज की चर्चा का विषय था।

"इस देश का कानून बहुत सख्त है। कानून के हाथ लम्बे होते हैं। कानून से कोई भी दूर भाग नहीं सकता।" ऐसा स्वर सबका था।

"समाज के कुख्यात गुण्डों को गोलियों से भून देना चाहिए। ऐसे गुण्डों का समाज को क्या उपयोग?" अब्बू ने कहा था। "बूढ़ों का भी क्या उपयोग?" दादूया ने शरारत भरा प्रतिप्रश्न अब्बू से किया था।

सभी बूढ़े हँसते रहे। उनके हँसने में शरारत से अधिक उदासी ही थी। पाईप लाईन की ओर से प्रीति ताड़ के वनों की ओर निकली थी। अब्बू की नजर से वह छूटी नहीं। अब्बू उसकी विमुख आकृति की ओर गौर से देख रहा था।

"प्रीति के लक्षण ठीक नहीं है। यह लड़की काक्या के चेहरे पर कालिमा थोपेगी।" नाना अब्बू की बातों की उपेक्षा करते हुए बोला।

"है ना उसका बाप, चिन्ता करने वाला। तू क्यों उसकी चिन्ता करता है?" अब्बू ने भी नाना की सलाह मान ली थी।

"तेरी बात भी ठीक है।" अब्बू का मजाक उड़ाते हुए दादया कहने लगा, "अरे, वह जवान है। उस सुरेखा माने को देखा? अपने बेटे की उम्र के बराबर के बण्टी के साथ घूमती है। वह बौरा गई है।" दादूया की प्रतिक्रिया सुन नाना भी हँसा था।

❑ ❑ ❑

गरीबी हटाओ झोंपड़पट्टी में गणेश की महत्ता को बढ़ाना जरूरी था। यह जाग्रत है—इसे लोगों के मन पर बिम्बित करना जरूरी था। मन्दिर की ओर लोगों का ध्यान आकृष्ट करने हेतु कलशेट्टी था। वह स्वामी राघवेन्द्र से मिला। स्वामी राघवेन्द्र का बड़ा बोलबाला था। ऋषितुल्य व्यक्ति के रूप में उनकी पहचान थी।

कलशेट्टी उन्हें आग्रह कर रहा था, "हमारी बस्ती में दलितों ने स्कूल खोला है। वे लोगों में अम्बेडकर वाद फैलाने का काम शुरू कर रहे हैं। हमारे लोग अर्थात् सवर्ण उनके पीछे जा रहे हैं। इससे हिन्दू धर्म खतरे में आ जाता है। बस्ती में मुस्लिमों का भी प्रभाव बढ़ता जा रहा है। आप अगर हमारी बस्ती में महाआरती के लिए आ जाएंगे तो फर्क पड़ सकता है। बस्ती के लोगों की भी वैसी इच्छा है।"

कलशेट्टी की बातचीत में से हिन्दू-धर्म के प्रति उसकी श्रद्धा तेज नदी के प्रवाह की भाँति व्यक्त हो रही थी। इस श्रद्धा के मूल में बस्ती पर उनकी दादागिरी का रहस्य छिपा हुआ था।

स्वामी राघवेन्द्र ने कलशेट्टी के निमन्त्रण को स्वीकार किया। "धर्म को भक्ति की नहीं, शक्ति की जरूरत है।" स्वामी राघवेन्द्र ने अपना मनोदय व्यक्त किया।

कलशेट्टी की खुशी का ठिकाना न था।

कलशेट्टी चले जाने के बाद स्वामी राघवेन्द्र ने हेमा पण्डित और सदानन्द काम्बले को बुला लिया। स्वामी राघवेन्द्र की बायीं और हेमा पण्डित पार्वती की तरह बैठी थी तो उनके आगे सदानन्द काम्बले नन्दी बैल की तरह बैठा था। स्वामी राघवेन्द्र ने अपना चेहरा रहस्यमय और गहन-गम्भीर रखा था। उनकी आवाज में गम्भीरता थी। "गरीबी हटाओ झोंपड़पट्टी में रमा बाबर ने स्कूल खोला है। रमा बाबर को रोहिदास नागदिवे की सहायता प्राप्त है। इस बस्ती के लोगों को मतदान का

अधिकार मिलनेवाला है। उनके नाम दर्ज हुए हैं। इस झोंपड़पट्टी में सात सौ मत हैं। वे रोहिदास की ओर जा सकते हैं। इस बस्ती में अब हमें हस्तक्षेप करना चाहिए। यहाँ से चुने हुए तीन सदस्य सरपंच के चुनाव में निर्णायक भूमिका अदा कर सकते हैं। उन्हें अपनी ओर झुकाना जरूरी है। वहाँ के लोगों ने मुझे महाआरती के कार्यक्रम पर बुलाया है। यह बस्ती हमारी ग्राम पंचायत की सीमा में आती है। महाआरती के कार्यक्रम के बहाने इस बस्ती में कुछ सुधार कर सकते हैं। तो, देखो।'' स्वामी राघवेन्द्र ने भाव विवश होकर कहा।

''हेमाताई क्या कर सकेंगे?'' सदानन्द काम्बले ने आस्था से पूछा।

''अनुदान राशि है। सड़कें बनाई जा सकती हैं। सूत-गिरनी और चीनी कारखाने को पानी दिया गया है। वहाँ से पाइप-लाइन डालकर सार्वजनिक नल की सुविधा दी जा सकती है।'' हेमा पण्डित चालाक राजनीतिज्ञ की तरह बोल रही थी।

''वह सब इसके पूर्व ही हो जाना चाहिए था।'' सदानन्द काम्बले की आवाज में नाराज़गी थी।

''गाँव का पैसा झोंपड़पट्टी पर कैसे खर्च किया जा सकता है? सदस्य चिल्लाते हैं।'' हेमा पण्डित ने अपनी दिक्कत बतलाई।

''मैं बात करता हूँ उन सबसे। आप लोगों के काम करते रहो।'' स्वामी राघवेन्द्र की आवाज में अधिकार का दर्प था।

स्वामी राघवेन्द्र बस्ती के गणेश मन्दिर को भेंट देनेवाले हैं, यह खबर हवा की तरह फैल गई। लोग हड़बड़ा गये। उनमें धार्मिक संताप फैल गया था। कलशेट्टी के घर के सामने भीड़ जमा हो रही थी। लोग अपनी मर्जी से कार्यक्रम के लिए दान दे रहे थे। पुराने भगवा झण्डे निकाल कर नये भगवा झण्डे लगाने की मुहिम शुरू हो गई थी।

मन्दिर में सवेरे-शाम होने वाली महापूजा के लिए श्रद्धालुओं की भीड़ बढ़ने लगी। बस्ती में हिन्दुओं की धूमधाम शुरू हो जाने के कारण मुस्लिमों के मन में बेचैनी फैल रही थी। मस्जिदों में उनकी भी बैठकें शुरू हो गईं।

बूढ़े अलबत्ता पाइप लाइन पर नियमानुसार इकट्ठे हो रहे थे। अचलपुर धरण गाँव रोड पर चौड़ाई का काम शुरू हुआ था। गरीबी हटाओ झोंपड़पट्टी के पास सड़क हेतु खुदाई का काम चल रहा था। जेसीबी के धक्के से पाईप लाईन फट गई थी। इस कारण सभी ओर पानी ही पानी हो गया था। दर्शकों की भीड़ इकट्ठी हुई थी। बस्ती के बच्चे बहते पानी में मस्ती कर रहे थे।

पाईप लाईन की दुरुस्ती का काम शुरू हुआ था। टेलिफोन के केबल टूट जाने से अनेकों के टेलिफोन बन्द हो चुके थे। पाईप लाईन के पास कीचड़ हो जाने से बूढ़ों को अड़चन हो गई थी।

सुरेखा माने और बण्टी प्रेमी युगल की तरह रोड पर घूम रहे थे।

"गाय-बछड़ा।" कह कर लोग उनकी ओर मज़ाक से देख रहे थे।

❑ ❑ ❑

सावित्रीबाई फुले न्यू इंग्लिश स्कूल के कारण बस्ती के बच्चे पढ़ाई कर रहे थे। स्कूल में आने वाले बच्चों को दूध, केला, चॉकलेट, खिचड़ी, पोहा आदि बाँट दिया जाता था। बच्चों का एक समय का खाना स्कूल में होता था। इस कारण अभिभावकों की चिन्ता मिट गई थी। रमा बाबर की लोकप्रियता बढ़ रही थी। बच्चे खुद मन से स्कूल जाते थे। हमारे बच्चे स्कूल में सुरक्षित होते हैं, पढ़ाई अगर ठीक से कर लें तो उनकी प्रगति होगी। यह सोच काम पर जाने वाले उनके माँ-बाप निश्चित हो जाते हैं। रमा बाबर की बढ़ती लोकप्रियता से कलशेट्टी विचलित हो रहा था।

"अभी भी बस्ती के सभी बच्चे स्कूल नहीं आते। अभिभावकों को शिक्षा के महत्व का पता नहीं चला है। वे अपने बच्चों को स्कूल की पंक्ति में खड़े करने के बजाए मन्दिर की पंक्ति में खड़ा कर रहे हैं।"

"ईश्वर के नाम पर अनेक पीढ़ियाँ बर्बाद हो गई हैं। पुरानी पीढ़ी को चाहिए कि वह नई पीढ़ी को बरबाद न करें। अपने बच्चों को जाति-धर्म का महत्व बतलाने के बजाए उन्हें ज्ञान का महत्व बतलाना चाहिए।"

"मन्दिर पुरोहितों की जागीर है। वे खुद के फायदों के लिए पूरे समाज को अन्धश्रद्धालु बना रहे हैं।"

"मन्दिर समाज-शिक्षा का केन्द्र बन जाना चाहिए। पर ऐसा होते हुए दिखलाई नहीं देता। मन्दिर में से दैववाद और अन्धश्रद्धा का प्रचार किया जा रहा है।"

"मन्दिर हमारे नियन्त्रण में आने चाहिए। मन्दिरों में जो करोड़ों रुपये पड़े हुए हैं, उन्हें गरीबों के कल्याणार्थ खर्च करना चाहिए।"

रमा बाबर, काशीनाथ पोलके, सिद्धार्थ पगारे, विश्वनाथ कुलकर्णी और सय्यद स्कूल के कार्यालय में बैठकर चर्चा कर रहे थे। स्वामी राघवेन्द्र के हाथों महाआरती का कार्यक्रम होने वाला है—इसे सुनकर वे भी विचलित हुए थे। छात्रों को खीर दी जा रही थी। छात्र खीर खाने बैठे थे। कलशेट्टी गन्दी-गन्दी गालियाँ देते हुए स्कूल के परिसर में घुस आया। स्वामी राघवेन्द्र के आशीर्वाद के कारण उसकी हिम्मत बढ़ गई थी। कलशेट्टी का रुद्रावतार देख बच्चे घबरा गये थे। स्कूल के शिक्षक असहाय हो गये थे। कलशेट्टी लगातार बोल रहा था।

कलशेट्टी—"आप हमारे बच्चों को सरस्वती की पूजा करना नहीं सिखलाते। सरस्वती विद्या की देवी है। आप लोग नास्तिक हैं। बच्चों को आप लोग नास्तिक बना रहे हैं।"

रमा बाबर—"जिन्हें ईश्वर की उपासना करनी है, वे मन्दिर में जाकर उसे करेंगे। यहाँ बच्चों को धर्म निरपेक्ष मूल्य ही सिखलाए जाएँगे।"

कलशेट्टी—"आप बच्चों को मराठी में पढ़ाएँ।"

रमा बाबर—"यह अंग्रेजी माध्यम का स्कूल है।"

कलशेट्टी—"हमारे बच्चों को उनकी मातृभाषा मराठी में आप शिक्षा नहीं देते। हिन्दू देवी-देवताओं की पूजा करना नहीं सिखलाते। इसे हम सहन नहीं कर सकते। हम स्कूल में ताला लगा देंगे।"

कलशेट्टी संतप्त हो गया था। काशीनाथ पोलके और सिद्धार्थ पगारे उसे समझाने का प्रयत्न कर रहे थे पर वह प्रक्षुब्ध हो चुका था। उसके हाथों में हण्टर था। कलशेट्टी को इस अवस्था में देख बच्चे रोने लगे। बच्चों के सम्मुख परोसी गई खीर को कलशेट्टी ने लात मार दी। सारी खीर मिट्टी में मिल गई। उसे रोकना मुश्किल था। रसोई बनानेवाली भीवरा मौसी ने किचन का दरवाजा बन्द कर दिया था। कलशेट्टी गुस्ताखी से बोल रहा था, "चमार-घेड़ की औरतों द्वारा पकाया गया अन्न हमारे बच्चों को खिलाते हो? हमारे बच्चों का धर्म भ्रष्ट कर रहे हो। बन्द करो यह सब। स्कूल की दीवारों पर लगाए गये फुले-आम्बेडकर की तस्वीरें निकाल दो। हमारे बच्चों के दिमाग में तुम्हारा आम्बेडकर वाद घुसाओ मत। हाथ जोड़ता हूँ।" कलशेट्टी ने अत्यन्त नाटकीय शैली से हाथ जोड़े। कलशेट्टी के इस प्रकार के आचरण से सब परेशान हो गये थे।

कलशेट्टी ने स्कूल में जाकर हो-हल्ला जरूर मचाया। परन्तु बाद में उसे डर लगने लगा। रमा बाबर मेरे खिलाफ अस्ट्रोसिटी एक्ट के तहत गुनाह दर्ज करेगी, यह सोच कर परेशान हो गया। स्वयं गुनाह करने की बजाय औरों से गुनाह करवाना चाहिए था। कलशेट्टी को यह बात देर से सूझी। उसे लोगों का समर्थन चाहिए था। वह अधिक आक्रामक हो चुका था। "जब तक सरस्वती की पूजा नहीं होगी, तब तक मैं यह स्कूल चलने नहीं दूँगा।" ऐसी धमकी उसने दी थी। कलशेट्टी जब प्रक्षुब्ध होकर रास्ते पर आ जाता, तब बस्ती के लोग घर में दुबक कर बैठते। आज अलबत्ता बात ही और थी। कलशेट्टी ने लोगों की धर्म भावना को चेताया था, इस कारण लोग भी कलशेट्टी के साथ सड़क पर उतरे थे। लोग प्रक्षुब्ध हुए थे।

भीड़ ने स्कूल पर पत्थरबाजी की। स्कूल का बोर्ड तोड़ दिया। रमा बाबर का पुतला जलाया गया। कलशेट्टी हीरो बन गया था। सरस्वती का नाम लेकर रमा बाबर को ध्वस्त करने का दाँव खेला जा रहा था।

❑ ❑ ❑

अनन्त चतुर्दशी के दिन गरीबी हटाओ झोंपड़पट्टी मेले का स्वरूप प्राप्त हो गया था।

स्वामी राघवेन्द्र के स्वागत हेतु जगह-जगह पर स्वागत के तोरण खड़े किए गये थे। स्वागत-द्वारों पर गुण्डों के नामों को सम्मान का स्थान दिया गया था। पुलिसों के छापे में जुए के अड्डों पर पकड़े गये अनेकों के नाम मार्गदर्शक के रूप में पन्द्रह फीट लम्बे फलक पर लगाए गये थे। गुण्डागर्दी और काले धन्धे से प्राप्त पैसों का उपयोग यहाँ भव्यता के प्रदर्शन हेतु किया गया था। कारखानों ने श्रद्धालुओं के पीने के पानी हेतु जलकुम्भ की व्यवस्था की थी। प्रत्येक झोंपड़ी के सामने रंगोली सजाई गई थी। पताकाएँ लगाए गये थे। मन्दिर पर विद्युत रोशनी की गई थी। मन्दिर के सामने भव्य मण्डप बनाया गया था। अचलपुर-धरणगाँव रोड पर दोनों ओर भगवा ध्वज लहरा रहे थे। कलशेट्टी ने भगवा साफा सिर पर बाँध लिया था। स्वामी राघवेन्द्र के हाथों महाआरती होने के बाद उपस्थित लोगों को महाप्रसाद बाँटे जाने की सूचना लाउड स्पीकर से बार-बार की जा रही थी। स्वामी राघवेन्द्र के दर्शन हेतु सारी बस्ती आतुर थी।

स्वामी राघवेन्द्र का ऐरावत पर बैठकर आगमन हुआ। हौदे में से हाथ उठाकर वे भक्तों को आशीर्वाद दे रहे थे। उन्हें देख लोग भक्तिभाव से हाथ जोड़ते थे। उन पर पुष्पवृष्टि कर रहे थे। विवाहित स्त्रियाँ उनकी आरती उतार रही थीं। उनके आगमन की सूचना देने हेतु पटाखों की आतिशबाजी शुरू थी।

स्वामी राघवेन्द्र के पीछे हजारों स्त्रियाँ आरती लेकर श्री गणेश की आरती गाती हुई जा रही थीं। स्वामी राघवेन्द्र की शोभायात्रा संगीत वाद्यों के साथ निकाली थी। सबसे आगे बैण्ड था। उसके बाद धरणगाँव से आया लेज़िम-दल था। लेज़िम के नृत्य से शोभायात्रा आकर्षक लग रही थी। उसके बाद एक सौ एक विवाहित स्त्रियाँ सड़क के दोनों ओर से सिर पर दूध के घड़े लिए चल रही थीं। सड़क पर खड़े भक्तगण स्वामी राघवेन्द्र का जयघोष कर रहे थे। लोग अपने हाथों के पुष्पहार हाथी की सूँड में डाल रहे थे। महावत हाथी के सूँड से पुष्पहार लेकर स्वामी राघवेन्द्र के चरणों पर अर्पित कर रहा था। शोभायात्रा धीरे-धीरे मन्दिर का ओर चल रही थी।

स्वामी राघवेन्द्र उन्हें प्राप्त फूलों के हारों को श्रद्धालु भीड़ पर फेंक रहे थे। उस हार को लपकने के लिए भीड़ बढ़ रही थी।

श्री गणेश की मूर्ति पर एक सौ एक घड़ों में स्थित गोरस उँडेल कर अभिषेक किया जाने वाला था। स्वामी राघवेन्द्र विघ्नहर्ता की महापूजा करने वाले थे। महाआरती के कार्यक्रम में विकराल भीड़ इकट्ठी हुई थी। अलबत्ता मुस्लिम तनावग्रस्त थे।

बढ़ते जनसागर के सामने स्वामी राघवेन्द्र हाथ ऊँचा करके खड़े थे। फोटोग्राफर और कैमरामैन उनके उस दैवी पोज को लेने हेतु एक-दूसरे से स्पर्धा कर रहे थे। स्वामी राघवेन्द्र की गम्भीर आवाज प्रगट हुई—

"समुद्र मंथन से निकले विष को शंकर ने प्राशन किया था। विष पान करने के उपरान्त शंकर के शरीर की आग बढ़ने लगी। इस कारण उन्होंने शेष को अपने गले में धारण किया। शेष के कारण महादेव के शरीर की आग शान्त हुई। यह देख शेष अर्थात् नाग को गर्व हुआ। नाग को गर्व हुआ है, इसका पता शंकर को लगा। महादेव ने अपने गले में धारण किये सर्प को जमीन पर फेंक दिया। शेष पद्मालय क्षेत्र में आकर गिरा। नाग बहुत दुःखी हुआ। नाग दुःख से फुँफकारने लगा। नाग के उस प्रचण्ड दुःख को देखकर नारद को दया आई। नारद नाग के पास गये। उन्होंने नाग को पंचाक्षरी मन्त्र दिया। नाग के तपोबल से प्रभावित होकर प्रवालयुक्त गजानन ने दर्शन दिये, धरती का भार सहने की शक्ति दी। महादेव को फिर से अपने गले में नाग को धारण करने की विनती की। श्री गणेश अपने भक्तों पर प्रसन्न होने वाले देवता हैं। नाग को दुःख मुक्त करने वाला एकदंत अपनी बस्ती में प्रगट हुआ है। आपके दुःखों का निवारण होगा ही।"

"ॐ गं गणपतये नमः"

गर्भगृह के गोमुख से दूध नाली द्वारा बाहर आ रहा था। रास्ते पर दूध का कीचड़ हुआ था। गड्ढे दूध से भर गए थे।

मन्दिर की नाली में से बाहर निकलनेवाले दूध को ले जाने हेतु बस्ती की गरीब जनता दौड़ कर आई। दूध लेने के सिलसिले में उनमें झगड़े शुरू हुए। लाउड स्पीकर से 'ओम गं गणपतये नमः' यह मन्त्र लगातार सुनाई दे रहा था। स्वामी राघवेन्द्र के दर्शन हेतु लम्बी क्यू लगी हुई थी।

बलशेटवार को पुलिस वालों ने छोड़ दिया था। बलशेटवार पराजित व्यक्ति की तरह बस्ती में लौटा था। पुलिसों ने उसे परास्त कर दिया था। बण्टी अलबत्ता बलशेटवार से मिलने नहीं गया था। वह अब कलशेट्टी के गैंग में काम कर रहा था। पूरी बस्ती मन्दिर के सामने इकट्ठी हुई थी। इस कारण बलशेटवार छूट कर आया है, इसका पता किसी को नहीं चला।

बलशेटवार जल्दी में तैयार हुआ था। मन्दिर में जाकर उसे दर्शन करने थे। ज़ाहिरा ने उसे टोका था। "मैं भी आऊँ क्या?" बलशेटवार ने 'हाँ' कहा था। ज़ाहिरा ने जल्दी में साड़ी बदली। उसकी ब्रा ब्लाउज के बाहर आई थी। बलशेटवार ने उसे भीतर धकेला था। ज़ाहिरा पहली बार किसी हिन्दू मन्दिर में जा रही थी।

बलशेटवार मन्दिर की दिशा की ओर चला। ज़ाहिरा उसके साथ चल रही थी। मन्दिर के आँगन में युनूस की पत्नी इमराना भी दिखाई दे रही थी।

बलशेटवार ने मन्दिर की पहली सीढ़ी से दर्शन किए। ज़ाहिरा ने भी वैसे ही किया। उसने देहलीज का दर्शन लिया था। ज़ाहिरा ने भी किया। उसने मन्दिर में लटकती घण्टी बजाई। उसने भी बजाया। बलशेटवार ने हाथ जोड़कर पूरी श्रद्धा के

साथ श्री गणेश जी के दर्शन किए। उसने भी वैसे ही किया। ज़ाहिरा बलशेटवार का अनुकरण कर रही थी। ''मैं मुस्लिम हूँ, इसलिए मुझे कोई भी यहाँ से बाहर निकालेगा।'' इस डर से वह तनाव में थी। उसने श्री गणेश की मूर्ति की ओर देखा। उसे ईश्वर के हाथों में त्रिशूल दिखलाई दिया। बजरंग दल ने ऐसे हजारों त्रिशूल हिन्दुओं को बाँटे थे। हजारों हिन्दुओं ने हाथों में त्रिशूल लिए 'हर हर महादेव' के नारे लगाए थे। ज़ाहिरा भयभीत हो गई थी। बलशेटवार दक्षिणा डाल रहा था। ज़ाहिरा ने भी वैसे ही किया।

मन्दिर से बाहर निकलते समय बलशेटवार ने ज़ाहिरा की ओर देखा। उसने अपने माथे पर सिन्दूर लगाया था। उसका चेहरा हिन्दूमय हुआ था।

''स्वामी राघवेन्द्र के दर्शन करने हैं?''

''लेंगे।''

''लाईन में खड़ा होना पड़ेगा।''

''फिर नहीं।''

''क्यों?''

''ईश्वर के दर्शन हो गए हैं। अब पुजारी के दर्शन के लिए लाईन में क्यों खड़े रहें?'' ज़ाहिरा के इस छोटे-से प्रश्न से बलशेटवार सिटपिटाया था। पर उसकी ओर देखता ही रह गया। ईश्वर की तुलना में पुजारियों की प्रतिष्ठा बड़ी है। श्रद्धालु भी ईश्वर की अपेक्षा उनके दलालों के आस-पास भीड़ कर रहे थे। बलशेटवार घर की ओर लौट रहा था। किसी ने भी उसकी पूछताछ नहीं की। बलशेटवार को देख बण्टी ने मुँह चुरा लिया था।

शिवशक्ति के कार्यकताओं ने करबा और सोनबा के टैम्पो को रोक रखा था। जब तक स्वामी राघवेन्द्र बस्ती में हैं, तब तक बस्ती में तुम टैम्पो नहीं ले जा सकते—ऐसी आक्रामक भूमिका कार्यकर्ताओं ने अपनाई थी। टैम्पो रोड के किनारे खड़ा किया गया था। जानवरों के चमड़े की दुर्गन्ध चारों ओर फैल रही थी।

❑ ❑ ❑

रमा बाबर ने कलशेट्टी पर अट्रॉसिटी का गुनाह दर्ज किया था। सावित्रीबाई फुले न्यू इंग्लिश स्कूल में जाकर कलशेट्टी ने जो हो-हल्ला मचाया था, उसकी खबर सभी समाचार पत्रों में छपकर आई थी। कलशेट्टी की घिग्घी बँध गई थी। वह खुद को बचाने हेतु स्वामी राघवेन्द्र के यहाँ गया था।

स्वामी राघवेन्द्र ने उसे वेद अध्ययन केन्द्र में बुलाया था। वेद अध्ययन केन्द्र में तीन वर्षों का पौरोहित्य का पाठ्यक्रम पढ़ाया जाता था। संस्कृत भाषा का पठन और संस्कृत भाषा की मूलभूत शिक्षा यहाँ दी जाती थी। शास्त्रशुद्ध शिक्षा तथा स्पष्ट उच्चारण पर बल दिया जाता था। ध्यान, श्लोक से प्रशिक्षण की शुरुआत होती थी।

उसके बाद अर्थशीर्ष, विष्णु सहस्रनाम, महिम्न, पुरुष सुक्त, गंगालहरी, रुद्र, पाण्डुरंगाष्टक, रामरक्षाः, मारुती स्तोत्र में स्थित अर्थ-विशद किया जाता था।

कलशेट्टी पहली बार वेद अध्ययन केन्द्र गया था। गेट पर उसे सुरक्षा-रक्षकों ने रोका था, स्वामी राघवेन्द्र का सन्देश मिलने पर ही उसे भीतर प्रवेश किया गया था। यहाँ सैकड़ों हिन्दू बालक ब्रह्मचारी धर्मशास्त्र का अध्ययन कर रहे थे। वेद अध्ययन केन्द्र के ब्रह्मचारी जब सामुदायिक स्वर में मंत्र पठन करते, तब पूरे परिसर को पौराणिक रूप प्राप्त हो जाता। ब्रह्मचारियों का तपोबल, उनके गले में स्थित जनेऊ, उनकी चोटियाँ, औरों से अलग रहने की उनकी वृत्ति, उनकी अर्धनग्न देह, उनके मुख में स्थित देववाणी—इस कारण उनके व्यक्तित्व को तेजस्वी रूप प्राप्त हो जाता। वेद अध्ययन केन्द्र में हवन शुरू हुआ था। हवन में समिधा अर्पण करने के बाद धधकती ज्वालाओं के प्रकाश में ब्रह्मचारियों का चैतन्य झलक रहा था।

वेद अध्ययन केन्द्र के तालाब में नीले, गुलाबी और सफेद कमल के फूल फैले हुए थे। कुछ कुमुदिनी के थे तो कुछ कमलिनी के। कमलों की शंखाकृति कलियाँ दर्शन हेतु जोड़े गये हाथों की तरह लग रहे थे। बत्तखों का काफिला जलाशय में तैर रहा था।

कलशेट्टी स्वामी राघवेन्द्र के साथ उनके आश्रम की ओर गया। प्रकृति की नीरव शान्ति में पक्षियों की चहचहाहट और चरवाहों की आवाज गूँज रही थी।

स्वामी राघवेन्द्र एक महाकाय शिला पर बैठे थे। उनके पीछे विस्तृत अवकाश था ध्यानस्थ व्यक्ति जैसे बैठा है, वैसे स्वामी बैठे थे। कलशेट्टी उनके सामने बैठा था शिष्य की तरह। स्वामी राघवेन्द्र धीर-गम्भीर आवाज में बोल रहे थे, ''सुन, मैं जो बोल रहा हूँ, उसे ध्यान से सुन। लोग धर्म के नाम पर ही इकट्ठे होते हैं। धर्म एक अलौकिक शक्ति है। लोगों की धार्मिक भावनाएँ हमेशा प्रखर होनी चाहिए। लोगों को संगठित रखने हेतु हिन्दुत्व महत्वपूर्ण है। हिन्दुत्व को तेजस्वी बनाना चाहिए। इस हिन्दुत्व की ओर टेढ़ी नजर से देखने की किसी की हिम्मत नहीं होनी चाहिए।'' स्वामी राघवेन्द्र का उपदेश कलशेट्टी के कलेजे पर शिलालेख की तरह अंकित हो रहा था। ''तुम्हारी बस्ती के सभी मत यही तुम्हारी सच्ची ताकत हैं।'' स्वामी राघवेन्द्र की आवाज में प्रचण्ड स्पष्टता और प्रखरता प्रगट हो रही थी।

कलशेट्टी को मानो जैसे कोई साक्षात्कार हो गया। वह अपनी बस्ती की ओर मतपेटी के रूप में देखने लगा। कलशेट्टी ने स्वामी राघवेन्द्र की ओर आज्ञापालक शिष्य की तरह देखा।

''हिन्दुओं के हाथों में सभी प्रकार की सत्ता होनी चाहिए। और अन्यों पर हिन्दुओं को राज करना चाहिए। यही हमारी नीति होनी चाहिए। अपनी सत्ता को बनाए रखने हेतु ईश्वर, धर्म और दंगों का शस्त्र की तरह उपयोग करना चाहिए।''

स्वामी राघवेन्द्र जप की मालाओं को खींचते हुए बोल रहे थे।

स्वामी राघवेन्द्र ने कलशेट्टी पर दर्ज अट्रॉसिटी के गुनाह से सम्बन्धित विषय का जिक्र तक नहीं किया था।

ब्रह्मचारी ऐसे बैठे थे, मानो तपस्या कर रहे हों। एक लाईन में बैठे हुए ब्रह्मचारी प्राचीन गुफाओं की तरह लग रहे थे। हवा में लोबान और कर्पूर की गन्ध फैल चुकी थी। कलशेट्टी वेद अध्ययन केन्द्र के गेट के बाहर निकल गया। कलशेट्टी अपने बचपन में इस वेद अध्ययन केन्द्र की जगह पर गुल्ली-डण्डा खेलता था। स्वामी राघवेन्द्र ने उस बंजर धरती का कायाकल्प ही कर दिया था। बंजर धरती का नन्दन वन बना दिया था। स्वामी राघवेन्द्र के कारण अचलपुर का धार्मिक महत्व बढ़ गया था।

स्वामी राघवेन्द्र इस गाँव में शिक्षक के रूप में आए थे। उनका मूल नाम राघवेन्द्र गोडबोले था। महादेव मन्दिर में वे संस्कृत की टयूशन लेते थे। संस्कृत पर उनका असाधारण अधिकार था। उनकी आवाज भर्राई हुई थी। उनके उच्चारण में नादमाधुर्य था। सदानन्द काम्बले के मन्त्री हो जाने पर उन्होंने महादेव का अभिषेक किया था। उस अभिषेक की पूजा राघवेन्द्र गोडबोले ने ही की थी। उसी समय से गोडबोले धार्मिक कार्यों में रस लेने लगे। उनके द्वारा की जाने वाली पूजा हो अथवा प्रवचन लोग उसे उत्तम प्रतिसाद दे रहे थे। उनकी लोकप्रियता बढ़ रही थी। उन्होंने मन्दिर में धार्मिक उपक्रमों की शुरुआत की। एक दिन राघवेन्द्र गोडबोले का नामकरण स्वामी राघवेन्द्र के रूप में हुआ। स्वामी राघवेन्द्र जी के कारण मन्दिर को वैभव प्राप्त हुआ था। उनकी कीर्ति बढ़ गई थी। उनके अनुयायी वर्ग की संख्या में निरन्तर तृद्धि हो रही थी।

स्वामी राघवेन्द्र की बढ़ती लोकप्रियता को देखकर दामोदर पोतदार और महादेव माली बेचैन हुए थे। देवस्थान के उनके अधिकार स्वामी राघवेन्द्र के कारण कम हो गये थे। स्वामी राघवेन्द्र ने दामोदर को वित्त-अधिकारी के रूप में घोषित किया था। देवस्थान की देखभाल का काम महादेव माली देख रहा था। कलशेट्टी को रास्ते में महादेव माली मिला था पर कलशेट्टी से उसने बात नहीं की। कलशेट्टी मन्दिर का चक्कर लगा कर गाँव के बाहर निकलने वाले रास्ते से निकला था। सामने से उसे बवण्डर आते हुए दिखलाई दिया।

कलशेट्टी को अपना बचपन याद आया। बवण्डर आते ही वह छिप जाता। बवण्डर में भूत होता है, ऐसा उसकी माँ ने उसके मन पर बिम्बित किया था। मनुष्य बवण्डर में फँस गया कि भूत उसकी गरदन मरोड़ देता है। बलशेटवार के पिताजी बवण्डर में फँस गये थे। भूत ने उनकी गरदन मरोड़ दी थी। कलशेट्टी की माँ हमेशा बलशेटवार के पिताजी का उदाहरण देती। बलशेटवार के पिताजी को लकवा हुआ था।

इस आयु में भी कलशेट्टी को बवण्डर का डर लग रहा था। बवण्डर में तात्या काम्बले का भूत होगा, वह मेरी गरदन मोड़ देगा—ऐसा उसे लगता। कलशेट्टी बवण्डर को देख डर गया था। उसने बवण्डर को हाथ जोड़े। बवण्डर आवाज करते हुए दूसरी ओर निकल गया। बवण्डर में धूल के गोले चक्कर काट रहे थे। कलशेट्टी को तात्या काम्बले की याद आई। वेद अध्ययन की यह जगह मूलतः दलितों की पारम्परिक जगह थी। तात्या काम्बले ने इस जगह को प्राप्त करने के लिए गाँव के साथ कई बार संघर्ष किया था। आज अगर तात्या काम्बले जीवित होता तो वह वेद-अध्ययन केन्द्र का पूरी ताकत के साथ विरोध करता। 'प्रत्येक स्वाभिमानी दलित का जन्म विरोध के लिए ही होता है।' तात्या काम्बले के इस वक्तव्य की याद आज कलशेट्टी को आई।

❑ ❑ ❑

बलशेटवार काड़ी से दाँत कुरेद रहा था। ज़ाहिरा अपने बालों को मेंहदी लगा रही थी। केबल पर हिंदी गाने चल रहे थे। "आऊँ क्या?" सुरेखा माने बलशेटवार के घर में आई। ज़ाहिरा का चेहरा जिज्ञासा से भर गया। उसे लगा कि सुरेखा माने बण्टी का विषय उठाएगी। सुरेखा माने पालथी मार कर ज़ाहिरा के सामने बैठ गई। बलशेटवार उसकी ओर प्रश्नात्मक नजर से देख रहा था।

सुरेखा माने—"मामा, तू घर में से मुसलमानों के ये फोटो निकाल दे। कल मन्दिर में इसकी बहुत चर्चा हो रही थी। हमारे लोगों की भावनाओं को ठेस क्यों पहुँचा रहे हो?"

बलशेटवार—"माने बाई, आज तू ऐसा कह रही है, मुसलमानों के फोटो निकाल दे, ऐसा कह रही है, मैं निकाल देता हूँ। मेरी शिकायत नहीं। पर कल तू मुसलमान औरत को घर से निकाल ऐसा कहेगी। मैं इसे घर से निकालूँ?"

"ऐसा कैसे कहूँगी? यह तो आपकी खुशी का मामला है।" सुरेखा माने बोली।

बलशेटवार—"यह मेरा घर है। इस घर में क्या हो, क्या न हो—इसे मैं तय करूँगा। मैं दूसरों के घर में दखल नहीं देता। हमारे अनेक लोग मुसलमान पीरों के यहाँ जाते हैं कि नहीं? तो फिर मेरे घर के फोटो के कारण किसका क्या नुकसान होने वाला है?"

सुरेखा माने अनुत्तरित हो गई। बलशेटवार ने उसे पूरी तरह से नकारा था। वह हताश होकर निकल गई। बलशेटवार के घर का पानी तक उसने नहीं पिया। ज़ाहिरा की अवस्था घायल बाघिन की तरह हो गई थी। बलशेटवार भी चिढ़ गया था। "ये किसे डरा रही है? धर्म क्या खान-पान-सोने में होता है? लोग धर्म का

ढाल की तरह उपयोग कर औरों पर आक्रमण कर रहे हैं।'' बलशेटवार लगातार बोल रहा था। ज़ाहिरा शान्ति के साथ अपने बालों को मेंहदी लगा रही थी। उसका मौन आँधी की तरह था।

मनुष्य को समाज धमकाता है, धर्म धमकाता है, कानून धमकाता है और गुण्डे धमकाते हैं। मनुष्य धमकियों के पत्थर के नीचे जीनेवाले मेंढ़क की तरह है। सुरेखा माने उसके घर आकर उसे सलाह देने की हिम्मत करती है, इसे देख कर बलशेटवार उखड़ गया था।

सुरेखा माने के पीछे कलशेट्टी की ताकद है। कलशेट्टी ने अत्यन्त सामान्य स्तर के लोगों को सिर पर चढ़ा रखा है। बलशेटवार उद्विग्न था।
रमा बाबर की शिकायत के कारण कलशेट्टी पकड़ा गया था। पुलिस कलशेट्टी को ले गई थी। परन्तु पुलिस ने कलशेट्टी पर अस्ट्रोसिरी एक्ट के अन्तर्गत अपराध दर्ज न करते हुए सामान्य अपराध के अन्तर्गत गिरफ्तारी थी और उसे जमानत पर रिहा कर दिया था।

❑ ❑ ❑

सावित्रीबाई न्यू इंग्लिश स्कूल नियमित रूप से शुरू हो गया था। छात्रों की प्रार्थना के स्वर लोगों के कानों पर पड़ रहे थे। छात्रों को दूध, केले बाँटे जा रहे थे। छात्र दूध पी रहे थे, केले खा रहे थे। स्कूल का चपरासी केले के छिलके इकट्ठे कर रहा था। रमा बाबर शिक्षकों के साथ चर्चा कर रही थी। रमा बाबर ने बीच में ही चर्चा रोक दी। ''सय्यद, तुम अपनी कक्षा के सबसे होशियार ऐसे छात्र को लेकर आओ।'' रमा बाबर का आदेश सुनकर सय्यद छात्रों में चला गया।

''कुलकर्णी सर, सय्यद जिस छात्र को लेकर आएगा, उससे आप इस देश का नाम पूछें।'' रमा बाबर आज शिक्षकों की परीक्षा ही ले रही थी। विश्वनाथ कुलकर्णी गम्भीर हो गये। ''आज हम अपनी ही परीक्षा लेंगे।'' रमा बाबर ने हँसते हुए अपनी बात स्पष्ट की। सय्यद एक होशियार छात्र को लाया था। वह लड़का दोनों हाथ बाँधे, मुँह पर उँगली रखकर खड़ा था। विश्वनाथ कुलकर्णी ने उस लड़के को बहुत प्रेम से निकट बुलाया। उससे बड़े प्यार से प्रश्न पूछा, ''हमारे इस देश का नाम क्या है, बेटे?'' कुलकर्णी का प्रश्न सुन कर वह लड़का हँसा। कुलकर्णी ने फिर से प्रश्न को दोहराया। लड़का हँसता रहा। सय्यद ने यही प्रश्न फिर से उस लड़के को पूछा। लड़का निरन्तर हँसता रहा। रमा बाबर ने उस लड़के को अपनी कक्षा में जाने के लिए कहा। ''दूसरे लड़के को ले आओ।'' रमा बाबर ने सय्यद को फिर से वही काम कहा। ''सय्यद, लड़के को उत्तर बतलाना नहीं।'' रमा बाबर ने कठोरता से कहा। ''जी मैडम'' कहकर सय्यद ने 'हाँ' कहा था।

सय्यद दूसरे छात्र को ले आया। विश्वनाथ कुलकर्णी ने उस छात्र को बड़े प्यार से निकट खड़ा किया। छात्र घबरा गया था। कुलकर्णी ने प्यार से उसके पीठ पर से हाथ फिराया। उस लड़के को इतने आत्मीय प्यार की शायद आदत नहीं थी। कुलकर्णी ने उस छात्र से प्रश्न पूछा—"हमारे इस देश का नाम क्या है?" लड़का प्रश्न सुनकर रोने लगा। रमा बाबर बहुत प्यार से उसे समझाने का प्रयत्न कर रही थी। वह छात्र जोर-जोर से रोने लगा। सय्यद उस छात्र को बाहर ले गया। उस रोते हुए छात्र को देखकर कक्षा के अन्य छात्र घबरा गये थे। सय्यद ने उस कक्षा के एक अन्य छात्र को बुला लिया। लड़का कक्षा से बाहर निकला और तेजी से भाग गया।

स्वयं रमा बाबर कक्षा में गई थी। कक्षा में आयु में बड़े दिखलाई देने वाले एक छात्र को वह बुला लाई। सय्यद ने उसे दूध पीने के लिए दिया। एक साँस में उसने पूरा एक गिलास दूध पी लिया। उसके ओठों पर दूध की मूँछें दिखलाई देने लगीं। उसने जीभ से ओठों को चाट लिया। लड़का अपने दोनों हाथ बाँधे, मुँह पर उँगली रखकर चुपचाप खड़ा था।

"हमारे देश का नाम क्या है? जानते हो क्या?" रमा बाबर ने बहुत आत्मीयता से उससे पूछा था। "नहीं।" उसने झट-से उत्तर दिया। लड़का बोल रहा है, यह सबके लिए आश्चर्य था। "बेटे, हमारे देश का नाम भारत है। क्या इसे तुम जानते हो?" विश्वनाथ कुलकर्णी ने उससे दूसरा प्रश्न पूछा था। लड़का सिर खुजलाता रहा। "भारत हमारी गली में रहता है। उसकी माँ सूत गिरनी में काम करती है।" लड़का गलत क्यों न हो, उत्तर दे रहा था। सारे शिक्षक अलबत्ता गम्भीर हो गये थे। रमा बाबर ने उससे दूसरा प्रश्न पूछा, "बान्धव का क्या अर्थ है?" छात्र ने इस प्रश्न का भी उत्तर दिया, "चाकू।" उसका उत्तर सुन सब हँस रहे थे। लड़का बाहर निकल कर भाग गया।

रमा बाबर झुँझला गई थी। "छात्रों को अगर कुछ नहीं आता हो, तो इसके लिए शिक्षक जिम्मेदार होते हैं। ये झोंपड़ पट्टी के बच्चे हैं। अपनी मातृभाषा में वे उत्तर नहीं दे पा रहे हैं। अंग्रेजी में वे कैसे टिक पाएँगे? हमें अधिक श्रम करना पड़ेगा।" रमा बाबर बहुत दुःखी होकर कहने लगी। सभी शिक्षक मौन हो गये थे। "विकास मोरचे के काम पर ध्यान देना होगा। उससे भी अधिक स्कूल के काम पर ध्यान देना जरूरी है।" रमा बाबर अपना उद्वेग व्यक्त कर रही थीं। सिद्धार्थ पगारे तथा काशीनाथ पोलके विकास मोरचे के काम के नाम पर स्कूल के काम की उपेक्षा कर रहे हैं—ऐसी शिकायत रमा बाबर के पास पहुँची थी। इस कारण शिक्षक चौकन्ने हुए थे।

"विश्व में जो कहीं पर भी नहीं है, ऐसी जाति-व्यवस्था भारत में है। जाति यहाँ की वास्तविकता है। एक बहुत छोटे ऐसे वर्ग के पास ज्ञान, सम्पत्ति, प्रतिष्ठा तथा

सत्ता के सूत्र दीर्घकाल से रहे हैं। जिस वर्ग को शिक्षा, सम्पत्ति, प्रतिष्ठा और राजनीतिक पद नहीं थे, उन्हें उसे प्राप्त करने हेतु आरक्षण की जरूरत है। समता हेतु आरक्षण ऐसी यह कल्पना है। कमजोरों को दिया गया आरक्षण यह न्यायपूर्ण समाज निर्माण के लिए होता है।'' रमा बाबर ने पूरी कुशलता के साथ विषय बदलने का प्रयत्न किया था।

विकास मोरचे के कार्यकर्ताओं को लोगों के प्रश्नों की बहुत अच्छी समझ थी। लोगों को संगठित रखने के लिए उनके मूलभूत प्रश्नों को हाथ में लेना होगा। मोर्चा, सत्याग्रह, आन्दोलन, घेरावों, बन्द आदि मार्गों से लोगों को संगठित करने का काम विकास मोरचे के कार्यकर्ता कर रहे थे। लोगों को अपनी मुट्ठी में रखने हेतु झोंपड़पट्टी के दादा अपहरण, खून, धमकियाँ, फिरौती आदि मार्गों का अवलम्बन कर रहे थे। कार्यकर्ताओं ने कभी-कभी झोपड़पट्टी के दादाओं का रास्ता अपनाया था, तो गुण्डे कभी-कभार कार्यकर्ता होने का प्रयत्न करते। इसमें से एक नये रसायन का निर्माण हुआ था। गुण्डों को प्रतिष्ठा प्राप्त कर वे कार्यकर्ता हो रहे थे। अपना सम्मान तथा पद सुरक्षित रखने हेतु कार्यकर्ता आपराधिक मार्गों का अनुसरण कर रहे थे। सिरदर्द हुए कार्यकर्ताओं को झूठे अपराधों के अन्तर्गत फँसाया जा रहा था, तो सुविधाजनक अपराधियों को कार्यकर्ता का दर्जा प्राप्त हो रहा था। गरीबी हटाओ झोंपड़पट्टी में उथल-पुथल शुरू हुई थी।

❑ ❑ ❑

अचलपुर के शिवालय के चार हिस्से थे। गर्भगृह और सभा मण्डप। गर्भगृह और सभा मण्डप मिलकर एक सलग हिस्सा था। उसके पीछे तलघर में ध्यानगृह था। मुख्य शिखर के साथ कुल तैंतीस गुम्बद की तरह शिखर थे। काले पत्थरों का कमलों से सजा सभा मण्डप था। इस सभा के छत के चारों ओर की दीवारों के ऊपर के हिस्से में दशावतार के नाजुक रेखाओं से निकाले गये सुन्दर रंगीन भित्ति चित्र थे। पत्थर से बने इस सभा मण्डप के आगे पत्थर के चबूतरे पर गरुड़ की एक आकर्षक मूर्ति थी। मन्दिर के चारों ओर सुन्दर पुष्पवाटिका तथा बगीचा था। शिवमन्दिर के आगे महाकाय संगमरमरी नन्दी था। नन्दी की नजर शंकरजी के पैरों पर लगी हुई थी। नन्दी का दायाँ पैर घुटने से खड़ा, बायाँ पैर मुड़ा हुआ, तलवार की धार की तरह साँड, सुन्दर उकेरा गया डिल्ला, नन्दी के माथे पर कमल फूल, गले में घुँघरुओं की माला, गरदन पर फन निकाले हुए नाग सर्प की जोड़ी, सिकड़ी, घण्टे की माला, पीठ के दोनों ओर पीपल के पेड़ का रेखांकन, गर्भगृह में शिवजी का पिण्ड, तीर-कमान तथा शंकर जी का पीतल का मुखौटा था। गर्भगृह से लगकर चिकने काले पत्थरों के स्तम्भ थे। ये स्तम्भ एक-दूसरे के साथ तीन चबूतरों से जोड़े गये थे। सभा मण्डप के ऊपर

पक्की छत थी। मन्दिर का शिखर पारंपरिक मराठा शैली में था। मन्दिर के परिसर में दत्त तथा हनुमान के बाद में बनाए गये मन्दिर थे। सभा मण्डप की दायीं ओर मोरों को रखने के लिए जगह थी।

मन्दिर के प्रांगण में ऊँची दीपमाला थी। लोहे के पोल पर भगवा ध्वज फहरा रहा था। उसके निकट होमकुण्ड था। मन्दिर की दीवार में पीपल का एक पौधा दिखलाई दे रहा था। मन्दिर पर जंगली कबूतर उड़ रहे थे। मन्दिर के बाहर अनेक गायें जुगाली कर रही थीं। मन्दिर में आने वाले भक्त घास खरीद कर गायों को चारा खिला रहे थे। घास बेचनेवाली स्त्री 'गाय के लिए घास लीजिए' कह कर चिल्ला रही थी। पूजा के साहित्य विक्रेता, 'भगवान के लिए हार, नारियल लीजिए।' कह रहे थे। स्टॉल पर शिवजी के पिण्ड, रुद्राक्ष की मालाएँ, चूड़ी, बताशे, रेवड़ियाँ, पेड़े, चने बेचने हेतु रखे गये थे। भक्तिगीत के कैसेट और सीडी भी बेचने हेतु रखे गये थे। प्रत्येक स्टाल पर धार्मिक पुस्तकें रखी गई थीं। मन्दिर के बाहर दर्शन हेतु लाईन लगी थी। बूट-चप्पलें रखने के लिए स्टॉल था।

शंकर भगवान को रोज एक नया वस्त्र, रोज गवैय्यों का गाना, प्रत्येक एकादशी को हरीकीर्तन, नियमित प्रसाद, कार्तिक माह में ताँबे के दिए लगाए जाते थे। उसकी बत्तियाँ एक जैसी मोटी हुआ करती थीं। मुख्य मन्दिर का बड़ा दरवाजा पूर्व दिशा में था। उत्तर की ओर के दरवाजे से भक्तों को गर्भगृह से बाहर निकाला जाता था। मन्दिर की दीवारों पर अनेक मन्त्र उकेरे गये थे। दाताओं के नाम लिखे गये थे। रोज पुराण पढ़ा जाता था। वैदिक पद्धति से मन्त्र-जाप हुआ करता था। शंकर जी की वेशभूषा वारों के अनुसार बदली जाती थी। सबसे बड़ा कार्यक्रम हुआ करता था—वैकुण्ठ चतुर्थी के दिन प्रातः चार बजे विष्णु और शिवजी की भेंट का। 'हरिहर महोत्सव' उत्साह सहित आयोजित किया जाता था। उस वक्त तुलसी के सोने के पत्ते अर्पित किए जाते थे।

स्वामी राघवेन्द्र हेमा पण्डित के साथ कुछ गोपनीय बोल रहे थे। इस कारण कलशेट्टी मन्दिर-परिसर में घूम रहा था। छोटे बच्चे उसकी ओर देख रहे थे और आपस में कानाफूसी कर रहे थे—'यही है वह खूनी'।

मन्दिर के गर्भगृह में जॉबर और जॉबर की पत्नी चौकी पर बैठे थे। दामोदर पोतदार की सूचना के अनुसार पूजा चल रही थी। जॉबर ने सिर पर टोपी डाली थी। कल्पना ने सिर पर आँचल लिया था। दूध, घी, दही, चीनी और जलमिश्रित पंचामृत तैयार किया जा रहा था। तीर्थ हेतु छोटे घड़े में पानी लिया गया था। ताँबे की धातु का लोटा, सिन्दूर, गुलाल, हल्दी, अष्टगंध, गोपीचन्दन, अक्षदा आदि भिन्न-भिन्न चीजें पूजा की थाली में करीने से रखी गई थी। बेल पत्ते, कर्पूर की दो टिकिया, अगरबत्ती, पूजा हेतु हाथ में बाँधने के लिए लाल रंग की डोरी इस साहित्य को भी

रखा गया था। दामोदर पोतदार ने मन्त्र कहते हुए जॉबर के हाथों में लाल डोरी बाँधी।

आसन पर बैठे जॉबर ने आँखों पर पानी लगाया। सन्ध्या पात्र में श्री गणेश की मूर्ति रख दी। जॉबर ने सन्ध्या पात्र में छोटे चम्मच से तीन बार पानी डाला। दाएँ हाथ को मस्तक के चारों ओर घुमाया। कान, नाक, कण्ठ, घुटने के स्पर्श से नमस्कार किया। कुलदेवता का नाम लिया। दामोदर पोतदार ने उसे संकल्प दिया। जॉबर ने हाथ में लिए पानी को छोड़ा। पानी में सिन्दूर, चीनी डाल अभिषेक किया। छोटे घड़े को तिलक लगाया। छोटे घड़े में रखे नारियल को तीन बार अपने माथे से लगाया। अपने बेटे प्रशान्त को डाक विभाग में मैसेंजर की नौकरी मिल गई है—इसलिए जॉबर यह अभिषेक कर रहा था।

कलशेट्टी ने जॉबर को दूर से देख लिया था। कलशेट्टी ने दूर से ही भगवान के दर्शन किए थे। कलशेट्टी छत पर चला गया। महादेव माली छत पर सोया था। उसके गले में स्थित शिवलिंग फर्श पर टिक गया था। कलशेट्टी हेमा पण्डित के बाहर निकलने की प्रतीक्षा में था। वह बेचैन था। अन्ततः हेमा पण्डित को मन्दिर से बाहर निकलते हुए उसने देखा।

स्वामी राघवेन्द्र को मिलने के लिए कोई और न जाए इसलिए कलशेट्टी तेजी से स्वामी राघवेन्द्र के निवास में घुस गया। स्वामी राघवेन्द्र की मुद्रा गम्भीर और कठिन-सी हो गयी थी। अपनी आँखों से आए आँसुओं को रोक नहीं पाए थे। कलशेट्टी परेशान हुआ।

"क्यों आए हो?"

"मुझे आपकी तस्वीर चाहिए।"

"किसलिए?"

"मैं आपकी तस्वीर का कैलेण्डर छाप कर घर-घर बाँटना चाहता हूँ।"

"कैलेण्डर की छपाई चल रही है। तुझे खर्च करने की जरूरत नहीं है। छपने के बाद कैलेण्डर मिल जाएँगे। तू घर-घर बाँटते जा।"

"कौन छाप रहा है?"

"शिवाई सहकारी चीनी कारखाने के पहले गलन हंगाम का उद्घाटन होने वाला है। इस अवसर पर कैलेण्डर का लोकार्पण होने वाला है। पिछले सप्ताह फोटो-सेशन हुआ है।"

"मुझे बड़ी संख्या में कैलेण्डर चाहिए।"

"कैलेण्डर तो आने दो।"

कलशेट्टी स्वामी राघवेन्द्र के मन के बहुत भीतर जाने का प्रयत्न कर रहा था। स्वामी राघवेन्द्र भी कलशेट्टी को नजदीक कर रहे थे। कलशेट्टी जाने के लिए उठा। स्वामी राघवेन्द्र ने उसे रोक लिया। उसे नारियाल और बेल के पत्ते दिए। "खाली

हाथ मत जा, इसे ले।" कलशेट्टी ने अपना माथा स्वामी राघवेन्द्र के पैरों पर रखा। स्वामी राघवेन्द्र ने हमेशा की अपनी शैली में आशीर्वाद हेतु हाथ उठाया।
मन्दिर की आय बढ़ रही थी। श्रद्धालुओं की भीड़ बढ़ रही थी। मन्दिर अब धार्मिक स्थान के बजाए पर्यटन स्थान बन चुके थे। लोग धर्मगुरुओं के आशीर्वाद के लिए लाईन लगा रहे थे। राजसत्ता ने लोगों के अनुनय हेतु धर्म के प्राचीन जिरह-बख्तरों को शरीर पर धारण कर लिया था। मन्दिर अमीर बनते जा रहे थे।

❑ ❑ ❑

बण्टी अपमान के कारण आगबबूला हो गया था। वह ज़ाहिरा से प्रतिशोध लेना चाह रहा था। ज़ाहिरा के सम्बन्ध में वह जहरीला प्रचार कर रहा था। बण्टी ने बलशेटवार के गैंग को छोड़ दिया था। वह कलशेट्टी के गैंग में चला गया था। उस्मान के साथ उसकी बहुत बनती थी। बण्टी ढाबे पर बैठा रहता। वह उस्मान को झेल रहा था। उसके मन में जहर फैल रहा था।

"बलशेटवार की रखैल आपके समाज के लिए कलंक है। वह आपकी औरत को लेकर सोता है।। उसके साथ चौरासी आसन करता है। आप लोग इसे कैसे सह लेते हैं?" बण्टी दारु पीकर उस्मान को भड़काता। उस्मान चिढ़ जाता। "उसे मैं एक दिन अपने टाँगों के नीचे लूँगा। छिनाल औरत!" बण्टी उसे पीन करता। "वह बहुत सेक्सी है।" एक ओर बण्टी उस्मान को भड़का रहा था, तो दूसरी ओर पिंकी। पिंकी भी ज़ाहिरा के सम्बन्ध में झूठ-मूठ बोलती। बलशेटवार ने ही पिंकी को गलत रास्ते पर लगाया था। वह गुस्सा उसके मन में था। पिंकी भी उस्मान के मन में ज़ाहिरा के सम्बन्ध में दरार पैदा कर रही थी।

पिंकी और बण्टी द्वारा ज़ाहिरा के विरोध में लगातार जहर उगलने के कारण उस्मान पूर्णरूप से ज़ाहिरा के विरोध में हो गया। वह बलशेटवार से द्वेष रखने लगा। उसके मन में ज़ाहिरा के सम्बन्ध में तीव्र आसक्ति निर्माण हुई। वह प्रतिशोध की आग में जल रहा था।

स्त्री से बदला लेने का अर्थ है—वहशीपन से उसका उपभोग करना और उसके स्त्रीत्व को अपमानित करना, ऐसी उस्मान की धारणा थी। उसके मन में शैतानी भोग लालसा निर्मित हुई थी। उसके मन में ज़ाहिरा बैठ गई थी। उस पर उसे अपना अधिकार जमाना था। उसे अपनी गुलाम बनाना था।

उस्मान बण्टी को लेकर ज़ाहिरा के घर गया था। दोनों काफी पिए थे। वे बलशेटवार से झगड़ा करना चाहते थे। बलशेटवार घर पर नहीं था। बण्टी बलशेटवार के घर में घुस गया। उसके पीछे-पीछे उस्मान भी। ज़ाहिरा उन दोनों को देखकर परेशान हो गई थी। उनके चेहरे वीभत्स लग रहे थे। उस्मान बण्टी को धकेल कर

आगे हुआ। ज़ाहिरा आक्रामक हुई थी।

ज़ाहिरा–"बाहर निकलो।"

उस्मान–"छिनाल औरत।"

ज़ाहिरा–"उस्मान अब घर जा।"

उस्मान–"तूने हमारी नाक कटवाई है।"

ज़ाहिरा–"तू शराब पिया है, कल आ, मैं तुझसे बोलूँगी।"

उस्मान–"तुझे उठाकर ले जाऊँगा, तुझे रखैल बनाऊँगा।"

ज़ाहिरा–"उस दिन देखूँगी, अभी चला जा।"

ज़ाहिरा बहुत शान्ति के साथ उन दोनों को समझा रही थी। बण्टी कुछ भी नहीं बोल रहा था। वह स्तब्ध खड़ा था अलबत्ता उस्मान झल्लाया था। वह उसके बदन से छेड़-छाड़ करने की कोशिश कर रहा था। उसने उसे धकेल कर बाहर निकाल दिया। उस्मान ठीक से खड़ा भी नहीं हो सकता था। वह इतना नशे में था। ज़ाहिरा ने उसे बाहर निकालकर दरवाजा बन्द कर लिया। वह काँप रही थी।

ज़ाहिरा को अपना भूतकाल याद आया। उसके यहाँ आनेवाले ग्राहकों में स्पर्धा-सी शुरू हुई थी। एक बार दो ग्राहक आए। दोनों ही पिए हुए थे। दोनों को भी वह चाहिए थी। वे दोनों शैतानी पर उतर आए थे। दोनों झगड़ने लगे। फिर हथियार निकाले गये। ज़ाहिरा के बदन पर खून का फव्वारा उड़ गया था। वह आक्रोश करते हुए कमरे के बाहर निकल गई थी। आज भी उसे वैसा ही आक्रोश करने की इच्छा हुई थी परन्तु आज वह रो नहीं पा रही थी। उसका गला रुँध गया था। मस्जिद में से नमाज की अजान सुनाई दे रही थी। ज़ाहिरा असहाय होकर नीचे बैठ गई थी।

उस्मान और बण्टी एक-दूसरे के गले में हाथ डाले निकल गये थे। वे ज़ाहिरा को भद्दी-भद्दी गालियाँ दे रहे थे।

❑ ❑ ❑

शिवाई सहकारी चीनी मिल के पहले गलन हंगाम के उद्‌घाटन से सम्बन्धित पूरे पृष्ठ भर का विज्ञापन जिले के सभी समाचार पत्रों में छप गया था। विज्ञापन में विधायक रोहिदास नागदिवे, स्वामी राघवेन्द्र, माणिकचन्द, गोपीचन्द और सदानन्द काम्बले की तस्वीरें छापी थीं। अचलपुर-धरणगाँव रोड पार स्वागत के तोरण-द्वार खड़े किए गये थे। विधायक रोहिदास नागदिवे का दस फीट लम्बा कट-आउट खड़ा किया गया था। चीनी कारखाने पर रोशनी की गई थी। गलन हंगाम का उद्‌घाटन होनेवाला था, इसलिए किसानों की भीड़ लगी थी। ट्रक-ट्रैक्टर और बैलगाड़ियों में से गन्ना आ रहा था। सेना की गाड़ियों में से काफिला जैसे आता है, वैसे गन्ने की गाड़ियाँ आ रही

थीं। गरीबी हटाओ झोंपड़पट्टी के बच्चे गन्ना खींच ले जाने के लिए गन्ने की गाड़ियों के पीछे दौड़ रहे थे।

विधायक रोहिदास नागदिवे कार्यक्रम को आने वाले हैं, इस कारण रिपब्लिकन पार्टी आफ इण्डिया के कार्यकर्ताओं ने भीड़ की थी। गेट के एक ओर नीले झण्डे लगाई गई गाड़ियाँ पार्क की गई थी। पुलिस वालों का जत्था इधर से उधर भटक रहा था। कार्यक्रम हेतु भव्य शामियाना खड़ा किया गया था। स्वामी राघवेन्द्र और सदानन्द काम्बले पहुँच गये थे। विधायक नागदिवे की प्रतीक्षा सभी लोग कर रहे थे। माणिकचन्द उन्हें फोन कर उनका जायज़ा ले रहे थे।

विधायक रोहिदास नागदिवे की गाड़ियों का जत्था चीनी कारखाने के गेट पर पहुँचा और पटाखों की आतिशबाजी शुरू हुई। सड़क पर भटकनेवाली भीड़ शामियाने के भीतर जाने लगी। फोटोग्राफरों और कैमरामैनों की दौड़-धूप शुरू हुई। विधायक रोहिदास नागदिवे ने गन्ने के गट्ठे की पूजा की, चरनी की पूजी की। गन्ने की गट्ठर चरनी में डाल दी। भोंपू बज गया और चिमनियों में से धुआँ निकलना शुरू हुआ। ट्रक में का गन्ना फेडर टेबल पर जा रहा था और वहाँ से चरनी में गिर रहा था। शिवाई चीनी कारखाने के पहले गलन हंगाम की शुरुवात हुई। एक लाख बोरी चीनी उत्पादन का संकल्प घोषित किया गया। सभी गन्नों का गलन किया जाएगा, ऐसा कहा गया। गन्ने को प्रतिटन तेरह सौ रुपये दाम देने की भी घोषणा हुई। इस कारण किसान सन्तुष्ट थे। स्वागत गीत से कार्यक्रम की शुरुआत हुई। शैला सातपुते कार्यक्रम का सूत्र संचालन कर रही थी। सदानन्द काम्बले के हाथों स्वामी राघवेन्द्र के कैलेण्डर का लोकार्पण किया गया। किसी दलित के हाथों मेरे कैलेण्डर का लोकार्पण न हो, ऐसा स्वामी राघवेन्द्र ने आग्रहपूर्वक सूचित किया था। उनकी सूचना की पूर्णतः उपेक्षा किए जाने के कारण वे नाराज हो गये थे। स्वामी राघवेन्द्र को सदानन्द काम्बले के पड़ोस में बिठाया गया था–यह भी उन्हें ठीक नहीं लगा था। ''हेमा पण्डित के पास मेरी कुर्सी रखी जाए''–ऐसा निवेदन उन्होंने किया था। उसे भी नकारा गया था। इस कारण स्वामी राघवेन्द्र के चेहरे पर से नाराजी झलक रही थी।

सदानन्द काम्बले का चेहरा मानो उनकी जाति का सिक्का ही था। सदानन्द काम्बले जब शिवशक्ति संगठन के अध्यक्ष बनाए गये, तब पहली शिकायत यह की गई थी कि–''हमारे इस अध्यक्ष के साथ तस्वीर उतार लेने की इच्छा किसी की नहीं होती। उनकी तस्वीर अल्बम में भी रखने की इच्छा नहीं होती। हमारा अध्यक्ष दीखने में स्मार्ट होना चाहिए। अध्यक्ष का चेहरा वास्तव में पार्टी का चेहरा होता है। पार्टी को इस सम्बन्ध में सोचना चाहिए।''

वास्तविकता यह थी कि सदानन्द काम्बले को किसी ने मन से अध्यक्ष रूप में स्वीकारा ही नहीं था। वह ऊपर से थोपा हुआ है, ऐसी सबकी भावना हो चुकी

थी। गलन हंगाम के उद्घाटन का कार्यक्रम रंग में आ चुका था।

प्रत्येक वक्ता माणिकचन्द और गोपीचन्द की प्रशंसा कर रहा था। विधायक रोहिदास नागदिवे ने भी इस जोड़ी की प्रशंसा की थी। "इस चीनी कारखाने में दलितों को नौकरियाँ दीजिए।" ऐसा वक्तव्य विधायक रोहिदास नागदिवे ने जैसे ही किया, वैसे ही श्रोताओं में बैठे दलितों ने जोरदार तालियों से इसका स्वागत किया। स्वामी राघवेन्द्र नौकरियों के लिए कुछ निवेदन ले आए थे। सदानन्द काम्बले ने कुछ निवेदनों की सिफारिश की थी। माणिकचन्द ने ये सभी निवेदन गोपीचन्द के सुपुर्द कर दिए थे। माणिकचन्द अध्यक्ष था तो गोपीचन्द उपाध्यक्ष था। किसान-सदस्यों ने उनका चुनाव अविरोध किया था।

गरीबी हटाओ झोंपड़पट्टी में गन्ना काटनेवाले मजदूर रहने आए थे। गन्ना काटनेवाले मजदूरों से बस्ती भरी हुई थी। रिंकी के भाई ने गन्ना ढो ले जाने हेतु ट्रेक्टर खरीदा था। बस्ती के आठ-दस लोगों को चीट बॉय के रूप में काम पर लिया गया था। कलशेट्टी के गैंग का रघु सुरक्षा रक्षक के रूप में कारखाने में काम पर लग गया था। बस्ती के अनेक स्त्री-पुरुष दिहाड़ी पर कारखाने में काम पर जा रहे थे। कारखानें के कारण बस्ती को काम मिल गया था।

कारखाने से निकलने वाली दुर्गन्ध के सम्बन्ध में किसी की कोई शिकायत नहीं थी। लोगों को अब इस दुर्गन्ध की आदत-सी लग गई थी परन्तु सोनबा और केरबा के चमड़े के व्यवसाय के सम्बन्ध में लोगों के मन में घृणा थी। चमड़े की दुर्गन्ध को लेकर लोगों ने पुलिस-स्टेशन पर शिकायत दर्ज की थी।

❑ ❑ ❑

कलशेट्टी ने घर-घर जाकर स्वामी राघवेन्द्र का कैलेण्डर बाँटा था। अलबत्ता दलितों ने अपने घरों में राघवेन्द्र का कैलेण्डर लगाने से मना किया। कारखाना परिसर के होटलों में, पान-ठेले पर, परचून की दुकानों में स्वामी राघवेन्द्र का कैलेण्डर टंगा हुआ दिखलाई देता था। स्वामी राघवेन्द्र का ऋषि की तरह दिखलाई देने वाला चेहरा सभी ओर प्रदर्शित था। घर-घर पर उसकी पूजा होती थी। कारखाने ने स्वामी राघवेन्द्र के साधुत्व का भरपूर विज्ञापन किया था। कैलेण्डर के कारण स्वामी राघवेन्द्र का चेहरा चिर परिचित हो चुका था। स्वामी राघवेन्द्र की लोकप्रियता को देख दामोदर पोतदार चिढ़ गया था। "यह स्पॉन्सर किया हुआ साधु है, ओरिजनल नहीं।" दामोदर पोतदार ने स्वामी राघवेन्द्र पर टीकास्त्र छोड़ने शुरू किए थे। स्वामी राघवेन्द्र और दामोदर पोतदार का विवाद उत्कर्ष पर पहुँच चुका था। छोटी-छोटी बातों को लेकर उनमें विस्फोटक झगड़े शुरू हुए। वे एक-दूसरे को बीभत्स और अश्लील गालियाँ दे रहे थे। एक-दूसरे के शरीर पर टूट पड़ते। दामोदर पोतदार चिढ़ गया। फिर वह स्वामी

राघवेन्द्र को 'ए, गोडबोल्या' कहता था। "तुम कैसा संन्यासी हो रे? आलीशान रहते हो। महँगी चीजों का उपभोग करते हो? नाम के ही ब्रह्मचारी हो। रात में कैसी सी. डी. देखते हो?" दामोदर पोतदार हमेशा राघवेन्द्र को अपमानित करता। चाहे जैसे बोलता। स्वामी राघवेन्द्र दामोदर पोतदार की मनमानी चुपचाप सह रहे थे। उनके लिए दामोदर पोतदार नाजुक जगह का दर्द हो चुका था।

स्वामी राघवेन्द्र–"तू नरक में जाएगा।"

दामोदर पोतदार–"नरक कहाँ है बता, मैं वहाँ ही आऊँगा। बस से जाना है अथवा रेल से? मनुष्य मरने के बाद मिट्टी में सड़ जाता है अथवा चिता पर जल कर राख हो जाता है। शेष सभी बातें पाखण्ड हैं।"

स्वामी राघवेन्द्र–"मैं तुम्हें शाप दूँगा।"

दामोदर पोतदार–"शाप का डर किसे बताता है? दे शाप और कर मेरी शिला। शाप-उःशाप की फालतू-कहानियाँ मुझे मत सुना। पुराणों की बातें पुराणों में। प्रवचन में ऐसी बातें बेवकूफों को जाकर बता। उनका टाईम पास हो जाता है।"

स्वामी राघवेन्द्र–"तू अगले जनम में सुअर हो जाएगा।"

दामोदर पोतदार–"अगले जन्म को देखने की दूरबीन तूने खोज निकाली है क्या? अरे गोडबोल्या, तुझे पोथी पढ़ने के लिए चश्मा लगता है, ऐसी स्थिति में मेरा अगला जन्म तुझे कैसे क्या दिखलाई दिया है?"

"अरे पाखण्डी! जरूर तेरी माँ किसी धेड़-चमार के साथ सोई होगी।" स्वामी राघवेन्द्र दामोदर पोतदार पर चिढ़ गया था। उसने कोने में स्थित नारियल उठाकर राघवेन्द्र पर दे मारा। दोनों में मार-पीट शुरू हुई। कलशेट्टी ने उसके इस झगड़े को छुड़ाया। दामोदर पोतदार को उसने डाँटा। उसकी गरदन पकड़कर उसे स्वामी निवास से निकाल बाहर किया। दामोदर पोतदार तनतनाते हुए निकल गया।

स्वामी राघवेन्द्र–"तू कैसे क्या आया?"

कलशेट्टी–"मुझे और भी कैलेण्डर चाहिए। लोगों की भरपूर माँग है?"

स्वामी राघवेन्द्र–"सूचना देकर आते ना!"

कलशेट्टी–"गलती हो गई मुझसे! मैं बाद में आ जाऊँगा।"

स्वामी राघवेन्द्र–"अचानक कैसे क्यों आ गया?"

कलशेट्टी–"दूसरा एक और काम था। सोचा एक काम में दो काम हो जाएँगे, इसलिए इस ओर आया था।"

स्वामी राघवेन्द्र–"कैलेण्डर खत्म हो गये हैं। फिर से छपाई होने पर देखेंगे।"

कलशेट्टी–"ठीक है, मैं जाता हूँ।"

स्वामी राघवेन्द्र–"अब आ ही गये हो, तो बैठो।"

स्वामी राघवेन्द्र–व्यथित हुए थे। कलशेट्टी हताश होकर बैठ गया।

स्वामी राघवेन्द्र—"मैंने दामोदर पोतदार को बड़ा किया। उसने मेरे साथ विश्वासघात किया है।"

स्वामी राघवेन्द्र भर्राई हुई आवाज में बोल रहे थे। कलशेट्टी उन्हें धीरज दे रहा था।

"आप चिन्ता मत कीजिए। मैं उसे सीधा करता हूँ।" स्वामी राघवेन्द्र अब मुक्त होकर बोल रहे थे। "महादेव जी की तीसरी आँख खुल जाएगी और वह जल कर राख हो जाएगा।" कलशेट्टी स्वामी राघवेन्द्र को धीरज दे रहा था। वे विचलित हो गये थे।

"आप चिन्ता मत कीजिए। मैं उसका बन्दोबस्त कर दूँगा।"

"यह मैं किससे कहता? वह मन्दिर की पवित्रता नष्ट करना चाह रहा है।"

"मुझ पर चाहे जैसे आरोप कर रहा है। मैं यह सब कहाँ बोलूँ?"

"मैं हूँ ना! मुझे बतलाइए। मैं आपका अनुयायी जो हूँ।"

"उसका मुँह बन्द करो। ऋषि-मुनियों की तपस्या में बाधा डालने वाले राक्षस की तरह वह है। मुझे ध्यान करना चाहिए। धर्म का अध्ययन करना चाहिए। मैं धर्म चिन्तन करने बैठूँ या इस नालायक आदमी के साथ झगड़ने बैठूँ? मैंने वेद-अध्ययन केंद्र शुरू किया है। मुझे संस्कृत का प्रचार करना है। मेरे कारण मन्दिर की महिमा बढ़ी है। गाँव की कीर्ति बढ़ी है। दामोदर पोतदार क्या इसे नहीं जानता?"

"मैं उसे कहता हूँ।"

"मेरे रास्ते के इस काँटे को तू हटा दे।"

स्वामी राघवेन्द्र तेजी से उठे। भीतर के कमरे में जाकर नोटों का बण्डल ले आए। प्रसाद जैसे दिया जाता है, वैसे उन्होंने कलशेट्टी के हाथों पर नोटों के बण्डल जबरदस्ती से रख दिए। "कोई तो देखेगा, जल्दी रख ले।" कलशेट्टी को कैलेण्डर का बण्डल चाहिए था। वहाँ उसे नोटों के बण्डल मिल रहे थे। कलशेट्टी को खुशी हुई। कलशेट्टी के मन में तूफान उठा। उसने आज तक कइयों से पैसे वसूल किए थे। परन्तु स्वामी राघवेन्द्र से नोटों को स्वीकारते समय वह भीतर से परेशान हो गया। उसे ईश्वर का डर लग रहा था।

कलशेट्टी स्वामी निवास के बाहर आया। दामोदर पोतदार की क्रोधाग्नि अभी शान्त नहीं हुई थी। वह अभी भी गुस्से से धधक रहा था।

दामोदर पोतदार कलशेट्टी को बेल के पेड़ के पीछे ले गया। कलशेट्टी उलझन में पड़ गया था। दामोदर पोतदार की आवाज चढ़ी हुई थी। जहरीले नाग की तरह वह कलशेट्टी पर फुत्कार रहा था।

दामोदर पोतदार—"सुपारी दी है क्या उसने तुझे?"

कलशेट्टी—"कैसी?"

दामोदर पोतदार–"तात्या काम्बले का खून तूने किया है। अब मेरा खून कर। वह तुझे निर्दोष छुड़ा लेगा।"

कलशेट्टी–"तुझे गलतफहमी हो गई है।"

दामोदर पोतदार–"तुझे नोटों का बण्डल दिया होगा उसने। बताओ, नहीं तो पुलिस स्टेशन चलो।"

कलशेट्टी–"अरे छोड़ ऽ ऽ ऐसे पागल की तरह क्या कर रहा है?"

दामोदर पोतदार–"अजी सुनिये ऽ ऽ यहाँ आइए ऽ यहाँ एक खूनी आया है। पकड़ो ऽ पकड़ो ऽ।"

दामोदर पोतदार जोर-जोर से चिल्ला रहा था। कलशेट्टी ने उसका मुँह दबा दिया। उसे मन्दिर के पीछे वह ले गया। कलशेट्टी प्रक्षुब्ध हुआ था। "दामोदर, तू मुझे डर मत दिखा। मेरे रास्ते अगर आया तो तेरी लाश गिरा दूँगा। ध्यान में रख, तू मेरे बचपन का दोस्त है।"

दामोदर पोतदार घबड़ा गया था। रुँआसा हो चुका था। वह भी कलशेट्टी को अपनी व्यथा कहने लगा। "तू मेरा दोस्त बनता है और मेरे शत्रु की सहायता करता है?" दामोदर पोतदार भावुक हो गया था। "स्वामी राघवेन्द्र बदमाश है। उसका सही चेहरा मैं जानता हूँ। मैं उसका पर्दाफाश करूँगा।" दामोदर पोतदार की आवाज में दृढ़ता थी।

कलशेट्टी गम्भीर हो गया। वह तेजी से सोचने लगा। उसने दामोदर पोतदार के प्रति सहानुभूति जतलाई। दामोदर पोतदार भी कलशेट्टी के सामने अपना मन खुला कर रहा था।

दामोदर पोतदार–"अरे, इस गोडबोले ने ही तुझे और बलशेटवार को गाँव से बाहर निकाला था। इसी ने लोगों के दिमाग भड़काए थे। अब वह तुझे मेरे खिलाफ भड़का रहा है।"

कलशेट्टी–"दामोदर, मैं तेरे खिलाफ जानेवाला नहीं हूँ। उलटे मेरा समर्थन तुझे रहेगा। तू स्वामी राघवेन्द्र को परेशान करता चल। नहीं तो वह तुझे भारी पड़ेगा। तेरे बारे में उसका मत ठीक नहीं है। वह तेरे पीछे लगा है। मैं तुझे सजग कर रहा हूँ। पर मेरा नाम तू उसे मत बता।"

दामोदर पोतदार–"नहीं कहूँगा। पर तू मुझे गोडबोले की जानकारी दे। मैं एक दिन उसकी पोल खोलूँगा।"

कलशेट्टी–"मैं तेरे साथ हूँ।"

कलशेट्टी ने दामोदर पोतदार के हाथ में हाथ डाल दिया। दामोदर पोतदार को लगा वह जीत गया है। कलशेट्टी बड़ी चालाकी से वहाँ से निकला। उसने फिर से एक बार नोटों के बण्डलों को स्पर्श किया। "मैं जहाँ हाथ डालता हूँ, वहाँ मालामाल

हो जाता हूँ। मुझ पर महादेव प्रसन्न हैं।" कलशेट्टी खुद पर ही प्रसन्न था। "अब मुझे डबल गेम खेलना होगा। दामोदर पोतदार को भड़काना पड़ेगा। दामोदर पोतदार जितना स्वामी राघवेन्द्र का छल करेगा, उतने ज्यादा नोटों के बण्डल मुझे मिलते जाएँगे। दामोदर पोतदार मेरे हाथों में है। वह सोने का अण्डा देनेवाली मुर्गी है।" कलशेट्टी खुद पर खुश था। उसे मानो अलीबाबा की गुफा ही मिल गई थी।

"दामोदर पोतदार को एक अच्छा छुरा लाकर देना है।"

कलशेट्टी को नोटों के बण्डल मिले थे। स्वामी राघवेन्द्र के वीक-प्वाइण्ट का पता चल गया था। दामोदर पोतदार जैसा एक प्रभावपूर्ण शस्त्र उसे प्राप्त हुआ था। कलशेट्टी हवा में तैर रहा था। वह बस्ती में पहुँच गया था और परेशान हो गया था।

सड़क पर पुलिस-वैन खड़ी थी। सभी ओर गहरा सन्नाटा था। पुलिस ने रिंकी के भाई गोविंद पर लाठी चलाई थी। कलशेट्टी ने रास्ता बदल दिया। वह ताड़ों के जंगल की ओर से अपने घर की ओर निकला।

बस्ती में हो-हल्ला मचा था। लड़के मुसलमान मुहल्लों पर तूफानी पत्थरबाजी कर रहे थे। उधर से भी पत्थर आ रहे थे। जो भी दिखलाई दे रहा था, पुलिस वाले उसकी पिटाई कर रहे थे। कलशेट्टी को देख बस्ती के युवा उसके आस-पास इकट्ठे हुए। बस्ती के अनेक गुण्डों को पुलिस वालों ने पकड़ा था।

बस्ती की औरतें आक्रोश कर रही थीं गालियाँ दे रही थीं। सभी ओर शोर मच गया था। आग से भी अधिक लोगों का भड़कना विध्वंसक लग रहा था। बस्ती में सांप्रदायिक दंगा शुरू हो गया था।

कलशेट्टी—"क्या हुआ?"

प्रशान्त—"काक्या की प्रीति अशरफ के लड़के के साथ भाग गई।"

कलशेट्टी—"रफीक के साथ ही ना। उनका तो बहुत दिनों से लफड़ा था।"

सुरेखा माने—"मुसलमान हिन्दू लड़की को भगा ले गया इसलिए दंगा शुरू हुआ है।"

कलशेट्टी का दिमाग काम नहीं कर रहा था। जॉबर का लड़का प्रशान्त भीड़ का नेतृत्व कर रहा था। पिंकी का भाई तुषार भी इस काम में आगे था। "मुसलमान ने हमारी लड़की को भगाया है। उसे मुसलमान बना दिया है। इसे हम कैसे बर्दाश्त कर सकेंगे? हम गाय को माता कहते हैं, वे गाय को काटते हैं। ऐसे लोगों के साथ हमारे सम्बन्ध कैसे हो सकते हैं?" प्रशान्त भीड़ को भड़का रहा था।

"खटिक अगर गाय ले जाए तो खून-खराबा होता है, यहाँ तो लड़की ले गये हैं। हम खामोश कैसे बैठें?" गोविन्दा आवेश से बोल रहा था। भीड़ पागल हो रही थी।

"मुसलमानों को अब पाठ पढ़ाना जरूरी है।" पिंकी का भाई तुषार प्रक्षुब्ध

होकर बोल रहा था।

कलशेट्टी ने भीड़ को शान्त किया। ''प्रीति बीस वर्ष की है। कानून की दृष्टि से वह बालिग है। वह अपनी खुशी से गई है। उसने शादी की है।'' जॉबर कलशेट्टी की वास्तविकता से परिचित करा रहा था।

कलशेट्टी जॉबर पर उखड़ गया था। ''आज अकेली प्रीति गई है। कल दूसरी कोई जाएगी, इसलिए क्या हम खामोश बैठें? मुसलमानों से हमारे नाते-रिश्ते हो नहीं सकते।'' कलशेट्टी ने भीड़ की बात को उठा लिया। इस कारण भीड़ को प्रोत्साहन मिला। ''हमारी जाति में क्या जवान लड़के नहीं हैं? मुसलमान के हाथ पकड़ने? और फिर अब गर्भवती है।'' तुषार दाँत-ओठ चबाते बोल रहा था। कलशेट्टी ने युवकों को प्रोत्साहित किया था।

कलशेट्टी सभी जवानों को अपने अड्डे पर लेकर आया। जहाँ कलशेट्टी के गुण्डे बैठते थे, वहाँ ये नये युवक बैठ गये। कलशेट्टी को नये हाथ मिल गये थे। कलशेट्टी अपने आसन पर बैठकर उनके कान भर रहा था। जान-बूझकर स्वामी राघवेन्द्र की आवाज की नकल करते हुए वह कहने लगा, ''हमें अपना उपद्रव मूल्य बढ़ाना होगा। यही अवसर है। इस अवसर का फायदा उठाओ। उत्सव के समय और दंगों के समय हमें अपना शक्ति-प्रदर्शन करना चाहिए। हिन्दुओं में आतंकवाद का निर्माण होना चाहिए।'' उसके नेतृत्व को स्वीकार करने वाली पीढ़ी तैयार हो गई है, इसकी खुशी कलशेट्टी को हो रही थी।

कलशेट्टी ने प्रशांत के कन्धे पर हाथ रख दिया। भाई ने मेरे कन्धे पर हाथ रखा है, इस अहसास से प्रशान्त बहुत खुश हुआ। सारे युवक कलशेट्टी के आदेश की प्रतीक्षा कर रहे थे। इतने में मैना दौड़ती हुई आई, ''पुलिस आई है और वह हमारे लोगों को पकड़ रही है।'' कलशेट्टी ने मैना को शान्त किया।

कलशेट्टी—''पुलिस हिन्दू है। वे अपने ही भाई-बन्ध हैं। उनसे डरने की कोई बात नहीं है। उन्हें उनका काम करने दीजिए। हम हमारा काम करते रहेंगे। आज तक हुए दंगों में किसी को फाँसी नहीं हुई है। दंगों में हुए आरोप कभी साबित नहीं हो सकते। समाज की यह सद्यःस्फूर्त प्रतिक्रिया होती है।''

कलशेट्टी ने युवकों को भड़काया था। भीड़ क्रूर हो रही थी। पुलिसों ने अनेकों को पकड़ लिया था। उनमें मुसलमानों की संख्या अधिक थी। पुलिस मुसलमानों की झोंपड़ियों में घुस कर वहाँ से गैर कानूनी ढंग से रखे शस्त्रों को अपने कब्जे में ले लिया था। मुस्लिम बस्ती में बहुत बड़ा असलहा प्राप्त हुआ था। बलशेटवार गैंग के पिण्टया और सावल्या, कलशेट्टी की गैंग के आगलावे और भावडया को पुलिस वालों ने अपने काबू में ले लिया था। बण्टी फरार हुआ था। हिंसाचार के समय पुलिसों ने दर्शक की भूमिका ली थी। रफीक और प्रीति मुम्बई भाग गये थे।

गरीबी हटाओ झोंपड़पट्टी में तीन दिनों तक तनाव था। चौथे दिन से बस्ती का जन-जीवन व्यवस्थित होना शुरू हुआ। पुलिस लौटी।

प्रीति भाग कर चले जाने के कारण काक्या दुःखी था। वह भयानक तनाव से गुज़ रहा। साम्प्रदायिक दंगे के कारण उसके जख्म और भी हरे हो गए थे। काक्या की लड़की के प्रकरण को सभी ओर प्रसिद्धि प्राप्त हुई थी। "लड़की मुसलमान के साथ भाग गई। मेरी नाक कट गई। अब शेष लड़कियों की शादी कैसे होगी? मैं लोगों को अपना मुँह कैसे दिखाऊँ?" काक्या आक्रोश कर रहा था। काक्या की अन्य लड़कियाँ घबराई हुई थीं। काक्या के घर पर शोक के बादल फैल गये थे।

बस्ती की स्थिति पूर्ववत् हो गई थी। परन्तु हिन्दुओं और मुसलमानों के मन में एक-दूसरे के प्रति अविश्वास की भावना निर्मित हो रही थी। उनकी नजर में दंगों के खून से सने जख्म स्पष्ट दिखलाई दे रहे थे। दंगों की आग तीन दिनों में बुझ गई थी। परन्तु वह अंगार भविष्य के अनेक वर्षों के लिए चिनगारियाँ देने का काम करने वाली थी। बस्ती के 115 लोगों को अन्दर किया गया था।

जो अन्दर गये थे, वे सब छूट कर आए। फिर से एक बार बस्ती का वातावरण तंग हुआ था। कलशेट्टी के गैंग में युवकों की संख्या बढ़ गई थी। बस्ती पर उसका नियन्त्रण बढ़ रहा था। दंगे के बीच पिण्टया ने काक्या के होटल को लूटा था। होटल में का सारा माल पिण्टया अपने घर ला चुका था। बण्टी ने इस्माईल के घर से तलवार चुरा ली थी।

मुस्लिम भीड़ ने सुरजित का घर फूँक दिया था। सावल्या ने रोड पर यातायात के वाहनों को रोक कर दस हजार की लूट की थी।

दंगे के कारण हमीद और हमीद की औरत सबीना अपने घर नहीं आ सके थे। बलशेटवार ने इस अवसर का फायदा उठाया और उनका घर साफ कर दिया था।

आगलावे ने सय्यद की माँ से छेड़-छाड़ की थी। हिन्दुओं ने युनूस के घर को आग लगा दी थी।

शाम हो चुकी थी। दंगों की अफवाहें जैसे फैलती हैं, वैसे ही काक्या की आत्महत्या की खबर सारी बस्ती में फैल गई। काक्या ने जहरीली दवा लेकर आत्महत्या की थी। काक्या के घर की ओर हिन्दू दौड़े थे।

इससे मुसलमान परेशान हो गये थे। सभी ओर काक्या के प्रति सहानुभूति फैली थी। फिर से एक बार दंगा शुरू हो जाने वाला माहौल तैयार हुआ था। वातावरण में दुःख और दहशत की छाया फैली हुई थी। लोगों ने दंगा कर काक्या के दुःखों का गुब्बारा फुलाया था और वह फट गया था। काक्या के घर पर हजारों हिन्दू इकट्ठे हुए थे। एहतियात के तौर पर पुलिसों ने गरीबी हटाओ झोंपड़पट्टी में जमाव-बन्दी का आदेश लागू कर दिया था।

राम नाम सत्य है।

गर्व से कहो, हम हिन्दू हैं।

काक्या की अन्तिमयात्रा निकली थी। अन्तिमयात्रा में हजारों हिन्दू शामिल हुए थे। किसी शहीद की अन्तिमयात्रा जैसे काक्या की अंत्ययात्रा निकली थी। अंत्ययात्रा को मोर्चा का स्वरूप प्राप्त हुआ था। अंत्ययात्रा श्मशान तक पहुँचने तक विराट् जनसागर उमड़ पड़ा था।

काक्या के शव दाह के बाद वहाँ शोकसभा हुई। उसमें काक्या पर कोई नहीं बोला। सभी वक्ताओं के भाषण का एक ही सुर था–वह था मुसलमानों का विरोध। ''इस देश में मुसलमानों की संख्या बढ़ रही है। इस देश का फिर से एक बार विभाजन होगा। अब हिन्दुओं को सजग हो जाना चाहिए। यह देश फिर से एक बार मध्ययुग में जा रहा है। हिन्दू स्त्रियों का अपहरण हो रहा है। उनका जबरन से धर्मान्तरण हो रहा है।''

काक्या की लड़कियाँ विस्थापितों की तरह श्मशान में बैठी थीं। व्याकुल होकर वे शोक सभा की ओर देख रही थीं। उनके दुःखों के सम्बन्ध में कोई भी बोल नहीं रहे थे।

❑ ❑ ❑

पुलिस की जीप आई थी।

उस्मान ने बेल दबा दी। ''अरे गाड़ी आई है। लड़कियों को अन्दर बैठने को बोलो।' उस्मान की यह बात सुन, किचन में बैठी लड़कियाँ भाग गई थीं।

जीप में से पुलिस उतरी थी। उस्मान ने उन्हें सलाम किया। ''पाँच स्पेशल लस्सी, साहब आए हैं।'' उस्मान पुलिस को खुश कर रहा था। पुलिस वाले ढाबे की ओर तेज निगाहों से देख रहे थे। उस्मान ने हवलदार शरद काले के हाथ में बन्द पाकिट रख दिया। वेटर ने पुलिस वालों को लस्सी दी। पुलिस वालों ने पानी मँगाया। वेटर ने पानी का जग दिया। हवलदार शरद काले वेटर पर चिढ़ गया। ''बिसलरी की बोतल''। हवलदार शरद काले की कड़कती आवाज सुन उस्मान ने बेल दबा दी। ''बाहर दो-तीन बिसलरी बोतल पानी दो, जल्दी करो।'' उस्मान की आवाज सुन ज्योति बिसलरी पानी की बोतलें लेकर दौड़ती हुई बाहर आई। ''यह लड़की कौन है?'' हवलदार शरद काले ने उस्मान को डाँटते हुए पूछा। उस्मान ठण्डा पड़ गया। ज्योति भीतर निकल गई।

''साहब, यह काक्या की लड़की है। काक्या ने आत्महत्या कर ली है। उसके बाद हम लोगों ने उनकी लड़कियों को काम पर लिया है। भाई उनकी देखभाल कर रहा है।'' उस्मान इंसानियत की दुहाई देते हुए स्पष्टीकरण दे रहा था। पुलिसों ने

लस्सी खत्म की थी। उनकी जीप स्टार्ट होने लगी थी। ड्रायवर गियर बदल रहा था।

''कलशेट्टी काक्या की लड़कियों का मुँह काला किए बगैर नहीं रहेगा।'' ड्रायवर के इस मत की पुष्टि करते हुए हवलदार शरद काले बोल रहा था।

''अरे, पानी देने के लिए आई हुई लड़की शायद उपयोग में लाई गई हैं। उसकी जाँघे कितनी ढीली-ढाली थीं। ब्लाउज में से स्तन भी लटक रहे थे।''

पूरी तेजी के साथ जानेवाली पुलिस-जीप की ओर पाईप लाईन पर इकट्ठे बैठे बूढ़ों ने गरदन को पीछे मोड़कर देखा। जैसे किसी ने उन्हें आदेश दिया हो–'पीछे मुड़' उसके बाद बूढ़ों की गरदनें 'विश्राममय' हो गई थी।

❑ ❑ ❑

गरीबी हटाओ झोंपड़पट्टी में पहली बार गणेशोत्सव आयोजित करने का निर्णय हुआ। इस हेतु बस्ती में लोगों की बैठक बुलाई गई। इस बैठक का आयोजन भाई और मामा गैंग ने संयुक्त रूप से किया। बस्ती में पहली बार ऐसी बैठक हो रही थी। बैठक में लोगों की भीड़ थी। सावल्या, पिण्टया, बण्टी, भावडया और उस्मान ने घर-घर जाकर लोगों को बाहर निकाला था। ड्यूटी खत्म हो जाने के कारण रघु भी बैठक में आया था।

कलशेट्टी ने बैठक का आयोजन किया।

लोग माईक पर बोलने की अपनी इच्छा को पूर्ण करते जा रहे थे। बलशेटवार बैठक का सूत्र संचालन कर रहा था। प्रत्येक व्यक्ति आगे आ रहा था। अपना नाम बतला रहा था और अपने मत व्यक्त कर रहा था। इस बैठक के कारण बस्ती के लोगों का वक्तृत्व, ज्ञान और अपने मत को व्यक्त करने की उनकी हिम्मत का परिचय हो रहा था। लोग वक्ता के भाषण पर हँस रहे थे। दाद दे रहे थे, तालियाँ बजा रहे थे। प्रत्येक वक्ता बस्ती के सम्बन्ध में अपना मत व्यक्त कर रहा था। बस्ती में जीने वालों में सहजीवन का अभाव, बस्ती में बढ़ती जा रही गुण्डागर्दी, सूत गिरनी और चीनी कारखाने के कारण बस्ती की होने वाली बेतहाशा वृद्धि, बढ़ता हुआ प्रदूषण, व्यसन, कुपोषण आदि के सम्बन्ध में लोग अपना मत व्यक्त कर रहे थे। कुछ तो एक दो वाक्य ही बोलते। कुछ बहुत भावुक होकर बोलते। कुछ शेरो-शायरी में बोलते। तो कुछ हाथों से इशारे करते हुए अपना भाषण भूल जाते। केबल पर नई फिल्म दिखलानी चाहिए, महिलाओं के साथ होने वाली छेड़-छाड़ रुक जानी चाहिए, मन्दिर-मस्जिद के कारण होने वाले ध्वनि-प्रदूषण को रोकना चाहिए, बस्ती में शराबबन्दी होनी चाहिए। ऐसी अनेक सूचनाएँ वक्ता अपने भाषणों द्वारा दे रहे थे। ''कल लोगों को काम पर जाना है, संक्षेप में बोलो।'' ऐसी सूचना बलशेटवार ने दी। ''पहली बैठक है, लोगों को बोलने दीजिए।'' जॉबर ने खड़े होकर अपना

मत-प्रदर्शन किया था। लोगों ने चिल्लाकर जॉबर के मत से सहमति दर्शायी थी क्योंकि पहली बार बस्ती के सम्बन्ध में इस प्रकार से बोलने का अवसर प्राप्त हुआ था। सय्यद ने 'भाईचारे के सम्बन्ध हों' ऐसा भाषण किया था। ज़ाहिरा उसे चिल्लाकर प्रोत्साहन दे रही थी। ''और बोल, और बोल'' कह रही थी।
गणेशोत्सव के लिए प्रत्येक घर से दस रुपये का चन्दा तय किया गया। सूत गिरनी और चीनी कारखाने से दान लिया जाए, ऐसा तय हुआ। महाआरती हेतु स्वामी राघवेन्द्र को निमन्त्रित करने का आग्रह लोगों ने किया। रात में काफी देर तक चलनेवाली बैठक बलशेटवार ने खत्म कर दी।

❑ ❑ ❑

कलशेट्टी और बलशेटवार गैंग ने बस्ती में गणेशोत्सव मनाया था, तो विकास मोरचे ने छत्रपति शिवाजी महाराज और बाबा साहेब आम्बेडकर जयन्ती का संयुक्त कार्यक्रम मनाने की घोषणा की थी।

❑ ❑ ❑

अचलपुर-धरणगाँव रोड पर बहुत बड़ा शामियाना लगाया गया था। मंच पर छत्रपति शिवाजी महाराज और डा. बाबासाहब अम्बेडकर जी की भव्य प्रतिमाएँ रखी गई थीं। शिवाजी महाराज और डा. बाबासाहब अम्बेडकर जी से सम्बन्धित पवाडे गाए जा रहे थे। जयन्ती के निमित्त 'हमारा इतिहास : शिवराय से भीमराव' इस विषय पर व्याख्यान रखा गया था। प्रो. राहुल बनसोड़े और याकूब शेख इस कार्यक्रम में अतिथि के रूप में आनेवाले थे। इस कारण विकास मोरचे के कार्यकर्ताओं में उत्साह ही उत्साह था। कार्यकर्ता इकट्ठे होकर चर्चा कर रहे थे। उनमें वाद-विवाद हो रहे थे। विकास मोरचे की बैठक में ब्राह्मणों पर कठोर टीका-टिप्पणी हो रही थी। ऐसी चर्चाएँ सुन विश्वनाथ कुलकर्णी बेचैन हो गया। बहुजन समाज में ब्राह्मणों के प्रति कितनी कड़वाहट है, इसका अहसास उसे होता।

सिद्धार्थ पगारे—''कृष्णा जी, भास्कर कुलकर्णी ने शिवाजी महाराज पर तलवार से प्रहार किया था। महाराज के सिर पर जख्म हो गई थी। शिवाजी महाराज का पराजय हो, इसलिए पुणे के ब्राह्मणों ने शतचण्डी यज्ञ किया था।''

काशीनाथ पोलके—''शिवाजी महाराज अगर हिन्दू धर्म के रक्षक थे, तो फिर उनका राज्याभिषेक करने पर पुरोहितों ने विरोध क्यों किया? शिवाजी महाराज ने भरपूर सम्पत्ति दान करने पर गागा भट्ट ने महाराज का राज्याभिषेक किया; परन्तु कुछ ब्राह्मणों ने उसमें दोष बतलाकर महाराज को दूसरा राज्याभिषेक कर लेने पर मजबूर किया और दक्षिणा लूटी। शिवाजी महाराज का चवालिसवें वर्ष में यज्ञोपवीत

संस्कार करवाया गया और एक बार हुए विवाह को दूसरी बार फिर से करवाया। शिवाजी महाराज ने नया राज्याभिषेक शक शुरू किया। पेशवाओं ने वह शक बन्द कर, मुगल बादशाहों का फसली-शक शुरू किया। औरंगजेब ने शिवाजी महाराज को 'राजा' का खिताब दिया, तो पुरोहितों ने उन्हें 'शूद्र' घोषित किया।''

सिद्धार्थ पगारे–''उनके सुर में सुर मिलाना, वे जिन्हें पूज्य कहते हैं वे भले ही हमारे शत्रु हों तो भी उन्हें पूज्य मानना, वे जिनका तिरस्कार करते हैं, वे हमारे भले ही हित-चिन्तक हों तो भी हम उनका तिरस्कार करना–यही एकमात्र रास्ता हमारे पास है। हम अगर इस रास्ते को अपनाएँ नहीं, खुद के दिमाग का उपयोग कर अगर कुछ प्रश्न पूछते रहें, अपनी बुद्धि का उपयोग कर शंकाएँ उपस्थित करने लगें, तो हमें धर्मद्रोही और राष्ट्रद्रोही घोषित किया जाता है।''

रंजना कदम–''हिन्दू धर्म का निर्माण हमने नहीं किया है। उसे हमने खुद होकर स्वीकारा भी नहीं है। यह धर्म हम पर लादा गया है। इस धर्म में हमारे कल्याण का विचार ही नहीं है। इस धर्म में परिवर्तन करने का हमें कोई अधिकार नहीं है। धर्म-चिकित्सा का अधिकार नहीं। हिन्दू धर्म हमें अपमानित करता है, हमें अस्पृश्य मानता है। हम पर अन्याय करता है। यह धर्म हमें सम्मान के साथ जीने नहीं देता। बावजूद इसके इस धर्म में हम क्यों रहें?''

राजा शितोले–''पेशावाओं ने सन्त तुकाराम के अभंग-गायन को बन्द कर दिया था। धर्म मार्तण्डों ने तुकाराम की गाथा इंद्रायणी में डूबो दी थी।''

विश्वनाथ कुलकर्णी यह सारी चर्चाएँ सुनकर बेचैन हो जाते। उस बैठक में बैठना भी उनके लिए मुश्किल हो जाता। अपराधी की तरह लगता। ब्राह्मणों से इतर समाज में वे मिल-जुल कर रहने की कोशिश कर रहे थे। विश्वनाथ कुलकर्णी के मौन आवेग से चर्चा करनेवालों के ध्यान में आया था और उन्होंने अपना सुर बदला था।

राजा शितोले–''यह व्यवस्था वास्तव में एक फ्रॉड है। यहाँ का प्रत्येक व्यक्ति केवल अपने लिए जीते रहता है। उसे दूसरे की परवाह नहीं है। केवल कमाना यही उनके जीवन का लक्ष्य रहा है। दूसरों की गरदनें मरोड़ कर खुद की रोटी सेंक लेना यहाँ का धर्म है। जंगल का कानून शुरू हुआ है। बड़े छोटों को निगल रहे हैं।''

सय्यद–''नीचे से ऊपर तक शोषण की यन्त्रणा है। हम भी इस श्रृंखला से बाँधे गये हैं। हम दूसरों का शोषण करें और उसमें से एक हिस्सा ऊपर वाले को दें। वे उससे भी ऊपर वाले को देंगे। यही यहाँ की जीवनशैली बन गई है।''

राजा शितोले –''शहरों की जगमग का अर्थ ही है देहातों का शोषण।''

विश्वनाथ कुलकर्णी–''कुत्ते की हड्डियों की रक्षा करने के लिए कहा जाए वैसे ही सवर्णों को वंचितों के साथ सहानुभूति रखने के लिए कहने जैसा है।''

राजा शितोले—"जनसंख्या बढ़ रही है, बेरोजगारी बढ़ रही है, लोग सजग और होशियार होते जा रहे हैं। आनेवाले कल में वे आक्रामक होंगे, हिंसक होंगे। शोषण करने वालों को लाशों में बदल देंगे।"

माईक पर से जोर-जोर से सूचनाएँ दी जा रही थीं "जल्दी ही अतिथि पधारने वाले हैं। बस्ती के सभी लोग कार्यक्रम के लिए आएँ।" यह सूचना उत्साही कार्यकर्ता बार-बार दे रहे थे। बस्ती के बूढ़े सभागृह के एक कोने में आकर बैठ गये। बीड़ियाँ पीने की मानो उनमें होड़ ही लग गई थी। विश्वनाथ कुलकर्णी उपस्थित श्रोताओं पर नजरें घुमा रहा था। उन्हें सभा का प्रास्ताविक करना था। मन-ही-मन वे अपने भाषण की तैयारी कर रहे थे। उन्हें डा. बाबासाहब अम्बेडकर जी के किसी वचन से अपने भाषण की शुरुवात करने की इच्छा थी। वे बाबासाहब अम्बेडकर जी के एक सूत्रवाक्य को याद कर रहे थे। "हिन्दू समाज एक मीनार जैसा है। और एक-एक जाति उस मीनार का एक-एक तल्ला है। ध्यान में रखने जैसी एक विशेष बात यह है कि इस मीनार की सीढ़ियाँ नहीं हैं। एक तल्ले से दूसरे तल्ले पर जाने के लिए कोई रास्ता नहीं है। नीचे के तल्ले के लोग कितने भी योग्य हों, लायक हों तो भी उन्हें ऊपर के तल्ले में प्रवेश नहीं मिल पाता। ऊपर के तल्ले का व्यक्ति कितना भी नालायक हो तो भी उसे नीचे तल्ले में भेज देने की कोई व्यवस्था नहीं है। स्पष्ट ही कहना हो तो विभिन्न जातियों में यह जो ऊँच-नीच की भावना है उसकी नींव गुण-अवगुण पर नहीं डाली गई है। उच्च जाति में जन्मा हुआ, फिर वह कितना भी नालायक हो, वह उच्च ही होता है और नीच जाति में जन्मा हुआ कितना भी गुणी, लायक हो, वह नीच ही कहलाता है।" बहुत प्रयत्न के बावजूद भी विश्वनाथ कुलकर्णी को जाति-व्यवस्था के विरोध में कुछ सूझ नहीं रहा था। उसके विचार खण्डित हो रहे थे।

❑ ❑ ❑

कलशेट्टी कबूतरों को दाने डाल रहा था। कबूतर गुटरगूँ ऽ गुटरगूँ करते हुए दाने चुग रहे थे। कलशेट्टी ने काले नर कबूतर को अपने हाथों में लिया था। उसके पंखों पर से हाथ फिरा रहा था। आगलावे नये पकड़े हुए कबूतर की कैंची कर रहा था। आगलावे के हाथ का कबूतर उड़ने के लिए छटपटा रहा था। उसने कबूतर का एक-एक पंख छाँट रखा था। सफेद कबूतर की जोड़ी पानी पी रही थी। आगलावे ने कैंची किए हुए कबूतर को उसके दड़बे में बन्द कर दिया।

कलशेट्टी ने काले नर की मूठ मार दी थी। आगलावे ने दूसरे दो और कबूतर छोड़ रखे थे। कलशेट्टी ने और दो कबूतर उड़ा दिए। चरते हुए कबूतरों को उड़ाने की कोशिश आगलावे कर रहा था। और चार कबूतर उड़ गये थे। कबूतरों का जत्था

बस्ती पर उड़ने लगा। उड़नेवाले कबूतरों को कलशेट्टी आँख भर कर देख रहा था।

अशरफ ने भी कबूतर उड़ाए थे।

''भाई, मैंने जो कहा था, उसे अब आप समझ गये ना? हम जैसे ही कबूतरों को उड़ाते हैं, अशरफ भी कबूतरों को उड़ाता है।''

''कबूतर उड़ाने दो उसे। पर वह हमारे इतने नजदीक आकर कबूतर क्यों उड़ाता है?''

''वह अपने घर में बैठकर कबूतर उड़ाए। वह हमारी गली में आकर कबूतर क्यों उड़ाता है?''

''उसके कबूतरों को पकड़ कर हमने उनकी कैंची की है। वह शायद हमारे कबूतर पकड़ना चाहता है। परन्तु हमारे कबूतर दूसरों के इशारों पर उतरने वाले नहीं हैं। अलबत्ता दूसरे कबूतरों को वे हम तक ले आते हैं।''

''कल सफेद मादा उसके यहाँ चली गई थी।''

''उसकी कैंची कर।''

''यह देखिए, अशरफ ने और भी कबूतर छोड़े हैं।''

''कौन उड़ा रहा है? देख कर आ और उसे पकड़ कर ले आ।''

कलशेट्टी अपने कबूतरों के जत्थे को अभिमान से देख रहा था। अब अशरफ के कबूतर भी चक्कर काटने लगे। आकाश में कलशेट्टी के कबूतर और अशरफ के कबूतर विहार कर रहे थे। संख्या की दृष्टि से कलशेट्टी के कबूतर अधिक थे। कबूतर अपने करतब दिखा रहे थे, चक्कर काट रहे थे। कलशेट्टी कबूतरों के करतबों को देख रहा था। आगलावे हैदर को पकड़ ले आया था। अनीस भाग गया था।

आगलावे–''इसे पकड़ कर ले आया हूँ। हमारी गली में आकर ये कबूतर उड़ा रहा था।''

कलशेट्टी–''यहाँ ले आ।''

हैदर–''मैंने कुछ नहीं किया।''

क्षणभर भी विचार न करते हुए कलशेट्टी हैदर पर टूट पड़ा। हैदर पच्चीस वर्ष का जवान था। कलशेट्टी उसे नीचे डालकर पिटाई कर रहा था। हैदर चिल्ला रहा था। आक्रोश कर रहा था। कलशेट्टी ने सड़क पर के एक पत्थर को उठा लिया था और हैदर के सिर पर मारा था। हैदर का सिर फट गया था। कलशेट्टी के बदन पर खून के छींटे उड़े थे। हैदर कलशेट्टी के हाथों से निकल कर भाग गया था।

कलशेट्टी–''कबूतरों को बुला लो।''

आगलावे कबूतरों को बुला रहा था। 'आ ऽऽ आ ऽऽ' कर चिल्ला रहा था। कलशेट्टी एक-एक कबूतर को पकड़ उन्हें दड़बे में बन्द कर रहा था। आगलावे की

आवाज सुन चार और कबूतर नीचे उतरे थे। शेष कबूतर आगलावे की आवाज की परवाह न करते हुए आकाश में विहार कर रहे थे। कलशेट्टी भी कबूतरों को आवाज दे रहा था, सीटी बजा रहा था। अशरफ के कबूतर और कलशेट्टी के कबूतर एक-दूसरे में मिल गये थे। कलशेट्टी का एक कबूतर अशरफ के कबूतरों के जत्थे में गया था तो अशरफ के दो कबूतर कलशेट्टी के कबूतरों के जत्थे में थे।

"दो कबूतर आ रहे हैं, हमारी ओर।"

"हमारा एक कबूतर उनमें गया है।"

"कबूतरों को उतराओ, आ ऽ आ ऽ।"

"भाई, अपना एक नर गया है, उनके यहाँ।"

"नहीं जाएगा। वह मादा को साथ ले आएगा। तू कबतरों को उतार।"

कलशेट्टी और आगलावे कबूतरों को उतारने हेतु चिल्ला रहे थे। बण्टी आया था। वह भी कबूतरों को उतारने हेतु सीटियाँ बजा रहा था। अशरफ के दो कबूतर कलशेट्टी के कबूतरों के साथ उतर गए। कलशेट्टी को बेहद खुशी हुई। आगलावे और बण्टी ने बड़ी कुशलता के साथ उन नये कबूतरों को पकड़ लिया था। कलशेट्टी ने नये कबूतरों के पंखों पर से हाथ घुमाया। "नर-मादा का जोड़ा है।" कलशेट्टी खुशी से नाच उठा। "हमारा नर उधर उतर जाएगा। भागो, बुलाओ उसे ऽ ऽ।" कलशेट्टी हो-हल्ला मचाने लगा। बण्टी जॉबर के घर की ओर दौड़ा था। वहाँ से वह कबूतरों को बुलाने लगा। कबूतर और भी ऊँचाई पर उड़ रहे थे।

"भाई, सफेद मादा को उड़ा दूँ क्या?"

"नहीं रे ऽ ऽ।"

"नीचे उतर रहे हैं। आ ऽ ऽ आ ऽ ऽ आ ऽ ऽ।"

कलशेट्टी बिंधास्त हुआ था। उसका नर एक मादा को लेकर उतरा था। कलशेट्टी ने नर को बड़े प्यार से उठाया। वह खुशी से पागल होकर नाचने लगा। वह उस कबूतर को चूमने लगा। आगलावे ने नई मादा को पकड़ा था। सबके चेहरे खुशी से झूम उठे थे। कलशेट्टी को अपने कबूतरों के सम्बन्ध में गर्व महसूस हो रहा था।

अशरफ और अशरफ का भाई अनीस अपने कबूतर माँगने आए थे। उनके चेहरे बड़े दुःखी और दीन हो चुके थे। वे गिड़गिड़ाकर अपने कबूतर माँग रहे थे। कलशेट्टी उन्हें नकार दे रहा था। अशरफ वहाँ से निकलने को तैयार नहीं था। कलशेट्टी ने उसे धकेल दिया। "हमने आपके कबूतर पकड़े हैं, वे वापिस नहीं मिल सकते।" आगलावे ने समझाने के स्वर में अशरफ से कहा। "आपके कबूतर हमारे पास उतर गये। बस! बात खत्म अब वह हमारे हो गये।" बण्टी अशरफ पर चिल्ला रहा था।

अशरफ विनम्रता से बोल रहा था, "हमारे कबूतर नये हैं। अभी खरीद लाए

हैं। हमारे पैसे गये हैं। हमें हमारे कबूतर दे दो। अब आगे हम कबूतर नहीं उड़ाएँगे।''

अशरफ की आवाज गिरी हुई थी। ''चलो, निकलो यहाँ से ऽऽ।'' कलशेट्टी उन्हें हकाल दे रहा था।

आगलावे ने अशरफ की आँखों के सामने ही मादा कबूतर के पंखों को छाँट हवा में फेंक दिए थे। अशरफ की आँखों से आँसू आए। आगलावे ने नये कबूतरों की कैंची की थी। अशरफ और यूनूस पराजित होकर वापिस लौट आए। कलशेट्टी के मन में हजारों कबूतर उड़ रहे थे। कलशेट्टी खुशी से मदमस्त हुआ था।

❑ ❑ ❑

उस्मान बलशेटवार के घर आया था। उसने बलशेटवार से दोस्ती बढ़ाई थी। बलशेटवार भी भाई के ढाबे में जाकर बैठता था। उस्मान बलशेटवार के जीवन में मगरमच्छ की तरह रेंग रहा था।

उस्मान–''मामा, मेरे घर में केबल ठीक से दिखाई नहीं देता। मैंने पिण्टया को कई बार कहा है, पर वह कुछ भी नहीं करता।''

बलशेटवार ''उधर की केबल खराब हो गई है, बदलना है।''

''पर कितने दिन? पन्द्रह दिन हो गये। ठीक से दिखाई नहीं देता।'' उस्मान

बलशेटवार–''इस सप्ताह में हो जाएगा।''

उस्मान–''बहन जी, पानी दो।''

उस्मान केबल के बहाने बलशेटवार के घर आया था। वह ज़ाहिरा को निकट से देखना चाहता था। ज़ाहिरा के रूप-रंग से वह पागल हो गया था। बण्टी ने ज़ाहिरा की अनेक बातें उसे नमक-मिर्च लगाकर कही थीं। पिंकी ने भी ज़ाहिरा की मुम्बई की लोकप्रियता को खुल कर बताया था। ज़ाहिरा ने शर्त लगाकर एक रात में पचास ग्राहक लिए थे आदि। ज़ाहिरा की ये सारी बातें सुनकर उस्मान उसमें ऐसा फँसा था जैसे कीचड़ में फँसा हो।

ज़ाहिरा ने उसे पानी दिया था। उसके हाथ से पानी का गिलास लेते समय उसने जान-बूझकर उसके हाथ को स्पर्श किया था। उसके स्पर्श से वह रोमांचित हुआ था। उसके स्पर्श से उसके शरीर के पूरे तार छेड़े गये थे। वह पुलकित हुआ था।

उस्मान–''बहनजी, ग्लास ले लो।''

ज़ाहिरा–''रख दो।''

उस्मान के दिल में कालापन है, इसे ज़ाहिरा समझ गई थी। उसने उसके अश्लील मनसूबों को भाँप लिया था। वह व्यथित हुआ था। उसकी नजर में उसकी

वह व्यथा स्पष्ट रूप से झाँक रही थी। उसका चेहरा भग्न हो चुका था। वह व्यथित होकर विषय बदल रहा था।

उस्मान–"पिंकी अच्छा रिस्पाँन्स देती है।"

बलशेटवार–"यह चर्चा हम ढाबे पर करेंगे।"

उस्मान–"सुना है, वैशाली डान्सर हो गई है।"

बलशेटवार–"मैं ढाबे पर आता हूँ, वहाँ बात करेंगे।"

उस्मान–"ढाबे पर कब आ रहे हो?"

बलशेटवार–"आया, तू चल।"

उस्मान उदास नजरों से ज़ाहिरा की ओर देखते हुए घर के बाहर निकला। बलशेटवार को भी उसकी नज़र में स्थित विचित्रता का अहसास हुआ था। बलशेटवार भी बेचैन हो गया। उस पर जबरदस्त तनाव आया। उस्मान के निकल जाने के बाद ज़ाहिरा ने तोप की तरह अपना मुँह खोला,

"इसकी नजर ठीक नहीं है। इसे फिर से घर के भीतर मत आने देना। तू ढाबे पर क्यों जाता है? वहाँ पर जाना ही है तो मेरे लिए भी एक-दो ग्राहक भेजते जा।"

"पागल हो गई हो क्या?"

"ढाबा चला रहा है या रण्डी खाना"

"वह कलशेट्टी का काम है।"

"फिर तू वहाँ क्यों जाता है? उसी कारण तो यह दरिद्र आदमी यहाँ घर पर आया। मुझे 'बहन जी' कहता है। वह मेरी ओर कैसे देख रहा था?"

"गलती हो गई मेरी।"

"ऐसे लोग फिर से घर पर मत लाया कर।"

ज़ाहिरा बिगड़ गई थी। वह अपने गुस्से को रोक नहीं पा रही थी। बलशेटवार को भी ग्लानि हो रही थी। ज़ाहिरा का चेहरा निष्पर्ण वृक्ष की तरह लग रहा था। उस्मान ने उसे 'छिनाल औरत' कहा था, उसे याद आया। भयानक आँधी-तूफान में पेड़-पौधों की जो स्थिति हो जाती है, वैसी स्थिति बलशेटवार के मन की हुई थी। दोनों ही भीतर से सुलग रहे थे।

बस्ती में कड़क लक्ष्मी आई थी। उसकी ढोलक से कई सुरों की आवाज सुनाई दे रही थी। उस पर कुत्ते भौंक रहे थे। कड़क लक्ष्मी के साथ पोतराज भी बस्ती में आया था। वह अपने शरीर पर चाबुक से वार कर रहा था। हो-हल्ला मचा रहा था। कड़क लक्ष्मी की ढोलक की आवाज से बस्ती के बच्चे इकट्ठे हुए थे। कड़क लक्ष्मी के सिर पर छोटा-सा मन्दिर था। गोद में बच्चा था। गले में ढोलक था। कड़क लक्ष्मी सिर पर मन्दिर तथा गोद में बच्चे को सँभालती हुई ढोलक बजा रही थी और मुँह से लोगों का आवाहन कर रही थी। उसने आगे घागरा पहना हुआ था। उसका पति

बाँह पर सुईयाँ चुभो रहा था। नंगे बदन पर चाबुक से वार कर रहा था।

गरजते हुए जैसे वर्षा आती है, वैसे ही कड़क लक्ष्मी आई थी। बलशेटवार के दरवाजे के सामने खड़े होकर पोतराज ने अपने बदन पर चाबुक से वार कर लिए। बलशेटवार उद्विग्न अवस्था में था। कड़क लक्ष्मी ने सिर पर के मन्दिर को उतारकर जमीन पर रख दिया था। वह उस मन्दिर के सामने खड़ी होकर ढोलक बजा रही थी। बुर्र-बुर्र आवाज घर-घर में पहुँच रही थी। सूप में दाने लेकर झोंपड़ियों में से औरतें बाहर आईं थीं और अपना सूप मन्दिर के सामने रख रही थी। कड़क लक्ष्मी की ढोलक से बस्ती की खामोशी टूट चुकी थी।

कड़क लक्ष्मी ने सूप के दाने अपनी झोली में डाल लिए और सूप में नीम के कड़ुए पत्ते प्रसाद रूप में डाल दिए। मन्दिर उठाने हेतु पोतराज ने हाथ लगाया। उसने मन्दिर सिर पर लिया। फिर से ढोलक की आवाज शुरू हुई। वह आगे निकली। कुत्ते उन पर भौंक रहे थे।

छोटे बच्चों का समूह उसके पीछे हो लिया।

कड़क लक्ष्मी अगली गली में गई। उसकी ढोलक की आवाज बढ़ ही रही थी। उसने पोतराज की रक्त से सनी बाँह को अपने मुँह से पकड़ा था। वे दोनों घर-घर जाकर भीख माँग रहे थे।

कड़क लक्ष्मी को देख ज़ाहिरा जड़वत हो गई थी।

❑ ❑ ❑

पिंकी बीमार थी। उस्मान उसे दवाखाने में ले गया था।

❑ ❑ ❑

अचलपुर-धरणगाँव रोड पर बड़ी संख्या में पुलिस आई थी। इतना पुलिस फोर्स देख कर गरीबी हटाओ झोंपड़पट्टी के लोग भौंचक्के रह गये थे। अचलपुर-धरणगाँव से हजारों दलित-युवक नारे देते हुए आए थे। गरीबी हटाओ झोंपड़पट्टी के विकास मोरचा के कार्यकर्ता भी बड़ी संख्या में सड़क पर आए थे। उनके हाथों में नीले झण्डे थे। समूह आक्रामक हो नारे लगा रहे थे। कारखाने के गेट पर प्रचण्ड पुलिस बन्दोबस्त था। कारखाने के सिक्यूरिटी गार्ड भी हाथ में डण्डे लेकर सावधान की अवस्था में खड़े थे। सड़क पर हुई भयावह भीड़ के कारण यातायात ठप्प-सा हो गया था। घोषणाओं से वातावरण गूँज रहा था। भाई के ढाबे में बैठकर कलशेट्टी, उस्मान, बण्टी और आगलावे दलितों का 'हमला बोल' आन्दोलन देख रहे थे। दलितों का आवेश देखने जैसा था।

"डा. बाबासाहब अम्बेडकर जी अमर रहें।"

"निजी क्षेत्र में आरक्षण होना ही चाहिए।"

दलितों की उस विशाल भीड़ को देखकर कलशेट्टी हैरान हो गया था। स्त्रियाँ और छोटे बच्चे भी आन्दोलन में उतर पड़े थे। किसी भी स्थिति का सामना करने हेतु पुलिस-दल तैयार था। वातावरण में तनाव छाया हुआ था। आम आदमी और सत्याग्रही के बीच जेल की सलाखें होती हैं, यह चित्र यहाँ स्पष्ट हुआ था। विकास मोरचा का एक प्रतिनिधिमण्डल कारखाने के भीतर गया था। बाहर भीड़ की नारेबाजी चल ही रही थी।

"आरक्षण के कारण हम पर घोर अन्याय होता है" ऐसा सवर्ण आम आदमी को लगेगा। उसके मन में सुलगते असन्तोष में इससे और वृद्धि होगी।"

"जाति-व्यवस्था के कारण दलितों पर घोर अन्याय होता है कि नहीं? उनके मन में भी असन्तोष सुलगता रहा है कि नहीं?"

"वोटों की ओर आँख रख कर आरक्षण की नीति को कार्यान्वित करने वाली राज्य सरकार गुणवत्ता के साथ समझौता कर रही है। इसका सीधा प्रभाव प्रशासनिक क्षमता पर होगा। बुद्धिमान वर्ग को कमजोर किया जा रहा है। उत्पादन की गुणवत्ता बनाए रखने हेतु औद्योगिक क्षेत्र में गुणवत्ता के आधार पर ही नौकरियाँ दी जानी चाहिए।"

"बहुजनों की गुणवत्ता आँकने का अधिकार पूँजीपतियों को किसने दिया है? गुणवत्ता पर किसी विशिष्ट जाति अथवा वर्ग की ठेकेदारी हो नहीं सकती। वरिष्ठ जाति के लोग कार्यक्षम और कनिष्ठ जाति के लोग अकार्यक्षम—ऐसा भ्रम खड़ा किया जा रहा है। यह शरारती प्रचार है। गुणवत्ता कौन निर्धारित करेगा? हमारी गुणवत्ता आप निर्धारित करेंगे और आपकी गुणवत्ता भी आप ही निर्धारित करेंगे?"

"दवाईयों के उत्पादन में भी आरक्षित जगहें अगर भर दी गईं तो लोगों की जान को खतरा पैदा हो जाएगा। राज्य के प्रशासन की कार्यक्षमता पर, आर्थिक स्थिति पर तथा सामाजिक एकता पर इसके परिणाम होंगे। आरक्षण के कारण फूट बढ़ेगी, अराजकता फैलेगी।"

"निजी क्षेत्र में भाई-भतीजावाद, सिफारिशों आदि पर नौकरियाँ दी जाती हैं। गुणवत्ता के अनुसार नियुक्तियाँ होती हैं क्या? गुणवत्तानुसार अगर नियुक्तियाँ होतीं तो देश में स्थित ढाई लाख छोटे-बड़े उद्योग बन्द न होते। करोड़ों का निवेश जिनमें किया गया था, ऐसे उद्योग बीमार हैं ऐसा घोषित करने का वक्त न आया होता।"

"निजी क्षेत्र में अगर आरक्षण की व्यवस्था की जाए तो महाराष्ट्र के कारखाने राज्य के बाहर चले जाएँगे।"

"कल्याणकारी राज्य में उपेक्षित इकाइयों को न्याय देने की जिम्मेदारी क्या केवल सरकारी क्षेत्र की है? निजी क्षेत्र की क्या कोई जिम्मेदारी नहीं है?"

"आरक्षण एक गडोलना है।"

"सम्पूर्ण देश ही एक गडोलना बन गया है। मनुवादी व्यवस्था में मुट्ठीभर लोगों के सम्बन्ध में ही विचार करने के लिए सिखाया है। इसी कारण देश की जनता का मस्तिष्क जिनके हाथों में हैं, वे ही सही रूप में राज्य कर सकते हैं, यह बात बहुजनों की समझ में नहीं आई है। सवर्ण नियम बनाएँगे और बहुजन उसका पालन करते रहेंगे, यह स्थिति खत्म हो जानी चाहिए।

"निजी उद्योग क्षेत्र में आरक्षण रद्द किया जाना चाहिए। ऐसी सभी निजी उद्योग संगठनाओं की अविरोध माँग है। निजी क्षेत्र में अगर आरक्षण लागू कर दिया जाए तो केवल उद्योग-व्यवसाय पर ही नहीं, कुल समाज-जीवन पर उसके बुरे परिणाम होंगे। स्वेच्छिक अवकाश ग्रहण करने की योजना लाकर निजी क्षेत्र में स्थित अनेक नौकरियाँ रद्द की जा रही हैं। आरक्षित जगह भरने के लिए रिक्त स्थान ही नहीं हैं।"

"बहुजन समाज ने अब तक ग्राहक की ही भूमिका निभाई है। पूँजीपति केवल श्रमिकों का ही शोषण करते हैं। ऐसा नहीं तो बहुजन समाज का भी शोषण करते हैं। पूँजीपति वस्तुओं का उत्पादन करेंगे और हम बहुजन उन वस्तुओं को चुपचाप खरीदते जाएँगे। यह रिवाज खत्म हो जाना चाहिए। हम आपकी वस्तुओं की होली जला देंगे। स्वदेशी पूँजीपति अथवा उद्योगों के मालिक अगर हमें नौकरियों में नहीं लेते, तो हम भी स्वदेशी उत्पादकों के उत्पादन नहीं खरीदेंगे। हम विदेशी वस्तुएँ खरीदेंगे। स्वदेशी वस्तुओं का बहिष्कार करें। 85 प्रतिशत बहुजन समाज अगर देशी उत्पादकों के खिलाफ बहिष्कार के हथियार का उपयोग करेगा, तो उसकी क्या हालत हो जाएगी?"

"उद्योगपति शासन की ओर से सभी सुविधाएँ लेते हैं। आर्थिक सुविधाएँ, भूखण्ड, पानी, बिजली—सभी में उन्हें सुविधाओं की जरूरत होती है। सरकार स्वदेशी उत्पादकों के प्रति सहानुभूति जतलाए, ऐसी उनकी इच्छा होती है। सरकारी सुविधाएँ लेते रहना और सरकार के आदेशों का उल्लंघन करना, यह तो पाखण्ड है।"

कारखाने के अध्यक्ष माणिकचन्द, उपाध्यक्ष गोपीचन्द तथा एम. डी. के साथ प्रतिनिधिमण्डल बौद्धिक वाद-विवाद कर रहे थे। अध्यक्ष ने विकास मोरचा के प्रतिनिधिमण्डल के निवेदन को स्वीकारा था और यह निवेदन संचालक मण्डल की बैठक में निर्णय करने हेतु रखूँगा, ऐसा आश्वासन दिया था। प्रतिनिधिमण्डल के नेताओं को गन्ने का रस पिलाया गया। सौहार्दपूर्ण वातावरण में बहुत अच्छी चर्चा हुई—ऐसी खबर बाहर आई थी। प्रतिनिधि मण्डल के बाहर आने पर नारों का जयघोष हुआ था।

पूरे राज्य भर में दलितों ने निजी उद्योग व्यवसायियों के कारखानों के सामने

उग्र प्रदर्शन किए थे। दलित संगठनों ने महात्मा गाँधी जी के पुतले के सामने स्वदेशी वस्तुओं की होली की थी। ''दलितों को नकारना अब सम्भव नहीं है। उन्हें उनका न्याय हिस्सा मिलना ही चाहिए। अगर ऐसा नहीं हुआ तो वे अराजकता की स्थिति पैदा करेंगे। औरों को सुख से जीने नहीं देंगे।'' इस प्रकार की प्रतिक्रियाएँ सफेदपोशों में से व्यक्त हो रही थीं। ''वे खुले में रहते हैं, उनकी झोंपड़ियाँ जल गई तो कितना नुकसान होने वाला है? हमारे बंगले, गाड़ियाँ और उद्योग-व्यवसाय की सुरक्षितता अधिक महत्वपूर्ण है। उन्हें हम समझ लेने का प्रयत्न करें, इसी में समझदारी है।'' ऐसा तथाकथित बुद्धिजीवी धीमे स्वर में अपनी प्रतिक्रियाएँ दे रहे थे। सामाजिक ध्रुवीकरण की आँधी के चिह्न दिखलाई दे रहे थे। इस आँधी के कारण हजारों वर्षों के इतिहास के पन्ने उल्टे-पुल्टे हो गये थे।

स्वामी राघवेन्द्र ने कलशेट्टी को बुला लिया था और कलशेट्टी उन्हें दलितों द्वारा किए गये 'हल्ला बोल' आन्दोलन का आँखों देखा हाल बतला रहा था। प्रदर्शन हेतु दलितों की कितनी बड़ी भीड़ इकट्ठी हुई थी, नारों की बिजली कैसे चमक रही थी, पुलिस-बन्दोबस्त कैसा था, कौन दलित-नेता आए थे, प्रतिनिधिमण्डल में किनका समावेश था, वातावरण में किस प्रकार का तनाव था, लोग किस प्रकार की चर्चाएँ कर रहे थे, इसका आँखों देखा हाल स्वामी राघवेन्द्र कलशेट्टी से जान ले रहे थे। कलशेट्टी को स्वामी राघवेन्द्र की उत्सुकता का आश्चर्य लग रहा था।

स्वामी राघवेन्द्र केवल संन्यासी नहीं, एक धूर्त राजनीतिज्ञ भी हैं। इसका अहसास कलशेट्टी को हो रहा था। उनका जप राजनीतिक लग रहा था। उनका ईश्वर तथा मन्दिर भी राजनीतिक लग रहा था। राजनीति यह धर्म का दूसरा चेहरा हो गया था। धर्म का अर्थ है—वंशवाद। महाआरती का अर्थ है—चुनाव का प्रचार। कलशेट्टी को चक्कर आ रहे थे। उसे धार्मिक प्रार्थनाएँ भयावह हत्याकाण्ड की तरह लग रही थीं। ''मैंने तात्या काम्बले का खून नहीं किया है। तात्या काम्बले मेरा शत्रु नहीं था। वह व्यवस्था का शत्रु था। व्यवस्था ने ही हमारे हाथों में शस्त्र दिये थे। यह व्यवस्था खूनी है। स्वामी राघवेन्द्र उस व्यवस्था के प्रतिनिधि हैं। यह व्यवस्था फिर से एक बार मेरे हाथ में शस्त्र देगी। धर्म रक्षणार्थ शस्त्र उठाने का आदेश देगी और मेरे हाथों दामोदर पोतदार की हत्या करवाएगी। अब मुझे सावधानी बरतनी होगी।'' कलशेट्टी के मस्तिष्क में खतरे की घण्टी बजने लगी। कलशेट्टी ने रघु का हवाला देते हुए दलितों में होने वाली चर्चाओं के महत्वपूर्ण मुद्दे प्रस्तुत किए।

- ❑ शासकीय तथा अर्ध-शासकीय सेवाओं में आरक्षित वर्ग की नियुक्तियाँ होती हैं कि नहीं, इसे गंभीरता से देखा जाए।
- ❑ केवल वर्ग-1 (क्लास-1) के पदों तक ही आरक्षण लागू है। वर्ग-1 के ऊपर

के पद गुणवत्ता तथा सेवा-ज्येष्ठता के अनुसार भरे जाते हैं। अब इन पदों को भी आरक्षण लागू कर दिया जाए।

- सभी स्तरों की पदोन्नतियों पर आरक्षण लागू किया जाए।
- आरक्षित पदों पर खुले वर्ग के कर्मचारियों की भरती पर कानूनन रोक लगाई जाए।

कलशेट्टी द्वारा दी गई जानकारी से स्वामी राघवेन्द्र आग-बबूला हो गये थे। आरक्षण की नीति के बल पर पिछड़े वर्ग के कर्मचारी को सर्वोच्च पद पर पहुँचना सम्भव हो सकेगा, अर्थात् कोई अधिकारी पिछड़ी जाति का है, इस आधार पर वह राज्य का मुख्य सचिव अथवा पुलिस महानिदेशक पद पर अपना अधिकार जतला सकेगा। इतना ही नहीं, पदोन्नति की स्पर्धा में वह अगाड़ी वर्ग की तुलना में अधिक सफल भी हो सकता है। आरक्षण के फायदे इनके बेटे-बेटियों तक जारी रहेंगे और इस कारण ब्राह्मणों पर मरे हुए जानवरों को खींचने की नौबत आ जाएगी। इस कारण स्वामी राघवेन्द्र ने आरक्षण के खिलाफ तीव्र सन्ताप व्यक्त किया था।

"केवल पिछड़े समाज का है, इसलिए वह सर्वोच्च पद पर कैसे पहुँचेगा? उसकी पात्रता होगी। अनुभव होगा। उच्चवर्णियों की हजारों पीढ़ियों ने सभी अधिकारों का उपभोग किया है। अब दलितों के बेटे-बेटियों को भी आरक्षण के फायदे मिल रहे हैं, इसे देख सवर्णों के पेट में दर्द क्यों उठ रहा है?" सिद्धार्थ पगारे का यह सवाल कलशेट्टी को याद आया था।

"धोबी जाति ने भी अपनी जाति को अनुसूचित जाति में समाविष्ट करने की माँग की है। पिछले दिनों उच्चतम न्यायालय ने एक निर्णय दिया है। वह मैंने समाचार पत्र में पढ़ा है। आदिवासी अगर धर्मपरिवर्तन करें तो अनुसूचित जाति के रूप में मिलने वाले उनके सारे फायदे अथवा सुविधाएँ बन्द या रद्द नहीं किए जा सकते। धर्म-परिवर्तन के बाद अगर वे अपनी परम्परागत रूढ़ियों और रीतियों का पालन न करते हुए नये धर्म का पालन करते रहें तो उनको दिया जाने वाला आरक्षण बंद होगा। बौद्ध हुए दलितों ने अपना समावेश अनुसूचित जाति में करने की माँग की है। महाराष्ट्र में बौद्ध धर्म का स्वीकार कर चुके दलितों को अगर सुविधाएँ दी जाती हों, तो मुस्लिम और ईसाई धर्म को स्वीकार करने वाले दलितों को भी सुविधाएँ देनी चाहिए। ऐसी माँग मुस्लिम दलित और ईसाई दलितों ने की है।" कलशेट्टी उसे ज्ञात सारी जानकारी बता दे रहा था और स्वामी राघवेन्द्र हतबल होकर सुन रहे थे। "इसके पीछे मतों की राजनीति है। इससे हिन्दू धर्म का नाश होगा। हिन्दुस्तान में हिन्दू शेष नहीं रहेगा।" स्वामी राघवेन्द्र हताश होकर बोल रहे थे।

कुम्भाभिषेक करने का समय हुआ था। महादेव माली स्वामी राघवेन्द्र को बुलाने गया था। स्वामी राघवेन्द्र मन्दिर की ओर निकले। "कलशेट्टी, अभिषेक हो जाने

के बाद प्रसाद लेकर जा।" मन्दिर की ओर जाते-जाते स्वामी राघवेन्द्र कलशेट्टी को हिदायत दे रहे थे। एक खूनी स्वामी राघवेन्द्र का आत्मीय बन रहा है, इसे देख महादेव माली चौंका था।

कलशेट्टी ने पूरी श्रद्धा से महादेव जी के दर्शन किए। गर्भगृह से उसने नन्दी की ओर देखा। महाकाय नन्दी मानो उठकर खड़ा हो रहा है और आक्रमण हेतु मेरी ओर आ रहा है—ऐसा उसे आभास हुआ। उसके पूरे शरीर पर रोंगटे खड़े हो गये। वह भयभीत हुआ। मन्दिर में बन्दरों ने ऊधम मचा रखा था। बेल के पेड़ के पास लोगों की भीड़ थी। महादेव माली ने बन्दरों को भगा दिया। बन्दरों के समूह ने हुड़दंग मचाया था।

❑ ❑ ❑

भाई का ढाबा अचलपुर-धरणगाँव रोड पर चर्चित हो गया था। एक तो कलशेट्टी के ढाबे के रूप में दूसरे, वहाँ लड़कियाँ सप्लाई की जाती हैं इसलिए। इस ढाबे का कारोबार उस्मान देख रहा था। उस्मान के साथ पिंकी भी ढाबे के काम में ध्यान बँटा रही थी। पिंकी मुम्बई से आई थी। इस कारण वह उस्मान को कई गुर बतलाती। उस्मान उससे प्रभावित था। उसके अनुभवी प्रतिसाद के कारण उस्मान उसका आशिक बन गया था। पुरुषों को क्या और कैसे चाहिए—इसे पिंकी ठीक से जानती थी। बलशेटवार-ज़ाहिरा, बण्टी-सुरेखा माने, कलशेट्टी-वैशाली और अब उस्मान-पिंकी—ऐसे जोड़ियों की चर्चा बूढ़ों में हो रही थी।

कभी-कभार अशरफ ढाबे पर आता था। ढाबे पर बैठकर उर्दू समाचार-पत्र पढ़ता। उस्मान से बात करता, "हिन्दुओं का अनुनय करने के बजाए गुनहगार होना ज्यादा अच्छा है। वे अगर हमसे द्वेष ही कर रहे हों, और सन्देह कर रहे हों तो हमें अब गद्दारी ही करनी चाहिए। भाईचारे के नाम पर उनके वर्चस्व को स्वीकारने में कोई मतलब नहीं। उनके वर्चस्व के नीचे रहने का अर्थ है, हिन्दू-मुसलमान हो जाना। मुझे शुद्ध मुसलमान के रूप में जीना है। मुसलमान के रूप में निर्भयता से मैं अगर जी नहीं सकता, तो मुझ पर लादे गये हिन्दुत्व के बोझ को मुझे नष्ट करना ही चाहिए।" अशरफ उस्मान के सामने अपने मन में उबलते विचारों को सुना रहा था।

कलशेट्टी के गैंग में उस्मान का महत्व दिन-व-दिन बढ़ रहा था। उस्मान को गॉड-फादर और पिंकी को गॉड-मदर के नाम मिल चुके थे। उस्मान और पिंकी के सम्बन्धों की चर्चा उस्मान की पत्नी वाहिदा के कानों पर गई थी। इस कारण वह भी भीतर से दहल गई थी। उसे उस्मान की जेब में निरोध मिला था। इस कारण उसके मन में स्थित भय सही साबित हुआ था। बदन पर मिट्टी का तेल छिड़क

कर खुद को जला लेने का विचार उसके मन में कई बार आया था। उस्मान के घर में झगड़े होने लगे। वाहिदा का मानसिक सन्तुलन बिगड़ चुका था। उस्मान अलबत्ता इससे विचलित नहीं था। वह ढाबे और ढाबे पर की लड़कियों में ही रमा हुआ था।

उस्मान की महाविद्यालयीन शिक्षा घर की परिस्थितियों के कारण पूरी नहीं हो सकी थी। वह रद्दी बेचने का व्यवसाय कर रहा था। एक दिन कलशेट्टी और उसका परिचय हो गया। कलशेट्टी ने गरीबी हटाओ झोंपड़पट्टी में उसके लिए जगह दी। बस्ती में मुसलमानों की संख्या बढ़ती जा रही है, इसे देख कलशेट्टी ने उसे नजदीक किया था और धीरे-धीरे उस्मान भाई के गैंग का महत्वपूर्ण गुण्डा बन गया था। आरम्भ में वाहिदा को इससे कोई परेशानी नहीं हुई। उसके बाद में अलबत्ता उसका पूरा भविष्य सांप्रदायिक दंगे में जली हुई झोंपड़ी की तरह जल कर खाक हो गया। पिंकी ने उसकी जगह ली थी और उसकी गृहस्थी में जहर घोल दिया था।

❑ ❑ ❑

वेद-अध्ययन केन्द्र की कीर्ति दूर तक फैल गई थी। सामुदायिक स्वर के मन्त्रोच्चारों के कारण अचलपुर परिसर संस्कृतमय हो गया था। देववाणी की पवित्रता और पौराणिक रूप के कारण अचलपुर परिसर धार्मिक हो गया था। पौराणिक धारावाहिकों की शूटिंग हेतु निर्माताओं ने वेद-अध्ययन केन्द्र का चुनाव किया था। शूटिंग के कारण वेद-अध्ययन केन्द्र का महत्व बढ़ गया था। दर्शकों के समूह वेद अध्ययन केंद्र के आसपास भटकते हुए दिखलाई देते। वेद अध्ययन केन्द्र में बिना अनुमति के किसी को भीतर आने नहीं दिया जाता था। पौराणिक धारावाहिक में वैशाली को नृत्यांगना का काम मिला था। इस कारण बस्ती में उसका महत्व भी बढ़ गया था।

स्वामी राघवेन्द्र का आलीशान आश्रम, गुफा, पौराणिक शिल्प, रागीग परिसर, नीला-साँवला जलाशय, होम-हवन और मन्त्र-पठन—इस कारण इस परिसर को देवी रूप प्राप्त हुआ था। औरों से दूर रह कर अपनी श्रेष्ठता का प्रदर्शन करने वाले ब्राह्मणों की कड़ुआहट का अहसास सभी ओर महसूस किया जा रहा था। जल, स्थल, काठ, पत्थर अर्थात् सभी ओर चराचर में ईश्वर का अस्तित्व है, इसके दैवी संकेत यहाँ मिलते थे।

स्वामी राघवेन्द्र आश्रम में अपने झूले पर बैठे थे। उनके सामने उनका खाना पकानेवाला ब्राह्मण रामेश्वर खड़ा था। स्वामी राघवेन्द्र उसे उपवास हेतु पदार्थ बनाने के लिए सूचनाएँ दे रहे थे। रामेश्वर अपने बेटे वेदान्त को साथ ले आया था। वह बेरोजगार था। चीनी कारखाने में उसे नौकरी दी जाए—ऐसी सिफारिश स्वामी से चाह रहा था।

वेदान्त अपनी कथा विनम्रता से कह रहा था, "ग्यारह रविवार उपवास किया।

वह भी बिना नमक के। गीता का आठवाँ अध्याय रोज पढ़ता हूँ। नवनाथ कथासार का चालीसवाँ अध्याय रोज पढ़ता हूँ। गुरु चरित्र का चौदहवाँ अध्याय पढ़ता हूँ। त्रिपिण्डी, कालसर्प की पूजा करता हूँ। रविवार को जप जारी रहता है। छह हजार बार जप किया है। गुरुवार, शुक्रवार, रविवार और चतुर्थी को भी उपवास करता हूँ। सभी कर्म करता हूँ। सफलता नहीं मिली। जन्मपत्री दिखा चुका हूँ। अक्तूबर के बाद फर्क पड़ेगा—ऐसा कहा गया है। नौकरी मिलती नहीं है। क्या करूँ?"

वेदान्त त्रस्त होकर अपनी व्यथा बतला रहा था। "आरक्षण के कारण नौकरियाँ नहीं मिल रही हैं।"

स्वामी राघवेन्द्र ने अत्यन्त गम्भीरता के साथ उत्तर दिया, "आरक्षण बन्द हो जाना चाहिए। प्रत्येक दलित के घर में टी. वी., सी. डी. प्लेयर, टेप, म्युजिक सिस्टम हैं, उनके पास गाड़ियाँ हैं। आज रविवार है। प्रत्येक के घर में दारू और मीट की दावत होगी। ये लोग अब गरीब नहीं हैं। अम्बेडकर आज अवतार लेकर प्रगट भी होते तो लोग उनकी नहीं सुनेंगे। अम्बेडकर को अभी बीस वर्षों बाद जन्म लेना चाहिए था।" स्वामी राघवेन्द्र की आवाज दृढ़ से दृढ़तर हो रही थी।

❑ ❑ ❑

सावित्रीबाई फुले न्यू इंग्लिश स्कूल ने आज स्नेह सम्मेलन (सोशियल गैदरिंग) का आयोजन किया था। उसके लिए मण्डप बनाया गया था। पिछले एक माह से छात्र कार्यक्रम की तैयारी कर रहे थे। अपने बच्चों का कार्यक्रम देखने अभिभावक भी आतुर हो रहे थे। इस कार्यक्रम का एक और आकर्षण था।

प्रशाला के आँगन में बड़े-बूढ़ों की भीड़ जमा थी। गन्ना काटने वाले मजदूर भी इस कार्यक्रम को देखने आए थे। छोटे बच्चों के रँगे हुए चेहरों को देखकर लोगों के मन में कौतूहल की भावना जाग्रत हुई थी। इस कार्यक्रम की सफलता के लिए प्रशाला के शिक्षकों ने कड़ी मेहनत की थी। सब लोग कार्यक्रम शुरू होने की प्रतीक्षा में थे।

कलशेट्टी अलबत्ता बहुत बेचैन था। उसने बण्टी को बुला लिया था। अपनी योजना को विस्तार से और बार-बार उसने बण्टी को समझाया था। आगलावे बण्टी के साथ जानेवाला था। कलशेट्टी ने आगलावे को भी कुछ गोपनीय बातें कही थीं। कार्यक्रम के बहाने बण्टी वैशाली को बुलाने वाला था। क्या बोलें, कैसे बोलें इसकी रंगीन तालीम बण्टी को मिली थी।

वैशाली जब गरीबी हटाओ झोंपड़पट्टी में रहती थी, तब वह कलशेट्टी के विरोध में नहीं जाती थी। जब से उसने राजकमल आर्केस्ट्रा में काम करना शुरू किया, तब से घर आने के लिए भी उसे फुर्सत नहीं मिलती थी। किसी पौराणिक धारावाहिक में उसे साईड रोल मिला था। इस कारण उसकी काफी प्रशंसा हो रही थी। जिला

समाचार पत्र में तस्वीर के साथ उसका साक्षात्कार छपा था। इस कारण उसके नाम की चर्चा हो रही थी। आर्केस्ट्रा के साथ वह निरन्तर दौरे पर रहती। जीवन में स्थिर होने हेतु उसे संघर्ष करना पड़ रहा था। उसकी दादी सोनू और भाई हर्षद अलबत्ता गरीबी हटाओ झोंपड़पट्टी में दिन निकाल रहे थे।

वैशाली को नाम मिल चुका था। परन्तु आर्थिक दृष्टि से अभी भी वह सहज नहीं हो पाई थी। उसके ये संघर्ष के दिन थे। उसका चेहरा बातूनी और आँखें गहरी थी। उसकी आवाज में मिठास थी और अदाकारी लाजवाब।

छरहरा बदन और थिरकनेवाले पैर—इस कारण वह लोकप्रिय हुई थी। सुन्दर और आकर्षक देह, अभिजात आवाज और जीवन्त अभिनय के कारण उसका भविष्य उज्ज्वल था। उसमें स्थित जन्मजात कला की पहचान सबको हो चुकी थी।

रमा बाबर ने जान-बूझकर वैशाली को स्नेह सम्मेलन के कार्यक्रम में अतिथि के रूप में निमन्त्रित किया था। वैशाली को देखने के लिए पूरी बस्ती उतावली थी। कलशेट्टी भी अधीर हुआ था। कलशेट्टी ने फोटोग्राफर को कह रखा था। कार्यक्रम के बाद वह उसे अपने ढाबे पर ले जाना चाहता था। उसके साथ तस्वीर उतार लेने की उसकी इच्छा थी। ढाबे के कामगार भी उसकी प्रतीक्षा कर रहे थे।

रमा बाबर और वैशाली टैक्सी में से उतरीं। वैशाली को देखने हेतु सबकी गरदनें मुड़ गईं। भीड़ में जबरदस्त उत्साह था। अनेकों ने 'वैशाली, वैशाली ऽऽ' की आवाज लगाई। उसके स्वागत में जोरदार तालियाँ बजाई गई। बण्टी और आगलावे उसके निकट जाने की कोशिश कर रहे थे। परन्तु स्वयंसेवकों ने उन्हें रोक दिया।

"हमारी बस्ती की वैशाली ने अपनी मेहनत और लगन से नाम कमाया है। मनुष्य में अगर लगन पैदा हो जाए तो वह कहाँ से कहाँ चला जा सकता है, इसकी मिसाल है वैशाली। हमारी इस बस्ती में अनेक हीरे हैं। उन्हें अगर अवसर मिल जाए तो वे भी चमके बिना नहीं रहेंगे। वैशाली इसका जीवन्त उदाहरण हैं" रमा बाबर वैशाली की प्रशंसा मुक्त कण्ठ से कर रही थी।

कार्यक्रम खत्म होने तक बण्टी और आगलावे वैशाली की प्रतीक्षा करते रहे। बण्टी का मोबाईल बार-बार बज रहा था और कलशेट्टी 'क्या हो गया' पूछ रहा था। वैशाली की दादी सोनू और भाई हर्षद को सबसे आगे की पंक्ति में बिठाया गया था।

कार्यक्रम खत्म हो जाने के बाद वैशाली ने दादी और भाई के साथ अल्पाहार किया। उसके बाद वह रमा बाबर के साथ टैक्सी की ओर निकली थी। उसे रात्रि के शो में तीन डाँस करने थे। बण्टी तेजी से भीड़ में घुस गया और वैशाली के साथ हाथ मिलाया।

"भाई ने बुलाया है।"

"नहीं, मेरे पास वक्त नहीं हैं। फिर कभी आऊँगी।"

"भाई चिढ़ जाएँगे। उन्होंने तुम्हें आने के लिए कहा है।"

"अब इस वक्त मेरे लिये सम्भव नहीं है।"

"दो मिनट के लिए चल।"

"मेरा कार्यक्रम है।"

रमा बाबर टैक्सी में बैठ गई। वैशाली से हाथ मिलाने हेतु भीड़ बढ़ गई थी। बण्टी दूर ढकेला गया था। टैक्सी चल पड़ी हो गई थी। अनेकों ने विदाई हेतु हाथ उठाया। बण्टी भीड़ में से बाहर निकला।

वैशाली के न आने कारण कलशेट्टी चिढ़ गया था। बण्टी व्यथित था। आगलावे उदास हो गया था। ढाबे पर की वे लड़कियाँ, जो वैशाली से परिचित थीं, निराश हो गई थीं। बलशेटवार भी उससे मिलने हेतु ढाबे पर आकर बैठा था। सब उदास हुए थे। उन्होंने अपने इस दुःख को शराब में डुबो दिया। ढाबे पर की लड़कियाँ शराब पीकर रात भर नाचती रहीं। कलशेट्टी और बलशेटवार भी उनके साथ झूमे।

चीनी कारखाने से निकलने वाली मैल की उग्र गन्ध सभी ओर फैल चुकी थी। हवा में ठण्डक थी। बस्ती निद्राधीन थी। पाईप-लाईन के पास खड़ा गधा डरावनी आवाज में रेंकरहा था। बण्टी और आगलावे उठ गये। वे दोनों वैशाली के घर के पीछे छिप कर बैठे थे। वैशाली की दादी सोनू आँगन में सोई थी। हर्षद अभी भी अध्ययन करने बैठा था। हर्षद बाहर आने की वे प्रतीक्षा कर रहे थे। बण्टी बिजली के खंभे पर चढ़ा और उसने बिजली का बल्ब निकाल लिया था। इस कारण सभी ओर अँधेरा छा गया। हर्षद ने भी घर की लाईट बन्द कर दी। आँगन में आकर उसने दादी के पास अपना बिस्तर लगा दिया। पेशाब करने के लिए वह घर के पिछवाड़े में गया। आगलावे उस पर झपट पड़ा। उसने उसका मुँह बन्द कर दिया। बण्टी भी तेजी से दौड़ते हुए गया। उन दोनों ने उसे वहाँ से उठा लिया। उसे एक कमरे में बन्द कर दोनों ढाबे पर गये और दोनों शराब पीकर नाचने लगे।

दूसरे दिन सोनू को पता चला कि हर्षद घर पर नहीं है। सोनू ने मोबाईल पर यह खबर वैशाली को दे दी। यूँ ही बस्ती में हर्षद के अपहरण की खबर फैल गई और लोगों को अपने छोटे बच्चों के प्रति चिन्ता हुई। बस्ती में भय की लहर दौड़ गई।

वैशाली ने कलशेट्टी को फोन किया। कलशेट्टी के सभी दाँवपेचों से वह परिचित थी। कार्यक्रम के लिए आकर भी वह उससे मिली नहीं थी, इसलिए चिढ़कर कलशेट्टी ने यह कृत्य किया होगा–ऐसा उसे लगा।

"भाई हर्षद कहाँ है?"

"तू पुलिस वालों से पूछ।"

"भाई, मेरे भाई को छोड़ दे।"

"तेरे भाई को लेकर मैं क्या करूँगा? तुझसे मुझे थोड़े ही फिरौती वसूल करनी है?"

"भाई, मैं रात को कार्यक्रम के लिए आई थी। मैं औरों की अतिथि थी। मैं उनके नियन्त्रण में थी। मुझे तुरन्त निकलना था।"

"अब तू बड़ी बन गई है। भाई को भूल चुकी है।"

"भाई, मेरे भाई को छोड़ दे। यह तेरे ही लोगों का काम है।"

"तेरे भाई को हम लोगों ने भगाया नहीं है। तू बेकार में हम पर सन्देह कर रही हो। तू पुलिस में शिकायत कर। चाहे तो मेरे खिलाफ शिकायत कर।"

"मैं पुलिस में शिकायत क्यों करूँ? तुम हो ना, मेरे संरक्षक? तू मेरे भाई को खोज निकाल।"

"सुन, मैं बड़ों से दुश्मनी मोल लेता हूँ, छोटे बच्चों से नहीं। भगाना ही हो तो तुझे भगाऊँगा। तेरे भाई को कोई और भगा ले गया होगा। वह तेरे भाई का खून कर सकता है। तुझे उसका फोन आ सकता है। वह पैसों की माँग कर सकता है। सावधानी बरत। अगर किसी पर सन्देह हो तो मुझे बता। मैं वहाँ जाऊँगा, खोज करूँगा।"

"भाई, मैं हाथ जोड़कर कह रही हूँ कि मेरे भाई को मुक्त कर।"

"तू आ जा। हम दोनों मिलकर उसे खोजेंगे।"

"तू मेरे भाई को छोड़ दे। मैं तुझ से मिलने आऊँगी। ठीक है।"

"पहले तू आ जा।"

"मुझ पर विश्वास नहीं है क्या?"

"मैं तेरे भाई को खोजता हूँ। तू चिन्ता मत कर। तेरी दादी ने शायद उस पर गुस्सा किया होगा इसलिए नाराज होकर वह कहीं गया होगा। अपने किसी दोस्त के यहाँ होगा। किसी रिश्तेदार के यहाँ गया होगा। देखता हूँ मैं। तू रात को आ जा, मैं प्रतीक्षा करूँगा।"

कलशेट्टी ने मोबाईल बन्द किया। उसे गुदगुदी हो रही थी। वह उत्तेजित हो गया था। उसने बण्टी को फोन किया।

सोनू ने वैशाली को फोन किया। हर्षद घर पहुँच गया है, इसकी खबर उसे दी गई।

उस शाम वैशाली के घर के सामने एक टैक्सी आकर रुक गई। कलशेट्टी को इसकी खबर दी गई। उस्मान ने बड़ी खुशी से कलशेट्टी के बदन पर स्प्रे किया। कलशेट्टी को लगा कि वह स्वप्न में विहार कर रहा है। वैशाली का भाई हर्षद अपना स्कूली बस्ता लेकर टैक्सी में बैठ गया। सोनू भी टैक्सी में बैठ गई। टैक्सी बस्ती के बाहर निकली। वैशाली ने गरीबी हटाओ झोंपड़पट्टी हमेशा के लिए छोड़ दी थी।

उसने अपने इस घर को ताला तक नहीं लगाया। वह वहाँ से हमेशा के लिए निकल गई।

कलशेट्टी को जब इसका पता चला तो वह बौरा गया। वैशाली ने उसे बेवकूफ बनाया था। उस्मान और बण्टी वैशाली के घर की ओर निकले। वे दोनों उसके घर के भीतर गये। उस्मान ने घर के आईने में अपना चेहरा देखा। उसे आईने में खुलकर हँसने वाली वैशाली का दुष्ट चेहरा दिखलाई दिया। अपने साथ लाया ताला उस्मान ने वैशाली के घर को लगाया। उस्मान और बण्टी गिद्ध की तरह आवाज करते ढाबे की ओर निकले।

उस्मान और बण्टी वहाँ से जाने के बाद बलशेटवार और सावल्या वहाँ आए। और उन्होंने उस्मान द्वारा लगाए गये ताले को तोड़ दिया और अपना दूसरा ताला लगा दिया।

उस्मान को इस बात का पता चला कि उसके द्वारा लगाए गये ताले को तोड़ा गया है तो वह भड़क उठा। कढ़ाई में जैसे तेल उबलता है, वैसा उसका दिमाग उबल रहा था। उस्मान अपमान से फनफना रहा था और प्रतिशोध की भावना में सुलग रहा था। सन्तप्त होकर वह बलशेटवार के घर की ओर निकला। उसके मन की गहराई में स्थित घृणा उफन कर ऊपर आ रही थी। ज़ाहिरा के खिलाफ उसके मन ने अब शत्रुत्व की भावना पैदा हुई थी।

उस्मान बलशेटवार के घर पहुँचा था। बलशेटवार घर पर नहीं था। उस्मान ने बलशेटवार को आवाज दी थी और ज़ाहिरा ने भीतर से ही जवाब दिया था, ''वह नहीं है।'' उस्मान की हिम्मत बढ़ गयी थी। वह घर में घुस गया। ज़ाहिरा ने उसे दरवाजे पर ही रोका। उस्मान का बदन जल रहा था। ''मुझे वैशाली का घर चाहिए। उसके रुपये देने आया हूँ।'' उस्मान की आवाज में अहंकार था और हाथ में नोट। नाग की तरह उसने फन निकाला था। ''वह नहीं हैं। उसके आने के बाद आ जाना।'' ज़ाहिरा ने पूरी शांति के साथ उत्तर दिया। स्टेनगन जैसे घड़घड़ाती है, वैसे उस्मान बोल रहा था। ज़ाहिरा पर उसका कोई असर नहीं हो रहा था। उस्मान ने अपनी जेब से स्प्रे निकाला और ज़ाहिरा के बदन पर स्प्रे किया। ज़ाहिरा के बदन पर असंख्य सुगन्धित कण बिखर गये। उस्मान निर्लज्जता से हँस रहा था। ''हरामी के बच्चे ऽऽ।'' ज़ाहिरा बिजली की तरह कड़की थी। और उस्मान कुछ न बोलते हुए निकल गया था।

ज़ाहिरा का पूरा बदन सुगन्धित हो गया था। उसके बदन से सुगन्धित हवा बह रही थी। नहाने के लिए पानी लिया। बलशेटवार घर पहुँचा था। अपने घर से उस्मान को निकलते हुए उसने देखा था। उसके मन में सन्देह की आँधी उठी थी। उसे ज़ाहिरा के प्रति सन्देह हुआ।

"तू इस वक्त क्यों नहा रही है?"

"बहुत उमस है इसलिए।"

"उस्मान आया था?"

"आया था। वैशाली का घर खरीदना है, ऐसा कह रहा था।"

"मुझे तेरे प्रति सन्देह हो रहा है।"

"कैसा?"

"उसने तुझे कुछ किया तो नहीं?"

"उसने मेरे बदन पर सेन्ट का स्प्रे किया है।"

"उसकी यह हिम्मत?"

बलशेटवार गुस्से से पागल हो गया था। उसका चेहरा उफनते समुद्र की तरह दिखाई दे रहा था। दराज में रखे धारदार हथियार को उसने बाहर निकाला। ज़ाहिरा ने उसे दरवाजे पर रोक दिया। वह केवल ब्रा और पेटीकोट में खड़ी थी। उसका बदन महक रहा था।

"हीरा तू यहाँ से हट।"

"नागनाथ, तू शान्ति से काम ले।"

"तू उस मुसल्या की ओर से बोल रही है?"

"तू पहले खामोश तो हो जा।"

"तेरे बदन से गंध आ रही है।"

"मैं अब नहाने वाली हूँ ना!"

"मुझे तेरे में उँगली डालकर देख लेने दो। मुझे विश्वास नहीं हो रहा है।"

"उँगली नहीं, मुँह डाल कर देख।"

ज़ाहिरा ने पेटीकोट ऊपर उठाया। बलशेटवार हड़बड़ा गया। "मेरे बदन पर कपड़े नहीं है। मैं दरवाजे पर खड़ी हूँ। तमाशा मत कर। सत्तूर रख दे। लोग देखेंगे।" ज़ाहिरा एक ही साँस में बोल गई। बलशेटवार निरुत्तर हो गया। उसकी आँखों में आँसू आए। उसका गला भर आया और दुःख से उसके होंठ थरथराने लगे।
बस्ती के बूढ़े पाइप-लाइन की ओर निकले थे। अब्बू के नाती ने छड़ी का दूसरा सिरा पकड़ लिया था। और अब्बू ने पिछला सिरा। अब्बू का नाती मुँह से रेल-इंजिन की आवाज निकालते हुए दौड़ रहा था। अब्बू रेलगाड़ी के डिब्बे की तरह नाती के पीछे दौड़ रहा था। हवा बह रही थी। जानवरों के चमड़े की दुर्गन्ध पूरी बस्ती में फैल चुकी थी।

❑ ❑ ❑

विकास मोरचा ने गरीबी हटाओ झोंपड़पट्टी के पच्चीस बेरोजगार युवकों को बैंक से ऋण दिलवा दिया था। उन्हें ऋण पर ऑटोरिक्शा दिलवा दिया था। गणेश मन्दिर,

सूत गिरनी और चीनी का कारखाने के कारण उन्हें ग्राहक मिलनेवाले थे। गरीबी हटाओ झोंपड़पट्टी के निकट रिक्शा स्टैण्ड शुरू हुआ था। बस्ती जिस प्रकार बढ़ रही थी, वैसा उसका विकास भी हो रहा था। चीनी कारखाना और सूत गिरनी के कारण बस्ती में आबादी बेतहाशा बढ़ रही थी। बस्ती के लोगों ने अचलपुर-घरणगाँव रोड पर अतिक्रमण किया था और रोड के दोनों ओर टपरियाँ डाल दी थीं। उस विभाग की जरूरतों को ध्यान में रखते हुए उन्होंने व्यवसाय शुरू किया था। अनेकों ने भूखण्ड ग्रहण कर उस पर टपरी डाल रखी थी तथा वह टपरी किसी और को किराए से दी थी।

सावल्या ने कारखाने के निकट अत्यन्त मौके के स्थान पर टपरी डाली थी। सावल्या को कैण्टी शुरू करनी। सावल्या ने महत्वपूर्ण जगह पकड़ी थी। सावल्या ने इसके पूर्व दो टपरियाँ डाली थीं। यह तीसरी टपरी थी।

आगलावे की एक भी टपरी नहीं थी। रात में उसने सावल्या की टपरी उठाकर दूसरी जगह पर रख दी और वहाँ अपनी टपरी रख दी।

उसकी टपरी हटा दिए जाने के कारण सावल्या चिढ़ गया था। आगलावे और उसमें झगड़ा हुआ था।

"मेरी टपरी क्यों निकाल दिए हो?"

"सभी भूखण्डों पर तू ही कब्जा कर रहा है। मेरी भी एक रहने दे।"

"मैंने इस भूखण्ड पर पहले कब्जा जमाया है।"

"मेरी भी टपरी रहने दो।"

"तू दूसरी ओर टपरी डाल।"

"दूसरी ओर भूखण्ड ही नहीं है।"

"तो फिर में क्या करूँ? यह जगह मैंने पकड़ी है।"

"मैं यह जगह नहीं छोड़ूँगा। यह तेरी जगह तो है नहीं।"

कलशेट्टी ने आगलावे की ओर से निर्णय दिया। बलशेटवार सावल्या की ओर से खड़ा हो गया। सावल्या ने रात में आगलावे की टपरी निकाल दी और अपनी टपरी वहाँ लाकर रख दी।

दूसरे दिन सावल्या और आगलावे में झगड़ा हुआ। सावल्या ने जगह छोड़ने से इनकार कर। आगलावे दिहाड़ी पर अनशन करने हेतु दस औरतें ले आया। उनकी मजदूरी तय की गई और उन्हें अग्रिम राशि भी दी थी। आगलावे ने अनशन हेतु मण्डप भी बनाया था। 'अतिक्रमण हटाओ' का बड़ा बैनर लगाया गया था। अनशन पर बैठी हुई औरतों का नेतृत्व सुरेखा माने कर रही थी। महात्मा गांधी जी की तस्वीर लगाकर दिहाड़ी पर आमरण अनशन शुरू हुआ था। अनशन करने वाली स्त्रियों को समर्थन देने हेतु बण्टी, उस्मान और आगलावे भी अनशन पर बैठे थे।

❑ ❑ ❑

ग्राम पंचायत के चुनाव जैसे-जैसे निकट आने लगे, वैसे-वैसे राजनीतिक चर्चाओं में तेजी आई। अचलपुर ग्राम पंचायत अपने नियन्त्रण से न जाएं, इसलिए माणिकचन्द और गोपीचन्द पूरी तैयारी में लगे थे। "शिवशक्ति का सम्पूर्ण पैनल इस बार अविरोध चुनकर लाएँगे।"—इस दृष्टि से उनकी तैयारी जोरों से चल रही थी। सदानन्द काम्बले शिवशक्ति का अध्यक्ष था और माणिकचन्द की यही सबसे बड़ी अड़चन थी। 'संगठन को मैं आर्थिक ताकत पहुँचाता हूँ और संगठन की सत्ता का उपभोग एक दलित कर रहा है' इसे माणिकचन्द बर्दाश्त नहीं कर पा रहा था। निजी क्षेत्रों में दलितों को आरक्षण मिलना चाहिए। इसके लिए जो आन्दोलन हुआ था, उसके विरोध में तीखी प्रतिक्रिया देने हेतु 'शिवशक्ति को एक प्रखर आन्दोलन खड़ा करना चाहिए। इस आन्दोलन का पूरा खर्च सभी उद्योगपति उठाएँगे।' ऐसा प्रस्ताव माणिकचन्द ने रखा था।

सदानन्द काम्बले ने इस प्रस्ताव के प्रति उदासीनता दिखलाई थी। "चुनाव आ रहे हैं। ऐस समय दलित-विरोधी आन्दोलन कर दलितों के मतों से वंचित क्यों हुआ जाए? चुनाव के बाद इस प्रश्न को हाथ में लिया जा सकता है।" ऐसी भूमिका सदानन्द काम्बले ने बनाई थी।

"सदानन्द काम्बले दलित होने के कारण वह इतनी नरम भूमिका ले रहा है।" ऐसी सोच माणिकचन्द की हुई थी। "शिवशक्ति यह सवर्णों का संगठन है। मैं केवल कठपुतली हूँ। मेरे मत को कोई विशेष महत्व नहीं देता। जो सवर्ण चाहते हैं, वही निर्णय मुझे लेना पड़ता है। मैं केवल रबर स्टाम्प हूँ। यहाँ मेरा कुछ भी नहीं चलता। मैं एक जातिवादी संगठन का उदारतावादी चेहरा हूँ। मेरे चेहरे पर मुखौटा चढ़ाया हुआ है। सवर्णों के मन में दलितों के सम्बन्ध में जहर समाया हुआ है। मैं उसे नष्ट नहीं कर सकता। वे केवल मेरा उपयोग कर रहे हैं। स्वार्थ हेतु मैंने समझौता किया है। और इसी कारण मैं आज बँगले में रह पा रहा हूँ। मैं बिका हुआ हूँ। मेरी अपनी भलाई के लिए मैंने पूरे समाज को नीलाम किया है। मेरी कीमत बहुत मामूली है। मैं सस्ता हो गया हूँ। मैं निरुपयोगी हूँ। मेरी रीढ़ की हड्डी ही नहीं है और इसीलिए तो वे मुझे चाहते हैं। केवल उनके आग्रह के कारण ही मैं उनके संगठन का अध्यक्ष हूँ। इसके परे मेरे पद का कोई अर्थ नहीं है। मैं उनकी ही भाषा बोलूँगा—ऐसा विश्वास उन्हें है। मुझे मेरी भाषा का पता नहीं। वे जैसा चाहें, वैसा मैं करूँगा—यह मेरी योग्यता है। हम जातिवादी नहीं है, इसका प्रचार करने हेतु उन्होंने अध्यक्ष के रूप में मेरा चुनाव किया है।" सदानन्द काम्बले जब बैठक में बैठे थे, तब वे यही विचार कर रहे थे। शिवशक्ति संगठन में वे सहज नहीं हो पाए थे। उनकी आँखों पर पट्टी बाँधी गई थी। उनके हाथ भी बाँधे जा चुके थे।

बैठक के बीच में बैठकर सदानन्द काम्बले बैठक का सूत्र संचालन कर रहे

थे। उन्हें केन्द्र में बैठा देखकर माणिकचन्द बेचैन हो गया था। सदानन्द काम्बले को संगठन में शीर्षस्थान पर देख कर वह जल-भुन रहा था। 'हम दलितों को सिर पर कोई क्यों नाचे? सदानन्द काम्बले को अध्यक्ष करने के कारण दलितों के मत मिलेंगे, ऐसी उम्मीद करना गलत है। उल्टे दलित समाज ने उसे कंकड़ की तरह उठाकर अलग रख दिया है। दलित समाज में जिसे कौड़ी का भी स्थान नहीं है, ऐसे व्यक्ति को संगठन के अध्यक्ष पद पर रखने से क्या फायदा?' माणिकचन्द के मन में संघर्ष चल रहा था।

सदानन्द काम्बले, स्वामी राघवेन्द्र और हेमा पण्डित के बीच में बैठा था। माणिकचन्द और गोपीचन्द उनके आगे बैठे थे। 'दलित दलितों के संगठन का नेतृत्व करें, सवर्ण सवर्णों का। आरक्षण के लोग खुले में घुसने लगे तो फिर हम लोग जाएँ कहाँ?' गोपीचन्द के मस्तिष्क में यह विचार उठा था। 'सदानन्द काबंले वास्तव में एक स्वांग है। दलितों की सहानुभूति प्राप्त करने हेतु हम इस स्वांग को नचा रहे हैं।' माणिकचन्द को अपने पाखण्डीपन से चिढ़ पैदा हो गई थी।

'हम जातिवादी हैं। जातिवादी ही होना चाहिए। जातिवाद यही राष्ट्र के रीढ़ की हड्डी है। जाति यहाँ की राजनीति का आधार है। हम अगर जातिवाद से पलायन करने लगे न, फिर पैरों तले की रेत खिसक जाएगी। निरन्तर जातिवादी भूमिका लेना ही स्वाभाविक है। जातिवाद को सुदृढ़ करनेवाले आन्दोलन चलाए जाने चाहिए। जातिवाद जितना सुदृढ़ हो जाएगा, उतना राष्ट्र सुदृढ़ हो जाएगा।' गोपीचन्द सदानन्द काम्बले से द्वेष कर रहा था।

❑ ❑ ❑

उस्मान और उस्मान की पत्नी वहीदा में तनाव बढ़ता जा रहा था। उस्मान का घर आना कम होता जा रहा था। कई बार वह ढाबे पर ही रहा करता। उस पर पुलिस के केस भी बढ़ रहे थे। उसका पीना भी बढ़ गया था। इस कारण वाहिदा को बेचैनी महसूस होती और वह असुरक्षित भी महसूस करती। उस्मान की गुनहगारी वृत्ति के कारण उसके दुश्मन भी बढ़ गये थे। वाहिदा उस्मान को बदल नहीं सकती थी। इस कारण वह व्यथित थी।

उस्मान के कारण उसे गुप्तरोग हो गया था। उसका सम्पूर्ण शरीर सड़ गया था। ''किस धेवाली की बीमारी मुझे लग गई है? यह बाहर जाकर गोबर खाता है और उसके फल मुझे भोगने पड़ते हैं।'' वाहिदा गुप्तरोग के कारण गम्भीर हो गई थी। उसकी जाँघ से पीप बह रहा था। वह ठीक से चल नहीं पा रही थी। उसके गुप्तांगों पर जख्म हो चुके थे। उसे असहनीय यातनाएँ होती थीं। बुरखा पहन गुप्तरोग के डॉक्टर से मिलते समय उसे असहनीय लग रहा था। वह एक शिक्षक की बेटी थी।

वह शिक्षित थी। उसे ऐसी गन्दी बीमारी के प्रति घृणा महसूस हुई।

''आप अपने शौहर को भी लेते आइएगा। उन्हें भी दवा देनी पड़ेगी।'' हिन्दू डॉक्टर से उसे शर्म महसूस हुई। डॉक्टर ने उसे एड्स की जाँच करने लेने के लिए कहा था, इस कारण वह परेशान हो गई थी।

उस्मान के मुख से अनेक बार पिंकी का नाम निकलता। इस कारण वाहिदा अपने पति का तिरस्कार करने लगी। ''बलशेटवार ने हमारी औरत रखी है, मैंने उनकी।'' उस्मान अपने बुरे कर्म का यूँ समर्थन करता। वाहिदा ने उस्मान के ये सारे धन्धे अपने पिता को बता रखे थे। वह अपने मुहल्ले में भी बड़ी लज्जास्पद जिन्दगी जी रही थी। उस्मान उससे मारपीट करता। गन्दी गालियाँ देता। वह घर में दिलचस्पी नहीं ले रहा था। वाहिदा को अपनी जिन्दगी से चिढ़ पैदा हो गई थी। उसकी नींद गायब हो गई थी, भूख खत्म हो गई थी। वह सूखती जा रही थी। उसकी आँखों के दोनों ओर काले घेरे दिखाई दे रहे थे। उसका मानसिक सन्तुलन बिगड़ चुका था। वाहिदा का जीना मुश्किल हो गया था। उसके मन में अनेको बार आत्महत्या के विचार आ रहे थे। अल्लाह को याद करके वह आकाश तकती थी। आकाश में कलशेट्टी के कबूतर उड़ते हुए दिखलाई दे रहे थे। उसकी आँखों में आसूँ भर आए थे।

❑ ❑ ❑

कलशेट्टी ने अपनी आयु के पचास वर्ष पूरे किए थे। उसे अपना पचासवाँ साल मनाना था। उसने अपने गैंग को काम पर लगाया। अचलपुर-धरणगाँव रोड पर कलशेट्टी का छह फीट लम्बा कट आऊट खड़ा कर दिया गया। कट आऊट पर बलशेट्टवार, उस्मान, सावल्या, रघू, भावडया, आगलावे और पिण्टया के नाम लिखे गये थे। रात में कलशेट्टी का जन्मदिन मनाया जानेवाला था। इस अवसर पर बस्ती को दावत दी जाने वाली थी। रात में गोन्धल का कार्यक्रम रखा गया था। पूरी बस्ती में दौड़-धूप शुरू हुई थी।

''लोग अपराधियों को सिर पर लेकर नाच रहे हैं। अपराधियों को उनकी जगह बतलाई जानी चाहिए।''

''कलशेट्टी को शायद ग्राम पंचायत चुनाव के लिए खड़ा होना है इसकी उसने इस तरह शुरूआत कर दी है। इस बार गरीबी हटाओ झोंपड़पट्टी का स्वतन्त्र वार्ड हुआ है।''

''लोग अगर अपराधियों को चुनकर देने लगे, तो इस जनतन्त्र का विनाश हो जाएगा।''

''कानून द्वारा ही अपराधियों को चुनाव में खड़े न होने का बन्धन डालना

चाहिए। हमारी जनता अशिक्षित है, उनकी लोकशिक्षा नहीं हुई है।''

''कानून बनानेबावालों में ही अगर अपराधी हों तो कैसे होगा?''

सिद्धार्थ पगारे, काशीनाथ पोलके, सय्यद और विश्वनाथ कुलकर्णी कलशेट्टी के जन्मदिन की तैयारियाँ देखकर अपनी प्रतिक्रिया व्यक्त कर रहे थे। कलशेट्टी की आपराधिक पृष्ठभूमि को भुलाकर लोग उसके पीछे दौड़ रहे थे। लोगों की स्मरण शक्ति बहुत कमजोर होती है। बस्ती के प्रत्येक घर से कलशेट्टी को उपहार भेंट करने की एक होड़-सी लग गई थी।

'जड़ से खोखली हुई कानून व्यवस्था में से ही गुण्डों का उदय होता है। पुलिसिया व्यवस्था में स्थित भ्रष्टाचार और कोर्ट में प्रलम्बित मुकदमों पर गुण्डों का पोषण होता है। गुनहगारी अगर नष्ट हो गई तो फिर कानून का कोई मतलब ही नहीं रहेगा। पुलिस-चौकियाँ वीरान हो जाएँगी।' विश्वनाथ कुलकर्णी सुन्न होकर विचार कर रहा था।

शाम हो जाने के बाद घर-घर से लोग बाहर निकलने लगे। लोगों की भीड़ देखकर कलशेट्टी खुश हुआ। 'लोग मेरा दबदबा मानते हैं।' इस भावना से कलशेट्टी का चेहरा खुल गया था। स्पीकर से बार-बार सूचनाएँ दी जा रही थीं। ''थोड़ी ही देर में कार्यक्रम शुरू होने वाला है। गरीबी हटाओ झोंपड़पट्टी के तमाम नागरिकों से निवेदन है कि वे इस कार्यक्रम में सम्मिलित हो। मुख्य कार्यक्रम के बाद भोजन का कार्यक्रम होगा। उसके बाद गौन्धल होगा। इसीलिए सब लोग आकर भाई के जन्मदिन की शोभा बढ़ाएँ।'' उस्मान अपनी मोटी आवाज में सूचनाएँ दे रहा था।

जन्मदिन के कार्यक्रम हेतु मंच खड़ा किया गया था। मंच पर सुन्दर कुर्सियाँ रखी गई थीं। भाई अनन्त कलशेट्टी के पचासवें जन्मदिन के बैनर मंच पर लगाए गये थे। मंच की सजावट की गई थी। आसपास विद्युत रोशनी की गई थी। रंगोली निकाली गई थी। बस्ती की औरतें सज-धज कर कार्यक्रम के लिए आ रही थीं।

सुरेखा माने—''मैं डेढ़ सौ लोगों को लेकर आई हूँ। आप चाहे तो गिन लो। भाई को पता लग जाना चाहिए। ये सामने जो बैठे हैं, सब लोग मेरे हैं।''

पिंकी—''बहुत चमक रही है तू।''

मैना—''तुझे क्या चुनाव का टिकट मिलनेवाला है?''

सुरेखा माने—''भाई ने मेरी सहायता की है। आज मैं जो कुछ भी हूँ वह भाई के कारण हूँ। भाई के जन्मदिन पर हमें काम करना ही चाहिए।''

पिंकी—''तेरा बछड़ा कहाँ है?''

सुरेखा माने—''तुझे हमेशा मजाक की सूझता है क्या रे?''

''लोग इकट्ठे हो गये हैं क्या? लोगों को पंडाल में बैठने की सूचना दो। उन्हें

घर के बाहर निकालने को कहो। कार्यक्रम को देर हो रही है।" बलशेटवार बण्टी और पिण्टया को सूचना दे रहा था। फोटोग्राफर और वीडियो शूटिंग करनेवाले भीड़ में घूम रहे थे। बैण्ड दल वर्दी में तैयार था। गन्ना तोड़नेवाले मजदूर भी कार्यक्रम में आए थे। छोटे बच्चे शरारतें कर रहे थे। स्त्रियाँ छोटे बच्चों पर गुस्सा कर रहीं थीं। सब लोग कलशेट्टी के इन्तजार में थे।

कलशेट्टी और बलशेटवार अपने सहयोगियों के साथ मंच पर आ गये। भीड़ में से सीटियों और नारों की वर्षा हुई। तालियों द्वारा उनका स्वागत हुआ। कलशेट्टी के आगमन पर पटाखें फोड़े गये। "अरे, झोंपड़ियों में आग लग जाएगी, पटाखे दूर जाकर मैदान में फोड़ो।" कोई वृद्ध व्यक्ति पटाखे फोड़नेवालों को डाँट रहा था। कलशेट्टी ने भीड़ को लिडर की तरह अभिवादन किया। बलशेटवार ने कलशेट्टी को साफा बाँधा। आगलावे ने गुलाब के फूलों का एक बड़ा हार पहनाया। जॉबर की पत्नी कल्पना ने उसकी आरती उतारी। बस्ती की अनेक औरतें कलशेट्टी की आरती उतारने हेतु कतार में खड़ी थी।

कलशेट्टी ने केक काट दिया। लोगों ने तालियाँ बजाईं। रघु ने हवा में गुब्बारे छोड़े। बैण्ड बजने लगा। पिण्टया ने पटाखे फोड़े। 'हैप्पी बर्थ डे टू यू भाई ऽ ऽ' उस्मान उत्साह से जोर से चिल्लाया। लोग बैण्ड की लय पर नाचने लगे। आगलावे सबको केक बाँट रहा था। फोटोग्राफर फोटो निकाल रहे थे। वीडियो शूटिंग हो रही थी। उस्मान माईक पर से उपहार ले आनेवाले के नाम पढ़कर सुना रहा था। कलशेट्टी से हाथ मिलाने हेतु लोगों की भीड़ इकट्ठी हुई थी।

कलशेट्टी ने अपने इस जन्मदिन के अवसर पर बस्ती की औरतों को साड़ियाँ बाँटने का निर्णय लिया था। साड़ियाँ बाँटने का कार्यक्रम आगलावे पर सौंपा गया था। आगलावे सुरेखा माने की सहायता से औरतों को साड़ियाँ बाँट रहा था। औरतों की लम्बी लाईन लगी थी। इस लाईन में गन्ना काटनेवाली मजदूर स्त्रियाँ भी खड़ी थीं। कलशेट्टी को बधाई देने वालों की भीड़ हो गई थी। बस्ती के युवक ढोलक की आवाज में बेतहाशा नाच रहे थे। कार्यक्रम की वीडियो शूटिंग चल रही थी।

साड़ियों का ढेर खत्म होने आया, ऐसा देख लाईन में खड़ी औरतों ने गड़बड़ शुरू किया। इस कारण लाईन टूट गई और धक्कापेल शुरू हो गई। अचानक गड़बड़ हो जाने से साड़ियाँ बाँटने का काम रोका गया। कुछ औरतों में मारपीट हो जाने के कारण उनमें से कुछ नीचे गिर गईं, इस कारण बेहोश हुईं। जॉबर की पत्नी कल्पना बेहोश होकर गिर पड़ी। कुछ स्त्रियों को चोट लगने से वे चिल्ला कर रही थी। सुरेखा माने उन्हें शान्त कर रही थी। "आज शुभ दिन है, रोओ नहीं। मुँह बन्द रखो। जन्मदिन का कार्यक्रम चल रहा है।"

आगलावे रिक्शा ले आया था। औरतों के रोने-चिल्लाने की ओर कलशेट्टी का

ध्यान नहीं था। शुभकामनाएँ देनेवालों से वह घिरा हुआ था। ढोलक की आवाज में बस्ती के युवक शराब पीकर नाच रहे थे। घायल औरतों को लेकर रिक्शे बाहर निकल चुके थे।

कलशेट्टी के जन्मदिन पर एक भी दलित नहीं आया था। 'तात्या काम्बले के खूनी का नमक हम नहीं खाएँगे।'' ऐसा सन्देश उन्होंने भेज दिया था। इस कारण कलशेट्टी के जन्मदिन के कार्यक्रम को धब्बा लग गया था।
खाना खाने के बाद गोंधल का कार्यक्रम होनेवाला था। गोंधल डालने के लिए वाध्या मुरली और कुछ हिजड़े आए थे। मुरलियों ने भीड़ का ध्यान आकृष्ट कर लिया था।

❑ ❑ ❑

वाहिदा गुप्तरोग से त्रस्त थी। गुप्तरोग बार-बार उभर कर आता। उसका शरीर सड़ गया था और मन भी सड़ गया था। वह गृहस्थी के जीवन से ऊब गई थी। उस्मान उसकी बीमारी पर ध्यान नहीं दे रहा था। पिंकी के प्रेम में वह पागल हो चुका था। और वहिदा से काफी दूर निकल गया था। उस्मान अब पिंकी की जिन्दगी में बस गया था तो वाहिदा की जिन्दगी में वह प्रेत की तरह तैर रहा था।

उस्मान और वाहिदा में भयंकर झगड़ा हुआ। उस्मान ने उसे हमेशा के लिए घर से निकाल दिया।

वाहिदा ज़ाहिरा के घर गई थी। उसके पास से उसने बस टिकट के पैसे लिए और वह अपने मैके निकल गई थी। उस रात उस्मान पिंकी को घर ले आया था। ज़ाहिरा ने वाहिदा को गाड़ी का खर्चा दिया था, इसलिए उस्मान ज़ाहिरा पर चिढ़ गया था। वह ज़ाहिरा से द्वेष कर रहा था।

❑ ❑ ❑

सावल्या और आगलावे सवेरे ही रंग की बाल्टी ले आए थे। कलशेट्टी अभी बिस्तर पर था। आगलावे ने उसे नींद में रंग दिया था। गालियाँ देते हुए कलशेट्टी जागा था। इसके बाद उन दोनों में मस्ती शुरू हो गई थी। कलशेट्टी ने भी उन दोनों को रंग में डुबो दिया था। वे तीनों रंग में रँग गये थे। बण्टी के चेहरे पर काला रंग थोपा गया था। उसके दाँत और आँखें अलबत्ता सफेद दीख रही थीं। सुरेखा माने के चेहरे पर हरा रंग थोपा गया था। वह डायन की तरह दिखाई दे रही थी। मनुष्य के चेहरे को हास्यास्पद बनाकर देखने का यह त्यौहार है। उस दिन इन सबके चेहरे बीभत्स, अश्लील, विकृत, चित्र-विचित्र, भयावह, भग्न और भड़कीले दीख रहे थे। रंगपंचमी के कारण मानवी चेहरों की विचित्रता नजर में भर रही थी। ज़ाहिरा के चेहरे पर गुलाबी रंग लगाया गया था। उससे वह और भी अधिक सुन्दर लग रही थी।

बलशेटवार के चेहरे पर सिन्दूर थोपा गया था। उसकी ओर देखकर हँसी आती थी और डर भी लग रहा था। नाना के सफेद बालों को रंगाया गया था। पिंकी तो सब पर रंग डालते घूम रही थी। वह अनेक रंगों से रँग गई थी।

सड़क पर भी रंग गिर गया था। एक-दूसरे पर रंग डालने के लिए सड़क पर आपाधापी थी। किसी के हाथ में रंग की पिचकारियाँ थीं, किसी के हाथों में रंगों की बाल्टियाँ, तो किसी के हाथों में रंग। रघु के चेहरे पर वार्निश थोपा गया था। कलशेट्टी के घर के सामने रंग का कीचड़ हो गया था। सावल्या और बण्टी रोड पर आने जानेवाले ट्रकों को रोक कर ड्राइवरों पर रंग डाल रहे थे और उनकी ओर से होली की खुशी इकट्ठी कर रहे थे। रंग डालने पर झगड़े हो रहे थे, विवाद हो रहे थे। आज रंगपंचमी हैं इसलिए रंग डाल रहे हैं, ऐसा कहा जा रहा था। लोग रंग खेल रहे थे। लोग दारू और रंग में डूब चुके थे।

कलशेट्टी रंग लेकर महादेव मन्दिर में आया था। वह स्वामी राघवेन्द्र पर रंग डालना चाह रहा था। मन्दिर में बेहद खामोशी थी। मन्दिर के प्रागंण में गिरे रंग से स्पष्ट था कि यहाँ भी रंग खेला गया था। मन्दिर के बाहर की दुकानें रंग पंचमी के कारण बन्द थीं। मानो आज मन्दिर को कार्यालयीन छुट्टी ही हो। कलशेट्टी स्वामी निवास की सीढ़ियाँ चढ़कर ऊपर गया। स्वामी राघवेन्द्र दैनिक पत्र पढ़ रहे थे। तिपाई पर गुलाल से भरी थाली थी। कलशेट्टी ने स्वामी राघवेन्द्र के दर्शन किए। स्वामी राघवेन्द्र ने अपनी हमेशा की शैली में उसे आशीर्वाद दिया।

''रंग लाया हूँ।'' कलशेट्टी ने भावुकता में कहा। ''ठीक है, ठीक है।'' स्वामी राघवेन्द्र हँसते हुए बोले। ईश्वर की मूर्ति पर जैसे फूल बरसाए जाते हैं, वैसे कलशेट्टी ने स्वामी राघवेन्द्र पर रंग डाला। स्वामी राघवेन्द्र ने अपनी थाली में से कलशेट्टी की गालों पर गुलाल लगाया। कलशेट्टी पुलकित हो गया।

हेमा पण्डित भी दर्शनार्थ पहुँच गई थी। हेमा पण्डित आ जाने से कलशेट्टी नाराज हुआ जैसे खाना खाते समय भात में कंकड़ आया हो। हेमा पण्डित ने स्वामी राघवेन्द्र के दर्शन किए। उन्होंने उसके गालों पर भी गुलाल लगाया। वह खिलखिलाकर हँस उठी।

''मैं इस प्रकार सुन्दर तरीके से हँस नहीं सकता। गधे की तरह चिल्लाता हूँ।'' कलशेट्टी खुद पर नाराज हुआ था।

स्वामी राघवेन्द्र कलशेट्टी को बता रहे थे, ''तुम्हारी बस्ती में लोगों की संख्या कितनी है, पता है क्या? जनसंख्या की जानकारी रखना बहुत जरूरी है। भगवत् गीता भले ही आप न पढ़ें, पर जनसंख्या रिपोर्ट पढ़नी ही चाहिए। तुम्हारी बस्ती की पुनर्रचना हो गई है। तुम्हारी बस्ती का नया वार्ड हुआ है। इस वार्ड में तेरह सौ वोटर हैं। आँकड़े क्या कहते हैं? हेमा ताई, मुस्लिमों की संख्या में वृद्धि हुई है।

दलित-मुस्लिम अगर एक हो गये तो हिन्दू अल्पसंख्यक हो जाएँगे। किसी भी स्थिति में दलित-मुस्लिम का ऐक्य नहीं। अगर ऐसा हुआ तो हमारी अखण्डता खतरे में आ जाती है। मुसलमान हमारा एक नम्बर का शत्रु है। दलित हमारे ही धर्म के हैं। उन्हें अपनी ओर मोड़ लेना जरूरी है। जब तक सवर्ण और दलित एक हैं, तब तक मुस्लिम अल्पसंख्यक हैं। अपनी बस्ती का भी यही चित्र है। चुनाव निकट आ गये हैं। हमारी ग्राम पंचायत 'ए' क्लास की है। वह हमारे ही हाथों में होनी चाहिए।" स्वामी राघवेन्द्र गम्भीरता से राजनीतिक विश्लेषण कर रहे थे। कलशेट्टी नन्दी बैल की तरह गरदन हिला रहा था।

स्वामी राघवेन्द्र मानो उनकी टयूशन्स ही ले रहे थे। वे कह रहे थे, "मन्दिर के कारण ही हिन्दुओं के सभी मत मिलते हैं, बस्तियाँ मुस्लिम के नहीं मिलते। वे मन्दिर-विरोधी होते हैं। उन्हें धमकाना चाहिए। उन्हें हमेशा देशद्रोही घोषित करना चाहिए। उन्हें देश-विभाजन की याद दिला देनी चाहिए। उनके प्रति निरन्तर सन्देह लेना चाहिए। उनके मन में असुरक्षितता तथा अल्पसंख्यक होने की भावना निर्माण करनी चाहिए। उनके मतों की फिक्र करने की कोई जरूरत नहीं है क्योंकि उनकी वे कभी भी हमें मत देने की संभावना नहीं है। उलटे मुसलमानों के खिलाफ आक्रामक होकर बोलने से हिन्दुओं के अन्यत्र जानेवाले मत हमारी ओर आ सकेंगे। हमें चुनाव को ध्यान में रखकर ही काम करना चाहिए। मैं महाआरती भी पार्टी का काम समझ कर करता हूँ। ध्यान में रखो, कलशेट्टी, ठीक है? अब तू निकल, मुझे ताई के साथ कुछ गोपनीय बातें करनी है।" स्वामी राघवेन्द्र ने कलशेट्टी को करीब-करीब जबरदस्ती वहाँ से निकाल बाहर किया।

हिन्दू, मुस्लिम और दलित—ऐसा जप करते हुए कलशेट्टी बस्ती की ओर निकला। मैंने अगर तात्या काम्बले का खून न किया होता तो आज गाँव में रह पाता। और कुछ नहीं तो कम-से-कम उपसरपंच तो हो ही जाता। गाँव छोड़ते समय कलशेट्टी को बहुत बुरा लगा था। सड़क पर अभी रंग खेला जा रहा था। 'एक घरघुसरी गाँव की सरपंच हुई है और मैं अलबत्ता झोंपड़पट्टी में ही फँस गया हूँ।' यह भावना उसे बेचैन कर रही थी। घर चलानेवाली स्त्री आज गाँव चला रही है। गाँव का चरित्र ही बदल गया है। लोगों की मानसिकता बदली है। सड़कें तारकोल की हो गई हैं। शासकीय कार्यालय शुरू हुए हैं। नई इमारतें खड़ी हो गई हैं। होटल और घरेलू खाना देनेवालों की संख्या बढ़ गई है। अचलपुर के लिए सिटी-बस शुरू हुई है। गाँव में किराए से रहनेवालों की संख्या बढ़ गई है। लोग शहर के जीवन का अनुसरण कर रहे हैं। घर-घर टी.वी. दिखलाई दे रहे हैं। शिक्षा, सायकिल और कारों की यातायात बढ़ गई है। गाँव में बाजार शुरू हो गया है। अचलपुर की वृद्धि जोरों से हो रही है।

अचलपुर में स्थित हुतात्मा जगन्नाथ पण्डित मार्ग सुशोषित किया गया था। इस सड़क पर दुभाजक बिठाया गया था। रोड-लाइट की लाइन खड़ी थी। चौक में शिवाजी महाराज का आधा पुतला खड़ा था। इस रास्ते पर काफी यातायात था तो तात्या काम्बले रोड पर गड्ढे हो गये थे। उस सड़क की दुर्दशा हो गई थी।

अचलपुर-धरणगाँव रोड पर लोगों की बस्ती बढ़ रही थी। यहाँ जो खुले भूखण्ड थे, उनके दाम बहुत बढ़ गये थे। इस रोड पर मदर टेरेसा हाईस्कूल, डा. बाबासाहब अम्बेडकर कॉलेज, सूत-गिरनी, चीनी कारखाना और गणेश मन्दिर था। यह सड़क शहर को जोड़नेवाली थी। इसी सड़क पर बस्तियाँ अधिक थीं। परन्तु इस रोड पर रोड लाईट नहीं थी। इस सड़क पर गड्ढ़े पड़े थे। रोड लाईट न होने के कारण यहाँ गैर-कानूनी काम बहुत बढ़ गये थे। अँधेरे का फायदा उठाकर राहगीरों को लूटा जाता था। पिछले वर्ष इस रोड़ पर दो बलात्कार हुए थे और तीन बड़ी दुर्घटनाएँ। कॉलेज में पढ़नेवाले छात्र, सूत-गिरनी और चीनी कारखाने के मजदूर सुविधा के लिए निरन्तर चिल्लाते थे।

चुनाव निकट आने के कारण इस रोड का काम शुरू हो चुका था। सड़क को चौड़ा बनाना, तारकोल डालना, वृक्षारोपण और रोड लाईट की सुविधा की जा रही थी।

कलशेट्टी को ओवरटेक करके पुलिस वैन गई थी। कलशेट्टी बिना मतलब के परेशान हो गया था। पुलिस वैन कॉर्नर पर रुक गई। रोड पर सिपाहियों की दौड़-धूप शुरू हुई थी। कलशेट्टी ने रास्ता बदल दिया। वह ताड़ों के वन में पुरा गया। उसे बस्ती में शुरू शोर-शराबा सुनाई दे रहा था। कलशेट्टी कच्चे रास्ते से अपने घर की ओर निकला। लोगों की दौड़-धूप शुरू हुई थी। मुस्लिम मुहल्ले में स्थित एक झोंपड़ी में आग लगाई गई थी। आकाश में धुएँ के बादल फैल रहे थे।

बण्टी और रघु उस्मान के घर गये थे। वे उस्मान पर रंग डालना चाहते थे। उस्मान घर पर नहीं था। मुस्लिम मुहल्ले से लौटते समय बण्टी ने एक मुस्लिम लड़की पर रंग डाला था। इस कारण मुस्लिम भड़क उठे थे। फिर क्या था? हिन्दू-मुस्लिमों ने खून की होली खेली थी। रंग थोपे गये विद्रूप चेहरे, नशे के कारण अश्लील हुई भाषा, रंग खेलने के बहाने इकट्ठी हुई भीड़, मुस्लिम द्वेष से उफनता मन, मुसलमानों की धर्म के प्रति पागलपन की वृत्ति—इस कारण बस्ती में दंगल फैल गयी था।

अशरफ के जले हुए झोंपड़े के पास मुसलमान इकट्ठे हुए थे। वे अशरफ को धीरज दे रहे थे। अशरफ की पत्नी चिल्ला रही थी। जॉबर के लड़के प्रशान्त को किसी ने छुरा मार दिया था, उसे दवाखाने में ले गये थे। हिन्दू जॉबर के घर के पास इकट्ठा हुए थे। जॉबर के घर में भी तनाव था।

पुलिसों ने पन्द्रह मुस्लिम दंगाखोरों को अपने कब्जे में लिया था। तेरह हिन्दुओं को भी पकड़ा गया था। बस्ती का जनजीवन-अस्तव्यस्त हो गया था।

धरणगाँव में भी रंग डालने की बात को लेकर गड़बड़ी हुई थी। और दो गुटों में तूफान मारपीट हुई थी। एक की उँगलियाँ तलवार से काट दी गई थी। यह मारपीट हिन्दुओं के दो गुटों में हुई थी। पुरानी दुश्मनी में से यह मारपीट हुई थी।

❑ ❑ ❑

समाचार पत्र के पहले पृष्ठ पर सदानन्द काम्बले की तस्वीर छपी थी। लोग उस दिन के समाचार पत्र पर टूट पड़े थे। कुछ लोग तो धरणगाँव जाकर समाचार पत्र खरीद लाए थे। सभी की जुबान पर सदानन्द काम्बले का ही विषय था। सदानन्द काम्बले का रुआंसा और हताश चेहरा समाचारपत्रों के फ्रण्ट पेज पर आया था। "मैंने पार्टी के लिए चन्दा लिया था।" ऐसी हेड लाईन छपी थी। अनेक चैनल वालों ने सदानन्द काम्बले को नोटों का बण्डल स्वीकारते हुए खुलेआम दिखाया था। सदानन्द काम्बले स्टिंग ऑपरेशन में फँस गये थे। सदानन्द काम्बले को नोटों का बण्डल देना, गुप्त कैमरे से इस दृश्य को पकड़ना और यह सी. डी. चैनलों तक पहुँचाना—यह काम अत्यन्त व्यवस्थित रूप से पूर्ण किया गया था। सदानन्द काम्बले के चरित्र का हनन किया गया था। वे अपना मुँह खोलने लायक नहीं रहे थे।

"गधे को सिर पर लेने के बाद वह लात ही तो झाड़ेगा। अब भोगो इनके फल। उसकी योग्यता नहीं थी और उसे अध्यक्ष बनाया गया। ये लोग मूलतः भ्रष्ट होते हैं। उनके पास गुणवत्ता नहीं होती। अवसर मिलने के बाद वे उसका फायदा नहीं उठा पाते। उलटे विश्वासघात करते हैं। उन्हें दूर ही रखना चाहिए।" माणिकचन्द उद्वेग से बोल रहा था।

"सदानन्द काम्बले को अध्यक्ष बनाया गया। इससे पार्टी क्या फायदा हुआ? उलटे पार्टी की हानि हुई। दलित को बहुत निकट लेने के कारण पार्टी के प्रति निष्ठा रखनेवाले कार्यकर्ता व्यथित हुए। वे पार्टी से दूर चले गये। कुछ ने पार्टी छोड़ दी।" गोपीचन्द माणिकचन्द के मत की पुष्टि कर रहा था।

"इन लोगों को अधिकार मिल गया कि वे इसका दुरुपयोग करते हैं। उन्हें पैसे इकट्‌ठे करने की जल्दी होती है। पार्टी के नाम पर वे अपना घर भर लेना चाहते हैं। सदानन्द काम्बले ने भी यही किया है। पार्टी को उसकी जाति का कोई फायदा नहीं हुआ है। उलटे पार्टी बदनाम हो गई।" माणिकचन्द फिर से दृढ़तापूर्वक बोला, "जो हुआ, सो ठीक हुआ। पीड़ा टल गई। पता नहीं और कितने दिन हमारे पर अध्यक्ष के रूप में बैठा होता।"

"ग्राम-पंचायत के चुनाव नजदीक आ गये थे। तभी यह घटना हुई। विरोधियों के प्रचार के लिए एक अच्छा विषय मिल गया है। इसका परिणाम पार्टी पर होगा ही।" स्वामी राघवेन्द्र बहुत देर से पर पूरी सावधानी से बोल रहे थे।

''किसी दलित को बड़ा पद देते समय उस पर सभी ओर से विचार होना जरूरी है। केवल सामाजिक न्याय जैसी एक मात्र बात को ध्यान में रखकर निर्णय नहीं लिया जाना चाहिए।'' हेमा पण्डित ने अपना मत व्यक्त किया।

माणिकचन्द ने यह अनौपचारिक बैठक बुलाई थी। इस बैठक में सदानन्द काम्बले को आमंत्रित नहीं किया गया था। सदानन्द काम्बले की अनुपस्थिति में यह बैठक कारखाने के गेस्ट-हाऊस में चल रही थी। ''अचलपुर परिसर में अनेक राजनीतिक नेताओं ने बेनामी सम्पत्ति जुटा ली है। इस परिसर में नये उद्योगों की शुरुआत हुई है। इस कारण ग्राम पंचायत की आय बढ़ने वाली है। राज्य में कांग्रेस और रिपब्लिकन पार्टी की मिली-जुली सरकार है। इस कारण सत्ता का फायदा कांग्रेस को मिल सकता है। ऊपर जिस पार्टी की सत्ता होती है, उसी पार्टी की सत्ता अगर नीचे हो तो विकास से सम्बन्धित काम तेजी से होने लगते हैं। इस कारण जनमत का निर्णय बदल सकता है। नकारात्मक मतदान अगर हुआ तो ग्राम पंचायत कांग्रेस के हाथ में जाएगी। हमारे अनेक कार्यकर्ताओं ने कांग्रेस में प्रवेश किया है। सत्ता पर आसीन पार्टी सत्ता का गलत उपयोग कर सकती है। हमें अभी से काम पर लगना चाहिए।'' माणिकचन्द अधिकार वाणी से अपने विचार प्रस्तुत कर रहा था। शिवाई चीनी कारखाना अचलपुर ग्राम पंचायत की सीमा में आ जाने के कारण माणिकचन्द और गोपीचन्द ने अपना ध्यान इस चुनाव पर केन्द्रित किया था।

''सदानन्द काम्बले की अच्छी फजीहत हुई। हिन्दुत्ववादियों के पीछे लगा था। उसे उसकी जगह का पता चला होगा।''

''हिन्दुत्ववादी दलितों का उपयोग कर लेते हैं। इसका अहसास अब तो हमें हो जाना चाहिए। हम उनके घर पर बँधे बैल थे। वे हमें चारा डालते थे। हम उनकी जूठन खाने में खुद को धन्य मान रहे थे। सदानन्द काम्बले को उन्होंने बदनाम किया है। सभी दलितों को बदनाम करने की यह कुटिल नीति है। दलितों को वे अपनी पार्टी में हमेशा दबा कर रखते हैं। अगर कोई आगे बढ़ रहा हो तो उसके पंख हमेशा के लिए कतर देते हैं।''

''हिन्दुत्ववादियों के पीछे लग जाने से उसका अन्त क्या होता है, इसका यह एक उदाहरण है। सदानन्द काम्बले का उपयोग दलितों के विरोध में किया गया। और अब उसे खत्म भी कर दिया गया। 'ना घर का ना घाट का' ऐसी उसकी स्थिति हो गई है। हमारे लोगों को समझ में नहीं आता। जहाँ चारा मिले, वहाँ दौड़ते हैं।''

''सदानन्द काम्बले को अध्यक्ष पद से हटाने हेतु उसे जाल में फँसाया गया। ऐसी चर्चा दलितों में थी। हिन्दुत्ववादियों ने हिम्मत कर एक दलित को अध्यक्ष पद दिया, पर उसके कारण पार्टी की अप्रतिष्ठा हुई। पार्टी को चाहिए कि वह भविष्य में ऐसे लोगों को सत्ता से दूर रखे।'' ऐसी चर्चा सवर्णों में शुरू हुई थी।

'हिन्दुत्ववादी दलितों का उपयोग करते हैं और उन्हें बदनाम करके छोड़ते हैं। ऐसा बदनाम दलित बाद की जिन्दगी भर कुछ नहीं कर सकता। यह हिन्दुत्ववादियों की कूटनीति होती है।'' ऐसी चर्चा दलित कार्यकर्ताओं में शुरू हुई। दैनिक पत्रों में भी इस चर्चा के प्रतिध्वनित सुनाई दे रही थी।

सदानन्द काम्बले पिछले कई दिनों से पत्रकारों को टाल रहे थे। समाचार पत्रों में आई उल्टी-सीधी चर्चा को पढ़कर उन्होंने पत्रकार विलास थोरात को अपने घर बुला लिया था। सदानन्द काम्बले के विरोध में वातावरण गरम था। ''सदानन्द काम्बले ने काला धन इकट्ठा किया है। आय से भी अधिक सम्पत्ति उनके पास है। उनके आय की जाँच सी. बी. आई. की ओर से होनी चाहिए।'' ऐसी माँग जोर पकड़ रही थी। इस कारण सदानन्द काम्बले पूरी तरह से टूट चुके थे। विलास थोरात के सम्मुख वे पूरी विनम्रता से स्पष्टीकरण दे रहे थे। ''मैंने रिश्वत नहीं ली है। मैंने कोई भ्रष्टाचार नहीं किया है। पार्टी के लिए अनेकों लोग सहायता राशि स्वीकारते हैं। पार्टी के अकाउंट में वह पैसा जमा होता है। उसका आडिट भी होता है। इसमें गलत कुछ भी नहीं है। सभी पार्टियों को आर्थिक सहायता दी जाती है। पार्टी के खर्च के लिए ऐसी सहायता-राशि स्वीकारनी पड़ती है। मैंने पार्टी के काम के लिए पैसे लिए हैं।'' सदानन्द काम्बले अपनी वास्तविक स्थिति स्पष्ट कर रहे थे। विलास थोरात को एक सनसनीखेज साक्षात्कार प्राप्त हो रहा था, इसलिए वह उत्तेजित था। अपने साथ वह प्रेस-फोटोग्राफर को भी ले गया था।

''मैं पार्टी की अध्यक्षता से त्यागपत्र दे रहा हूँ। भविष्य में मैं पार्टी के सामान्य कार्यकर्ता के रूप में काम करूँगा। मुझ जैसे दलित को पार्टी ने अध्यक्ष पद पर कार्य करने का अवसर दिया, इसलिए मैं पार्टी के प्रति आभारी हूँ।''

''मुझ जैसे कार्यकर्ता से आपका क्या तात्पर्य है?''

''एक सामान्य कार्यकर्ता का।''

''इसका ऐसा तो अर्थ नहीं है न कि आप दलित हैं, इसलिए आपको अलग-थलग फेंक दिया गया है। पार्टी में आपकी ओर से कोई खड़ा नहीं है। संगठन को आपकी जरूरत नहीं है।''

''आप चाहे जो अर्थ निकाल सकते हैं। परन्तु मुझे ऐसा कुछ भी नहीं कहना है।''

''क्या आपको ऐसा नहीं लगता कि आपको बलि का बकरा बनाया गया है?''

''देखिए, प्रत्येक पार्टी में गुट होते हैं। गुटबाजी होती है। उन गुटों में आपसी स्पर्धा होती है। पार्टी के अन्तर्गत भी राजनीति होती है। राजनीति में यह सब चलता रहता है।''

''आपको बलि का बकरा बनाया गया है कि नहीं?''

"कभी-कभार मुझे यह जरूर लगता है कि मेरी किसी भी प्रकार की गलती न होते हुए भी मुझे त्यागपत्र देना पड़ रहा है। बैंक में मेरा खाता देखिए। बैंक बेलेन्स देखिए। मेरी सम्पत्ति की जाँच-पड़ताल की जाए। मैंने पार्टी के लिए पैसे लिए, इसमें मैंने गलत क्या किया है? यह तो सभी पार्टियों में चलता है। राजनीति में अनेक लोग हैं। अनेक सत्ता भोगी हैं। क्या सब की सम्पत्ति की जाँच करने वाले हैं? यह मुझे बदनाम करने का यह प्रयत्न है।"

दूसरे दिन समाचार-पत्र में सदानन्द काम्बले का साक्षात्कार छप गया था। 'मुझे बलि का बकरा बनाया गया'—ऐसा शीर्षक दिया गया था।

सदानन्द काम्बले के इस साक्षात्कार से खलबली मच गई। सदानन्द काम्बले का राजनीतिक भविष्य खतरे में आ चुका था। उनका सार्वजनिक जीवन खत्म-सा हो गया था। घर से बाहर निकलना उनके लिए मुश्किल हो गया था। अगर किसी का फोन आता तो उनकी पत्नी कहती कि वे घर में नहीं हैं। कहाँ गये हैं, पता नहीं, कब आने वाले हैं, मालूम नहीं, मोबाइल वे घर पर ही भूल गये हैं—ऐसे उत्तर देती। सदानन्द काम्बले के कारण पार्टी की प्रतिष्ठा धुँधली हो चुकी थी। चुनाव के मैदान में उम्मीदवार के रूप में खड़े होने को उत्सुक पार्टी कार्यकर्ता इस कारण मायूस हो चुके थे। अलबत्ता गोपीचन्द माणिकचन्द दुगने उत्साह से काम पर लग गये थे। आनेवाला चुनाव उनके लिए प्रतिष्ठा का था। आपसी सारी ताकत वे आजमाना चाहते थे।

माणिकचन्द—"तू अब पार्टी बदल कर कांग्रेस में जा। हमें दोनों को दो पार्टियों में रहना चाहिए। कोई भी पार्टी सत्ता में आए तो सत्ता की चाबियाँ हमारे घर पर होनी चाहिए।"

गोपीचन्द—"लोग कैसे विश्वास रखेंगे?"

माणिकचन्द—"तू धर्मनिरपेक्षता का पुरस्कार कर। धर्मान्ध शक्ति पर टीका कर। मुझ पर तीर चला। मैं तुझे मुद्दे देता हूँ। तू भी लाईम-लाईट में रहेगा और मैं भी। धर्मनिरपेक्ष शक्ति को मजबूत बनाने हेतु मैं अपने परिवार को तक छोड़ चुका हूँ। जातिवादी शक्तियाँ देश के टुकड़े करने निकली हैं। ऐसी लाईन तू ले। मैं विलास थोरात को बुलाता हूँ। वह तेरा साक्षात्कार छाप देगा।"

गोपीचन्द—"कांग्रेस के कार्यकर्ता मुझे स्वीकारेंगे?"

माणिकचन्द—"सुन, चुनाव के समय कार्यकर्ताओं की भीड़ तैयार हो जाती है। जिनके पास मुद्दा होगा, उनके पास यह भीड़ जाती है। तू चिन्ता मत कर। और फिर विधान सभा के चुनाव थोड़े ही हैं?"

गोपीचन्द—"ऐसी स्थिति में हम दोनों को एक-दूसरे के खिलाफ बोलना होगा।"

माणिकचन्द–"हाँ, तू मेरे खिलाफ बोलता चल, इससे मेरे शत्रु तुझे आकर मिलेंगे। हमारे पीछे आनेवाले लोग हमारे प्रति निष्ठावान होते हैं–ऐसा नहीं वे किसी के तो खिलाफ राजनीति करते रहते हैं।"

गोपीचन्द–"ठीक है, हम मुहिम शुरू करेंगे।"

माणिकचन्द–"हमें गरीबी हटाओ झोंपड़पट्टी से काम की शुरुआत करनी होगी। पिछले अनेक दिनों से कलशेट्टी का कट-आउट रोड पर लगा हुआ है। यह बस्ती अगर कलशेट्टी के कब्जे में चली गई तो हमारे लिए वह हमेशा के लिए सिरदर्द को जाएगी। हमें कलशेट्टी का विकल्प ढूँढ़ना चाहिए।"

गोपीचन्द–"काशीनाथ पोलके नामक युवक इस हेतु ठीक हैं।"

माणिकचन्द–"कलशेट्टी अपराधी है। उसका विकल्प भी अपराधी ही होना चाहिए।"

गोपीचन्द–"तो फिर बलशेटवार को घोड़े पर बिठाना होगा।"

गोपीचन्द और माणिकचन्द स्वप्नों की दुनिया में भटक रहे थे। उनकी महत्वाकांक्षा रेस के घोड़े की तरह अनियंत्रित हो रही थी। उन्होंने अपना जाल फेंकना शुरू किया था। किसी भी कीमत पर वे विजयी होना चाहते थे। अपने स्वार्थ हेतु उन्होंने जनतन्त्र को झुनझुना बना दिया था।

❑ ❑ ❑

अँधेरा बढ़ जाने के कारण पाइप-लाइन के पास इकट्ठे बूढ़े घर की ओर निकले थे। काम पर गये हुए लोग अपने-अपने घर लौट रहे थे। घर-घर में चूल्हे सुलग रहे थे। झोंपड़ियों में से धुआँ बाहर निकल रहा था। कोई रोटी बना रहा था तो कोई अण्डा आमलेट बना रहा था। कोई छौंक दे रहा था। किसी घर में से सूखी मछली भूनने की गंध आ रही थी। कहीं बीमार बच्चा रो रहा था। कहीं पति द्वारा पीटे जाने के कारण पत्नी रो रही थी। कहीं रेडियों की मोटी आवाज कानों से टकरा रही थी।

उस्मान पिंकी को रिक्शा में बैठा दवाखाने ले जा रहा था। पिछले कुछ दिनों से पिंकी ने बिस्तर पकड़ लिया था। पिंकी के पिता भी गम्भीर रूप से बीमार थे। मैना का छोटा बच्चा पिछले कई दिनों से बिस्तर पकड़ चुका था। सुरजीत का पैर टूट गया था। आगलावे का चाचा अन्तिम साँसें गिन रहा था। सावल्या की पत्नी गर्भवती हो गई थी तो हमीद की औरत का गर्भपात हुआ था। जॉबर की छोटी लड़की गौने में आ चुकी थी। राजा शितोले की बहन का विवाह निश्चित हुआ था। बण्टी की बहन ने तलाक ले लिया था। इस उम्र में सुरेखा माने गर्भवती हुई है–ऐसी अफवाह फैल गई थी। रात में ताड़ों के जंगल में मास्टर का भूत दिखलाई दिया 'ऐसी चर्चा शुरू हो गई थी। नीम के पेड़ पर बैठकर उल्लू आवाज कर रहा था। पिछले

दो दिनों से उल्लू की आवाज सुनाई दे रही था। "कुछ तो बुरा सुनने को मिलेगा।" सुरेखा माने उल्लू की आवाज सुनकर चिंतित हुई थी। उल्लू को मारने हेतु बण्टी ने हाथ में पत्थर लिया था। सुरेखा माने ने उसका हाथ पकड़ा था। "उल्लू को पत्थर मत मार।" बण्टी ने पत्थर नीचे फेंक दिया था। उल्लू का पुकारना बन्द हुआ था। सुरेखा माने बण्टी को समझा रही थी।, "उल्लू को पत्थर मारने पर वह उस पत्थर को अपने पंखों में छिपा लेता है। जैसे वह अण्डों को गर्मी पहुँचाता है वैसे ही उस पत्थर को भी वह गर्मी पहुँचाता है। इस कारण धीरे-धीरे पत्थर बारीक होने लगता है जैसे-जैसे पत्थर छोटा होने लगता है, वैसे-वैसे पत्थर मारनेवाला भी कमजोर होने लगता है। अन्ततः पत्थर मारनेवाला मर जाता है और तभी वह उल्लू उस पत्थर को नीचे फेंक देता है।" सुरेखा माने की यह कथा सुन बण्टी ने उसकी खिल्ली उड़ाई थी।

बस्ती में डफली के ताल पर लेजिम का खेल चल रहा था। बस्ती में डफली और लेजिम की आवाज सुनाई दे रही थी। बीच में ही लेजिम की पोजीशन बदलने हेतु दी गई सीटी की आवाज सुनाई दे रही थी। लेजिम नृत्य देखने हेतु बस्ती के लोगों ने भीड़ लगा रखी थी। ऐसी ही भीड़ बिजली के खम्बे पर टँगे बिजली के बल्ब के पास कीड़ों ने भी की थी।

❑ ❑ ❑

दामोदर पोतदार ने स्वामी राघवेन्द्र के विरोध में निवेदन लिखकर, निवेदन की प्रतियाँ पुलिस-कमिश्नर और मुख्य मंत्री को भेज दी थीं। उसके उस निवेदन की दखल पिछले पाँच-छह माह में किसी ने नहीं ली थी। इस कारण दामोदर पोतदार बेचैन हुआ था। वह चिढ़ गया था और बहुत चिड़चिड़ कर रहा था। स्वामी राघवेन्द्र दामोदर पोतदार के जुल्म से ऊब गये थे। उन्होंने उसे मन्दिर में जाने से मनाही की थी। इस कारण दामोदर पोतदार विचित्र व्यवहार कर रहा था। उसके जुल्म की कोई सीमा नहीं थी। उसके और स्वामी राघवेन्द्र के सतत् झगड़े हो रहे थे और ये झगड़े मन्दिर परिसर के लोगों को रोज एक नया विषय दे रहे थे।

एक दिन पुलिस चौकी से दामोदर पोतदार को बुलावा आया। उस कारण वह आग-बबूला हो गया। "मेरे शिकायत करने के बावजूद भी उसकी दखल नहीं ली जाती। मेरे निवेदन को रद्दी की टोकरी में फेंक दिया जाता है। पुलिस वालों को चाहिए कि वे राघवेन्द्र गोडबोले को बुलाते। उलटे उन्होंने मुझे ही बुलाया।" दामोदर पोतदार बहुत चिढ़ गया था। दोपहर में वह पुलिस चौकी गया।

पुलिस निरीक्षक मराठे उसे एकान्त में ले गये और गोपनीय रूप से बोलते रहे। मराठे पी. आई. दामोदर पोतदार को समझा रहे थे। पर दामोदर पोतदार के दिमाग

में बात नहीं बैठ पा रही थी। मराठे पी. आई. अपनी रोबीली आवाज में उसे पटा रहे थे "स्वामी राघवेन्द्र का नाम बहुत बड़ा है। उनके अनुयायियों का वर्ग भी बड़ा है। लोग उन्हें मानते हैं। अनेक वी आई. पी. उनके शिष्य हैं। उनका कारोबार तुम्हें पसन्द न हो तो मन्दिर का कार्य छोड़ दो। स्वामी राघवेन्द्र के साथ झगड़ने से क्या मिलेगा? तुमने जो अपराध किए हैं, वे काफी गम्भीर हैं। उसके सबूत देने होंगे। कोर्ट में वे सारे सबूत टिकने चाहिए। कोर्ट में ऐसे केसेस अनेक वर्षों तक चलते हैं। इस झंझट में तुम क्यों फँसते हो? बेकार में जोखिम मत लो। कल स्वामी राघवेन्द्र तुम पर आरोप करेंगे। हम तुम्हारी भी जाँच-पड़ताल करेंगे। कानून सबके लिए समान होता है। विचार करो। तुमने बहुत ऊपर निवेदन भेजे हैं। जाँच-पड़ताल के लिए वे हमारे पास आए हैं। शिकायत पीछे ले लो। गलतफहमी से मैंने राघवेन्द्र के खिलाफ शिकायत की थी, ऐसा लिखकर दो। प्रकरण फाइल किया जाएगा। इसकी बाहर चर्चा मत करो। यह विषय संवेदनशील है। स्वामी राघवेन्द्र के साथ हिन्दू धर्म की भी बदनामी होगी। तुम अपना दिल बड़ा करो। सब भूल जाओ अन्यथा हमें जाँच-पड़ताल करनी होगी।" मराठे पुलिस-इन्सपेक्टर दामोदर पोतदार को समझा रहे थे। उन्होंने उसे कोल्ड ड्रिंक पिलाया था।

दामोदर पोतदार उदास चेहरे से चौकी के बाहर निकला। प्रतिष्ठित व्यक्ति के खिलाफ शिकायत करना कितना कठिन है, इसका अनुभव उसे आज हुआ। कानून के सामने सब समान हैं, यह तत्व ही उसे बनावटी लगा। आम आदमी के लिए अलग कानून है तथा महत्वपूर्ण लोगों के लिए अलग कानून, ऐसा उसे लगा न्यायालय में अपने केस के विरोध में निर्णय हो जाने के बाद जैसे व्यक्ति उदास होकर निकलता है, वैसे ही वह उदास होकर चौकी की सीढ़ियाँ उतर रहा था।

"राघवेंद्र गोडबोले शंकर के शिवलिंग का बिच्छू है। चप्पल से जैसे बिच्छू को मारना हो तो चप्पल शिवलिंग को लगेगी ही। शिवलिंग की ओर देखकर चुप बैठना हो तो जहरीला बिच्छू डंक मारेगा ही। शिवलिंग को चप्पल लगें तो कोई हरकत नहीं। बिच्छू को चप्पल से मारना ही पड़ेगा।" दामोदर पोतदार खुद से ही बात करते हुए मन्दिर की ओर निकला था। उसके सामने से झाड़ूवाली द्रौपदी आ रही थी। अपनी अछूत छाया दामोदर पोतदार पर न गिरे इसलिए वह सड़क से काफी दूर खड़ी थी। उसके हाथ में झाड़ू था। चेहरे पर हीनता थी। दामोदर पोतदार आगे निकल जाने के बाद द्रौपदी फिर से सड़क पर से चलने लगी।

दामोदर पोतदार हेमा पण्डित से द्वेष करता था और स्वामी राघवेन्द्र हेमा पण्डित को और निकट ले रहे थे। इस कारण उन दोनों में क्लेश बढ़ रहा था। हेमा पण्डित दामोदर पोतदार की उपेक्षा कर रही थी और स्वामी राघवेन्द्र का अनुनय कर रही थी। इस कारण दामोदर पोतदार चिढ़ गया था। यह चिढ़ बहुत पुरानी थी।

जगन्नाथ पण्डित जेल में था। तब वह निर्दोष छूट जाए इसलिए हेमा पण्डित रोज मन्दिर में आती-जाती थी। पति जेल में होने के कारण हेमा पण्डित उन दिनों तनाव में जरूर जी रही थी। तात्या काम्बले के खून-प्रकरण में कई लोग जेल में थे। हेमा पण्डित उन दिनों सबेरे-शाम मन्दिर में प्रार्थना हेतु जाती थी। दामोदर पोतदार उसकी ओर आकृष्ट हुआ था। हेमा पण्डित के मन्दिर में प्रदक्षिणा डालते समय एक बार उसने मन्दिर के पीछे उसे रोका था। और उसे अपनी बाँहों में धर लिया था और आलिंगनबद्ध हुआ था। हेमा पण्डित ने तब उसे अत्यन्त सभ्य और विनम्रता के साथ नकारा था। "आप मेरे लिए भाई की तरह हैं।" कहकर वह तेजी से निकल गई थी। दामोदर पोतदार की आँखों में खून उतर आया था। वह अपमानित हुआ था।

हेमा पण्डित स्नान कर रही थी। उसे अपने बाएँ स्तन में गाँठ का अनुभव हुआ। वह गाँठ छोटी मूँगफली की तरह थी पर दर्द नहीं दे रही थी। पति के जेल चले जाने के कारण उसकी बड़ी दुरावस्था हो चुकी थी। जीवन भर की श्रद्धा ही नष्ट हुई थी। उसने उस गाँठ की उपेक्षा की परन्तु धीरे-धीरे वह गाँठ नींबू के आकार की हो गई। इस कारण वह कैंसर के विशेषज्ञों से मिली। स्तन की बायोप्सी करने के बाद यह स्पष्ट हुआ कि उसे स्तन का कैंसर हुआ है। यह बीमारी कोख के लिंफनोड़ तक में फैल गई थी। गाँठ जब छोटी थी, तब अगर उपचार हुआ होता तो कैंसर पूर्णतः ठीक हो जाता। वह अब लिंफनोड़ में फैल जाने के कारण कीमोथेरेपी की ट्रीटमेंट करना जरूरी हो गया था। पूरा स्तन निकाल देने का ऑपरेशन करना जरूरी था। काँख में स्थित लिंफनोड ग्रंथियों को निकाल देना जरूरी था। आरम्भिक काल में सतर्क होकर औपरेशन किया गया होता तो कीमोथेरेपी और रेडिएशन को टाला जा सकता था परन्तु अब वह सम्भव नहीं था। हेमा पण्डित के पास उपचार के लिए पैसे नहीं थे। इस कारण स्वामी राघवेंद्र ने उसे आर्थिक सहायता की थी। उन्होंने उसके उपचार हेतु एक लाख रुपए चैक से दिए थे। दामोदर पोतदार ने इस चेक की एक फोटो कापी अपने पास रख ली थी। देवस्थान की आय से हेमा पण्डित को आर्थिक सहायता करने को लेकर दामोदर पण्डित ने आरोप लगाया था। इस कारण स्वामी राघवेन्द्र ने हेमा पण्डित से पिछली तारीख डाल आर्थिक सहायता हेतु एक प्रार्थना पत्र लिख लिया था। इस प्रकार की आर्थिक सहायता आज तक किसी को नहीं दी गई थी। यह मामला इतने पर ही नहीं रुका था। हेमा पण्डित की लड़की को शिक्षा के लिए, पारिवारिक अड़चनें हों तो उसके लिए, घर के काम के लिए कभी-कभार बीस हजार, पैंतीस हजार, पैंसठ हजार राशि के चेक दिए गये थे। दामोदर पोतदार ने इस पर भी आक्षेप उठाए थे। स्वामी राघवेन्द्र ने पोतदार के आक्षेपों की पूर्णतः उपेक्षा की थी। हेमा पण्डित ने स्वामी राघवेन्द्र पर कब्जा कर लिया था। तो दामोदर पोतदार का मन्दिर में प्रधान का अस्तित्व समाप्तयः हो रहा था। स्वामी

राघवेन्द्र अब मन्दिर के महत्वपूर्ण काम महादेव माली को सौंप रहे थे। इस कारण महादेव माली अब स्वामी राघवेन्द्र की ओर से बोल रहा था। ''स्वामी राघवेन्द्र का यह अधिकार है। अगर उन्हें किसी पर दया आ गई हो और उन्होंने उसकी सहायता की हो, तो इसमें कुछ भी गलत नहीं। किसे कितनी राशि दी जाए, यह स्वामी राघवेन्द्र की इच्छा का प्रश्न है। उन्होंने ही यह पैसा जमा किया है। इस कारण वे ही खर्च करेंगे। इन पैसों पर उनका ही अधिकार है।'' महादेव माली स्वामी राघवेन्द्र का इस प्रकार समर्थन करता था। हेमा पण्डित और स्वामी राघवेन्द्र के सम्बन्धों की चर्चा अब पूजा-साहित्य बेचनेवालों में भी हो रही थी। दामोदर पोतदार अब खुलकर स्वामी राघवेन्द्र के खिलाफ बोल रहा था। ''राघवेन्द्र गोडबोले अब अपना संयम खो रहा है। कैसे आचरण करना चाहिए, यह उसे समझ में नहीं आ रहा है। एक औरत के चक्कर में उसकी बुद्धि भ्रष्ट हो चुकी है। उसके इस आचरण से मन्दिर का महात्म्य कलंकित हो जाएगा। मन्दिर की आय घट जाएगी। मन्दिर पर अनेक परिवारों की उपजीविका अवलम्बित है।'' दामोदर पोतदार रसपान गृह, होटल, विभिन्न स्टालों पर जाकर स्वामी राघवेन्द्र की लीलाएँ फैला रहा था।

मराठे पी. आई. अपने सहयोगियों के साथ मन्दिर में आए थे। मन्दिर में आते समय उन्होंने वर्दी नहीं पहनी थी। पुलिस-जीप को भी मन्दिर से काफी दूरी पर खड़ा कर रखा था। वे अन्य श्रद्धालुओं की तरह मन्दिर में दर्शनार्थ लाइन में खड़े हो गये। उन्होंने पूजा का साहित्य भी खरीद लिया था। मन्दिर परिसर के व्यावसायिकों की भौंहे अलबत्ता तन गई थीं। उन्हें लगा कि शायद जाँच कार्य शुरू हुआ है।

स्वामी राघवेन्द्र मन्दिर में नहीं थे। संभवतः पुलिस ऐसे ही मौके की तलाश में थे। मराठे पी. आई. अत्यन्त धूर्तता के साथ महादेव माली के साथ चर्चा कर रहे थे। ''स्वामी राघवेन्द्र होते तो शायद उनका आशीर्वाद मिल जाता। उनका दर्शन निकट से हो जाता। आज हमारे नसीब में उनका दर्शन सुख नहीं है।'' महादेव माली पुलिसों को मन्दिर की जानकारी दे रहा था। वह गाईड का काम कर रहा था। मराठे पी. आई. पुलिसिया बर्ताव से आवश्यक जानकारी ले रहे थे। वे सीढ़ियाँ चढ़कर स्वामी निवास पर गये। उन्होंने महादेव माली को स्वामी निवास का कमरा खोलने पर मजबूर किया। स्वामी निवास अत्याधुनिक और आलीशान था। मराठे पी. आई. की आँखों में चमक दिखलाई दी। स्वामी राघवेन्द्र की सुखासीन जीने की वृत्ति की झलक पुलिसियों को दिखलाई दी। मराठे ने 'प्रवेश निषिद्ध' बोर्ड जिस कमरे पर लगाया गया था, उसे खोलने का आदेश दिया। महादेव माली घबरा गया। ''स्वामी राघवेन्द्र मुझ पर नाराज़ हो जाएँगे। वहाँ कोई भी नहीं जा सकता। वहाँ प्रवेश निषिद्ध है।'' महादेव माली पुलिस वालों को स्पष्टीकरण दे रहा था। पुलिस वालों का समाधान नहीं हो रहा था। मराठे पी. आई. आक्रामक हो रहे थे। उन्होंने महादेव माली

के हाथों से चाबियों का गुच्छा ले लिया था। "क्या है इस कमरे में?" मराठे ने पी. आई. ने महादेव माली से पूछा कि वह क्यों घबरा रहा है? महादेव माली का गला सूख गया था। वह अपराधी की तरह चेहरा बनाकर उदास स्वर में कहने लगा, "इस कमरे में दुर्लभ पाण्डुलिपियाँ हैं पोथियाँ हैं, प्राचीन धर्मगंन्थों की प्रतियाँ हैं। स्वामी राघवेन्द्र इस कमरे में अनुष्ठान के लिए बैठते हैं।" महादेव माली पुलिस वालों का समाधान करने का प्रयत्न कर रहा था। बावजूद इसके मराठे पी. आई. ने उस कमरे में प्रवेश किया। मराठे पी. आई. को स्वामी राघवेन्द्र की अनुपस्थिति का पूरा फायदा उठाना था। वहाँ का दृश्य देखकर मराठे पी. आई. दंग रह गये। कमरे में बाघ का नौ फीट लम्बा अत्यन्त नया चमड़ा फैला कर रखा गया था। बाघ के उस चमड़े को देखकर मराठी पी. आई सन्तप्त हो गये। केवल इस एक ही कारण से स्वामी राघवेन्द्र के हाथों में बेड़ियाँ पहनाई जा सकती हैं। मराठे पी. आई. ने कमरे में चारों ओर नजर दौड़ाई। कमरे में वीहडियो था। डी. वी. डी. प्लेयर था। अनेक डी. वी. डी. थे। कमरे में महादेव जी की पिण्डी थी। यह सब देखकर मराठे पी. आई. सुन्न हो गये। दामोदर पोतदार की शिकायत में इसका कहीं भी जिक्र तक नहीं था। सम्भवतः उसे इस कमरे में आने की अनुमति नहीं थी।

'स्वामी राघवेंद्र इस व्याघ्र चर्म पर बैठकर ध्यान लगाते हैं।" महादेव माली खुद होकर पुलिस वालों को जानकारी दे रहा था। उराके गाथे गर पसीने की बूँदें चमक रही थीं। "घबराओ नहीं, हम यूँ ही पूछ रहे हैं।" मराठे पी. आई. अपनी खास शैली में महादेव माली से जानकारी निकाल रहे थे। महादेव माली की कथनी-करनी में स्थित विसंगतियों से मन्दिर में जारी अफरा-तफरी की बातें अप्रत्यक्ष रूप से साबित हो रही थी।

"ये कैसेट कैसे हैं?"

"स्वामी राघवेन्द्र के कार्यक्रम के हैं। मन्त्रोच्चार के हैं।"

"मुझे ये सब आक्षेप जनक लगते हैं।"

"उसमें आक्षेप लेने जैसा कुछ भी नहीं है।"

"यह शिवलिंग भीतर कमरे में क्यों?"

"यह ओरिजनल शिवलिंग है। स्वामी राघवेन्द्र ने इसे जान-बूझकर यहाँ लाकर रखा है। मन्दिर में सबको प्रवेश मान्य है। इस कारण वहाँ धेड़ चमार सभी आते हैं। शिवलिंग भ्रष्ट हो जाता है। उसकी पवित्रता कम हो सकती है। मन्दिर में डुप्लिकेट शिवलिंग रख दिया गया है। यह पुराना और सच्चा शिवलिंग है। स्वामी राघवेन्द्र इसी शिवलिंग की पूजा करते हैं।"

मराठे पी. आई. ने वहाँ के सोफे पर पड़े अल्बम को उठाकर निहारा। उसमें स्वामी राघवेन्द्र के कार्यक्रम की तस्वीरें थीं। स्वामी राघवेन्द्र प्रवचन करते हुए,

अभिषेक करते हुए, आरती करते हुए, वी. पी. आई. भक्तों को आशीर्वाद देते हुए, छोटे बच्चों से बातचीत करते हुए इन अवसरों पर ली गई तस्वीरें थीं। स्वामी राघवेन्द्र के चेहरे पर अनेक क्लोजअप थे। हेमा पण्डित को हार डालते हुए, उनके कानों के निकट जाकर बोलते हुए, उनके पड़ोस में बैठे हुए, उनके साथ मंच पर खड़े होते हुए, एक-दूसरे की ओर देखते हुए, हेमा पण्डित भाषण करते हुए, स्वामी राघवेन्द्र का दर्शन लेते हुए, उन्हें हार डालते हुए, उनका सत्कार करते हुए, उनके भाषण पर तालियाँ बजाते हुए ली गई तस्वीरें थीं।

महादेव माली का चेहरा पुलिस कोठरी के काले रंग जैसा काला हो चुका था। स्वामी राघवेन्द्र ने प्रत्यक्ष ईश्वर को ही अपनी कोठरी में बन्दी बना कर रखा था। अपने देह पर उन्होंने धर्म और संस्कृति के वस्त्र पहन रखे थे। मनुष्य और ईश्वर के बीच वे दलाल बन बैठे थे। मनुष्य को अगर ईश्वर तक पहुँचना हो तो दलाल के माध्यम से जल्दी और निश्चित रूप से पहुँचा जा सकता है, ऐसी उनकी ख्याति हो चुकी थी। स्वामी राघवेन्द्र को दामोदर पोतदार नामक ग्रहण लग चुका था।

मराठे पी. आई. ने दोपहर में जिन्हें कोर्ट में भेजा था, ऐसे अपराधी जमानत पर छूटकर मन्दिर में दर्शनार्थ आए थे। ईश्वर के सम्मुख जैसे हाथ जोड़ा जाता है, वैसे उन्होंने मराठे पी. आई. को देखकर हाथ जोड़ा। मराठे पी. आई. ने अपना चेहरा ईश्वर की तरह पत्थर का बना रखा था।

मराठे पी. आई. अपने सहयोगियों के साथ मन्दिर के बाहर निकले। महादेव माली दामोदर पोतदार को खोजते हुए मन्दिर के पीछे स्थित बाग में पहुँचा। दामोदर पोतदार बाग में फूल तोड़ रहा था। महादेव माली का चेहरा गुस्सैल बैल की तरह लग रहा था। दामोदर पोतदार महादेव माली के ओर बैल तरह देख रहा था।

महादेव माली—''पुलिस आई थी।''

दामोदर पोतदार—''मैंने गोडबोले के खिलाफ पुलिस चौकी में शिकायत की है।''

दामोदर पोतदार की आवाज शंख फूँकने की तरह प्रगट हुई। महादेव माली गम्भीर बना हुआ था। दामोदर पोतदार प्रतिशोध की भावना से बोल रहा था, ''कह दे उसे, मैंने शिकायत की थी। उसे पुलिस-कोठरी की हवा खानी पड़ेगी।'' दामोदर पोतदार की आवाज में क्रूरता थी। कुएँ में पत्थर गिरने के बाद पानी की जैसी अवस्था हो जाती है, वैसी महादेव माली के मन की हुई थी। दामोदर पोतदार का मस्तिष्क नगाड़े कर तरह बज रहा था। ''अब गोडबोले को मैंने छेड़ा है। अब मैं पीछे नहीं हटूँगा। वह दंश मारेगा। उसे एक्सपोज करना होगा, उसे खत्म करना होगा। इतना ही मेरे हाथों में है। अब मैं वापिस लौट नहीं सकता। इस पर तो बहुत पहले सोचना चाहिए था। अब सम्भव नहीं। मैं अगर नन्दी बैल होकर जीता तो यह वक्त न आया

होता। बैल होकर दरवाजे के सम्मुख बैठना मुझे अच्छा नहीं लगा। पार्वती (हेमा पण्डित) के प्रति मुझमें असूया पैदा हुई। मैं गोडबोले के जजमेण्ट को समझ नहीं पाया। गोडबोले का आत्मविश्वास बढ़ते जा रहा है। वह पहले नीचे देखकर चलता। अब सीधे अकड़ कर चल रहा है। मेरी गलती हुई। अब पश्चाताप करने में कोई अर्थ नहीं। पश्चाताप करने से आत्मविश्वास नष्ट हो जाएगा। अब मुझे लड़ना चाहिए, समझौता नहीं। अब फिर से पहले जैसे सम्बन्ध और पहले जैसा विश्वास बनाना सम्भव नहीं। गोडबोले भी अब मुझसे समझौता नहीं करेगा।'' दामोदर पोतदार उल्टा-सीधा विचार कर रहा था। उसके शरीर में स्थित सभी चक्र तेजी से घूम रहे थे। वह हेलिकॉप्टर की तरह थरथरा रहा था। अब वह सीधे स्वर्ग की ओर निकल पड़ेगा, ऐसा डर उसे सताने लगा था।

महादेव माली अपने घर की ओर निकल गया। वह असमय घर पहुँचा देख उसकी पत्नी आश्चर्यचकित हुई। महादेव माली घर में जाकर बैठ गया था। 'कल से कारखाने में काम पर जाना चाहिए' वह सोच रहा था। उसकी पत्नी अलबत्ता आँगन में बैठकर सब्जी साफ कर रही थी।

स्वामी राघवेन्द्र मदर टेरेसा हाईस्कूल तथा जूनियर कॉलेज के कार्यालय में गये थे। उनकी अनुपस्थिति में घटित घटनाओं की उन्हें किसी भी प्रकार की कल्पना नहीं थी। वे प्राचार्य रघुनाथ पाटील के सम्मुख बैठे थे। शैला सातपुते वहाँ उपस्थित थी। मोरे चपरासी घर नहीं गया था। गेट पर ताला लगाया गया था। गोपीचन्द की सूचनाओं के अनुसार सभी कार्रवाई निर्विघ्नता से पूरी हो रही थी।

स्वामी राघवेन्द्र के सामने पिछले छह वर्ष के उपस्थिति-पत्रक रखे गये थे। उनके हस्ताक्षर लेने हेतु शैला सातपुते उनके निकट विनम्रता से खड़ी थी। उसके शरीर की उग्र गन्ध पंखे की हवा के साथ पूरे कमरे में बिखर गई थी। भिन्न-भिन्न प्रकार के बीस-पच्चीस पेन टेबल पर रखे गये थे। प्राचार्य रघुनाथ पाटील पेन स्वामी राघवेन्द्र को दे रहे थे। स्वामी राघवेन्द्र छुट्टी के दिनों को छोड़कर अन्य सभी दिन उपस्थित थे, इसे सिद्ध करने हेतु हस्ताक्षर कर रहे थे। उपस्थिति पर हस्ताक्षर होने के बाद वेतन-पत्रक पर भी हस्ताक्षर किए गये। सर्विस-बुक में भी उनके हस्ताक्षर लिये गये। ग्रंथालय के रजिस्टर में भी उनके नाम पर ग्रंथ दिए और लिए गये हैं, ऐसा दर्ज करके वहाँ पर भी उनके हस्ताक्षर लिए गये थे। उन्हें बैक डेटेड नियुक्ति के आदेश दिए गये थे। उच्च शिक्षा-विभाग की मान्यता का काम स्वामी राघवेन्द्र के शिष्य शिक्षणाधिकारी ऋषिकेश कुलकर्णी करके देनेवाले थे। वे श्री विश्वनाथ कुलकर्णी के सगे चाचा थे।

स्वामी राघवेन्द्र मदर टेरेसा हाईस्कूल तथा जूनियर कॉलेज में शिक्षक हैं, इसका रिकार्ड तैयार किया गया था। स्वामी राघवेन्द्र को निवृत्ति वेतन हेतु यह रिकार्ड

उपयोगी सिद्ध होने वाला था। मन्दिर में दामोदर पोतदार की ओर से तकलीफ बढ़ जाने से वे परेशान हो गये थे। अब वे भीतर से टूट रहे थे। उनकी जो बदनामी हो रही थी, उसे वे ठीक से समझ रहे थे। 'संन्यास धर्म को अब त्याग दें।' ऐसा उन्हें तीव्रता से लग रहा था। गृहस्थ-जीवन के प्रति उनमें मोह पैदा हुआ था। 'लोग क्या कहेंगे?' स्वामी राघवेन्द्र की आत्मा ने उनसे प्रतिप्रश्न किया था। 'भाग जाऊँगा।' स्वामी राघवेन्द्र ने चलाकी से उत्तर दिया था। 'हेमा पण्डित मुझे स्वीकारेगी क्या?' आकाशवाणी सरीखा यह प्रश्न उन्हें दसों-दिशाओं से सुनाई देने लगा। वे किसी प्रचण्ड शिला के नीचे कुचल जाने के बाद शान्त हो गये थे।

स्वामी राघवेन्द्र के हस्ताक्षर हो जाने के बाद शैला सातपुते ने फिर से एक बार सभी कागजपत्रों की जाँच की। "कहीं कोई हस्ताक्षर शेष रह गया हो तो बुला देना मैं फिर से आऊँगा।" स्वामी राघवेन्द्र पूरी नम्रता से बोले। "वैसी बात नहीं है। जरूरत अगर पड़ी, तो मैं आदमी भेज दूँगी। आप तकलीफ मत कीजिए।" शैला सातपुते नकली विनम्रता से बोली।

स्वामी राघवेन्द्र मदर टेरेसा हाईस्कूल तथा जूनियर कॉलेज के गेट के बाहर निकले। उनके लिए इनोवा रुकी थी। ड्रायवर ने दरवाजा खोला। कार की गति के साथ स्वामी राघवेन्द्र के विचार भी दौड़ रहे थे। "धर्मकार्य करना हो तो वह अनेक प्रकार से किया जा सकता है। उसके लिए संन्यासी बनने की क्या जरूरत? यहाँ सम्भव नहीं तो काशी जाऊँगा। देहात-देहातों में मन्दिर हैं। हिमालय में जाऊँगा। संन्यास धर्म अगर निभा नहीं सका, तो ये भगवे वस्त्र उतार फेकूँगा। देश भर में कहीं पर भी जाऊँगा। हेमा पण्डित ही क्यों चाहिए?" स्वामी राघवेन्द्र असम्बन्ध विचार कर रहे थे।

'मैं पागल तो नहीं हुआ हूँ न!' ऐसा प्रश्न उन्होंने खुद से अनेक बार पूछा था।

इनोवा कार मन्दिर की दिशा से दौड़ने लगी। मन्दिर में हमेशा की तरह भीड़ थी। अलबत्ता महादेव माली घबराया हुआ था। पागलों की तरह वह स्वामी राघवेन्द्र की प्रतीक्षा कर रहा था। मराठे पी. आई. की जाँच से और दामोदर पोतदार के व्यवहार से वह हैरान हो गया था। उसके चेहरे पर उदासीनता छाई हुई थी। मन्दिर में स्थित पत्थर का कछुआ जीवन्त हो गया है, ऐसा आभास उसको हुआ। मानो कछुआ रेंग रहा था। महादेव माली के शरीर पर रोंगटे खड़े हो गये। उसकी छाती में दर्द शुरू हुआ। मृत्युभय से वह उद्विग्न हुआ। बिना किसी कारण के वह चार बार तो मन्दिर के बाहर निकला। उसे किसी ने नमस्कार तक नहीं किया। किसी ने पूछताछ भी नहीं की। उसे अपराध बोध महसूस हुआ।

स्वामी राघवेन्द्र इनोवा कार में से उतरते हुए दिखलाई दिए। महादेव माली का ध्यान कबूतरों के समूह जैसे उड़ता है, वैसे उड़ गया था। 'स्वामी आए ऽ ऽ स्वामी

आए ऽ ऽ' श्रद्धालुओं में हलचल शुरू हुई। भूकंप से जैसे दीवारें हिलने लगती हैं, वैसे महादेव माली परेशान हुआ था। वह स्वामी राघवेन्द्र के निकट गया। वह रोज स्वामी को मन्दिर से सम्बंधित विस्तृत ब्यौरा दिया करता था। आज भी इसके लिए उसने मुँह खोला। रोज उसकी आवाज में से भक्तिभाव टपकता था। कौन वी आई. पी. दर्शनार्थ आकर गये? उनका दर्शन कैसे हुआ? किनका फोन आया था? डाक क्या आई? पूजा हेतु श्रद्धालुओं की भीड़ कितनी थी? कितने हार डाले गये? नारियल कितने आए? अभिषेक हेतु कितनों ने नाम दर्ज कराए? चन्दा कितना इकट्ठा हुआ? श्रद्धालुओं ने शिवलिंग पर कितने पैसे डाले? कितना खर्च हुआ? दामोदर पोतदार ने क्या कहा आदि की विस्तृत जानकारी वह स्वामी राघवेन्द्र को दिया करता था। परन्तु आज उसकी आवाज रुआँसी हो चुकी थी।

"क्या हुआ है? तू प्रसन्न दिखलाई नहीं देता?"

"पुलिस आई थी।"

"आने दो न। उसमें क्या विशेष बात है?"

"दामोदर पोतदार ने आपके खिलाफ पुलिस चौकी में शिकायत की है। उसी ने मुझे कहा, पुलिस वालों ने मन्दिर की जाँच की है।"

"उसने क्या शिकायत की है?"

"शिकायत का स्वरूप और ब्यौरा उसने मुझे नहीं बताया है।"

"है क्या वह यहाँ? अगर है तो उसे बुला ला। नहीं आ रहा हो तो मैं उसके यहाँ जाऊँगा।"

स्वामी राघवेन्द्र सन्तप्त हो गए थे। सियार और कुत्ते उनके शरीर पर टूट पड़े हैं, उनके शरीर को नोच रहे हैं, ऐसा उन्हें लगा। रामलीला मैदान में रावण-दहन हो, वैसे उनके मन में स्थित दामोदर पोतदार का दहन हो रहा था। उनके होंठ गुस्से से तड़क रहे थे। दामोदर पोतदार की छाती में त्रिशूल भोंक देना चाहिए और उसका खून हथेलियों में लेकर पीना चाहिए। स्वामी राघवेन्द्र के मन में प्रतिशोध का नंगा नाच शुरू हुआ था। उनकी नसें फुत्कार रही थीं। उनकी धमनियों में से तपता लावा उबल रहा था। उनका मस्तिष्क विकराल भीड़ की तरह बेकाबू हो गया था। अनियन्त्रित दंगे की तरह उनके विचार हिंसक हो रहे थे। गुस्से की आग में वे धधक रहे थे। वे दामोदर पोतदार को भस्मीभूत करना चाह रहे थे।

दामोदर पोतदार खामोशी से और पूरी विनम्रता से राघवेन्द्र के सम्मुख आकर खड़ा हो गया। स्वामी राघवेन्द्र का मस्तक टक्कर देने तैयार बैल की तरह दिखलाई दे रहा था।

"तूने पुलिस में शिकायत की है?"

"पुलिस ही बतलाएगी।"

"तू बता।"

"मुझे आपका कारोबार मान्य नहीं है।"

"फिर मन्दिर छोड़ कर जा।"

"मन्दिर हमारा है। आप बाहर से आए हैं।"

"बाहर से मतलब? पाकिस्तान से?"

"आप हेमा पण्डित को नजदीक रखते हैं?"

"तूने क्या किया था? उसका पति जब जेल में था, तब वह रोज मन्दिर में आती थी। प्रार्थना करती थी। प्रसाद लेते समय तूने उसका हाथ पकड़ा था। उसके पति के आत्महत्या करने के बाद तू उसके घर गया था। और मैं तेरी देखभाल करूँगा, मेरे साथ रहने चल, तेरे बच्चों को भी सँभालूँगा—ऐसा भी तूने कहा था। यह सब सच है ना! वह कैंसर की मरीज़ थी। मैंने उसके उपचार हेतु सहायता की। वह गाँव की सरपंच है। मुझसे विचार-विमर्श करती है। मैं ही चुनकर लाया हूँ सारा पैनेल। मैं गलत क्या करता हूँ?" स्वामी राघवेन्द्र के किसी भी प्रश्न का उत्तर न देते हुए दामोदर पोतदार तेजी से निकल गया।

स्वामी राघवेन्द्र हताश हुए थे। बेल के पेड़ पर बन्दरों ने शोर मचाया था। उनकी खों-खों की आवाज सुनाई दे रही थी। स्वामी राघवेन्द्र खिड़की के पास खड़े होकर पश्चिम दिशा में देख रहे थे। सूर्यास्त हो रहा था। निकट के पहाड़ों पर प्रकृति ने अनेक रंग फैला दिए थे। पक्षियों के समूह घोंसलों की ओर लौट रहे थे। स्वामी राघवेन्द्र ने धरती की ओर देखा। मन्दिर की सीढ़ियों के पास खामोश बैठी बिल्ली अचानक एक चूहे पर टूट पड़ी। चूहे को अपने पंजों में पकड़ चुकी थी। बिल्ली चूहे को नचा-नचा कर मार रही थी।

❑ ❑ ❑

दूसरे दिन स्वामी राघवेन्द्र खुद पुलिस स्टेशन गये। उनको एक बार इस मामले को हमेशा के लिए निपटाना था। जिन्दगी में पहली बार वे पुलिस चौकी की सीढ़ियों पर कदम रख रहे थे। मन्दिर की सीढ़ियाँ और पुलिस चौकी की सीढ़ियों के अन्तर को वे अनुभव कर रहे थे। चौकी में जॉबर और उसकी पत्नी कल्पना पुलिस से मिलने आए थे। स्वामी राघवेंद्र को देखकर उन्होंने स्वामी जी के पैरों पर अपना सिर रख दिया। 'हमारे बेटे को जिसने छुरा भोंका है, उसे पकड़ लिया जाए।' यह कहने के लिए वे पुलिस चौकी में चक्कर लगा रहे थे। पुलिस चौकी में स्थित पुलिस वालों ने भी स्वामी जी के दर्शन किए थे।

स्वामी राघवेन्द्र—"आपके साहब कहाँ हैं?"

सिपाही—"भीतर हैं।"

स्वामी राघवेन्द्र मराठे पुलिस इंसपेक्टर के केबिन में गया। मराठे पी. आई. अपने वरिष्ठों से फोन पर बातकर रहे थे। स्वामी राघवेन्द्र मराठे पी. आई. के सामने बैठे। मराठे फोन पर बोल ही रहे थे। स्वामी राघवेन्द्र व्यथित हुए। मराठे ने उनका स्वागत हँसते हुए नहीं किया था। मराठे बहुत देर तक फोन पर ही बोल रहे थे। अपना चेहरा प्रसन्न रखने की कोशिश स्वामी राघवेन्द्र कर रहे थे। उनके मन में स्थित अपराध-बोध उनकी नजर से व्यक्त हो रहा था। स्वामी राघवेन्द्र खुद को ही दोष दे रहे थे। फोन पर चल रहे मराठे पी. आई. का संभाषण खत्म होने की प्रतीक्षा वे कर रहे थे। मराठे ने उनके पैरों पर झुककर नमस्कार नहीं किया, इसकी उन्हें खीज आई थी।

"कहिए ऽऽ।" मराठे पी. आई. ने फोन नीचे रखकर स्वामी राघवेन्द्र की ओर देखा। मराठे पी. आई. की आवाज बन्दूक की गोली की तरह व्यक्त हुई थी। मराठे पी. आई. की नजर नजर मिलाते हुए स्वामी राघवेन्द्र की पलकें नीचे हो गई थीं। स्वामी राघवेन्द्र भीतर से बेचैन थे। "आप मन्दिर हो आए, ऐसा मुझे पता चला। मैं नहीं था। फिरसे एक बार आइए। मैं निमन्त्रण देने आया हूँ।" स्वामी राघवेन्द्र की आवाज में विनम्रता थी। अपनी आवाज में इतनी विनम्रता कैसे आ गई, इस पर उन्हें आश्चर्य हुआ। "आऊँगा। फिर से एक बार आना ही है, तब आपको सूचित करके ही आऊँगा।" मराठे पी. आई. हँसते-हँसते बोल रहा था। स्वामी राघवेन्द्र को लगा कि जैसे वे कर्फ्यू में फँस गये हैं। "जरूर आइए। आने के पूर्व सूचित कीजिए, जिससे मैं प्रत्यक्ष उपस्थित रह सकूँ।" स्वामी राघवेन्द्र पुलिस चौकी से धीरे-से निकल गये। मराठे पी. आई. ने उन्हें चाय के लिए आग्रह किया, तो भी वे रुके नहीं। दामोदर पोतदार की शिकायत के सम्बन्ध में पूछने का साहस उन्हें नहीं हुआ। मराठे पी. आई. ने भी उस विषय पर बड़ी चतुराई से मौन धारण किया था।

स्वामी राघवेन्द्र का सिर बुरी तरह से दर्द कर रहा था। उनके हाथ-पैरों की हवा ही निकल गई थी। उनका चेहरा निस्तेज हो गया था। वे विचारों की आँधी में फँस गये थे। "मैं शिक्षक था। मुझे धार्मिक कार्य में दखल नहीं देना चाहिए था। यह अपनी प्रवृत्ति नहीं थी।" स्वामी राघवेन्द्र भावुक हो गये थे। चुनाव प्रचार की सभाओं में भाषण देने हेतु माणिकचन्द ने उनको भगवा शर्ट भेंट स्वरूप दी थी। किसी सार्वजनिक सभा में बोलते हुए गोपीचन्द ने उनका उल्लेख स्वामी राघवेन्द्र जी के रूप में किया था। हेमा पण्डित ने उनके जन्मदिन पर उन्हें रुद्राक्ष की माला भेंट रूप में दी थी। ये और इस प्रकार की घटनाओं के कारण वे हिन्दुत्व की लहर पर सवार हुए थे।

सड़क पर क्रिकेट खेलनेवाले लड़कों ने अपना खेल रोक दिया और सभी खिलाड़ी स्वामी राघवेन्द्र के दर्शनार्थ दौड़ पड़े। स्वामी राघवेन्द्र ने उन सबकी भरपूर प्रशंसा की।

हाथ उठाकर उन्हें आशीर्वाद दिया ''आपमें से कोई सचिन तेंदुलकर बने। आपके हाथों पाकिस्तान की पराजय हो।''

❑ ❑ ❑

वेद अध्ययन केन्द्र पर दलितों का पारम्परिक वेशभूषा में मोर्चा आया था। दलितों ने अपने गले में मटके बाँधे थे और कमर से झाड़ को बाँध लिया था। उनके हाथों में घुँघरुओं से लैस लाठियाँ थी। वे अर्धनग्न अवस्था में थे। अपने साथ वे गधे और कुत्ते आए थे। कुत्ते ले आए थे। इस मोर्चा का नेतृत्व काशीनाथ पोलके और सिद्धार्थ पगारे ने किया था। दलितों ने वेद अध्ययन केन्द्र के गेट के सामने सामुदायिक नाद किया और स्त्रियों ने छाती पीट-पीट कर आक्रोश व्यक्त किया था। धर्मशास्त्र का अध्ययन करने वाले ब्रह्मचारियों को अमंगल का अहसास हुआ था। जीवन में पहली बार उन्होंने ऐसा अभद्र दृश्य देखा था। अछूतों का आक्रोश सुनकर वेद अध्ययन केन्द्र काँप उठा था। स्वामी राघवेन्द्र बहुत परेशान हो गये थे। ''इनकी जिभें काट देनी चाहिए। इनके कानों में उबलते हुए शीशे का रस उँड़ेलना चाहिए।'' स्वामी राघवेन्द्र सन्तप्त होकर बोल रहे थे। पुलिस वालों ने समय पर हस्तक्षेप किया था।

''वेद अध्ययन केन्द्र की यह जगह दलितों की है। उन्हें यह परम्परा से प्राप्त है। सरकारी दफ्तर में इस प्रकार का उल्लेख दर्ज है। राघवेन्द्र गोडबोले ने इस जगह पर अतिक्रमण करके वेद अध्ययन केन्द्र शुरू किया है। इस अतिक्रमण को हटा देना चाहिए। दलितों की जमीन दलितों को मिल जानी चाहिए।'' काशीनाथ पोलके जोर-जोर से बोल रहा था। पुलिस वालों ने उसे उठाकर पुलिस व्हैन में जबरदस्ती से बिठा दिया था।

गधे चिल्ला रहे थे और कुत्ते भौंक रहे थे। अछूत स्त्रियाँ आर्तनाद कर रही थीं। अनेकों की गरदनों में मटके लटक रहे थे। कमर में बाँधे झाड़ लोट रहे थे। इतिहास में स्थित आक्रोश मुक्त रूप से व्यक्त हो रहा था। वेद अध्ययन केन्द्र के ब्रह्मचारियों को दैत्यों के प्रगट होने का आभास हुआ था। यह सब अचानक हुआ था। इस कारण पुलिस वालों की दौड़-धूप हुई थी।

❑ ❑ ❑

कारखाने के गेट से इनोवा कार बाहर निकली। गोपीचन्द के ड्राइवर ने कार गरीबी हटाओ झोंपड़पट्टी की दिशा में मोड़ दी। कॉर्नर पर बलशेटवार खड़ा था। कार उसके पास रुकी। बलशेटवार हड़बड़ा गया। गोपीचन्द ने विण्डो ग्लास नीचे खींच लिया। बलशेटवार पूरे अदब से आगे आया था। ''सदानन्द काम्बले की गाड़ी को देखा है क्या तुमने? उसका मोबाइल नहीं लग रहा है।'' गोपीचन्द बलशेटवार को जानबूझ

कर बुलवा रहा था। बलशेटवार ने इनकार में गरदन हिलाई। गोपीचन्द ने काँच ऊपर उठाया। बलशेटवार तेजी से आगे गया। गोपीचन्द ने फिर से काँच को नीचे किया।

"साहब, चाय लेंगे क्या?"

"फिर कभी, अब जरा व्यस्त हूँ।"

"दो मिनट में आ जाएगी।"

गोपीचन्द को जो चाहिए था, वही हुआ। गोपीचन्द बिना किसी संकोच के नीचे उतरा। उसने बलशेटवार के कन्धे पर हाथ रखा था। बलशेटवार को अत्यधिक खुशी हुई। वह गोपीचन्द को हीरा केबल्स के ऑफिस में ले गया। अड़ोस-पड़ोस की नजरें इस दृश्य पर भी थीं। बलशेटवार ने पिण्टया को चाय लाने के लिए दौड़ाया। "स्पेशल चाय ले आ। जल्दी आ। साहब के पास समय नहीं है। तू ही लेकर आ।" बलशेटवार बड़े उत्साह से बोल रहा था। छोटे बच्चे को जैसे गुदगुदी की जाती है वैसे गोपीचन्द बलशेटवार को गुदगुदी करने का खेल कर रहा था।

"कलशेट्टी का जन्मदिन हो गया। तुम्हारा कब है?"

"अगले माह में है।"

"फिर तू भी कट-आउट लगाएगा शायद।"

"मैं जन्मदिन मनाता नहीं हूँ।"

"क्यों?"

"मुझे वह छोटे बच्चों की तरह लगता है। बेकार का खर्च नहीं तो और क्या?"

"मैं पैसे देता हूँ। कहो, कितने चाहिए।"

"क्या करना है?"

"पागल हो क्या? जन्मदिन आयोजित कर। कट-आउट लगा। इस झोंपड़पट्टी का तुझे सम्राट हो जाना चाहिए। ग्रामपंचायत के चुनाव में तुझे खड़ा होना है क्या? बता दे।"

"मैं एक सीधा-सादा आदमी हूँ। मुझे इस झंझट में नहीं पड़ना है।"

"अरे, सदानन्द काम्बले क्या बैरिस्टर था? वह तो हमारा वॉचमैन था। उसे हम कहाँ से कहाँ ले गये। राज्य का मंत्री तक बना दिया हमने उसे।"

"आपका हाथ लग गया कि सोना हो जाता है।"

"फिर तुझे सोना होना है कि नहीं?"

"अवसर दीजिए। मैं उसका सोना करूँगा।"

"जन्मदिन आयोजित कर। पैसों की फिक्र मत कर। हमारे साथ रहना है, हमारी तरह बोलना चाहिए। समझे न।"

"मैं आपकी थूक भी झेल लूँगा।"

"हम किसी को बड़ा भी कर सकते हैं और मिट्टी में भी मिला सकते हैं।

तूने देखा ही है।"

"हाँ, मैं जानता हूँ आपकी ताकत।"

"तुम लोगों को निर्दोष किसने छुड़वाया? फाँसी के तख्ते पर जा सकते थे सब लोग।"

"मैं आपके उपकार कभी भी भूल नहीं सकता।"

"फिर मैं जो कहता हूँ, वह कर। शाम को कैमरामैन भेजता हूँ। वह फोटो सेशन करेगा। उसे पोज दे। अब तेरी चाय रहने दे। मुझे जल्दी है, निकलता हूँ।"

गोपीचन्द ने चिंगारी डाल दी थी और बलशेटवार के दिमाग में विस्फोट शुरू हुए थे। बलशेटवार हँसा। उसे गुदगुदी हो रही थी। राजनीति में प्रवेश करने के लिए उसे सहजता से एक अवसर प्राप्त हो रहा था, इस कारण वह हवा में तैर रहा था। पिण्टया चाय लेकर आया था। बलशेटवार चाय न लेते हुए घर की ओर निकला। उसकी बदली छवि को देख पिण्टया आश्चर्यचकित हुआ था। बलशेटवार यह खबर ज़ाहिरा को बतलाना चाह रहा था।

बस्ती में आवारा कुत्ते पकड़कर ले जानेवाली गाड़ी आई थी। गाड़ी में सैकड़ों कुत्तों को ठूँसा गया था। सभी कुत्ते खामोशी के साथ खड़े थे। कुत्ते पकड़ने वाले कुत्तों को खोज रहे थे। उन्होंने सावल्या का कुत्ता पकड़ लिया था। इस कारण सावल्या चिढ़ गया था। "यह मेरा पालतू कुत्ता है। कुत्ते का पिल्ला लाकर मैंने इसे बड़ा किया है। बस्ती में कुत्ते हैं, इसलिए तो चोर नहीं आते।" सावल्या का कुत्ता वहाँ से निकल भागने की कोशिश कर रहा था। गली के अन्य सभी कुत्ते गायब हो चुके थे।

सड़क पर झगड़ा चल रहा है, यह देख बलशेटवार ने रास्ता बदल दिया था। दूसरे रास्ते पर भी झगड़ा चल रहा था। अमरिन्दर की पत्नी ने अपने आँगन में ज्वार सुखाने डाले थे। कलशेट्टी के कबूतर उस ज्वार पर टूट पड़े थे। अमरिंदर की पत्नी ने कबूतरों को हकाल दिया था। एक कबूतर का पैर लंगड़ा हो गया था। आगलावे और बण्टी अमरिन्दर पर टूट पड़े थे। दर्शकों की भीड़ बढ़ रही थी। बलशेटवार ने वह रास्ता भी बदल दिया।

बलशेटवार ने ज़ाहिरा को आलिंगन में लिया और कुछ तो फायदे का घटित हुआ है, इसे ज़ाहिरा समझ गई थी।

"क्या हुआ?"

"बहुत कुछ हुआ।"

"मैंने बोला था ना, आज कुछ होने वाला है।"

"तेरी बात सच निकली।"

"क्या हुआ, बोल तो।"

बलशेटवार में हुए इस परिवर्तन को देख ज़ाहिरा खुश थी। उसका भी चेहरा

खिल गया था। बलशेटवार के बदन में खुशी की आँधी उठी थी।

शाम को फोटोग्राफर आया। वह बलशेटवार के भिन्न-भिन्न पोज में फोटो ले रहा था। कैमरामेन जैसा कहता था, बलशेटवार वैसे पोज दे रहा था। फ्लैश की रौशनी में बलशेटवार की आँखें चमक रही थीं। वह स्माइल दे रहा था। हाथ जोड़ रहा था। ज़ाहिरा उसकी ओर आँख भरकर देख रही थी। बलशेटवार के घर पर फोटो सेशन शुरू है, इसकी जानकारी कलशेट्टी को मिली। वह बलशेटवार के घर पहुँचा। उसकी आँखों में आश्चर्य था। उसका चेहरा उतर गया था।

"इतने फोटो क्यों निकाल रहे हो?"

"कट आउट के लिए।"

"क्यों?"

"जन्मदिन मनाना है ना!"

"कब है जन्मदिन?"

"अगले महीने। क्यों, भूल गये हो क्या?"

"वा ऽ ऽ वा ऽ ऽ वा ऽ ऽ।"

कलशेट्टी के मन की जलन उसकी बातचीत से झलक रही थी। बलशेटवार के जन्मदिन का खर्च कारखाना कर रहा है, ऐसा कलशेट्टी ने रघु की ओर से सुना था। इस कारण वह बेचैन हुआ था। "ज़ाहिरा का भोग लेना चाहते हैं, इसलिए वे बलशेटवार को पैसा दे रहे हैं।" कलशेट्टी तर्क-कुतर्क कर रहा था। "बलशेटवार के पास लेदर-करेंसी है।" कलशेट्टी की बेचैनी बढ़ गई थी। "उस्मान का उपयोग ज़ाहिरा के खिलाफ करना चाहिए–" कलशेट्टी के दिमाग में कीड़ा चुलबुलाने लगा। वह बलशेटवार को अपना शत्रु समझने लगा था। "बलशेटवार अपने रास्ते का काँटा है, प्रतिस्पर्धी है, उसे किनारे करना चाहिये।" कलशेट्टी के मन में इन्कार ने फन निकाला था। "बलशेटवार, तू अच्छा दिख रहा है, स्मार्ट।" ज़ाहिरा के इस प्रशंसा भरे वाक्य के कारण कलशेट्टी और भी बेचैन हो गया था। और वह वहाँ से तेजी से निकल गया था। "अरे, चाय तो लेकर जा।" बलशेटवार पोज देते-देते चिल्लाया था। "नहीं चाहिए तेरी चाय।" कहते हुए कलशेट्टी निकल गया। उसके इस प्रकार चले जाने से बलशेटवार भी दुःखी हुआ था।

कलशेट्टी का काला नर ज़ाहिरा के कन्धे पर आकर बैठ गया था। ज़ाहिरा ने कबूतर को पकड़ लिया था और हवा में छोड़ दिया था। फोटोग्राफर ने उसकी भी पोज पकड़ ली थी। ज़ाहिरा की इस पोज को फोटोग्राफर एनलार्ज कर के अपने स्टूडियो में लगाना चाह रहा था। फोटोग्राफर को ज़ाहिरा की नैचुरल पोज मिल जाने के कारण वह बेहद खुश हुआ था।

❑ ❑ ❑

कलशेट्टी मन्दिर का कब्जा छोड़ना नहीं चाहता था। मन्दिर का खर्च वही करता था। उसने मन्दिर पर ताला लगा दिया था। इस कारण कईयों को असुविधा हो गई थी। मन्दिर में दोपहर के समय लेटनेवाले बूढ़ों की असुविधा हो गई थी। दोपहर में भजन करने वाले महिला मण्डल की भी असुविधा हो गई थी। मन्दिर में बैठकर ताश खेलने वालों की अड़चन हो गई थी। सभी लोग कलशेट्टी के विरोध में बलशेटवार से मिल रहे थे, शिकायत कर रहे थे। "मन्दिर सार्वजनिक है। उसे खुला रखना चाहिए। ईश्वर सबका होता है। विशिष्ट व्यक्ति के नियन्त्रण में उसे रखकर कैसे चलेगा?" ऐसा प्रत्येक का मत था। कलशेट्टी ने लोगों की माँग को नकारा था। गणेश मन्दिर लोगों के दर्शनार्थ सवेरे शाम खुला रखा जाता था। प्रातः मन्दिर का ताला खोला जाता। दोपहर में बारह बजे पुनश्च ताला लगाया जाता। शाम चार के बीच मन्दिर का दरवाजा खोला जाता और रात में आठ बजे मन्दिर का दरवाजा बन्द कर दिया जाता।

मन्दिर की दीवार पर सूचना-पट्ट लगाया गया था। उस पर दर्शन का समय दिया गया था। "मन्दिर बन्द हो जाने के बाद कृपया श्रद्धालु उसे खुलवाने का आग्रह न करें। मन्दिर परिसर में तस्वीरें न खीचें। मन्दिर में शान्ति और सफाई बनाए रखें" आदि सूचनाएँ दी गई थीं। "भजनों के कारण हमारे अध्ययन पर, एकाग्रता पर परिणाम होता है, परीक्षाएँ नजदीक आ गई हैं। मन्दिर बन्द ही रखना चाहिए।" बस्ती के छात्रों ने कलशेट्टी से मिलकर इस बात का समर्थन किया था।

कलशेट्टी अब धर्मग्रन्थों का पारायण करने लगा था। वह भगवत्गीता पढ़ रहा था। उसने पुराण ग्रन्थ खरीद लिये थे। लोगों को धमकाकर पैसे कमाने की अपेक्षा उन्हें आशीर्वाद देकर बहुत कमाया जा सकता है, इसे अब वह जान गया था।

लोग ईश्वर से डरते हैं
लोग धर्म से डरते हैं
लोग पाप से डरते हैं
लोग नरक से डरते हैं

लोग जेल की अपेक्षा मन्दिर से अधिक डरते हैं।

कलशेट्टी को जिन्दगी में पहली बार मनुष्य के वीक-पाइण्ट का पता चल गया था। मनुष्य को पुण्य चाहिए, मैं उन्हें पुण्य का मार्ग बता सकता हूँ। लोगों को मोक्ष चाहिए, मैं उन्हें मोक्ष का रास्ता बता सकता हूँ। इसके लिए मन्दिर अपने हाथ में चाहिए। इस सत्तास्थान को मुझे अपने पास रखना चाहिए। दामोदर पोतदार की शिकायत का अर्थ अब उसे समझ में आ गया था।

स्वामी राघवेन्द्र से अब मैं संन्यास-धर्म की दीक्षा लूँगा। वाल्या का वाल्मीकि हो जाऊँगा। कलशेट्टी के मन में घण्टनाद शुरू हुआ था। वह जोर-जोर से चिल्लाने

लगा। उसे ज्ञान प्राप्त हुआ था। वह दैत्य की तरह दहाड़ते हुए नाच रहा था। आगलावे दौड़ते हुए भीतर आया।

"वह हथियार ले आ।"

"किसलिए?"

"वह हथियार ले आ।"

आगलावे ने कोने में पड़े हुए तेजधार हथियार को कलशेट्टी के हाथों में सौंप दिया। "अब मैं हाथ में कभी भी शस्त्र नहीं पकड़ूँगा।" कहते हुए कलशेट्टी ने अपने हाथ में स्थित वह शस्त्र हमेशा के लिए आगलावे के हाथ में सौंप दिया। आगलावे आश्चर्य से कलशेट्टी की ओर देख रहा था। कलशेट्टी भावुक हो गया था। उसने गीता हाथ में ली। उसने गीता को अपने माथे से, आँखों से तथा ओठों से लगाया।

"भगवत्‌गीता यह विश्व का महान शस्त्र है।"

आगलावे कलशेट्टी की ओर आश्चर्यचकित होकर देख रहा था। आज उसे कलशेट्टी एकदम अलग इन्सान लग रहा था। कलशेट्टी के आस-पास पोथियों-पुराणों का ढेर लगा हुआ था।

❑ ❑ ❑

विकास मोर्चे के काम का जायजा लेने हेतु रमा बाबर ने कार्यकर्ताओं की बैठक बुलवाई थी। काशीनाथ पोलके, सिद्धार्थ पगारे, राजा शितोले, रंजना कदम, विश्वनाथ कुलकर्णी और सय्यद इस बैठक में उपस्थित थे। प्रत्येक बैठक में काम के सिंहावलोकन के साथ-साथ कार्यकर्ताओं को मुक्त रूप से बोलने की स्वतन्त्रता भी दी जाती। कार्यकर्ताओं की बौद्धिक चर्चा पर भी अधिक बल दिया जाता। काम के साथ-साथ कार्यकर्ताओं की वैचारिक दृष्टि भी मजबूत की जाती। इससे कार्यकर्ता बौद्धिक दृष्टि से सक्षम हो जाते।

"आकाश में जिस सूर्य के प्रकाश को देखते हैं, उस सूर्य के प्रकाश की भी अपेक्षा ज्ञान का प्रकाश अधिक प्रखर होता है। सूर्यप्रकाश से पौधों पर पड़े कीड़े नष्ट हो जाते है, पर मस्तिष्क को लगी सभी बीमारी को नष्ट करने की शक्ति अकेले ज्ञान में ही हैं। सैकड़ों वर्षों से समाज के मन-मस्तिष्क पर काली रात फैली हुई है। इस प्राचीन अंधकार को खत्म किए बगैर अगला रास्ता नहीं दिखलाई देनेवाला है।"

"घटनाओं का अज्ञान यह अन्य अज्ञानों का बहुत बड़ा आधार है।"

"पक्षपात के पाण्डित्य से हमें पूरी शक्ति के साथ संघर्ष करना होगा।"

"सवर्णों को उनकी अपनी विद्या और संस्कृति श्रेष्ठ लगती है। उन्हें अवर्णों में ज्ञान और गुणवत्ता दिखलाई नहीं देती। अवर्णों को ज्ञान और संस्कृति की शिक्षा

देने का ऐतिहासिक कर्तव्य हम पूरा कर रहे हैं, ऐसा सवर्णों को लगता है। यही मूलतः गलत है।''

''शिक्षा के सार्वत्रीकरण के सिवा किसी भी देश का अथवा समाज का परिवर्तन संभव ही नहीं हो पाता। हमारे इस देश में क्रान्तिकारक परिवर्तन के लिए शिक्षा अनिवार्य और निःशुल्क हो जानी चाहिए।''

सावित्रीबाई फुले न्यू इंग्लिश स्कूल में रसोई बनानेवाली भीवरा मौसी बैठक में पहुँच गई थी। वह घबराई हुई थी। ''मन्दिर में स्थित गणेशमूर्ति और पीतल की घण्टी चोरी हो गई है। सभी लोग मन्दिर की ओर जा रहे हैं।'' भीवरा मौसी की आवाज से चिन्ता झलक रही थी। बैठक का सुर ही बदल गया था।

''ईश्वर को अपनी मूर्ति का संरक्षण भी करना नहीं आता तो फिर वह अपने भक्तों का रक्षण कैसे करेगा?'' सिद्धार्थ पगारे इस घटना पर व्यंग्य भरी टिप्पणी कर रहा था।

''चुनाव निकट आ रहे हैं। हिन्दुओं के मन में बेचैनी पैदा करने के लिए किसी ने तो मूर्ति को छिपाकर रख दिया है। दो दिनों बाद चोरी गया हुआ यह साहित्य किस कुएँ में पड़ा मिलेगा? तब तक हिन्दुओं की भावनाओं को भड़काने वाले समाचार छप कर आते रहेंगे।'' सय्यद इस घटना पर अपनी प्रतिक्रिया व्यक्त कर रहा था।

''विद्यालय ही हमारा मन्दिर है।'' रमा बाबर पूरी शांति के साथ बोल उठी।

''मन्दिर अगर खुला रखें तो चोरी होती है, इसे सिद्ध कर मन्दिर पर ताला लगाना कितना जरूरी है, यह शायद कलशेट्टी लोगों को बतला देना चाहता हैं।'' राजा शितोले किसी रहस्य का उद्घाटन कर रहा है, इस ढंग से बोल रहा था।

मन्दिर में हुई चोरी के कारण बस्ती में गड़बड़ शुरू हुई थी। मामले की गम्भीरता को जानकर रमा बाबर ने बैठक समाप्त कर दी। ''महिला बचत गुट का काम करने हेतु अगले रविवार को बैठेंगे। काशीनाथ पोलके और राजा शितोले तब तक चीनी कारखाने के मजदूरों के बच्चों के लिए स्कूल खोलने की तैयारी करेंगे।'' ऐसा कहते हुए रमा बाबर बैठक में से उठ गईं। ''अगले रविवार को बैठक होगी।'' रंजना कदम ने सबको अगली बैठक की पूर्वसूचना दी।

बैठक खत्म होने के बाद राजा शितोले, विश्वनाथ कुलकर्णी और सय्यद मन्दिर की ओर निकले। मन्दिर के प्रांगण में पुलिस अपना डेरा जमा चुकी थी। अपराधी को खोजने वाला कुत्ता आगे और पुलिस उसके पीछे ऐसी शोध मुहिम शुरू हो चुकी थी। सामने से पुलिस के कुत्ते को आता देखकर सय्यद के बदन से पसीना छूटा। कुत्ते ने गलती से भी अगर मुझे सूँघ लिया तो तमाम भारतीय मुसलमान बदनाम हो जाएँगे। सय्यद घबरा गया था। कुत्ता आगे बढ़ गया तो उसने चैन की साँस ली।

लोग रास्ते पर आ चुके थे। चर्चाएँ जारी थीं। कोई कह रहा था कि श्री की मूर्ति अन्तर्धान हो गई है। कोई कह रहा था कि गणेश पृथ्वी प्रदक्षिणा पर गये हैं।

❑ ❑ ❑

सदानन्द काम्बले ने शिवशक्ति पार्टी से त्यागपत्र दे दिया था। यह त्यागपत्र स्वीकृत किया जाने वाला था और नये अध्यक्ष के चुनाव की प्रक्रिया शुरू करनी थी। उस हेतु माणिकचन्द ने बैठक बुलाई थी। माणिकचन्द शिवशक्ति पार्टी के सचिव थे और सर्वेसर्वा भी थे। इस बैठक में ग्रामपंचायत चुनाव की व्यूह रचना भी निश्चित करनी थी। नये उम्मीदवारों की सूची भी तय करनी थी। चुनाव नजदीक आ जाने के कारण ये सारे निर्णय तुरन्त लेना जरूरी थे।

माणिकचन्द और गोपीचन्द ने बैठक के विषय निश्चित किए थे। सदानन्द काम्बले को छोड़ कर शेष सभी को बैठक से सम्बन्धित निमन्त्रण भेजा गया था। इस बैठक में सदानन्द काम्बले न आएँ, ऐसी सबकी इच्छा थी। परन्तु सदानन्द काम्बले ने यह घोषित किया था कि वे इस बैठक में उपस्थित होंगे ही। इस कारण सभी परेशान थे। इस बैठक की ओर सबका ध्यान था। प्रत्येक सदस्य दाँव-पेंच आँक रहा था।

गाँव के स्तर से राजनीति की शृंखला तैयार करने हेतु ग्राम पंचायत के चुनावों का अत्यन्त महत्व था। घर-घर में, गाँव-गाँव में जनतन्त्र का बीजारोपण करनेवाला यह चुनाव था। ग्राम पंचायत के चुनावों के बाद जिला परिषद और नगर-परिषद के चुनाव होने वाले थे। दो वर्ष बाद विधानसभा के चुनाव होने वाले थे। लोगो में चुनावी-ज्वर शुरू हुआ था। सभी पार्टियाँ और संगठन काम पर लग गये थे। रुके हुए कामों को गति आ गई थी। प्रत्येक काम का श्रेय लेने की होड़ राजनीतिक कार्यकर्ताओं में शुरू हुई थी।

उस दिन बैठक थी।

सदानन्द काम्बले बैठक के लिए निकलने हेतु तैयार हो चुके थे। उनके दरवाजे पर सुमो गाड़ी आकर खड़ी हो गई। गाड़ी पर नीले झण्डे लगाए गये थे। गाड़ी में बैठे कार्यकर्ताओं ने नीले रंग की टोपियाँ पहनी थी। नीला गुलाल लगाया था। सभी ने सदानन्द काम्बले से 'जय भीम' कहा। अपनी जाति के कार्यकर्ता आए हैं, यह देख सदानन्द काम्बले को अपार आनन्द हुआ।

"जल्दी निकलिए। बैठक की शुरुआत हुई है। सभी उपस्थित हो चुके हैं। उन्हें आपकी अनुपस्थिति में बैठक लेनी है। जैसा चाहिए, वैसा निर्णय लेकर वे उस बैठक को समाप्त कर देंगे। आज की बैठक में केवल आपका त्यागपत्र स्वीकृत करेंगे और एक मिनट में बैठक खत्म कर देंगे। नये अध्यक्ष के चुनाव हेतु अगली बैठक रखेंगे। उनकी इस राजनीति को हम उलटा कर देंगे। आप निकलिए।"

"मैं तैयार हूँ। ड्रायवर आते ही निकलता हूँ।"

"ड्राइवर बाद में गाड़ी ले आएगा। आप घर पर सन्देशा रख दीजिए। हम गाड़ी ले आए हैं। हम लोग बैठक के बाहर खड़े होकर आपके समर्थन में नारे लगाएँगे। आप त्यागपत्र पीछे ले लीजिए। आपकी टर्म पूरी हो जानी चाहिए। हम उनकी इस राजनीति को सफल होने नहीं देंगे। हमारे बदन में बाबा साहेब का खून है। हमारे लोग इकट्ठा हुए हैं। हमारी जाति का अपमान हम नहीं सहेंगे।"

"मैं त्यागपत्र दे चुका हूँ। उस सम्बन्ध में हाइकमाण्ड निर्णय लेगी।"

"आप अध्यक्ष रहेंगे तो ही दलितों के प्रश्नों को प्रस्तुत करना आसान हो जाएगा। सवर्णों का एक संगठन हमारे हाथों में रहेगा। आप बीच में ही पदत्याग कैसे करेंगे? आपका अपराध कोर्ट में साबित हुआ है क्या?"

"सबकी इच्छा हो तो मैं भविष्य में भी काम करूँगा।"

"हमारे कार्यकर्ता आए हैं। पत्रकार आए हैं। आपका त्यागपत्र स्वीकृत न हो, इसलिए हम दबाव डालनेवाले हैं। आप हमारे साथ चलिए। गाड़ी में हम चर्चा करेंगे।"

सदानन्द काम्बले उनके आग्रह को टाल नहीं सके और उनकी गाड़ी में जाकर बैठ गये। सभी के चेहरे खिल गये। गाड़ी स्टार्ट हुई। बाबासाहब अम्बेडकर जी के पवाडो की सीडी शुरू हुई। सभी भीममय हो गये थे। नीला झण्डा लहरा रहा था। गाड़ी तेजी से दौड़ रही थी। "साहब आप भीतर से जोर लगाइए। हम बाहर से जोर लगाते हैं। अपने हाथों आई सत्ता जाने नहीं देना है। हम शोर मचाएँगे। जातिवादी ताकतों को नंगा कर देंगे।" कार्यकर्ता उत्साह से बोल रहे थे। अलबत्ता ड्राइवर सूचनाओं के अनुसार गाड़ी चला रहा था। गाड़ी ने अपना रास्ता बदल दिया। कार्यकर्ताओं ने अब नीली टोपियों को निकालकर डिकी में फेंक दिया था। गाने की सीडी बदली गई थी।

हिन्दी कि की सीडी लगाई गई। "इधर किधर?" सदानन्द काम्बले ने चिल्लाकर पूछा। "पत्रकारों को बैठक की जानकारी न मिले, इसलिए अचानक बैठक का स्थान बदल दिया गया है।" प्रमुख ने स्पष्टीकरण दिया। सदानन्द काम्बले के मन में अब उनके प्रति सन्देह आने लगा। गाड़ी तेजी से जा रही थी।

"मुझे कैसे इसकी सूचना नहीं दी गई?"

"किसी को भी सूचना नहीं दी गई। गोपनीय रखा गया है। इसीलिए तो हम आपके पास आए हैं।"

"बैठक का समय निकलता जा रहा है।"

"आपके सिवा बैठक होगी कैसे?"

"आप मुझे ले कहाँ जा रहे हैं?"

"बैठक में। हम बैठक में चल रहे हैं।"

"आपने मेरा अपहरण किया है?"

"हमारे साथ दो पेग लीजिएगा। आपकी पसन्द का ब्राण्ड ले आए हैं। हम आपको आपके घर छोड़ आते हैं। चिन्ता किस बात की करते हैं?"

"गाड़ी रोक दीजिए।"

ड्राइवर गाड़ी रोक नहीं रहा था। सदानन्द काम्बले हताश हो गये थे। गाड़ी में बैठे कार्यकर्ताओं ने माथे पर के नीले गुलाल को पोंछ डाला था। प्रमुख ने व्हिस्की की बोतल निकाली थी। बिसलरी पानी की बोतल और पेग भी बाहर निकाले गये थे। सब ने चिअर्स किया। सदानन्द काम्बले और ड्रायवर को छोड़ सब पेग ले रहे थे। सदानन्द काम्बले को उन्होंने धोखा दिया था। वे सभी माणिकचन्द के आदमी थे।

गाड़ी ने यू टर्न लिया। गाड़ी वापसी की यात्रा पर निकली। सदानन्द काम्बले को उनके घर छोड़ आना था। रात हो चुकी थी। गाड़ी सदानन्द काम्बले के घर की ओर निकली थी।

गाड़ी रास्ते में खड़ी हो गई। सदानन्द काम्बले गाड़ी में से उतरे। सबने 'जय भीम' कहा और गाड़ी तेजी से निकल गई। सदानन्द काम्बले पराजित व्यक्ति की तरह अपने घर की ओर निकले थे।

❑ ❑ ❑

बस्ती के लोगों का मन जीतने हेतु कलशेट्टी ने सामुदायिक विवाह का आयोजन करने की ठानी। उसकी स्पर्धा बलशेटवार के साथ शुरू हुई थी। बस्ती के विवाह योग्य लड़कियों के अभिभावकों से मिलकर उन्हें सामुदायिक विवाह का महत्व समझाया जा रहा था। सामुदायिक विवाह का खर्च खुद कलशेट्टी करनेवाला था, इस कारण अभिभावक भी खुशी से तैयार हो रहे थे। बस्ती की विवाह योग्य लड़कियों के लिए वर के खोज का काम जोरों से शुरू हुआ था। अभिभावक दौड़-धूप कर रहे थे। विवाह होगा, इस कारण युवा वर्ग भी खुश था। मतदाताओं को आकृष्ट करने हेतु कलशेट्टी ने इस कार्यक्रम को चुना था।

विवाह-सम्बन्ध जोड़ने हेतु कलशेट्टी ने आस-पास के गाँवों में विशेष दूत भिजवा दिए थे। सामुदायिक विवाह हेतु वर-वधुओं के नाम दर्ज करना शुरू हुआ था। कलशेट्टी को यह क्रार्यक्रम सफल करना था। उसने बलशेटवार को शह देने हेतु इस कार्यक्रम के लिए माणिकचन्द और गोपीचन्द को निमंत्रित करने का निर्णय लिया था। बलशेटवार परेशान हो गया। कलशेट्टी को अधिकाधिक सामुदायिक विवाह कराने थे। विवाह की तिथि जैसे-जैसे नजदीक आ रही थी, कलशेट्टी उत्तेजित हो रहा था।

सावित्री बाई फुले न्यू इंग्लिश स्कूल में पढ़ाई करनेवाली कुछ छात्राओं के नाम सामुदायिक विवाह हेतु दर्ज किए गये थे। ये लड़कियाँ कानूनन विवाह योग्य नहीं थीं। रमा बाबर ने ऐसे बाल-विवाहों का विरोध किया था। सामुदायिक विवाहों की संख्या बढ़ाने हेतु लोगों को अनेक आकर्षण बतलाए जा रहे थे। अगर कोई नहीं सुन रहा हो तो उसे धमकी दी जा रही थी। इस समारोह की सभी ओर चर्चा चल रही थी। "अठारह साल से कम आयु वाली लड़की की शादी नहीं कराई जा सकती। यह कानूनन अपराध है। इतनी कम आयु में विवाह करना स्वास्थ्य की दृष्टि से अयोग्य है।" ये छात्राएँ बारह से पन्द्रह वर्ष के बीच की आयु की थीं। इस कारण रमा बाबर के विरोध को कानून का आधार मिल गया था। रमा बाबर प्रत्येक के घर जाकर कानून की भूमिका समझा रही थी। बस्ती के लोग विचलित हुए थे। इस कारण कलशेट्टी को अड़चन हो रही थी। बलशेटवार को इसकी अत्यधिक खुशी हो रही थी। रमा बाबर अपनी छात्राओं के हृदय-परिवर्तन में सफल हो गई थी। लड़कियों के माँ-बाप अलबत्ता कलशेट्टी की ओर से बोल रहे थे। "विवाह के लिए कोई खर्च ही नहीं करना पड़ेगा। आज नहीं तो कल इनका विवाह करना ही है। फिर से लड़का ढूँढ़ने कहाँ घूमने जायें? इन लड़कियों के विवाह हमें ही तो करने हैं।" प्रत्येक अभिभावक से यही उत्तर मिल रहा था।

रमा बाबर—"बाल विवाह कानूनन अपराध है। विवाह-मण्डप में पुलिस आकर आपको अन्दर कर सकती है।"

लड़कियों के अभिभावक—"पुलिस वालों को भाई देख लेंगे।"

रमा बाबर सामुदायिक विवाह समारोह में अड़चन पैदा कर रही हैं इसकी चिढ़ कलशेट्टी को आई थी। बलशेटवार ने अफवाहें फैलाकर कलशेट्टी और रमा बाबर के बीच स्थित दरारें और चौड़ी कर दी थीं। आग में मिट्टी का तेल उँड़ेला था। कलशेट्टी की अवस्था दयनीय हो गई थी। वधू-वर के माँ-बाप कलशेट्टी से आकर मिल रहे थे। अपनी अड़चनें बता रहे थे। कलशेट्टी सबको धीरज दे रहा था। बलशेटवार गैंग के सक्रिय हो जाने के कारण कलशेट्टी का सिरदर्द बढ़ गया था। सामुदायिक विवाह का आयोजन टाँय-टाँय फिस्स होगा, ऐसी चर्चा शुरू थी। लड़कियों के माँ-बाप कलशेट्टी से मिलकर क्षमायाचना कर रहे थे। "विवाह मण्डप में अगर तमाशा हो जाए, विवाह टूट जाए तो फिर से लड़की का विवाह नहीं होगा। उसके नाम पर कलंक लगेगा। विवाह का तमाशा न हो। सामुदायिक विवाह समारोह रद्द कर दीजिए। हमारे मुँह पर कालिमा मत थोपिए। कुछ बुरा हो जाए तो हमें तो जान ही देनी पड़ेगी।" अभिभावकों की हिम्मत टूट चुकी थी।

कलशेट्टी ने अब तक पानी की तरह पैसा खर्च किया था। इस कारण वह भी पीछे हटने तैयार नहीं था। उसने यह प्रतिष्ठा का प्रश्न बना लिया था। "रमा

बाबर आपके घर आई कि मुझे सन्देश भेजिए। मैं उसे समझाता हूँ।" कलशेट्टी गैंग में संग्राम की स्थिति पैदा हुई थी।

"सामुदायिक विवाह समारोह रद्द करने के बजाय आगे टाल देंगे।"

"सामुदायिक विवाह समारोह रद्द नहीं करेंगे। दो विवाह हों तो भी कोई बात नहीं। समारोह होगा ही। अब पीछे नहीं हटेंगे।"

"सामुदायिक विवाह-समारोह सफल हो सकता है, अगर पुलिस हस्तक्षेप न करे तो।"

"पर इस औरत का क्या बिगड़ रहा है? विवाह करने वाले तैयार हैं। समारोह अगर रद्द हुआ तो इस औरत की हिम्मत और बढ़ जाएगी। कुछ भी करो, उसकी आवाज बन्द करो।"

कलशेट्टी चाहे जिस परिस्थिति से सामना करने तैयार था। उसे यह समारोह सफल करके बतलाना था। समारोह की पूर्व तैयारी शुरू हो गई थी। माणिकचन्द और गोपीचन्द की स्वीकृति लेकर पत्रिका छपने के लिए देनी थी। लोग काम पर लग गये थे। "कलशेट्टी अच्छा काम कर रहा है। उसका बिना मतलब के विरोध किया जा रहा है।" लोगों में उसके प्रति सहानुभूति की लहर पैदा हो गई थी।

❑ ❑ ❑

"ब्राह्मण समाज बदल रहा है। आप बदलनेवाले हैं कि नहीं? कोई भी धर्म नफरत, द्वेष सिखाता नहीं है। ममत्व, परोपकार सिखाता है। बदलते हुए समाज को देखकर ब्राह्मण बदल रहा है। परन्तु इन दिनों बिना किसी कारण ब्राह्मण समाज पर निराधार टीका-टिप्पणी हो रही है। ब्राह्मणों को और कितनी खरी-खोटी सुनाओगे? समाज-सुधार की प्रक्रिया में आज ब्राह्मण सबसे आगे है। इसकी ख़बर औरों को है क्या? ब्राह्मणों पर टीका-टिप्पणी करते समय अपने विवेक को लोग खो देते हैं।" विश्वनाथ कुलकर्णी अपने भीतर की छटपटाहट और असन्तोष को पूरी सात्विकता के साथ सन्तप्त होकर व्यक्त कर रहे थे। दलितों के साथ रहते हुए, उनके मन में जो छटपटाहट होती थी, उसे वे व्यक्त कर रहे थे। काशीनाथ पोलके और सिद्धार्थ पगारे ने उनके ब्राह्मण होने पर कई बार कठोर प्रहार किए थे। विश्वनाथ कुलकर्णी आज पहली बार ब्राह्मणों का पक्ष लेकर ब्रह्माण्ड गर्जन कर रहे थे। उनके मन में संचित असमाधान को वे सहजता से व्यक्त कर रहे थे। काशीनाथ पोलके और सिद्धार्थ पगारे उन्हें उत्तर दे रहे थे।

काशीनाथ पोलके—"ब्राह्मण और अछूत में क्या ममत्व है? ब्राह्मण अछूत के प्रति परोपकार करता है क्या? ब्राह्मण समाज सचमुच बदल रहा है इसका अर्थ क्या है? ब्राह्मण पुरुष जीन्स पहनने से और ब्राह्मण स्त्रियों द्वारा स्लीवलेस पहनने से क्या

परिवर्तन हो जाएगा? ब्राह्मण समाज हिन्दू समाज का बौद्धिक नेतृत्व करता है। उस पर टीका टिप्पणी होती है। ब्राह्मणों ने मन्दिरों में से समाज-परिवर्तन का विचार क्या कभी रखा है? जाति-भेद नष्ट करने का कार्य राष्ट्रीय कार्य है। फिर ब्राह्मणों ने इस कार्य की शुरुआत क्यों नहीं की? प्राचीन काल से चले आ रहे अपने वर्चस्व के अधिकारों को त्याग कर स्वार्थ-त्याग का कोई आदर्श प्रस्तुत किया है क्या? उलटे वे लोगों को अंधश्रद्धा में फँसाते रहे हैं। अंधश्रद्धा यही हिन्दुत्ववादियों की सच्ची ताकत हैं?"

विश्वनाथ कुलकर्णी—"क्या तूने भगवत्गीता पढ़ी है?"

काशीनाथ पोलके—"मैं क्यों पढ़ूँ भगवत गीता? आप पढ़िए। मुझे क्या है उसका? मैं कुछ भी पढ़ूँगा। किसी भी धर्म को स्वीकारूँगा। आप अपना धर्म सँभालें। आप गीता पढ़िए वेद पढ़िए और कुछ भी पढ़िए। उसमें हमारा क्या फायदा? आप भगवत्गीता पढ़िए, वह आपकी संस्कृति है। वेदों के टुकड़े करके मुझे खाने के लिए दें, मैं उसे खाऊँगा।"

"क्या बोल रहा है तू?" विश्वनाथ कुलकर्णी

सिद्धार्थ पगारे—"हाँ ना! एक आदमी गुणों से ब्राह्मण होता है, दूसरा अछूत। मैं ऐसी गुण-व्यवस्था के विरोध में हूँ। गुण से ब्राह्मण हुए हैं—ऐसे कितने उदाहरण हैं? एक तो बता? तपस्या करनेवाले शम्बूक का सिर क्यों उड़ाया गया? शिक्षा ग्रहण करने वाले एकलव्य का अँगूठा क्यों काटा गया? संविधान लिखने वाले डा. बाबा साहब अम्बेडकर जी के पुतले की बेइज्जती आज भी क्यों होती है? बता? गुण से आदमी ब्राह्मण कैसे होगा?"

विश्वनाथ कुलकर्णी—"राष्ट्र संगठित रखने हेतु व्यापक विचार करना होगा। संकुचित वृत्ति छोड़ देनी पड़ेगी।"

काशीनाथ पोलके—"ब्राह्मणों को राष्ट्र संगठित रखने की जरूरत क्यों महसूस होती है? हमें भविष्य की ज़रा भी चिन्ता नहीं है। हम सड़क पर के लोग हैं। जिन्हें अपने भविष्य की चिन्ता लगी है, वे अखण्डता का विचार करें। सवर्णों को सुरक्षित रखने हेतु क्या देश का अखण्डत्व महत्वपूर्ण है? इस अखण्ड भारत में हमारी झोंपड़ियाँ रोज ही जलाई जा रही हैं। उसका क्या?"

"ऐसा विचार करते रहे तो भविष्य में इस्लाम धर्म बढ़ेगा।" विश्वनाथ कुलकर्णी

सिद्धार्थ पगारे—"यह आपकी समस्या है, हमारी नहीं। जातिवाद नष्ट करो अथवा उसे और भी मजबूत करो। हमारा उससे कोई लेना-देना नहीं है। अगर आपको जाति-व्यवस्था नष्ट करनी हो तो हिन्दू धर्म छोड़ दीजिए। अपने आप जाति व्यवस्था नष्ट हो जाएगी। मास्को, न्यूयार्क, पेरिस में सबको सभी प्रकार के काम करने पड़ते

हैं। वहाँ पर हमारी जैसी जाति व्यवस्था नहीं है।"

काशीनाथ पोलके–"हिन्दुत्ववादी संगठनों ने दुनिया भर से पैसे इकट्ठे करने का खुला धन्धा शुरू किया है। डॉलर्स, स्टर्लिंग, पौण्ड, यूरो जैसी विदेशी चलन का अतिरिक्त संचय संघ प्रणित संस्थाओं ने किया है। भूखण्ड खरीदना, इमारतें बाँधना, कम्प्यूटर की व्यवस्था- खड़ी करना, कार्यकर्ताओं को मोबाइल देना–इस पर पैसा खर्च किया जा रहा है। धर्मवाद का प्रचार करना, मुसलमान और ईसाइयों के प्रति द्वेष फैलाना, धार्मिक तथा जातीय दंगे करवाना इस हेतु इन पैसों का उपयोग किया जाता है। ऐसे संगठनों पर पाबन्दी लगानी चाहिए।"

विश्वनाथ कुलकर्णी–"मुस्लिम आतंकवादियों का क्या?"

काशीनाथ पोलके–"आतंकवादी जहाँ कहीं हैं, उन्हें खत्म ही कर देना चाहिए।"

विश्वनाथ कुलकर्णी–"जाति का उल्लेख अगर हमने किया कि अस्ट्रोसिटी दाखिल करते हो तो फिर आरक्षण के लिए जाति का प्रमाण-पत्र क्यों माँगते हो? जाति के फायदे क्यों लेते हो? आरक्षण की नीति के कारण जातियाँ खत्म नहीं होतीं, मजबूत हो जाती है।"

काशीनाथ पोलके–"आरक्षण की नीति सामाजिक न्याय के लिए है। जातिवाद बढ़ाने के लिए नहीं। उलटे हमारी नीति के कारण जातिव्यवस्था दृढ़ होने के बजाए चरमरा रही है। आरक्षण की जगहें न भरना, अनुशेष न भरना; दलितों को अधिकार न देना–यह नयी अस्पृश्यता है। अस्पृश्यता निवारण का रास्ता है–सार्वजनिक व्यवस्था सबके लिए खुली की जाए।"

सिद्धार्थ पगारे–"हममें संवादहीनता है। इसी कारण ये प्रश्न जटिल हो गये हैं। अब यह देखो न, कुरआन-बाइबल पढ़ने का किसी को भी अधिकार है। इसके अलावा ये धर्मग्रन्थ सस्ते दामों में मिलते हैं। इसके उलटहाल हिन्दू धर्मग्रन्थों का है। ब्राह्मणों को छोड़ अन्य किसी को वेद पढ़ना नहीं आता। उसका अध्ययन भी वह नहीं कर सकता। बहुजन समाज का अज्ञान यह ब्राह्मणों की सबसे बड़ी ताकत है। बहुजन समाज ब्राह्मण समाज का निःशुल्क प्रहरी है। ब्राह्मण समाज औरों को धर्म का अधिकार नहीं देता। वेद पढ़ने नहीं देता। मन्दिर में पूजा करने नहीं देता। मन्त्र पढ़ने नहीं देता। केवल मुसलमानों का डर बतलाता है और उनसे शत्रुता करने के लिए उकसाता है। हिन्दू धर्म के सभी धर्म ग्रन्थ ब्राह्मणों ने लिखे हैं। क्योंकि औरों को लिखने-पढ़ने का अधिकार ही नहीं था। ब्राह्मणों ने धर्मग्रंथों में हमेशा अपना स्थान सबसे ऊपर रखा है तथा औरों की अवहेलना की है। मन्दिरों में इकट्ठे होनेवाला पैसा बहुजन समाज का है। यह पैसा ब्राह्मणों को मिलता है। बहुजनों के विरोध में काम करनेवाली ब्राह्मण संगठनाओं को हम रसद की आपूर्ति करते हैं।

मन्दिरों का अर्थ ही है पुरोहितशाही को जन्मतः प्राप्त सम्पत्ति। बहुजन समाज को अगर प्रगति करनी हो तो सभी मन्दिरों को ब्राह्मणों के नियन्त्रण से मुक्त कर दिया जाए।''

विश्वनाथ कुलकर्णी मौन हो गया था। पुराण काल में धड़ से अलग किया गया शंबूक का सिर बोलने लगा था। वामन द्वारा भूमि में गाड़ा गया बलि-धरती को फोड़ कर ऊपर आया था। एकलव्य के हाथ पर शल्यक्रिया कर उसके टूटे अँगूठे का रोपण किया गया था। पुराणों की ये घटनाएँ जीवन्त हो गई थी। उन्हें प्रतिशोध लेना था। वे सांस्कृतिक प्रतिशोध की भाषा बोल रहे थे। विश्वनाथ कुलकर्णी किंकर्त्तव्यविमूढ़ हो गया था।

एक तो देश का संविधान बदलना पड़ेगा अथवा ब्राह्मणों को चुपचाप बदलना होगा, यह अन्तिम सत्यशोधन उन्होंने किया था। उनका चेहरा 'बड़े इन्द्रजाल' की तरह लग रहा था।

❑ ❑ ❑

माणिकचन्द और गोपीचन्द को सामुदायिक विवाह-समारोह का निमन्त्रण देने हेतु कलशेट्टी निकला था। माणिकचन्द ने कलशेट्टी से मिलने को नकारा था। गोपीचन्द अलबत्ता कलशेट्टी से मिला था। उसे जूस दिया था। कलशेट्टी पहली बार कारखाने में गया था। वह बहुत प्रभावित हुआ था। उसने गोपीचन्द को सामुदायिक विवाह-समारोह का निमंत्रण दिया था।

''मैं इस कार्यक्रम में आने को उत्सुक हूँ परन्तु उसी दिन एक महत्वपूर्ण बैठक है। इस दिन तो संभव नहीं है। मैं फिर कभी जरूर आऊँगा।''

''आप आ जाते तो बड़ा अच्छा हो जाता।''

''सुना है कि तू बाल-विवाह लगा रहा है। कानूनी परेशानी हो सकती है। इस पर उलटा-सीधा छप कर आ सकता है। तू दूसरा अतिथि देख।''

''अब इस समय कौन आ सकेगा? आप आएँगे, यह सोच स्वागत की जबरदस्त तैयारी कर रखी है।''

''किसी अन्य कार्यक्रम में जरूर आऊँगा।''

''आपने मुझे नाराज कर दिया है। अब हम किनके यहाँ जाएँ?''

''तू स्वामी राघवेन्द्र को बुला ले, वे आएँगे। बालविवाह को उनका विरोध तो होगा नहीं। हिन्दू धर्म में हस्तक्षेप करना ठीक नहीं है। मुसलमान चार शादियाँ करते हैं। रमा बाबर से कहें कि वह उनका विरोध करें। जो कोई भी उठता है, हिन्दू धर्म पर टीका-टिप्पणी करता है। स्वामी राघवेन्द्र को हाथ लगाने की किसी की हिम्मत नहीं। उनके बाल को भी धक्का लग जाए तो हजारों हिन्दू आक्रामक हो जाएँगे।''

कलशेट्टी को गोपीचन्द की सूचना बहुत उपयुक्त लगी। "यह मुझे पहले ही कैसे नहीं सूझा।" कलशेट्टी खुद को ही दोष दे रहा था। संकटकाल में बाहर निकलने का रास्ता उसे दिखलाई दिया था। वह स्वामी राघवेन्द्र के यहाँ निकला। स्वामी राघवेन्द्र की स्वीकृति लेकर उसे विवाह की पत्रिकाएँ छापनी थीं। कम समय में बहुत-से काम उसे करने थे।

गरीबी हटाओ झोंपड़पट्टी के लोगों के मदिलों को जीतने हेतु कलशेट्टी एड़ी-चोटी का ज़ोर लगा रहा था। सन् 1995 के पूर्व बसाई गई झोंपड़ियों को स्थायित्व दिया जा रहा था। ऐसे झोंपड़पट्टी धारकों को मतदान का अधिकार प्राप्त हुआ था। इस कारण बस्ती का राजनीति में महत्व बढ़ गया था। राजनीति का अर्थ ही है महाकाय झंझट। एक स्थान के समुद्र को दूसरे स्थान पर बसाना। लोगों को एक मिल गया कि दूसरा माँगते हैं। लोगों की माँगें कभी खत्म नहीं होतीं। फिर लोगों का अनुनय करना इतना ही अर्थ राजनीति का शेष रह जाता है। कलशेट्टी बहुत तेजी से स्वामी राघवेन्द्र की ओर निकला था। विचार करने की उसकी गति भी बढ़ गई थी। इसके पूर्व उसने कभी इतना विचार नहीं किया था। चुनौतियाँ आईं कि आदमी अन्तर्मुख हो जाता है। विचार करने लगता है। अन्यथा वह कोरा ही रह जाता है।

"इन दिनों यह भगवान के पीछे बहुत लग गया है।"

"स्वामी राघवेन्द्र ने उसे इस तरह बना दिया है।"

"इसे गाँव से बाहर खदेड़ा गया था, अब इसका गाँव में आना बढ़ गया है।"

"इन दिनों बदमाशों के अच्छे दिन आ गये हैं।"

"झोंपड़पट्टी में बरो लोगों की गरदनें मरोड़कर इसने काफी पैसा कमाया है।"

"झोंपड़पट्टी का अर्थ ही है गुण्डों का अभयारण्य। दुनिया में गुण्डों की संख्या कम न हो इसलिए झोंपड़पट्टी में कमजोर लोगों की भर्ती की गई है। इन कमजोरों के रक्त का शोषण कर झोंपड़पट्टी दादा जीते रहते हैं। दुनिया की यह दुर्लभ जमात नष्ट न हो इसके लिए हमें प्रयत्न करने चाहिए। क्योंकि यह जमात लोगों से जबरदस्ती पैसा वसूल कर ऊपर के लोगों को हफ्ता देती रहती है।"

फूलवाली, कैसेटवाला, चायवाला, रिक्शावाला, फलवाला, नारियलवाला—इनमें गुफ्तगू चल रही थी। मन्दिर में जाने-आने वालों पर इनकी नजर हुआ करती थी। मन्दिर के रास्ते के दोनों ओर की दुकानों की ये लाईन वास्तव में मन्दिर पर बिठलाया गया रेडार यन्त्र ही था। इन दुकानदारों में हेमा पण्डित को लेकर बड़ी रसीली चर्चा हुआ करती थी। मन्दिर में जाते समय हेमा पण्डित का चेहरा कैसे था, आते समय कैसे था, वह मन्दिर में कितने मिनट, कितने सेकेण्ड रुकी, जाते समय गजरा था, आते समय नहीं था, आज यह बड़ी प्रसन्न थी, कल उसका चेहरा उदास था, शायद

दोनों का झगड़ा हुआ हो—प्रतिक्रियाओं की ऐसी वर्षा होती।

"भगवान के लिए हार लीजिए।"

"गाय के लिए घास लीजिए।"

"चप्पल यहाँ रखें।"

दुकानदार, घास बेचनेवाली औरतें, श्रद्धालुओं और भिखारियों की भीड़ को लाँघते हुए कलशेट्टी आगे बढ़ रहा था। उसे स्वामी राघवेन्द्र की स्वीकृति प्राप्त करनी थी। उनकी स्वीकृति से सभी प्रश्न छूटने वाले थे। कलशेट्टी आवेग से स्वामी निवास की सीढ़ियाँ चढ़ रहा था। उसे हेमा पण्डित की चप्पलें दिखलाई दीं। उन्हें देख वह अचानक रुक गया। स्वामी निवास में से हेमा पण्डित के रोने की आवाज सुनाई दे रही थी। "पुलिस के यहाँ की गई शिकायत में अगर मेरा नाम होगा तो मेरा राजनीतिक जीवन ही खत्म हो जाएगा। चुनाव निकट आ गये हैं। विरोधियों को महत्वपूर्ण मुद्दा मिल जाएगा। मेरी बदनामी हो जाएगी। मेरी तुलना में आपका नाम बहुत बड़ा है। मेरे कारण आपकी अप्रतिष्ठा होगी। इसी बात से मैं परेशान हूँ।" हेमा पण्डित की आवाज बाहर तक सुनाई दे रही थीं। कलशेट्टी जहाँ था, वहीं रुक गया। कलशेट्टी को स्वामी निवास की ओर और आगे जाने की हिम्मत ही नहीं हुई। वह मन्दिर में गया। उसने अपने मन में स्थित जनसंख्या को हटा दिया। उसका मन मनुष्यहीन हो गया। शिवलिंग के सम्मुख बैठे हुए असंख्य नन्दी उसे दिखलाई दिए। नन्दी एक सुर में जुगाली कर रहे थे। उनकी जुगाली उनकी महाकाय निष्ठा बन चुकी थी। उसे हजारों सर्प दिखलाई दिए। शिवजी के गले की माला बनाने हेतु उनमें स्पर्धा शुरू हो गई थी। "सभी ओर राजनीति है।" कहते हुए वह गोमुख से बाहर पलायन कर रहे चूहे की तरह मन्दिर के बाहर आया।

उसे मंदिर के बाहर जा रही हेमा पण्डित दिखलाई दी। वह दौड़ते हुए स्वामी जी के यहाँ गया। स्वामी राघवेन्द्र आँखें बन्द किए बैठे थे। कलशेट्टी ने पीछे मुड़कर देखा। बेल के पेड़ पर से कूदने वाले बन्दर उसे दिखलाई दिए। वह आगे गया—

"आऊँ क्या?"

"आओ, आओ क्या काम निकाले हो?"

"कार्यक्रम का निमन्त्रण लेकर आया हूँ। हम सामुदायिक विवाह समारोह आयोजित कर रहे हैं। इस कार्यक्रम पर आप प्रमुख अतिथि के रूप में आएँ—ऐसी हम सब लोगों की इच्छा है। आप वहाँ आएँ और वधू-वर को आशीर्वाद दें।"

"कब है कार्यक्रम?"

"आपकी सुविधा से तारीख तय करूँगा। अगले सप्ताह क्या सम्भव है?"

"ठीक है, मैं आऊँगा।"

"आपका उपकार होगा"

"इसमें कैसे आया उपकार? मनुष्य का जीवन लोगों के लिए आशीर्वाद की तरह होना चाहिए, शाप की तरह नहीं। कार्यक्रम का प्रचार करो। सामुदायिक विवाह इस युग की जरूरत है।"

"वह हो जाएगा।"

"कितने विवाह होंगे?"

"अनेकों ने नाम दर्ज किए हैं। अब आप आ रहे हैं यह कहने के बाद संख्या बढ़ेगी। मैं निकलता हूँ अब। कार्यक्रम पत्रिका छपवानी है।"

"रुको, जल्दी क्या है?"

"नहीं, आपका समय महत्वपूर्ण है।"

"बैठो तो सही।"

"एक बात कहना चाहता हूँ।"

"कहो।"

"दामोदर पोतदार विकास मोर्चा के कार्यकर्ताओं से मिलकर आपकी बदनामी कर रहा है। रमा बाबर से मिलकर आपके खिलाफ शिकायत की फोटोकॉपी उसने दी है। रमा बाबर, काशीनाथ पोलके, सिद्धार्थ पगारे आपके खिलाफ आन्दोलन करने वाले हैं। मैं आपको निमंत्रित करने जा रहा हूँ, इसलिए इस समारोह में वे गड़बड़ करने की कोशिश करेंगे।"

"मैं हूँ आप लोगों के पीछे। चिन्ता मत करो।"

"आप दामोदर पोतदार पर विश्वास न रखिएगा।"

कलशेट्टी जान-बूझ कर स्वामी राघवेन्द्र के नासूर पर जमी पपड़ी खूरच रहा था। स्वामी राघवेन्द्र को भी किसी के सामने अपना मन खुला करना था। परन्तु वे अपनी वेदना किसी के सम्मुख खुल कर बोलते नहीं थे। मोमबत्ती जैसे गलने लगती है, वैसे उनकी वेदना गलने लगी। स्वामी राघवेन्द्र ने अन्ततः बोलना शुरू किया—

"मुझे उसकी बहुत तकलीफ होती है। पर यह सब कहूँ तो किससे? उसका मुँह कैसे बन्द करें, समझ में नहीं आता। मैं व्यथित हुआ हूँ। मेरा सारा समय धर्म चिन्तन में जाना चाहिए। परन्तु इन दिनों मुझे दामोदर पोतदार की शरारतों पर विचार करना पड़ रहा है।"

"दामोदर पोतदार ने ही वेद अध्ययन केन्द्र की जगह के विरोध में दलितों को आन्दोलन करने हेतु उकसाया है।"

"इस शैतान के खिलाफ मैं क्या करूँ?"

"मैं करता हूँ इसका इलाज।"

"अब तू ही मुझे इस काम में सहायता कर।"

स्वामी राघवेन्द्र अपनी जगह से उठ गये। भीतर के कमरे में जाकर वे नोटों

का बण्डल ले आए। "यह ले। सामुदायिक विवाह समारोह के लिए मेरी ओर से यह सहायता समझ।" स्वामी राघवेन्द्र ने कलशेट्टी के हाथों में नोटों कें बण्डल थमा दिए। कलशेट्टी को मानो गुप्तधन का भण्डार ही प्राप्त हुआ हो। उसे बेहद खुशी हुई। उसे भीतर से गुदगुदी हो रही थी। स्वामी राघवेन्द्र की वेदना कर्पूर की तरह जल रही थी।

मन्दिर में चर्तुमास पूजा की तैयारियाँ चल रही थीं। स्वामी राघवेन्द्र पूजा हेतु मन्दिर की ओर निकले थे। वे स्वामी निवास की सीढ़ियों से उतर रहे थे। कलशेट्टी उनके पीछे छाया की तरह निकला था। "मेरे रास्ते पर का यह काँटा हटा दे।" स्वामी राघवेन्द्र की आवाज बिजली की तरह चमक गई। बन्दरों की धींगामुश्ती के कारण बेल के पेड़ की एक शाखा टूट कर गिर गई थी। शिवालय के प्रांगण में स्थित गाएँ रँभा रही थीं। परन्तु उनका रँभाना मन्दिर में स्थित नंदी को सुनाई नहीं दे रहा था। मेरे सिर पर कोई नारियल फोड़ रहा है, ऐसा आभास प्रत्येक क्षण कलशेट्टी को हो रहा था। कलशेट्टी स्वामी राघवेन्द्र द्वारा दिए गये नोटों के बण्डलों को स्पर्श करता रहा। पूजा हेतु मन्दिर में अनेकों ने हाथ जोड़े थे। कलशेट्टी ने भी हाथ जोड़ दिए।

स्वामी राघवेन्द्र कुम्भाभिषेक कर रहे थे। महादेव माली के बदन से पसीना टपक रहा था। गर्भगृह धूप से भर चुका था। श्रद्धालु लाइन में से आगे बढ़ रहे थे। लाइन में स्थित श्रद्धालुओं की चर्चाएँ चल रही थीं। कलशेट्टी पहली बार इस प्रकार की लाइन में खड़ा था।

"मेरी बहन की छोटी लड़की के हृदय में जन्म से ही छेद था। सुई के अग्र से भी सूक्ष्म। पुणे-मुम्बई के अस्पतालों में हमने दिखलाया था। प्रत्येक ने कहा कि ऑपरेशन करना होगा। पिछले वर्ष से उसे नियमित रूप से इस मन्दिर में लाते रहे। हृदय का ऑपरेशन करवाये बिना ही लड़की अच्छी हो गयी। जो डॉक्टर ऑपरेशन जरूरी है, एक लाख लगेंगे, ऐसा कह रहे थे, आज वे कह रहे हैं कि ऑपरेशन की जरूरत नहीं है। यह देवस्थान जाग्रत हैं।"

"मैं डायबेटिक हूँ। मेरी आयु सत्तर वर्ष की है। मेरे दाँत दर्द कर रहे थे। अन्न चबाते समय तकलीफ होती थी। मैं नियमित रूप से मन्दिर में आता हूँ। आज मेरे दाँत दर्द नहीं देते। चेहरे पर तेज भी है।"

"मेरे पड़ोस में काजले नामक नगर सेवक थे। वे नास्तिक थे। हम उन्हें शिव-महिमा के सम्बन्ध में बतलाते। वे हमारा मजाक उड़ाते। अन्ततः हार्ट अटैक से गये। अब उनकी पत्नी नियमित रूप से मन्दिर में आती है। वे पीछे खड़ी हैं कत्थई रंग की साड़ी में।"

स्वामी राघवेन्द्र ने आर्थिक सहायता की थी इसलिए कलशेट्टी तनावमुक्त हो गया था। स्वामी राघवेन्द्र कार्यक्रम को आएँगे, इस विचार से वह हवा में तैर रहा था।

कलशेट्टी जब मन्दिर के बाहर निकल रहा था, तब एक विकलांग लड़के ने उन्हें लाटरी का टिकट लेने के लिए आग्रह किया। कलशेट्टी ने उदार अन्तःकरण से उससे लॉटरी का टिकट खरीद लिया था। मण्डप कॉन्ट्रैक्टर और केटरर्स को उसे एडवान्स देना था। स्वामी राघवेन्द्र की स्वीकृति और आर्थिक सहायता के कारण उसके सभी प्रश्न हल हो चुके थे। ईश्वर के बजाय में उसने दामोदर पोतदार का आभार माना।

कलशेट्टी गाड़ी की ओर निकला था। दामोदर पोतदार ने पीछे से अचानक उसकी गरदन पकड़ ली थी। कलशेट्टी घबरा गया था। "क्यों रे, तुझे सुपारी दी है क्या गोडबोले ने?" दामोदर पोतदार की आवाज में व्यंग्य और उद्वेग था। "कौन गोडबोले?" कलशेट्टी ने आश्चर्य के साथ पूछा। "स्वामी राघवेन्द्र गोडबोले।" दामोदर पोतदार ने सुदृढ़ आवाज में सुनाया। कलशेट्टी ने दामोदर पोतदार के कन्धे पर हाथ रखा था। दामोदर पोतदार ने उसका हाथ झटक दिया था।

"दामोदर, सुन। गोडबोले तेरा बहुत कुछ बिगाड़ सकता है। तू सतर्क रह। उसकी बातचीत से मुझे सन्देह हो रहा है। मैं तेरी सुपारी नहीं लूँगा। तू कड़ी भूमिका ले। वह घबरा जाएगा। वह डरपोक है। पर तू डर गया कि सब खत्म।"

"मैं क्यों डरूँ? पर तू हमारे बीच में मत आ।"

"मुझसे तुझे किसी प्रकार का खतरा नहीं है। बस्स! परन्तु मेरा नाम तू गोडबोले को मत बता। अगर नाम बता दिया कि फिर मुझसे तुझे कोई जानकारी नहीं मिलेगी।"

"ठीक है।"

दामोदर पोतदार पीछे मुड़ गया तो कलशेट्टी दाँव जीतने की खुशी में आगे निकला। दामोदर पोतदार से वह बड़ी कुशलता के साथ निपट सका था। दामोदर पोतदार डोलते हुए मन्दिर में घुस गया। कलशेट्टी तेजी के साथ बस्ती की ओर निकला।

सदाशिव मोरे ने हाथ का इशारा करते हुए कलशेट्टी को रोका था। सदाशिव मोरे के चेहरे पर डर छाया हुआ था। दंगे में कोई सिटी बस जल जाए, वैसा उसका चेहरा दिखाई दे रहा था। उसकी नजर बता रही थी कि कुछ तो बहुत बुरा घटित हो गया है। कलशेट्टी परेशान हो गया–

"क्या हुआ है रे?"

"मुझे पता नहीं चला।"

"नहीं, मैं स्वामी राघवेन्द्र से मिलने गया था।"

"पीछे घूम जा। अगर आगे जाएगा तो मुर्दे में तब्दील हो जाएगा।"

"क्या हुआ, क्या?"

"बण्टी ने रमा बाबर के दोनों हाथ काट दिए हैं। बस्ती में भयावह शोर मच गया है।"

कलशेट्टी की हवा ही निकल गई। सामुदायिक विवाह समारोह अब शायद रद्द करना पड़े। कलशेट्टी की आँखों में आँसू भर गये। वह दिशाहीन हो गया था। सदाशिव मोरे चला गया था। रमा बाबर के हाथ काट दिए हैं–इसकी सबसे अधिक खुशी बलशेटवार को हुई थी। अब कलशेट्टी इस मामले में पूरी तरह अन्दर चला जाएगा और मेरा रास्ता निष्कटंक हो जाएगा–इस विचार से वह उत्तेजित हो गया था। कलशेट्टी अलबत्ता परेशान हो गया था। अब कहाँ जाए–यह उसकी समझ में नहीं आ रहा था। "जब-जब मैं बस्ती के बाहर निकल जाता हूँ, तब कुछ तो बुरा घटित होता है।" कलशेट्टी खुद पर चिढ़ गया था।

रमा बाबर को शासकीय अस्पताल में एडमिट किया गया था। उस का ऑपरेशन किया जा रहा था। अस्पताल के परिसर में हजारों कार्यकर्ता इकट्ठा हुए थे। पत्रकार, फोटो ग्राफर, विभिन्न चैनल के प्रतिनिधि और पुलिस की भीड़ लग गई थी। राहुल बनसोडे, याकूब शेख, चन्द्रकान्त अम्भोरे, पण्डित कानडे और गौतम गांगुर्डे भीड़ में खड़े होकर कार्यकर्ताओं के साथ चर्चा कर रहे थे। सबके चेहरे पर उग्र तनाव दिखाई दे रहा था। अनेक दलित स्त्रियाँ आक्रोश कर रही थीं। विश्वनाथ कुलकर्णी जो घटित हुआ, उसकी जानकारी दे रहा था।

रमा बाबर और विश्वनाथ कुलकर्णी बाल विवाह के विरोध में अभिभावकों का मन बदल रहे थे। "रमा बाबर हमारे विचारों को बदलने के बजाए कलशेट्टी के विचार बदले।" ऐसी सूचना कुछ ने की थी। इस कारण रमा बाबर कलशेट्टी के घर की ओर निकली थी। रमा बाबर को देख कलशेट्टी का गैंग भड़क उठा था। रमा बाबर कुछ करने के पूर्व ही बण्टी अश्लील भाषा में रमा बाबर के साथ विवाद करने लगा। "तू अपना स्कूल देख। हमें ज्ञान मत दे। तेरे स्कूल के बारे में मैं सब जानता हूँ। तू अपना यह स्कूल बन्द कर। नहीं तो तेरा चेहरा बिगाड़ दूँगा।" बंटी अक्खड़ता से बोल रहा था। रमा बाबर उसकी असभ्यता से चिढ़ गई थी। उसने बण्टी को जोर से थप्पड़ लगाइ। बण्टी परेशान हुआ और वहाँ से भाग गया। रमा बाबर की आक्रामकता को देख बण्टी के सहयोगी त्रस्त हो गये। "तुम्हें माँ-बहनें नहीं हैं क्या? क्या उनके साथ ऐसे ही पेश आते हो? मैं आप लोगों के साथ चार अच्छी बातें बोलने आई तो आप मेरी बेइज्जती कर रहे हैं? यह बाल विवाह अपराध है। इसके आगे तुम्हारी दादागिरी चलने नहीं दूँगी।" रमा बाबर आवेश से बोल रही थी। सभी गुण्डे गरदन नीचे झुका कर सुन रहे थे। इतने में बण्टी दौड़ते हुए आया और उसने रमा बाबर पर तलवाई उठाई। रमा बाबर ने उसे रोकते हुए हाथ ऊपर किया और तब बण्टी ने उनका हाथ ऊपर के ऊपर ही काट दिया। यह सब अचानक और

अनापेक्षित रूप से हुआ। रमा बाबर के हाथ का पंजा कटकर जमीन पर गिर गया और विश्वनाथ कुलकर्णी के बदन पर खून की छींटे गिर गईं। बण्टी भाग गया। सभी गुण्डे भाग गये।

कुछ ही क्षणों में पूरी बस्ती घटना स्थल पर इकट्ठी हुई। प्रक्षुब्ध भीड़ ने बण्टी के घर को आग लगा दी। कलशेट्टी के घर को भी तोड़ा-फोड़ा गया। बस्ती में पिछले कुछ दिनों से खड़े कलशेट्टी और बलशेटवार के कट आऊट भी जलाए गये।

"बाल विवाह का विरोध किया इसलिए समाज सेविका के हाथ काटे गये।" इस समाचार में पूरे देश को हिला दिया। सभी चैनलों पर से यह समाचार ब्रेकिंग न्यूज के रूप में बतलाया गया। रमा बाबर के टूटे पंजों को प्लास्टिक की बैग में डालकर विश्वनाथ कुलकर्णी अस्पताल ले गया था। "हाथ पर सफल ऑपरेशन किया जा सकता है।" ऐसा विश्वास डॉक्टरों ने व्यक्त किया था। इस समाचार को सुन शासन ने रमा बाबर को एक लाख रुपयों की सहायता घोषित की थी। "बाल विवाह को रोकना असम्भव है।" ऐसी प्रतिक्रिया मुख्यमन्त्री ने पत्रकारों के सम्मुख व्यक्त की थी। इस पर विरोधी पार्टियाँ उन पर टूट पड़ी थी। "मुख्यमन्त्री मुख दुर्बल हैं। ऐसी नकारात्मक प्रतिक्रिया उन्हें नहीं देनी चाहिए थी। इस कारण समाज में गलत सन्देश जाता है। समाज-सुधार आन्दोलन में अड़चनें पैदा की जाती है और इसी कारण किसी कार्यकर्ता के हाथ काटे जाते थे।" स्थानिक प्रशासन के अनुसार यह घटना पुरानी दुश्मनी के कारण हुई थी। महिला आयोग ने इस घटना को गम्भीरता से लिया था। "कारण कुछ भी हो। दिन के उजाले में किसी स्त्री के हाथ काट देना यह घटना अमानुष हैं। उसकी निन्दा की जानी चाहिए।" मन्त्री रोहिदास नागदिवे ने रमा बाबर के स्वास्थ्य की जानकारी ली थी। "अपराधी को तुरन्त पकड़ा जाए।" ऐसी माँग दलित संगठनों ने की थी।

अपराधी फरार हो चुका था।

❑ ❑ ❑

अचलपुर-धरणगाँव रोड़ पर स्थित रोड़-लाईट के खम्भों को रँग देने का काम शुरू हो चुका था। इस रोड के दोनों ओर रोपण किये गये वृक्षों के लोहे के फैन्स को भी रँग दिया जा रहा था। यह रँग हरा था। रँग दिए जाने के कारण रोड की शोभा बढ़ गई थी। प्रत्येक वार्ड में नये कामों की शुरुआत हुई थी।

लोहे के पोल और फैन्स को दिया गया हरा रंग किसी की आँख को खटका और नये विवाद की शुरुवात हुई। हिन्दुओं ने हरे रंग पर आक्षेप किया। "यह मुसलमानों का अनुनय-विनय है। उनके मतों को प्राप्त करने हेतु हरा रंग दिया जा रहा है। हम यह चलने नहीं देंगे।" यह चर्चा गरीबी हटाओ झोंपड़पट्टी में पहुँच

गई थी। इसके पूर्व यहाँ रंग को लेकर एक बार दंगा हुआ था। लोहे के खम्भे और फेन्स को भगवा रँग देने की माँग आगे आई। शिवशक्ति के अति उत्साही कार्यकर्ताओं ने रँग देने वाले मजदूरों की पिटाई की। हरे रंग के डिब्बे उलटाए गये। कुछ स्थानों पर तो हरे रंग पर कोलतार लगाया गया। लोगों की भावनाओं की इज्जत करने हेतु ग्राम पंचायत ने रंग का काम रोक दिया।

रोड पर उलटाए गये हरे रंग के डिब्बे अशरफ और अहमद उठा लाए थे। उन्होंने अपने दरवाजों को हरा रंग दिया था।

बण्टी सीटी बजाकर कबूतरों को नीचे बुला रहा था। कलशेट्टी बेचैन हो कबूतरों की ओर देख रहा था। आगलावे गुलेल लेकर खड़ा था। अन्ततः कलशेट्टी का डर सही साबित हुआ।..बाज ने कलशेट्टी के प्यारे नर पर झपट मार दी। कबूतर के एक दो पंख हवा में तैरने लगे। कबूतर नीचे आ चुके थे। बण्टी, आगलावे और कलशेट्टी हो-हल्ला मचा रहे थे।...बाज कबूतर को पकड़ नीम के पेड़ पर जा बैठा था। कलशेट्टी और आगलावे उसे पत्थर से मार रहे थे। बण्टी पेड़ पर चढ़ रहा था। इस शोर को सुनकर गली के कई बच्चे पेड़ के नीचे इकट्ठा हो गये थे। वे भी बाज उड़ जाए, इसलिए चिल्ला रहे थे।...बाज के पंजों में स्थित कबूतर की मृतदेह नीचे गिर गयी थी। कलशेट्टी ने दौड़ते हुए जाकर उस कबूतर को उठा लिया था। कबूतर को मरा हुआ देखकर वह सन्न हो गया था।

कलशेट्टी चिढ़ गया था। "बण्टी, मैंने तुझे कई बार कहा है। कबूतरों को खोलो नहीं।...बाज आया है, इसकी जानकारी होते हुए भी तुमने कबूतर उड़ाये। तू मेरी सुनता नहीं। अब इसे कौन जिन्दा कर सकेगा?" कलशेट्टी की आवाज भारी हो गई थी। सबने मौन बनाए रखा। सब गम्भीर हो गये। मरे हुए कबूतर को लेकर कलशेट्टी घर की ओर निकला। सारी भीड़ उसके पीछे निकली। हवा उलटी दिशा से बह रही थी। जानवरों के चमड़े की दुर्गन्ध बस्ती में फैल गई थी।

ज़ाहिरा और बलशेटवार करखाने के गेट के बाहर निकले थे। गेट पर के सिक्यूरिटी गार्ड उनकी ओर सन्देह से देख रहे थे। उनकी नजरें ज़ाहिरा का वस्त्रहरण कर रही थीं।

"कल रात ये गेस्ट हाउस पर थीं।"

"बलेशटवार को टिकट चाहिए न।"

सिक्यूरिटी गार्ड की नजरें चौकस हो गई। ज़ाहिरा और बलशेटवार ने रोड पार। रोड के उस ओर के लोग भी उनकी ओर सन्देह से देख रहे थे। घरों में से गरदनें झाँक रही थीं।

❑ ❑ ❑

अनाधिकृत झोंपड़पट्टीवासियों के मतदान के अधिकार निकाल दिए जाएँ, इस हेतु कुछ सामाजिक संस्थाओं ने जनहित याचिका प्रस्तुत की थी। इसके मूल में माणिकचन्द का हाथ था। गरीबी हटाओ झोंपड़पट्टी उसकी आँख की किरकिरी बन चुकी थी। सन् 1995 के पूर्व की झोंपड़ियों को भले ही स्थायित्व प्रदान किया गया था, तो भी 1995 के बाद की झोंपड़ियों को अनाधिकृत घोषित किया गया था। इस कारण गरीबी हटाओ झोंपड़पट्टी के निवासी निराश हो चुके थे। विकास मोरचे ने आक्रामक मुद्रा धारण की थी। ''काले बाजारवालों की आकाशचुम्बी इमारतें खड़ी हैं। अपने चैन के लिए फ्लैट बनाये हैं। उनका विरोध क्यों नहीं किया जाता? केवल झोंपड़पट्टी का ही विरोध क्यों होता है?'' विकास मोर्चे के विरोध के कारण जनहित याचिकाकर्ताओं का नैतिक बल कमजोर हो गया था। झोंपड़पट्टी धारकों में मानसिकदृढ़ता आ चुकी थी।

''बहुजनों की इच्छा के विरुद्ध कोई भी सरकार सत्ता पर नहीं आ सकती। ऐसी स्थिति का निर्माण करो।'' राजा शितोले ने चुनाव-प्रचार में कहा था। ''हिन्दू राष्ट्र पुनर्प्रतिष्ठापना हेतु भगवा झण्डा, भगवा संविधान और हिन्दुत्ववादी विचारों की जरूरत है।'' स्वामी राघवेंन्द्र ने चुनाव प्रचार का नारियल फोड़ते समय जो भाषण दिया था, उसका समाचार दैनिक पत्रों में प्रकाशित हुआ था। 'जाति-व्यवस्था का देश में तथा देश के बाहर पंचनामा होना चाहिए। स्वदेशी का बहिष्कार तथा विदेशी का स्वीकार–इस तत्व को स्वीकारना चाहिए। इन चुनावों में से हमारे प्रतिनिधि चुनकर नहीं आ सकते। जो चुनकर आते हैं, वे अमीरों के प्रतिनिधि होते हैं।' काशीनाथ पोलके ने एक स्वतन्त्र परिपत्रक निकाला था। 'राजनीतिक नेता समाज के किसी एक कार्यकर्ता को बड़ा करते हैं। पाँच वर्ष उसे सत्ता की खूँटी से बाँध देते हैं परन्तु काम खत्म हो जाने पर उसको छोड़ देते हैं। वह कहाँ जाता है, क्या करता है, इस पर विचार नहीं करते। नये कार्यकर्ता की खोज कर उसे फिर खूँटी से बाँधने का प्रयत्न करते हैं। इसके विरोध में पूरे समाज को लड़ना चाहिए।' सदानन्द काम्बले ने दैनिक पत्रों में अपनी तीखी प्रतिक्रिया व्यक्त की थी। 'अब तक जो हुआ, सो हुआ। अब तोड़-फोड़ की राजनीति बन्द कर कार्यकर्ता एक दिल से काम कर जातिवादियों को सत्ता पर आने से रोकें' रोहिदास नागदिवे ने अपने कार्यकर्ताओं की बैठक में कहा था।

गरीबी हटाओ झोंपड़पट्टी में से ग्रामपंचायत हेतु तीन सदस्यों को चुनकर देना था। इनमें से एक जगह अनुसूचित जाति के लिए आरक्षित थी। अन्य दो जगहें सर्वसाधारण सदस्यों के लिए खुली थीं। आरक्षित जगह पर काशिनाथ पोलके निर्विरोध चुन लिए गये थे। इस कारण दलितों का मनोबल ऊँचा था। बस्ती के मुसलमानों की संख्या भी काफी थी। मुस्लिम मतदाता जहाँ अधिक हैं, वहाँ से उस्मान

चुनाव लड़ रहा था। उस्मान कलशेट्टी का दायाँ हाथ था। उस्मान का विरोध करने के लिए बलशेटवार ने अशरफ को चुनाव में उतारा था। विकास मोरचे ने सय्यद को पुरस्कृत किया था। इन तीनों में से कौन चुनकर आएगा, इसका अन्दाज़ा लगाना कठिन था। यह लड़ाई तीन रंगों की थी। अनन्त कलशेट्टी और नागनाथ बलशेटवार एक-दूसरे के विरोध में चुनाव लड़ रहे थे। यहाँ विकास मोर्चे के उम्मीदवार का प्रार्थना-पत्र अवैध घोषित हुआ था। इस कारण इस चुनाव में से राजा शितोले बाहर हो गया था। विकास मोरचा सय्यद को चुनकर लाने के लिए जोर लगा रहा था। "हम अपराधियों को मत नहीं देंगे।" ऐसी घोषणा दलितों ने की थी, इस कारण कलशेट्टी, बलशेटवार और उस्मान तीनों परेशान हो गये थे।

गरीबी हटाओ झोंपड़पट्टी में नागनाथ बलशेटवार के विरोध में अनन्त कलशेट्टी ऐसी लड़ाई थी। दो कुख्यात बाहुबलि एक-दूसरे के खिलाफ चुनाव लड़ रहे थे। इस कारण लोगों का ध्यान इस बस्ती के चुनाव की ओर आकर्षित हुआ था। चुनाव-प्रचार के समय हिंसात्मक घटनाएँ न हों इस हेतु पुलिस गश्त लगा रही थी। गरीबी हटाओ झोंपड़पट्टी में पुलिस जीप आई थी। काशीनाथ पोलके अपने कार्यकर्ताओं को लेकर पुलिस-जीप के पास गया था। वह पुलिसवालों की कार्य पद्धति पर अविश्वास व्यक्त कर रहा था।

"आप अपराधियों को अब तक पकड़ नहीं पाए। आप अपराधियों की खोज नहीं कर पा रहे हैं।"

"हम भी मनुष्य ही हैं। अपराधियों की खोज कर रहे हैं। किसी के प्रति हमारी कोई हमदर्दी नहीं है।"

"अपराधी कहाँ हैं, आपको सब पता है।"

"पुलिस के सन्दर्भ में लोगों में गलतफहमियाँ ही अधिक हैं।"

"बण्टी फाँसी के पहाड़ पर छिप कर बैठा है। सभी ओर यही चर्चा है।"

"घर में बैठकर ऐसी चर्चा कोई भी कर सकता है।"

"सरकार आपको वेतन देती है। घूमने के लिए वाहन देती है। कुर्सी दी गई है। अधिकार दिए गये हैं। यूनिफार्म दिया गया है।"

"अपना यूनिफार्म निकाल कर दूँ क्या तुझे?"

"वह तो निकालना ही होगा। हफ्ते खाते हो। काम नहीं करते हो।"

"इसे गाड़ी के अन्दर ले लो। साला ऽऽ पुलिस के कामों में हस्तक्षेप कर रहा है।"

पुलिस ने काशिनाथ पोलके पर डण्डा चलाया था और उसे पकड़ कर गाड़ी में डाल दिया था। अन्य कार्यकर्ताओं को भगा दिया गया था। चुनाव के दिनों शान्ति-भंग करने के आरोप में उन्होंने काशिनाथ पोलके को पकड़ रखा था। रमा बाबर पर हुए हमले की जाँच के सारे सूत्र जिनके पास थे, उन पर चुनाव का काम

सौंप दिया गया था। पुलिस काम के तनाव के कारण संवेदनाशून्य हो गई थी। धरणगाँव के पी. आई. ने काम के तनाव के कारण खुद पर गोली चलाकर आत्महत्या की थी।

नागनाथ बलशेटवार को मतदान करने वाला है, यह सुनकर भावडया ने जॉबर को गालियाँ दी थी और उसकी काफी पिटाई की थी। इसकी शिकायत जॉबर ने अचलपुर पुलिस स्टेशन में की थी। यह घटना कल शाम को चार बजे हुई थी। बावजूद इसके अब तक पुलिस चौकी में कोई गुनाह दर्ज नहीं था। नागनाथ बलशेटवार तथा अनन्त कलशेट्टी के गुण्डों को पुलिस ने नोटिस दी थी। इन गुण्डों के कारण कानून और सुरक्षितता को बाधा पहुँचने की सम्भावना थी। गोपीचन्द अपने अनेक सहयोगियों के साथ काँग्रेस में प्रवेश करनेवाला है, इस खबर से अचलपुर में खलबली मच गई थी। इस कारण 'शिवशक्ति' के कार्यकर्ता भ्रम में थे।

नागनाथ बलशेटवार तथा अनन्त कलशेट्टी गुट के कार्यकर्ताओं ने एक-दूसरे के पोस्टर फाड़ दिए थे, इस घटना से गरीबी हटाओ झोंपड़पट्ट में पत्थरबाजी हुई थी। भीड़ को तितर-बितर करने हेतु पुलिसों ने लाठी चार्ज किया था। परिस्थिति नियन्त्रण में न आने के कारण सूत गिरनी से लेकर कारखाना परिसर तक धारा 144 लागू की गई थी। "अस्तित्व को ही खतरा पैदा हो जाने के कारण अनंत कलशेट्टी ने हमारे कार्यकर्ताओं पर आक्रमण किया है। हम खुद किसी को छेड़ेंगे नहीं पर किसी ने हमें छेड़ दिया तो चुप नहीं बैठेंगे, ऐसी हमारी भूमिका है" ऐसी प्रतिक्रिया बलशेटवार ने दी थी। "मेरे पैरों तले की रेत खिसक रही है, ऐसा प्रचार बलशेटवार कर रहा है। मेरे पास अनेक मुद्दे हैं, कार्यकर्ता हैं। मैं कारखाने के पैसों पर चुनाव नहीं लड़ रहा हूँ। मैं गरीबों का प्रतिनिधि हूँ। गरीबों से एक-एक रुपया लेकर मैं चुनाव खर्च कर रहा हूँ। मेरे पास पैसे की ताकत नहीं है। लोगों की ताकत है।" अनन्त कलशेट्टी चुनाव प्रचार में अपनी भूमिका स्पष्ट कर रहा था।

पाइप लाइन पर बैठे हुए बूढ़े चुनाव के कारण खुश थे। "ऐसे चुनाव बार-बार होने चाहिए।" अब्बू उत्साह से बोल रहा था। "हमारे घर पर प्रति व्यक्ति सौ रुपए मिले हैं। आपको कितने मिले?" नाना उत्साह से सबसे पूछ रहा था। "सबेरे कलशेट्टी ने सौ रुपए दिए। शाम को बलशेटवार ने प्रति व्यक्ति दो सौ रुपए दिए। जिसने ज्यादा रुपए दिए उसी को मत देना है न।" कासिम अपना मत व्यक्त कर रहा था। "हर चुनाव में जातिवाद को बढ़ावा दिया जाता है। जातिवाद खत्म नहीं हो रहा है।" दाद्या एक दार्शनिक की तरह बोल रहा था। "कौन चुन कर आएगा रे? कलशेट्टी कि बलशेटवार?" कासिम उत्सुकता से औरों के मन जान ले रहा था। "तू किसको मत देगा?" नाना ने कासिम को प्रतिप्रश्न किया था। बूढ़े चुनाव-चर्चा में व्यस्त थे।

बलशेटवार की पदयात्रा शुरू हो चुकी थी। बलशेटवार जीप में हाथ जोड़कर खड़ा था। नगाड़े, ताशे, डफ बज रहे थे। बलशेटवार के समर्थक हाथ में फलक लेकर नारे दे रहे थे। पदयात्रा में सभी पुरुष और बच्चे थे। बलशेटवार ने बूढ़ों को भी गाड़ी में से अभिवादन किया था। बूढ़े खुश हो गये थे।

❑ ❑ ❑

कलशेट्टी स्वामी राघवेन्द्र से मिलने गया था। बलशेटवार की स्थिति मजबूत हो रही थी। इस कारण कलशेट्टी विचलित हो गया था। कलशेट्टी को टिकिट दिया जाए, इसलिए स्वामी राघवेंद्र ने खुद प्रयत्न किए थे पर स्वामी राघवेन्द्र के शब्दों को महत्व नहीं दिया गया था। कलशेट्टी स्वामी राघवेन्द्र के सामने बैठकर आक्रोश कर रहा था।

कलशेट्टी–"मैं आपके साथ हूँ। आपका आशीर्वाद मेरे सिर पर है। मैं पराजित हुआ तो इसमें आपको भी दिक्कत होने वाली है। आप मेरी प्रचार सभाओं में आइए। वातावरण बदल सकता है।"

स्वामी राघवेन्द्र–"मेरी सीमाएँ मुझे मालूम हैं।"

कलशेट्टी–"आप माणिकचन्द से बात कीजिए। अभी भी समय नहीं गया है। फर्क पड़ सकता है।"

स्वामी राघवेन्द्र–"मेरा शब्द नहीं चलता। वे मेरा उपयोग कर रहे हैं। उनके प्रचार के लिए वे मेरा उपयोग कर रहे हैं। मैंने तेरे नाम का आग्रह किया था। उन्होंने सुना नहीं।"

कलशेट्टी–"यह कैसे सम्भव है?"

स्वामी राघवेन्द्र–"वे संन्यासी के रूप में मुझे मंच पर चाहते हैं। हिन्दुओं को आकर्षित करने हेतु मुझे बुलवाना चाहते हैं। लोगों का भ्रम न टूटे इसलिए मैं सच नहीं बोलता। मेरी अवस्था गुड़िया की तरह है।"

कलशेट्टी का भ्रम टूट गया था। सिन्दूर गल गया था। स्वामी राघवेन्द्र पाषाण की तरह दीख रहे थे। कलशेट्टी चुपचाप निकल गया। रोने के कारण उसके चेहरे पर सूजन आ गई थी। आँखें लाल-लाल हो चुकी थीं।

❑ ❑ ❑

गोपीचन्द ने अचानक मदर टेरेसा हाईस्कूल और जूनियर कॉलेज को विज़िट किया था। जूनियर कॉलेज के प्राचार्य रघुनाथ पाटील जगह पर नहीं थे। स्टाफ रूम में शिक्षक नहीं थे। गोपीचन्द संस्था के अध्यक्ष थे। प्राचार्य गोपीचन्द की सुनता नहीं था। इसलिए गोपीचन्द चिढ़ गया था। बिगड़ गया था।

गोपीचन्द आए हैं, यह पता चलने के बाद धीरे-धीरे एक-एक आकर खड़े होने लगे।

गोपीचन्द सब के सम्मुख प्राचार्य को गालियाँ दे रहा था, "प्राचार्य सूअर है। बीस हजार प्रति माह वेतन लेता है। काम नहीं करता। कुर्सी पर बैठकर समाचार-पत्र पढ़ता है। दिन में दस बार घर पर फोन करता है। हरामखोर है। कार्यक्रम के लिए लाई हुई शाल घर चुराकर ले गया है।" गोपीचन्द मनमाने बोल रहा था। उपस्थित शिक्षक और सेवक अपराधी की तरह खड़े थे।

"प्राचार्य बैल है। उसकी पत्नी भी उसे बैल कहती है। अध्यक्ष की सुनता नहीं। मैं उसे इस पद से हटा नहीं सकता। उस पर दबाव लाकर त्यागपत्र देने को मजबूर करूँगा। गेट पर रोज दस गुण्डे लाकर बैठा दूँगा। उसे तकलीफ दूँगा। सूअर, फोकट का वेतन खाता है।" गोपीचन्द प्रक्षुब्ध हुआ था। "मैंने लोगों से पैसा इकट्ठा किया। मैंने इस संस्था की स्थापना की। मैंने कॉलेज खोला। मैंने खून-पसीना एक किया। और ये लोग फोकट का वेतन ले रहे हैं। छात्रों को पढ़ाते नहीं। पैसे नहीं ले आते। आय बढ़ाने का प्रयत्न नहीं करते। वेतन अलबत्ता लेते हैं। शिक्षक भी गधे हैं। हण्टर से सबकी खाल खींचनी चाहिए।"

गोपीचन्द परेशान हुआ था। वह ग्रन्थालय में गया। एक साल पहले खरीदी गई अलमारी वैसी ही पड़ी हुई थीं। पुस्तकें धूल से सनी हुई थी। कुछ पुस्तकों को दीमक लग गई थी। ग्रन्थालय की इस अवस्था को देख गोपीचन्द बेचैन हुआ। "साले, सारे सेवक हरामखोर हैं। झूठ बोलते हैं। मुझे सही नहीं बताते। पूछूँ तो कहते हैं, नई अलमारियाँ लगा दी हैं। उसमें किताबें लगा दी हैं। यहाँ तो अलमारियाँ ऐसी ही खाली पड़ी हुई हैं। पुस्तकों को दीमक लग चुकी है। मादरचोद, सब एक-दूसरे से मिले हुए हैं।" गोपीचन्द सबको गालियाँ सुना रहा था।

गोपीचन्द के साथ गये हुए कर्मचारियों के चेहरे रुआँसे हो गये थे। सेवक पीछे से गोपीचन्द का मजाक उड़ा रहे थे।

गोपीचन्द की अपेक्षाएँ टूट चुकी थीं। गोपीचन्द कामचोर कर्मचारियों के कारण परेशान हो गया था। गालियाँ देते हुए ही वह स्कूल से बाहर निकला।

❑ ❑ ❑

चीनी कारखाने के सामने कारों की भीड़ लगी हुई थी। इसमें सदानन्द काम्बले की गाड़ी नहीं थी। सदानन्द काम्बले का त्यागपत्र स्वीकृत हो जाने के बाद नये अध्यक्ष का चुनाव नहीं हुआ था। चुनाव की दौड़-धूप में यह पद भरा नहीं गया था। माणिकचन्द गोपीचन्द ने जानबूझ कर इस पर निर्णय होने नहीं दिया था। चुनाव-प्रचार के दबाव के कारण किसी को तो अध्यक्ष बनाना जरूरी था। इसी कारण

यह अर्जेण्ट मीटिंग बुलवाई गई थी। स्वामी राघवेन्द्र को अध्यक्ष बनाया जाएगा, ऐसी सम्भावना अधिकतर सदस्य व्यक्त कर रहे थे। यह मीटिंग काफी तनावपूर्ण होगी, ऐसे संकेत मिल रहे थे।

बैठक के आरम्भ में ही माणिकचन्द ने यह घोषित किया कि वे सक्रिय राजनीति से संन्यास ग्रहण कर रहे हैं। "चीनी कारखाने पर मुझे अधिक ध्यान देना है। हजारों किसानों का सम्बन्ध इस चीनी कारखाने के साथ है। यह काम अधिक महत्वपूर्ण है। मदर टेरेसा हाईस्कूल और जूनियर कॉलेज की ओर अपनी इन व्यस्तताओं के कारण ध्यान नहीं दे पा रहा हूँ।"

माणिकचन्द राजनीति से संन्यास लेने के संकेत दे रहा था। माणिकचन्द की यह बात सुनकर सीताफले सिसकी देते हुए खड़ा हुआ।

"भाई, अगर आप संगठन में से बाहर निकल गये कि संगठन में जान ही नहीं रहेगी। आप तो संगठन के प्राण हैं। अगर आप संगठन से बाहर निकल गये कि संगठन विकलांग बन जाएगा। फिर तो इस संगठन में कोई नहीं रहेगा। आपका संगठन में रहना बहुत जरूरी है।" सीताफले भाव-विखल होकर बोल रहा था।

सीताफले के बाद और भी सदस्य इसी बात को दोहराने लगे जैसे उन्हें यह सब पहले से ही पढ़ाया गया था। सबके इस बढ़ते आग्रह के कारण माणिकचन्द ने फिर से पार्टी में काम करने की इच्छा घोषित की।

"दलित को कभी अध्यक्ष पद दिया गया था। अब पार्टी को चाहिए कि वह किसी महिला को अध्यक्ष पद पर बिठाए। महिलाओं को 33 प्रतिशत आरक्षण देने की चर्चा शुरू हो चुकी है। इस पृष्ठभूमि पर ऐसा निर्णय लेना अधिक उचित होगा।" गोपीचन्द ने अपनी सूचना धूर्तता के साथ प्रस्तुत की और स्वामी राघवेन्द्र का चेहरा देखने जैसा हो गया। स्वामी राघवेन्द्र का नाम आगे न आए इसलिए गोपीचन्द ने यह खेल खेला था।

"स्वामी राघवेन्द्र के विरोध में पुलिस-जाँच शुरू हुई है। चुनाव की प्रक्रिया शुरू हो रही है। ऐसी स्थिति में जिसकी प्रतिमा निष्कलंक है, ऐसे व्यक्ति को पार्टी के अध्यक्ष रूप में चुना जाए।" ऐसी सूचना माणिकचन्द ने दी थी। इस कारण स्वामी राघवेन्द्र का पत्ता अपने आप कट गया। निर्विवाद रूप से हेमा पण्डित का चुनाव अध्यक्ष पद के लिए हुआ है, ऐसी घोषणा की गई। हेमा पण्डित के चेहरे पर तेज आ गया था।

मणिकचन्द—"अध्यक्ष पद मिल गया है। बहुत काम करना पड़ेगा। हमारे साथ घूमना होगा। घर में बैठकर बात नहीं बनेगी, समय देना पड़ेगा।"

हेमा पण्डित—"संगठन हेतु मैंने घर की उपेक्षा की है।"

गोपीचन्द—"पार्टी को आपके जैसा सुन्दर चेहरा मिला है। अच्छे पोस्टर

निकालेंगे।"

माणिकचन्द—"समय देना पड़ेगा।"

हेमा पण्डित—"मैंने कब मना किया है।"

बैठक के बाद हास्य-विनोद शुरू हुए। हेमा पण्डित की देहबोली बदल गई थी। माणिकचन्द ने उसके उरोजों की ओर देखा। स्तन के ऑपरेशन के बाद उसके शेप पर परिणाम हुआ है कि नहीं, इसे वह देख रहा था। स्तन के ऑपरेशन के कारण हेमा पण्डित के सिर के बाल काफी चले गये थे। इस कारण वह अब सिर आँचल से ढककर रखती। सिर पर से आँचल लेने के कारण वह अधिक शालीन लग रही थी।

स्वामी राघवेन्द्र का मोबाइल वाइब्रेट हो रहा था। स्वामी राघवेन्द्र ने मोबाईल सुनना शुरू किया। वे केवल सुन रहे थे। उनके मुँह से शब्द नहीं निकल रहे थे। उनका चेहरा सफेद-सा हो गया।

माणिकचन्द ने स्वामी राघवेन्द्र के चेहरे को सूक्ष्मता से निहारा। कुछ तो अघटित हुआ है, यह स्वामी राघवेन्द्र के चेहरे पर से स्पष्ट रूप से झलक रहा था।

"हम सब तुरन्त मन्दिर की ओर निकलेंगे।"

"क्या हुआ?"

"दागोदर गोतदार की हत्या हो गई है। लोग प्रक्षुब्ध हुए हैं। पुलिस वालों ने मन्दिर अपने नियन्त्रण में ले लिया है। हमें वहाँ तुरन्त पहुँचना चाहिए।"

"आप निकलिए। हम आकर वहाँ क्या करेंगे?"

"आप लोग आए होते तो?"

"हमारा क्या काम है? शवयात्रा गें हग दोनों में से कोई एक आएगा। शवयात्रा कल ही निकलेगी ना! आप आगे चलिए। पुलिस शव का पंचनामा करेगी। शव पोस्टमार्टम को जाएगा। पत्रकार प्रश्नों की वर्षा करेंगे। सोचकर उत्तर दीजिए।"

"रोहिदास नागदिवे को फोन कर सकेंगे क्या?"

"महाशय, वे इतने बड़े राज्य के केबिनेट मिनिस्टर हैं। किसी मन्दिर के पुजारी की मौत से उन्हें क्या मतलब?"

"वे पुलिस को फोन करें—ऐसा क्या उन्हें कहा जा सकता है?"

"आप अपराधी हैं क्या? इस हत्या से आपका सम्बन्ध है क्या? आप चुप रहिए न।" स्वामी राघवेन्द्र की आँखों में से आँसू निकलने लगे।

वे बैठक में से बाहर निकले। हेमा पण्डित भी उनके साथ उठी। गोपीचन्द ने उसका हाथ पकड़ उसे नीचे बिठाया। "अध्यक्ष की तरह रहो, रखैल की तरह नहीं।" गोपीचन्द ने उसे डाँटा।

"स्वामी राघवेन्द्र धर्मगुरु हैं। उन्हें कोई हाथ नहीं लगा सकता। पूरा देश क्षुब्ध

हो उठेगा। हिन्दू धर्म पर यह प्रहार है।" माणिकचन्द जले हुए पर फूँक मारने के स्वर में बोल रहा था। हेमा पण्डित संज्ञाशून्य हो चुकी थी।

स्वामी राघवेन्द्र मन्दिर में पहुँचने के बाद 'हर ऽ ऽ हर महादेव ऽ ऽ' की ललकार गूंजी। पत्रकारों ने स्वामी राघवेन्द्र का घेराव किया।

स्वामी राघवेन्द्र किसी से भी न बोलते हुए दामोदर पोतदार के शव के पास पहुँचे। उन्होंने दामोदर पोतदार का शव देखा। उसका चेहरा काला हो गया था। दामोदर पोतदार के शव की आँखें खुली थीं। इन आँखों ने खूनी व्यक्ति को निहारा होगा।

शव पर मक्खियाँ बैठी थीं। स्वामी राघवेन्द्र को दामोदर पोतदार की खुली आँखों का डर महसूस हुआ। "पलकें गिरा दो इसकी ऽ ऽ" स्वामी राघवेन्द्र ने उपस्थितों को आदेश दिया।

इन्हीं आँखों ने स्वामी राघवेन्द्र के मन्दिर का गलत कारोबार देखा था। इन आँखों ने ही इस देवस्थान का वार्षिक आय-व्यय का ब्यौरा पढ़ा था। इन आँखों ने ही दानदाता व्यक्तियों के चन्दे पर नजर रखी थी। इन आँखों ने ही देवस्थान के प्रबन्धन का ढाँचा विशिष्ट पद्धति का हो यह दृढ़ता से कहा था। इन्हीं आँखों ने ही गरीब से सहायता करने हेतु विशिष्ट कार्य प्रणाली का स्वीकार करना चाहिए। ऐसी सूचना दृढ़ता से दी थी। इन्हीं आँखों ने हेमा पण्डित को देवस्थान प्रबन्धन समिति में लेने के निर्णय पर तीव्र आक्षेप लिया था। इन्हीं आँखों ने मन्दिर यह सार्वजनिक और सरकारी सम्पत्ति है—ऐसा डटकर कहा था। स्वामी राघवेन्द्र को पसीना छूटा। दामोदर पोतदार वास्तव में गुप्तधन पर बैठा भुजंग ही था। उसकी मृत देह महाकाय साँप की तरह लग रही थी। महादेव मन्दिर की दक्षिणा दानपेटी में डाली गई राशि देवस्थान के खाते पर जमा की जाती थी और मूर्ति के पैरों पर डाली गई राशि स्वामी राघवेन्द्र के जेब में जमा होती थी। उन पैसों का हिसाब रखा नहीं जाता था। मन्दिर का अर्थ पुरोहितों की आय का एक निश्चित साधन बन गया था। स्वामी राघवेन्द्र के मन में पहली बार पुलिस के प्रति डर पैदा हुआ था।

मराठे—"पुलिस वालों को खून के कुछ सबूत मिले हैं। जल्दी ही अपराधी को पकड़ने में सफलता मिल जाएगी।"

पत्रकार—"रमा बाबर के हाथ किसने काटे थे, उस अपराधी को पुलिस आज तक पकड़ नहीं पाई है।"

मराठे—"पुलिस अपना काम कर रही है। हम बहुत जल्दी अपराधियों को अपने कब्जे में ले लेंगे।"

पत्रकार—"पुलिस को अपराधियों के कौन से सबूत, संकेत मिले हैं?"

मराठे—"पन्द्रह तारीख को पत्रकार-परिषद में हम यह सब घोषित कर देंगे।"

पत्रकार–"स्वामी राघवेन्द्र, आप अपनी प्रतिक्रिया दीजिए।"

स्वामी राघवेन्द्र–"यह प्रहार हिन्दू धर्म पर है।"

पत्रकार–"इस खून के पीछे किनका हाथ है?"

स्वामी राघवेन्द्र–"इसके पीछे विदेशी शक्ति का हाथ है। आतंकवादी जम्मू-कश्मीर में ही सक्रिय हैं ऐसी बात नहीं। वे सुदूर प्रदेशों में भी फैले हुए हैं। हिन्दू धर्म के पवित्र क्षेत्रों को उन्होंने लक्ष्य बनाया है।"

स्वामी राघवेन्द्र की भाषा राजनीतिक स्वर की थी। गाँव में हड़ताल किया गया। मन्दिर परिसर में भीड़ उमड़ती जा रही थी। आस-पास के देहातों से भी लोग आ रहे थे। मन्दिर में खून हो जाने के कारण लोग बेचैन थे। विशेष बात यह थी कि खून होते समय प्रत्यक्ष रूप से देखनेवाला एक भी गवाह आगे नहीं आ रहा था। पूर्व नियोजित षड्यन्त्र करके यह खून किया गया था।

दामोदर पोतदार के घर पर भी पत्रकारों की भीड़ थी। पति के खून की खबर सुनकर दामोदर की पत्नी दहाड़ मार कर रो रही थी।

"स्वामी ने विश्वासघात किया।" कहते हुए वह आक्रोश व्यक्त कर रही थी। उसकी मर्मभेदी चीत्कर सुनकर वातावरण दहल गया था। दामोदर पोतदार की माँ दुःख के कारण बेहोश हो गई थी। दामोदर पोतदार के छोटे बच्चे माँ के निकट बैठकर रो रहे थे।

पत्रकार–"दामोदर पोतदार की किसी से पटती नहीं थी? अथवा उसकी किसी के साथ शत्रुता थी क्या?"

"वे भगवान की तरह थे। उनका कौन शत्रु हो सकता है?" दामोदर की पत्नी

पत्रकार–"आपको किसी पर सन्देह है क्या?"

दामोदर की पत्नी–"मेरा किसी पर भी सन्देह नहीं है।"

पत्रकार–"ऐसी चर्चा है कि आपने स्वामी राघवेन्द्र का नाम लिया है?"

दामोदर की पत्नी–"नहीं तो, स्वामी जी तो हमारे लिए भगवान की तरह हैं।"

पत्रकार–"खून किस कारण हुआ होगा–ऐसा आपको लगता है?"

दामोदर की पत्नी–"ईश्वर से ही पूछिए। मैं क्या बतलाऊँ?"

दामोदर पोतदार की पत्नी प्रचण्ड ऐसे तनाव के साथ बोल रही थी। पत्रकार उस तनाव को महसूस कर रहे थे। वे बार-बार प्रश्न पूछ रहे थे। दामोदर पोतदार की पत्नी मानो पहले से तैयार उत्तर उन्हें दे रही थी। कठिन अथवा अड़चन का प्रश्न पूछा गया कि वह रोती थी। "हम अब खुले में आ गये। मेरे बच्चे अनाथ हो गये। अब हम जिएँगे कैसे? अब हमें किसी का आधार नहीं। उन्होंने किसी का कुछ बुरा नहीं किया था। भगवान की सेवा की थी। शत्रु ने अपना खेल पूरा किया।" दामोदर पोतदार की पत्नी हृदय को छेदने वाले शब्द कहते हुए आक्रोश कर रही थी।

“शत्रु कौन? कौन-सा खेल? किसने खेल पूरा किया? उसका नाम बताइए।” ऐसा प्रश्न पत्रकार बार-बार पूछ रहे थे।

“उनके नसीब में ऐसी कैसी यह मौत थी? भगवान ने उन्हें क्यों उठाया? उन के बजाए मुझे क्यों नहीं उठा लिया?” दामोदर पोतदार की पत्नी पत्रकारों के प्रश्नों को टाल रही थी।

पत्रकार –“आप सच बोलें नहीं, इसलिए किसी ने आपको धमकी दी है क्या?”

दामोदर की पत्नी–“मुझे कौन धमकी देगा?”

पत्रकार–“किसी ने पैसे दिए?”

दामोदर की पत्नी–“सोने जैसा आदमी था। पैसा लेकर क्या करूँ?”

पत्रकार–“आपको खूनी व्यक्ति का नाम मालूम है। आप नाम नहीं बता रही हैं।”

दामोदर की पत्नी–“किसका नाम कहकर क्या उपयोग? मेरा राजा गया। उसे कौन लाकर देगा?”

पत्रकारों के हाथ कुछ नहीं लगा।

दामोदर पोतदार का शव पोस्टमार्टम के लिए भेज दिया गया। पुलिस चौकी में एफ. आइ. आर. लिखने का काम शुरू हुआ था। पुलिस चौकी का फोन लगातार बज रहा था। चौकी के बाहर लोगों की भीड़ खड़ी थी। रात हो गई थी, फिर भी कोई सोया नहीं था।

गोपीचन्द–“चुनाव नजदीक आए हैं और तभी यह घटना घटित हुई है। इसका प्रभाव तो होगा।”

माणिकचन्द–“स्वामी राघवेन्द्र को आरोपी के पिंजड़े में अगर खड़ा किया जाए तो हिन्दुओं की भावनाएँ भड़क उठेंगी। अगर ऐसा हुआ तो धर्मनिरपेक्षता की नारे देने वाले पार्टी को मत नहीं मिलेंगे। इसका फायदा हमें होगा।”

गोपीचन्द–“स्वामी राघवेन्द्र को अन्दर किया जाना चाहिए। तभी उसका राजनीतिक फायदा उठा सकते हैं।”

शिवशान्ति पार्टी में शोक की लहरें दौड़ी थीं।

❑ ❑ ❑

दामोदर पोतदार की हत्या जिस दिन दोपहर को हुई थी, उसी दिन सवेरे रेलवे पुलिस ने बण्टी को विदाऊट टिकट यात्रा करने पर अपने काबू में लिया था। इस कारण बण्टी ने दामोदर पोतदार का खून किया था, ऐसे सन्देह लेने की कोई गुंजाइश नहीं थी।

दामोदर पोतदार का खून हो जाने के तुरन्त बाद कलशेट्टी ने स्वामी राघवेन्द्र को फोन करके शुरुआत में नौ मिनट और बाद में ग्यारह मिनट सम्भाषण किया था—यह सिद्‌ध हो चुका था। जिस वक्त दामोदर पोतदार की हत्या हुई थी तब स्वामी राघवेन्द्र शिवशक्ति की बैठक में उपस्थित थे। किसी भी प्रकार का सबूत पीछे न रखते हुए अत्यन्त सुनियोजित रूप से दामोदर पोतदार की हत्या की गई थी। पुलिस ने महादेव माली की बहुत बारीकी से जाँच की थी। स्वामी राघवेन्द्र और दामोदर पोतदार के बीच स्थित मतभेद और संघर्ष के स्वरूप को जान लिया था। जाँच हेतु हेमा पण्डित को भी तीन बार पुलिस-चौकी में बुलाया गया था। दामोदर पोतदार की पत्नी और माँ से भी पूछताछ की गई थी। इतना ही नहीं, मन्दिर के प्रांगण में स्थित विभिन्न व्यावसायिकों को भी पूछताछ के लिए बुलाया गया था। दामोदर पोतदार ने पुलिस के यहाँ जो शिकायत भरे निवेदन दिए थे, उनकी जाँच-पड़ताल भी की गई थी।

स्वामी राघवेन्द्र के अनुयायियों का वर्ग बहुत बड़ा था। विविध स्तर पर का था। समाज में उनका स्थान बहुत ऊपर का था। उन्हें जाँच हेतु चौकी पर बुलाने के पहले पुलिस वाले सभी दृष्टियों से मामले को देख रहे थे।

❑ ❑ ❑

चुनाव प्रचार में रंग आ रहा था। ग्राम पंचायत और गाँव के लोगों का जनतन्त्र में ऐसा असाधारण महत्व प्राप्त हो गया था। गाँव अब राजधानी के छोटे संस्करण बनते जा रहे थे। पंचायत राज को जनतन्त्र की नींव माना गया था। अनेक नेता गाँव की राजनीति से ही अपने भविष्य की राजनीति की नींव डाल रहे थे। राज्य में अगर अपनी पार्टी की सत्ता आनी हो तो ग्राम पंचायत के चुनावों से ही उसकी तैयारी करनी होगी, इस विचार से राजनीतिक पार्टियाँ काम पर लग चुकी थीं। इस कारण विधान सभा तथा लोकसभा के चुनावों में होने वाले सारे व्यवहार और अपराध ग्राम पंचायत के चुनाव में भी हो रहे थे। गरीबी हटाओ झोंपड़पट्टी में प्रचार चरम उत्कर्ष पर था। बलशेटवार अपने केबल के माध्यम से घर-घर पहुँच चुका था तो कलशेट्टी अपने ढाबे पर पार्टियाँ दे रहा था। दोनों में ऐसी जबर्दस्त होड़ लगी हुई थी। इन दोनों का दलितों ने बहिष्कार कर डाला था। दोनों ही तात्या काम्बले के हत्यारे थे। तात्या काम्बले के हत्यारों को हम मत नहीं देंगे, ऐसी भूमिका लेकर काशीनाथ पोलके और सिद्धार्थ पगारे ने इस चुनाव का बहिष्कार किया था। ज़ाहिरा बलशेटवार का प्रचार कर रही थी तो उस्मान कलशेट्टी का।

“बलशेटवार ने मुस्लिम रखैल रक्खी है, उसे मत नहीं देना।” ऐसा ज़हरीला प्रचार उस्मान कर रहा था।

ज़ाहिरा आक्रामक हुई थी। "उस्मान का चरित्र ठीक नहीं है। इसी कारण तो उसकी पत्नी छोड़कर चली गई। बलशेटवार मुझे वेश्यालय से घर ले आया है। उस्मान ने कई औरतों को घर से वेश्यालय में पहुँचाया है।" चुनाव प्रचार में व्यक्तिगत निन्दा शुरू हो गई थी। एक-दूसरे पर कीचड़ उछाल रहे थे।

"बलशेटवार अगर चुनकर आया, तो वह इस बस्ती की भाषा नहीं बोलेगा। वह तो कारखाने का भोंपू बन ही जाएगा भोंपू। रघु, वह कारखाने की ही भाषा बोलेगा"

कलशेट्टी—"यह क्या कारखाने के हित की भाषा बोलेगा?"

रघु—"अपनी बस्ती की यह जगह वह कारखाने को दे देगा। इस बस्ती पर से बुलडोजर चलवाएगा। ये सारी झोंपड़ियाँ अतिक्रमित जगह पर हैं। इस अतिक्रमण को वह नियमित करने नहीं देगा। कानूनन यह जगह ली जाएगी। इस जगह पर सूत गिरनी शुरू होनेवाली है—ऐसी चर्चा है।"

कलशेट्टी—"बलशेटवार अगर चुन कर नहीं आया तो?"

रघु—"वे पैसे के बदले ज़ाहिरा का भोग करते रहेंगे।"

कलशेट्टी—"उससे कहो कि मुझे पैसे दे। मैं अपना नाम वापिस ले लेता हूँ। बलशेटवार को समर्थन देता हूँ। अब तक का चुनावखर्च भी मिल जाए तो मेरे लिए काफी है। बलशेटवार अन्ततः मेरा मित्र है।"

रघु—"मैं सावल्या से बात करता हूँ।"

कलशेट्टी—"मेरी ओर से तू बात कर। मैंने जो अब तक खर्च किया है, वह अगर मिल जाए, तो मैं उसके समर्थन में पत्रक निकालूँगा।"

उस्मान कार्यकर्ताओं को पोस्टर और बैनर दे रहा था। उन्हें पोस्टर और बैनर लगाने की सूचना दे रहा था। पिंकी का भाई तुषार रिक्शा को भोंपू बाँधकर प्रचार के लिए आया था। प्रशान्त रिक्शा में बैठकर जोर-जोर से पुकार रहा था—

'प्रचण्ड मतो से अनन्त कलशेट्टी को चुन कर दीजिए।'

'किलवर एक्का, छाते पर ठप्पा।'

'छाते को अपना बहुमूल्य मत देकर अनन्त कलशेट्टी को प्रचण्ड मतों से चुनकर दीजिए।'

❑ ❑ ❑

अन्तिम पर्याय के रूप में पुलिस ने स्वामी राघवेन्द्र को गिरफ्तार किया था।

स्वामी राघवेन्द्र को गिरफ्तार करने के पूर्व पुलिस ने अपने वरिष्ठों का मार्गदर्शन लिया था। पुलिस जब स्वामी राघवेन्द्र को गिरफ्तार करने गई तब वे पूजा में व्यस्त थे। स्वामी राघवेन्द्र की पूजा पूरी होने तक पुलिस मन्दिर से काफी दूरी पर

रुके रहे। उन्होंने अपनी जीप भी मन्दिर से काफी दूर खड़ी कर रखी थी। पुलिस वाले वर्दी में नहीं आए थे। स्वामी राघवेन्द्र को गिरफ्तार करने के बाद उन्हें हथकड़ियाँ पहनाई नहीं गई थी।

स्वामी राघवेन्द्र को गिरफ्तार किया गया है, पर खबर सुनकर श्रद्धालुओं में हो -हल्ला मच गया। स्वामी राघवेन्द्र के दर्शनार्थ लम्बी लाइन लगी हुई थी। पुलिस वाले स्वामी राघवेन्द्र को ले जा रहे थे, तब पच्चीस क्रमांक के टोकन वाला भक्त दर्शन लेकर गया था। छब्बीसवें क्रमांक पर एक महिला थी। पुलिस स्वामी राघवेन्द्र को ले जा रही थी, तब वह महिला चिल्ला कर बोली, "अब मेरा नम्बर है। मुझे दर्शन लेने दीजिए। बाद में आप इन्हें ले जाइए।" पुलिस द्वारा स्वामी राघवेन्द्र को ले जाने के कारण लाइन में खड़े श्रद्धालुओं को घोर निराशा हुई। लोग काफी दूर से आए थे। इस कारण वे नाराज हुए। पुलिस चौकी में जाने के बाद स्वामी राघवेन्द्र दहाड़ें मारकर रोते रहे।

"मेरे खिलाफ षड्यन्त्र रचा गया है। महादेव आपको देख लेगा।" स्वामी राघवेन्द्र शाप दे रहे थे।

स्वामी राघवेन्द्र को कैद करने के बाद उन्हें कैद में रखने हेतु पुलिस ने सार्वजनिक बांधकाम विभाग का गेस्ट हाउस अपने कब्जे में लिया था। वहीं उन्हें कैद कर रखा गया था। वहाँ उन्हें पूजा-अर्चना करने की स्वतन्त्रता थी। इतना ही नहीं, गेस्ट हाउस में जो मुसलमान खानसामा था, उसको बदल कर स्वामी राघवेन्द्र के लिए रामेश्वर नामक विशेष ब्राह्मण खानसामा को लाकर रखा गया था। क्योंकि स्वामी राघवेन्द्र केवल ब्राह्मण के हाथों तैयार भोजन ही ग्रहण करते थे।

स्वामी राघवेन्द्र के वकील ने पुलिस वालों के जाँच-कार्य के सम्बन्ध में सन्देह व्यक्त किया था। "सबूतों की जाँच-पड़ताल की जानी चाहिए। सबूत अपराधी के कृत्य से मिलता-जुलता होना चाहिए।" ऐसा तर्क भी पेश किया गया था।

स्वामी राघवेन्द्र के वकील ने कोर्ट में अपना मंतव्य रखते हुए कहा था, "आज चौथा शनिवार है। इस कारण स्वामी राघवेन्द्र अर्थात् राघवेन्द्र गोडबोले के दर्शनार्थ दूर-दूर से भक्त आते हैं, इस कारण उन्हें जमानत पर मुक्त किया जाए।" इस पर न्यायमूर्ति ने उत्तर दिया था, "शंकराचार्य हों कि स्वामी राघवेन्द्र, कानून के सम्मुख सभी बराबर होते हैं।"

कोर्ट ने स्वामी राघवेन्द्र को पन्द्रह दिन की पुलिस हिरासत दी थी।

हिन्दुओं में गुस्से की, क्रोध की लहरें उठी थीं। माणिकचन्द ने इसका राजनीतिक फायदा उठाने हेतु आन्दोलन शुरू करने की तैयारी शुरू की। "स्वामी राघवेन्द्र को गिरफ्तार कर हिन्दुओं की भावनाओं के साथ खिलवाड़ किया गया है। हिम्मत अगर है तो पुलिस मुस्लिम धर्मगुरु को गिरफ्तर करके बतलाए। इस पूरे

देश भर में आन्दोलन छेड़ेंगे। हजारों हिन्दू सड़क पर उतरेंगे। चुनाव को मद्देनजर रखते हुए स्वामी जी को गिरफ्तार किया गया है। स्वामी राघवेन्द्र को तुरन्त छोड़ा जाए।"

शिवशक्ति के नेताओं ने आक्रामक और गाली-गलौज से भरे भाषण देने शुरू किए। स्वामी राघवेन्द्र की गिरफ्तारी के बाद पत्रकारों ने लोगों की प्रतिक्रियाओं को छापा था। आम आदमी से लेकर महत्वपूर्ण, अति महत्वपूर्ण व्यक्तियों से मिलकर दामोदर पोतदार हत्या के मामले के सम्बन्ध में जनमानस का सुराग लेने का प्रयत्न किया था।

"हिन्दुओं के मन्दिर आतंकवादियों की हिट-लिस्ट पर हैं। महत्वपूर्ण मन्दिरों की सुरक्षा व्यवस्था बढ़ानी चाहिए।" ऐसा मत महादेव माली ने व्यक्त किया था।

"राज्य में कानून और व्यवस्था की दुर्गति हो गई है। मुख्यमन्त्री जी को त्याग पत्र दे देना चाहिए।" माणिकचन्द ने तीखी प्रतिक्रिया दी थी।

"दामोदर पोतदार ने छह माह पूर्व ही पुलिस विभाग को निवेदन दिया था। पुलिस द्वारा अगर उस समय कार्रवाई की गई होती तो दामोदर पोतदार की हत्या कदापि न होती। पुलिसों ने इस मामले को दबाकर रखा। सम्बन्धित पुलिस अधिकारी को सस्पेण्ड कर देना चाहिए और इस मामले की जाँच सी. बी. आई. की ओर से होनी चाहिए।" काशीनाथ पोलके पुलिस विभाग पर टूट पड़ा था।

"मैं हिन्दू हूँ, इसकी मुझे शर्म आती है।" ऐसी विस्फोटक प्रतिक्रिया गोपीचन्द ने दी थी। गोपीचन्द की प्रतिक्रिया से शिवशक्ति के कार्यकर्ता भड़क उठे थे। गोपीचन्द ने शिवशक्ति को त्याग कर कांग्रेस में प्रवेश किया था। इस कारण कार्यकर्ताओं के मन में उनके प्रति गुस्सा था ही। वे गोपीचन्द से प्रतिशोध लेने के अवसर की खोज में थे। उन्हें यह अवसर प्राप्त हुआ था। शिवशक्ति के कार्यकर्ताओं ने गोपीचन्द को मृत घोषित कर उनका अन्तिम क्रियाकर्म हिन्दू धर्म शास्त्रानुसार कर दिया था। हिन्दू धर्म का आदर जिसने खो दिया है, वह व्यक्ति मृत ही होता है। इस कारण मृत हो चुके गोपीचन्द की आत्मा को मुक्ति देने हेतु उनकी 'तेरहवीं' पर सब उपस्थित रहे—ऐसा आवाहन किया गया था। "हिन्दू धर्म के प्रति अनादर व्यक्त करने वाले गोपीचन्द हमारे लिए मृत हो चुके हैं" ऐसी सन्तप्त प्रतिक्रिया माणिकचन्द ने व्यक्त की थी। शिवशक्ति ने गोपीचन्द की तेरहवीं का कार्यक्रम आयोजित किया था। गोपीचन्द की तेरहवीं का पिण्ड लेकर निकले कार्यकर्ताओं को पुलिस ने बाद में गिरफ्तार किया गया। परन्तु युवकों के दूसरे गुट ने पास के नदी किनारे जाकर पिण्ड नदी में अर्पण किया था और गोपीचन्द की आत्मा की अगली यात्रा सुखकर हो, ऐसी प्रार्थना भी की थी।

"मतभेद रखनेवाले व्यक्ति को जीवित रहने का अधिकार नहीं।" इस ब्रह्मघोष

के कारण दामोदर पोतदार की हत्या उचित थी कि अनुचित, क्षम्य कि अक्षम्य ऐसी भी चर्चा शुरू हुई थी। मनुष्य के लिए अहिंसा है, अहिंसा के लिए मनुष्य नहीं, ऐसा भी एक विवाद इस बहाने आगे आ रहा था। धर्म के विरोध में कार्यरत व्यक्ति को क्षमा नहीं किया जा सकता, इस कारण अधर्म बढ़ेगा, धर्म खतरे में आएगा। धर्म पर प्रहार कोई भी करे, उसे लौटाना चाहिए। धर्मरक्षण महत्व का है। धर्मरक्षण हेतु धर्मयुद्ध जरूरी है। धर्मयुद्ध में होनेवाली हिंसा क्षम्य है। दामोदर पोतदार की हत्या क्षम्य ही है। उसका आचरण धर्म विरोधी था।

जब स्वामी राघवेन्द्र पुलिस हिरासत में थे, तब उनका आत्मविश्वास ढह रहा था। उन्होंने क्षमायाचना की थी। स्वामी राघवेन्द्र की क्षमायाचना को पुलिस वालों ने भरपूर उछाला था। स्वामी राघवेन्द्र हाथ जोड़कर असहाय रूप में पुलिस से बोल रहे हैं, दया की भीख माँग रहे हैं, ऐसा चित्र सभी चैनलों से प्रसारित किया गया। शिवशक्ति ने ऐसे प्रक्षेपण पर आक्षेप लिया था। ''स्वामी राघवेन्द्र ने कोई दया याचना नहीं की है। ये बनावटी सीडीज हैं। पुलिसों ने झूठे सीडीज पत्रकारों को बाँटे हैं। इस मामले की जाँच सी. बी. आई. की ओर से होनी चाहिये। सत्ताधारी पार्टी का यह षड्यंत्र है।'' इस आशय का परिपत्रक माणिकचन्द ने हेमा पण्डित के हस्ताक्षर से जारी किया था। स्वामी राघवेन्द्र की गिरफ्तारी को लेकर उलटे-सीधे समाचार प्रकाशित हो रहे थे। इस कारण लोगों में इस मामले को लेकर जोरदार चर्चाएँ चल रही थीं।

हेमा पण्डित को आर्थिक सहायता दी गई है, इसे स्वामी राघवेन्द्र ने स्वीकारा था। 'हेमा पण्डित मेरी भक्त है। उनके ऑपरेशन हेतु मैंने आर्थिक सहायता की थी' इसकी स्वीकृति उन्होंने दी थी। गरीबी हटाओ झोंपड़पट्टी में सुधार करने हेतु हेमा पण्डित के साथ कई बार इस सन्दर्भ में बैठकें हुईं थीं, इसे स्वामी राघवेन्द्र ने मान लिया था। गरीबी हटाओ झोंपड़पट्टी में गणेश मन्दिर के निर्माण हेतु कलशेट्टी को आर्थिक सहायता की थी। इसे भी उन्होंने स्वीकारा था। दामोदर पोतदार अत्यन्त अश्लील और असभ्य भाषा में बोलता था। उसकी भाषा का और उसके आचरण का श्रद्धालुओं पर बुरा परिणाम होता था। इसी कारण उसे मन्दिर में आने पर प्रतिबन्ध लगाया था। ऐसा जवाब स्वामी राघवेन्द्र ने दिया था। इन सारी बातों से यह तो साबित नहीं होता कि स्वामी राघवेन्द्र ने दामोदर पोतदार का खून किया या करवाया है। ऐसा तर्क स्वामी राघवेन्द्र के वकीलों ने प्रस्तुत किया था।

हिन्दुत्ववादी संगठनों ने स्वामी राघवेन्द्र की गिरफ्तारी पर जोरदार प्रदर्शन किया था। इस आन्दोलन से बहुजन समाज तटस्थ था। इस कारण इस आन्दोलन को व्यापक जन-समर्थन प्राप्त नहीं हो सका था। मात्र भड़कीली प्रतिक्रियाएँ और वैसे ही समाचारों के जोर पर आन्दोलन चलाया नहीं जा सकता, इसे अति उत्साही नेता

समझ चुके थे। हिन्दुओं की भावनाओं को भड़का कर अपने नेतृत्व को मजबूत किया जा सकता है, यह उनका गणित पूर्णतः गलत साबित हुआ था। क्योंकि पुलिस वालों ने दामोदर पोतदार के निवेदन की फोटो-प्रतियों को पत्रकारों में बाँट दिया था।

❑ ❑ ❑

स्वामी राघवेन्द्र की गिरफ्तारी हो जाने के कारण कलशेट्टी परेशान हो गया था। जड़ से उखड़े हुए वृक्ष की तरह उसकी स्थिति हो चुकी थी। बलशेटवार की स्थिति अब मजबूत हो चुकी थी। बलशेटवार के प्रचार हेतु बस्ती में हेमा पण्डित की एक सभा हुई थी। बस्ती का वातावरण बदल गया था। कलशेट्टी गैंग अलग-थलग पड़ चुकी थी।

"मनुष्य पशु है। वह आदिम अवस्था से विकसित होता आया है। उसका नंगापन खत्म हुआ है। जंगलों-वनों में स्थित उसकी घुमक्कड़ी खत्म हुई है परन्तु उसके खून में अभी भी उसके आदिम पशु रूप के अवशेष जीवित हैं। उसकी धमनियों में से अभी भी जंगल बहता रहता है। अवसर मिलते ही मनुष्य जिसकी लाठी, उसकी भैंस, की तरह आचरण करने लगता है। मनुष्य सर्वाधिक दरिन्दा है। उसके दिमाग में अभी भी जंगल का कानून सुप्तावस्था में बैठा है।" चुनाव प्रचार में होनेवाली हिंसा की घटनाओं को पढ़कर विश्वनाथ कुलकर्णी विचारमग्न हुआ था। महाकाव्य रचनेवाला भी मनुष्य है, महायुद्ध करने वाला भी मनुष्य ही है। कक्षा के छात्र अपनी कापियों में चित्र बना रहे थे। विश्वनाथ कुलकर्णी कक्षा में बैठकर दैनिक समाचार पढ़ रहा था। कक्षा के बाहर शोर हो रहा था। बस्ती में दौड़-धूप शुरू हुई। दलितों की झोंपड़ियों में शोरगुल मच गया था। कक्षा के भीतर के शिक्षक बाहर आए थे। छात्र भी कक्षा के बाहर आए थे।

कलशेट्टी रंजना कदम को उठा ले गया था।

कलशेट्टी घर-घर घूमकर मतदाताओं से मिल रहा था। सबसे हाथ जोड़कर मत माँग रहा था। कलशेट्टी को देखकर दलितों की झोंपड़ियों के दरवाजे बन्द हो गये थे। कलशेट्टी अपमानित हो रहा था। बावजूद इसके चेहरे पर नम्रता का भाव लेकर वह प्रचार कर रहा था। प्रत्येक घर से होनेवाले अपमान से वह विचलित हो रहा था। रंजना कदम ने उसे रास्ते में रोका था। एक दलित स्त्री उसे रास्ते पर रोकती है और बस्ती में घूमने से मना करती है, इस कारण वह बेचैन हुआ था।

रंजना कदम ने कलशेट्टी का उल्लेख 'तात्या काम्बले का खूनी' ऐसा किया था। उस समय वहाँ उपस्थित स्त्रियाँ कुत्सित रूप से हँस रही थीं। इस कारण कलशेट्टी झल्ला गया था। इसी कारण उसने रंजना कदम को उठा लिया। उसने उसकी साड़ी फाड़कर फेंक दी थी। उसके सहयोगी उसके पीछे-पीछे चल रहे थे।

दलित स्त्रियों ने हो-हल्ला मचाया। दलित बस्ती के पुरुष काम पर गये थे। घर में जो कोई भी थे, बाहर आए थे। दलित स्त्रियाँ इकट्ठी हुई थीं। वे सब कलशेट्टी के घर की ओर दौड़ी थी। दलित स्त्रियों के इस रुद्रावतार को देख कलशेट्टी भाग गया था। रंजना कदम को मुक्त किया गया था। उसके बाल बिखर गये थे।

दलित स्त्रियों की इस सहज प्रतिक्रिया से विश्वनाथ कुलकर्णी आश्चर्यचकित हुआ था। रमा बाबर के बाद रंजना कदम पर प्रहार किया गया था। दलित स्त्रियों ने अपनी बहादुरी से इसे लौटाया था।

मतदाताओं को भी अपने विवेक का उपयोग करना चाहिए। अगर वे अपराधियों को चुनकर दे रहे हों तो राजसत्ता की पवित्रता नष्ट हो जाएगी। लोगों को बहुत विचारपूर्वक मतदान करना चाहिए। जिसने अनेक अपराध किए हैं, ऐसे अपराधियों को लोग अपना पवित्र मत न दें। लोग किसी भी दबाव या आकर्षण में न आए। अगर कोई सिर पर बन्दूक लेकर खड़ा हों तो घबराना नहीं चाहिए। 'हिम्मत हो तो गोली चला' ऐसा ही कहना चाहिए। अगर ऐसा नहीं हुआ तो जनतन्त्र की यह इमारत ढह जाएगी। मतदान पूरी जिम्मेदारी के ही साथ करना चाहिए। हमारे प्रतिनिधि स्वच्छ चरित्र के तथा परिपक्व होने चाहिए। उन्हें लोगों के प्रश्नों की ठीक से जानकारी होनी चाहिए। मतदाताओं का राजनीतिक प्रबोधन होना चाहिए। अगर ऐसा नहीं हुआ तो गली से लेकर दिल्ली तक अपराधी ही राज्य करने लगेंगे। विश्वनाथ कुलकर्णी जनतान्त्रिक व्यवस्था पर गम्भीरता से सोच रहे थे। वे जिस दिन से इस बस्ती में आए, उस दिन से ईश्वर या धर्म पर विचार करने के बजाए आम आदमी पर विचार कर रहे थे।

आठ दिन के बाद सभी ओर समाचार पत्रों में एक ही हेडलाइन छपी।

अनन्त कलशेट्टी को पत्थरों से मार-मार कर खत्म किया गया। प्रथम वर्ग न्याय दण्डाधिकारी के कोर्टरूम में यह घटना घटित हुई। खून, डकैती, महिलाओं पर अत्याचार के मामले जिस पर थे, ऐसे अनन्त कलशेट्टी नामक पचास वर्ष के भयंकर तथा विकृत गुण्डे को संतप्त भीड़ ने सीधे कोर्ट रूप में घुसकर पत्थरों से मार कर खत्म कर दिया। कलशेट्टी के आतंक से पीड़ित गरीबी हटाओ झोंपड़पट्टी की महिलाएँ, पुरुष ही नहीं, छोटे बच्चे, ऐसी अस्सी लोगों की भीड़ कोर्ट में ही पुलिसों की उपस्थिति में कलशेट्टी पर टूट पड़ी। पत्थरों से तथा चाकू के असंख्य प्रहारों से उन्होंने कलशेट्टी के शरीर को छलनी कर। सीधे न्याय मन्दिर में ही हुए इस खून की पहली घटना से पूरा देश परेशान हो गया। आज दोपहर में 2.40 पर अचलपुर पुलिस चौकी के हेड कॉन्सटेबल शरद काले, पुलिस जयशंकर ठाकुर और किशोर सूर्यवंशी—ये तीनों कलशेट्टी को लेकर प्रथम श्रेणी न्याय दण्डाधिकारी जे. एम. दीक्षित जी के सात क्रमांक के न्यायालय में उपस्थित होने हेतु निकले थे। पथरीली

इमारत के न्यायालय में आरोपी का नाम दर्ज करने का काम चल रहा था। कलशेट्टी को न्यायालय में लाने के तुरन्त बाद वहाँ बिखरे हुए अस्सी लोगों का समूह तेजी से दौड़ते हुए आया और इस समूह ने न्यायालय के भारी-भरकम दरवाजे को तोड़ कर भीतर प्रवेश किया। वहाँ स्थित पुलिसों की समझ में कुछ आने के पहले ही भीड़ में स्थित स्त्री-पुरुषों ने कलशेट्टी की आँखों में मिर्च डाल दी। चाकू से वार करना शुरू किया। दर्जनों स्त्री-पुरुष चाकू लेकर उस पर टूट पड़े। शेष स्त्री-पुरुषों ने उस पर पत्थर बरसाना शुरू किया। लोगों के इस रूप को देखकर पुलिस भी परेशान हो गई। पुलिस और न्यायालय के कर्मचारी वहाँ से भाग गये और उन्होंने पुलिस नियन्त्रण कक्ष को इस घटना की सूचना दी। परन्तु पुलिस स्टेशन से पूरी सहायता आने के पूर्व ही भीड़ कलशेट्टी को खत्म कर वहाँ से निकल चुकी थी। कलशेट्टी के प्रति भीड़ का गुस्सा इतना भंयकर था कि उन्होंने कलशेट्टी को नंगा कर उसके लिंग को पत्थरों से रौंद दिया था।

कलशेट्टी की इस प्रकार हत्या हो जाने के कारण गरीबी हटाओ झोंपड़पट्टी का चुनाव रद्द कर दिया गया था क्योंकि चुनाव लड़नेवाला एक उम्मीदार मर चुका था। बलशेटवार हताश हो गया था। इधर दामोदर हत्या के मामले में जाँच चल रही थी, उसमें अनेक अड़चनें पैदा हो गईं थी।

□ □ □

ग्राम पंचायत चुनाव प्रचार की मुहिम खत्म हो गई थी। पहले दौर की चुनाव प्रक्रिया इस रविवार से शुरू होनेवाली थी और उस दिन मतदान होनेवाला था और इक्कीस जून को मतों की गिनती होने वाली थी। इस चुनाव प्रक्रिया की यह विशेषता थी कि इस बार पुरुषों के साथ औरतें भी अन्तिम दिन बड़ी संख्या में चुनाव-प्रचार में उतर गई थीं। अचलपुर धरणगाँव ग्रामीण इलाका के 12, तो सुखड़े इस शहर पुलिस-चौकी की सीमा के अन्तर्गत का चुनाव प्रचार घर-घर पर पार्टियाँ, मुलाकातों और प्रचार फेरियों के साथ खत्म हुआ था। पार्टी के पदाधिकारी, नगर सेवक और कार्यकर्ता जिस किसी भी उम्मीदवार का प्रचार पार्टी भेद भूलकर कर रहे थे। माणिकचन्द ने अचलपुर के साथ अन्य देहातों में भी अपना ध्यान केन्द्रित किया था। पंचायत समिति के उप-सभापति, चन्द्रकान्त अंभोरे अचलपुर में ही बैठे थे। काँग्रेस के कट्टर समर्थक गोपीचन्द ने धरणगाँव विकास मोर्चे के 2, 3, 4 तथा 5 वोर्डों में निकली प्रचार फेरी में हिस्सा लिया था। अचलपुर वार्ड क्रमांक 9 में हेमा पण्डित अपना भाग्य आजमा रही थी। भूतपूर्व उपसरपंच नरेन्द्र पाटील भी चुनाव मैदान में उतर चुके थे। जिले में कल होनेवाले चुनाव में 125 मतदान केन्द्र संवेदनशील घोषित हुए थे। इस कारण मतदान होते समय वहाँ कोई अनुचित न

हों इसलिए बहुत बड़ी संख्या में पुलिस तैनात थी। राज्य आरक्षित दल की कम्पनियाँ तथा होम-गार्ड के बारह सौ जवान नियुक्त किए गये थे।

अचलपुर पुलिस-चौकी को दो अतिरिक्त वाहन उपलब्ध करा दिए गये थे। किसी भी प्रकार का अनुचित व्यवहार करनेवाले को पकड़कर तुरन्त कार्रवाई के आदेश दिये गये थे। सरकारी व्यवस्था पूर्णतः तैयार थी। अचलपुर का सप्ताह का बाजार बन्द रखा गया था। मंचर, अवसरी खुर्द, एकलहरे, कलापुर बूद्रुक, कालेवाड़ी, दरेकरवाडी, खड़कवाडी, गिरवली, घोण्डमाल, शिन्देवाड़ी, पिम्पलगाँव की ओर से मालुंगे, राजमाता बस्ती, शेवालवाड़ी, शिंगणे ऐसे पन्द्रह ग्रामपंचायती हेतु अट्ठावन मतदान केन्द्र थे। इन केन्द्रों पर 319 कर्मचारी नियुक्त किए गये थे। 15 ग्राम पंचायत के 62 वार्ड हेतु 130 उम्मीदवार मैदान में उतर चुके थे।

चुनाव की पूरी तैयारी हो चुकी थी। उसके लिए जरूरी सारा सामान मतदान केन्द्र पर पहुँच चुका था। महत्वपूर्ण मतदान केन्द्रों पर अधिक भीड़ होने की सम्भावना के कारण और चुनाव की कालावधि में किसी भी प्रकार की अनुचित घटना न हो, इसलिए प्रत्येक मतदान केन्द्र पर एक पुलिस कर्मचारी की नियुक्ति की गई थी। अचलपुर ग्राम पंचायत का विभाजन बारह वार्डों में किया गया था। अचलपुर में 12 हजार 867 मतदाता थे और मतदाताओं से आवाहन किया गया था कि वे अपना मत सबेरे से 7 से शाम के 5 बजे तक डालें।

इस ग्राम पंचायत चुनाव में अगर सत्ताधारी पार्टी विजयी हुई तो अचलपुर धरण गाँव तहसील घोषित हो जाएगा, ऐसी चर्चा लोगों में थी।

❑ ❑ ❑

मतदान के दिन सवेरे से ही मतदाताओं ने मतदान केन्द्रों पर लाइन लगाई। जगह-जगह पर विवाहित स्त्रियों ने मतपेटी की आरती उतारी थी और अपना मत डालकर मतदान की शुरुआत की। मतदाताओं में जबरदस्त उत्साह था। घर-घर में से मतदाता मतदान हेतु उत्साह से बाहर निकल रहे थे।

केरबा और सोनबा भी घर से बाहर निकले। वे जानवरों का चमड़ा बेचने हेतु निकले थे। उनकी टेम्पो में चमड़ा भरा हुआ था। चमड़े की दुर्गन्ध फैल रही थी। हमेशा की तरह चौफुला पर उनके टैम्पो को पुलिसों ने रोका। उन्होंने भी हमेशा की तरह पुलिस के हाथ में सौ रुपए की नोट रख दिया। पुलिस ने सौ रुपए लेने से इन्कार किया। उसने एक हजार रुपए की माँग की। केरबा ने सौ रुपए से अधिक नहीं दूँगा, ऐसा कहा। चमड़े से दुर्गन्ध आने के कारण पुलिस टैम्पो को रोककर नहीं रखेगी, ऐसा केरबा को लग रहा था। परन्तु पुलिस उस्ताद थे। उन्होंने टेंपों को रोककर रखा। केरबा की परेशानी हो गई। सोनबा चिढ़ गया था।

केरबा ने स्पष्ट रूप से कहा कि उसके पास सौ रुपए से अधिक कुछ भी नहीं है। चाहे तो पुलिस उसकी तलाशी ले। पुलिस वाले केरबा की सुन नहीं रहे थे। केरबा ने उनकी माँग को नकारने के कारण वे चिढ़ गये थे। सोनबा पुलिस वालों के साथ विवाद कर रहा था।

सोनबा–"तुम्हें इतने रुपए मैं क्यों दूँ?"

पुलिस–"क्या तुझे कुछ पता नहीं?"

सोनबा–"सौ रुपए लो ना।"

पुलिस–"हजार रुपए दो और गाड़ी लेकर जाओ। अगर नहीं तो तेरी गाड़ी नहीं छोडूँगा। समझे न!"

केरबा–"क्यों नहीं छोड़ेंगे? इस में हमारी क्या गलती है?"

पुलिस–"ऐसा है क्या?"

सोनबा–"हमें जाने दो।"

केरबा–"हमारे पास इतने रुपये नहीं हैं।"

पुलिस–"ऐसा है क्या?"

केरबा–"आवाज नहीं करने का। उधर जाके रुको। गन्दी बू आ रही है।" पुलिस

केरबा–"जाने दीजिए ना!"

पुलिस–"एक बार कह दिया है ना!"

सोनबा–"हमारी गलती ही क्या है?"

पुलिस–"बतलाता हूँ तेरी गलती, दो मिनट रुक।"

पुलिस ने मतदान करके लौटने वाले लोगों को देख रखा था। भीड़ बढ़ गई थी। केरबा और सोनबा टेम्पो के पास रुके थे। आगे क्या घटित होनेवाला है, इसकी उन्हें कतई कल्पना नहीं थी। सभी ओर चमड़े की दुर्गन्ध फैल रही थी।

पुलिस वालों ने भीड़ के कान भर दिए। "टेम्पो में गाय का चमड़ा भरा हुआ है। उन दोनों ने गायें काटी हैं। गो-हत्या की है।"

यह सुन लोगों का माथा भड़का। डकैत जैसे मतदान केन्द्रों पर डाका डालते हैं, वैसे लोगों ने केरबा और सोनबा पर प्रहार करना शुरू किया। भीड़ ने दिन-दहाड़े सोनबा और केरबा की हत्या कर दी। पुलिस नाक पर रूमाल बाँधे दूर खड़ी थी। गुण्डों द्वारा भगाए गये बैलेट बॉक्स की तरह केरबा और सोनबा की मृत देह रोड़ पर पड़ी थी। भीड़ भाग गई थी।

मतदान का समय समाप्त हुआ था। लाईन में से मतदाता खत्म हो गये थे। बैलेट बॉक्स सीलबन्द किए जा रहे थे।

❑ ❑ ❑

लम्बी बीमारी के बाद पिंकी की मौत हो गई।

पाइप लाइन के पास इकट्ठे बूढ़ों में पिंकी के मौत की चर्चा शुरू हुई थी। "पिंकी की मौत एड्स के कारण हुई।" नाना दृढ़ता से बोल रहे थे। "अब उस्मान को भी एड्स होगा।" अब्बू ने नाना की बात का समर्थन किया। "जाने दो, विषय बदलो। उस्मान को अगर कुछ पता चल जाए, तो बेकार में सिरदर्द होगा।" कासिम सबको धीरज रखने की सलाह दे रहा था।

"हमें एड्स का डर नहीं है। एड्स दस वर्ष बाद होता है। तब तक हम ऊपर चले जाएँगे।" दाद्या गम्भीर विषय को हास्य-विनोद का मोड़ दे रहा था। "उस्मान ने वेश्यालय की लड़कियों का उपयोग किया होगा, तो फिर उन्हें भी एड्स होगा। और उन लड़कियों के साथ जो सोएँगे, उन सबको एड्स होगा। अगर ऐसा हुआ न, आज हम सबको जनसंख्या का जो प्रश्न सता रहा है, वह प्रश्न छूट जाएगा।" नाना अपनी बुद्धिमत्ता का प्रदर्शन कर रहा था।

"बूढ़ों के लिए भी वेश्यालय की जरूरत है, इससे बूढ़ों को भी एड्स होगा।" अब्बू सबका मजाक करते हुए कहने लगा।

पिंकी की अन्तिम क्रिया पर बहुत-से लोग नहीं आए थे। वेश्यालय की लड़कियाँ और ढाबे पर के वेटर अलबत्ता पहुँचे थे। उस्मान को बेहद अकेलेपन का अहसास हुआ। पिंकी की मृत्यु से वह परेशान हुआ था।

बलशेटवार घर पर नहीं है, यह देख सुरेखा माने उसके घर पर गई थी। "मैं तुम लोगों की भलाई के लिए आई हूँ" यह भाव उसकी बातचीत में था। उसे देख ज़ाहिरा के माथे पर त्योरियाँ चढ़ गई थीं। सुरेखा माने बहुत आत्मीयता से ज़ाहिरा के साथ बातचीत कर रही थी। "उस्मान मुसलमान है। तू भी मुसलमान है। उस्मान की पत्नी निकल गई है। वह अकेला है।" ज़ाहिरा ने सुरेखा माने को आगे बोलने से रोकने का प्रयत्न किया पर सुरेखा माने पूरी शान्ति के साथ बोल रही थी। "तेरा दिमाग खराब हुआ है। उस्मान तेरे घर पर आएगा तब तुझे समझेगा। अब भी देर नहीं हुई है। मेरी बात मान। वह अब बस्ती का डॉन है। मैं तुझे उसके पास लेकर जाऊँगी। नहीं तो वह बलशेटवार के पीछे लगेगा। सोच" सुरेखा माने ज़ाहिरा को खतरे का इशारा दे रही थी।

ज़ाहिरा चिन्तित हुई। उसे ऐसा आभास हुआ मानो कोई उसका पीछा कर रहा है। उसके घर पर पत्थर गिरा। वह चौंक गई। वह शून्यवत् हो गई। उस पर तनाव छा गया। एक महाकाय शिश्न ने उसे जकड़ लिया था और वह भयभीत हो गई थी।

❑ ❑ ❑

जिले के 530 ग्राम पंचायत के लिए 80% प्रतिशत मतदान हुआ था। चुंगी और

कुरनूर में दो गुटों में हुई मारपीट, पितापुर में चलाई गई बन्दूक की गोलियाँ और वोरगाँव में हुई पत्थरबाजी इस घटनाओं ने मतदान प्रक्रिया पर दाग लग गया था। शेष स्थानों पर मतदान शान्ति के साथ हुआ था। मतों की गिनती बुधवार को तहसील के स्थान पर होनेवाली थी। 29 ग्राम पंचायत का चुनाव निर्विरोध हुआ था। अचलपुर में पहले दो घण्टों में 21 से 25% प्रतिशत मतदान हुआ था। धरणगाँव में आरम्भ के दो घण्टों में 30% मतदान हुआ था। सबेरे पौने सात से ही मतदाताओं ने मतदान केन्द्रों के सामने लाइन लगाई थी। सबेरे 9.30 बजे एक पैनेल ने दूसरे पैनेल को दर्गनहल्ली में घुसने नहीं दिया था। इसलिए एक उम्मीदवार के सहयोगियों की मारपीट हुई थी। इससे वातावरण में तनावपूर्ण स्थिति पैदा हो गई थी। किसी भी प्रकार की अनुचित घटना न हो इसकी पूरी कोशिश पुलिस वालों ने की थी। काजी कणबस में मतदान हेतु बहुत अधिक भीड़ नहीं थी। परन्तु दोपहर के बाद भीड़ बढ़ गई। मतदाताओं में बूढ़े, महिलाएँ, युवा स्त्री-पुरुष का सहभाग था। धरणगाँव में किसी एक महिला को बिना किसी पहचान-पत्र के मतदान करने दिया गया, इससे दो गुटों में मारपीट हुई थी।

राज्य के 29 जिलों में से छः हजार से भी अधिक ग्राम पंचायतों में हुए चुनाव के बाद गाँव की राजनीति अब किस दिशा में और किस प्रकार आगे बढ़ती जाएगी, इसका अन्दाजा हो रहा था। इस बार के चुनाव में करीब-करीब सभी स्थानों पर अत्यधिक स्पर्धा निर्मित हुई थी। इसके पूर्व अनेक स्थानों पर वर्षों से विशिष्ट प्रतिनिधि ही चुनकर आते। कुछ स्थानों पर तो 25-25 वर्षों से वे ही व्यक्ति सरपंच पद पर थे। इस बार अलबत्ता ये सारे रिकार्ड तोड़ देने हेतु प्रयत्न चल रहे थे। अनेक स्थानों पर स्थापितों को धक्का देते हुए गाँव के युवाजन राजनीति में प्रवेश करते हुए दिखलाई दे रहे थे। पिछले कुछ वर्षों से स्थानिक स्वराज्य संस्था पर गम्भीरता से विचार शुरू किया था। ग्राम-पंचायतों को ज्यादा अधिकार दिए जा रहे थे। ज्यादा अनुदान दिया जा रहा था। 'हमारे गाँव में, हमारा राज' ऐसे नारे तैयार हो रहे थे। सबसे महत्वपूर्ण बात यह थी कि तहसील अथवा जिले की राजनीति में अगर स्थान प्राप्त करना हो तो ग्राम पंचायत के चुनाव की सीढ़ी का उपयोग करना ही पड़ेगा—यह विचार दृढ़ होता जा रहा था। सेवा और सत्ता—इन दोनों विचारों को लेकर चुनाव की राजनीति में घुसने वालों की संख्या काफी थी। इस कारण विधानसभा और लोकसभा के चुनावों में जिन गलत प्रथाओं का प्रयोग हो रहा था, उनका उपयोग यहाँ भी किया जा रहा था। मसलन पानी की तरह शराब पर खर्च करना, अलग-अलग प्रकार के मोह बतलाना, सहस्र भोजन का आयोजन करना; समूह-समूह के मतदाताओं को सँभालना, खरीदी-बिक्री की तैयारी रखना, प्रचार के अलग-अलग तन्त्रों का उपयोग करना आदि बातों के कारण चुनाव की स्पर्धा चरम बिन्दु पर पहुँच चुकी थी। तीन

सन्ततियाँ जिन्हें हैं, तथा जो सरकारी कर्ज से मुक्त नहीं हैं, वे चुनाव हेतु अपना प्रार्थना-पत्र भर नहीं सके थे।

''मेरी आयु और पद के प्रति आदर व्यक्त न करते हुए पुलिस वालों ने मेरे साथ एक गुण्डे की तरह आचरण किया। मेरे राजनीतिक जीवन का ऐसा यह पहला ही अनुभव है'' ऐसी व्यथा माणिकचन्द ने व्यक्त की थी।

''ग्राम पंचायत के चुनाव में विरोधकों ने पैसे और दारू बड़े पैमाने पर बाँटे हैं।'' ऐसा आरोप हेमा पण्डित ने किया। हेमा पण्डित अपनी पराजय को पचा नहीं पाई। चुनाव में शिवशक्ति की पूर्ण पराजय हुई। गरीबी हटाओ झोंपड़पट्टी की एक जगह पर अशरफ चुन कर आया था। दो पर सय्यद था। उस्मान की तो जमानत राशि भी जब्त हो चुकी थी।

❑ ❑ ❑

मन्दिर में दामोदर पोतदार की हत्या हो जाने के कारण मन्दिर की पवित्रता पर कलंक लग गया था। मन्दिर पर संकट के बादल छा गये थे। श्रद्धालुओं की भावनाओं को ठेस पहुँची थी। मन्दिर की पवित्रता को बनाए रखने के लिए यज्ञ का आयोजन किया गया था।

चतुर्वेद पारायण और ऋग्वेद स्वाहाकार यज्ञ की शुरुआत मन्दिर के प्रागंण में हुई थी। यह धार्मिक विधि-समारोह लगातार सात दिन चलनेवाला था। स्वधर्म के प्रति श्रद्धा उत्पन्न हो, धर्म-विध्वंसक शक्ति का निःपात हो, सभी समाजों में परस्पर सामंजस्य उत्पन्न हों, सबको दीर्घ आयु, सुख और सम्पन्न जीवन प्राप्त हो इस हेतु ऋग्वेद, चतुर्वेद, सामवेद और अथर्ववेद—इन चारों वेदों का पारायण और ऋग्वेद स्वाहाकार यज्ञ का आयोजन किया गया था। सबेरे 1.10 बजे मुख्य संकल्प को स्वीकार कर ऋग्वेद स्वाहाकार यज्ञ की शुरुआत हुई। उसके बाद पुण्याहवाचन, नान्दीपाठ, मधुपर्क, ब्राह्मण-पूजन और मूल देवता की स्थापना की गई। उसके उपरान्त अग्नि स्थापना तथा वरुण स्थापना के बाद हवन की शुरुवात हुई। यज्ञ हेतु मन्दिर में बड़ी संख्या में ऋषि मुनि आए थे। मन्दिर में संन्यासियों की भीड़ बढ़ गई थी। इससे हवन और मन्त्रोच्चार से मन्दिर परिसर पवित्र हुआ था। गंगाजल से सम्पूर्ण मन्दिर धो देने के कारण मन्दिर के बाहर कीचड़ तैयार हुआ था।

❑ ❑ ❑

कलशेट्टी की हत्या के बाद कलशेट्टी गैंग के सभी सूत्र उस्मान ने अपने हाथ में लिए थे। उस्मान ने भाई का ढाबा का नाम बदलकर 'उस्मान भाई का ढाबा' कर दिया। अब वह पहले जैसा ही हाउस फुल चल रहा था। ढाबे की लड़कियों को

कलशेट्टी के घर पर शिफ्ट किया गया था। सुरेखा माने इन लड़कियों की मालकिन बन गई थी। काक्या की सभी लड़कियाँ अच्छा धन्धा कर रही थी।

उस्मान को चुनाव की प्रतीक्षा थी। वह बहुत दूर की सोच रहा था। वह बलशेटवार के विरोध में चुनाव लड़ना चाह रहा था। वह बलशेटवार को खत्म करने के दाँव खेल रहा था। कलशेट्टी की हत्या के बाद वह खुद को बस्ती का सर्वेसर्वा समझ रहा था।

उस्मान और आगलावे बलशेटवार के हीरा केबल्स में गये थे। बलशेटवार मॉनिटर पर क्रिकेट मैच देख रहा था। भारत-पाक वन डे चल रहा था। बलशेटवार के टेबल पर स्थित फोन की घण्टी बज उठी। बलशेटवार ने स्पीकर ऑन किया।

''केबल ऑफिस है क्या?''

''हाँ।''

''देवदास लगाइए ना!''

''परसों ही लगाया था, देखी नहीं क्या?''

''नहीं देखी, फिर से लगाइए।''

''इस वक्त उसकी सीडी नहीं है। रविवार को लगाता हूँ।''

बलशेटवार ने स्पीकर बन्द किया। बलशेटवार फिर से एक बार मैच में डूब गया। उस्मान बलशेटवार से बोलने का प्रयत्न कर रहा था।

''पाकिस्तान जीतेगा। सचिन जल्दी आउट हो गया।''

''स्साला, शायद मैच फिक्सिंग हुई है।''

''हम हारने ही वाले हैं। मैच देखने का कोई मतलब नहीं।''

''क्रिकेट कोई भरोसे का खेल नहीं है। अन्तिम क्षण भी चमत्कार हो सकता है।''

''अब सब बॉलर हैं। वे क्या चमत्कार करेंगे''

''कह नहीं सकते।''

''आज रात कौन-सी फिल्म लगा रहे हो?''

''सरकार।''

''वही-वही कितनी बार दिखलाते हो?''

''नई सीडी नहीं मिलती।''

''तो फिर ब्लू फिल्म लगाओ।''

''कभी-कभार ठीक है। हमेशा कैसे?''

''हमें मजा करने दे। नई लड़की लाए हैं।''

''रात में लगाता हूँ। दस के बाद।''

''तू शॉट मारने आता है क्या?''

''अब सब छोड़ चुका हूँ।''

"अब तू नेता बन गया है न!"

उस्मान ने बलशेटवार को ताली दी थी। बलशेटवार मुक्त रूप से हँसा था। उस्मान और आगलावे हीरा केबल्स के बाहर गए। बलशेटवार मैच देखने में खो गया। अनिल कुम्बले के अच्छी बैटिंग करने के कारण मैच घूम गया था। भारत का विजय दृष्टि पथ में थी। मैच में थ्रिल पैदा हो गई थी। दर्शक बहुत खुश थे। अन्तिम ओवर। अन्तिम बॉल। अन्तिम रन की जरूरत थी। अनिल कुम्बले ने छक्का मार दिया। भारत ने मैच जीत लिया था। बाहर पटाखों की आतिशबाजी शुरू हुई थी।

सावल्या—"क्या रे क्या हुआ?"

हमीद—"इण्डिया जीता?"

सावल्या—"फिर तुझे क्यों खुशी हुई? पाकिस्तान तो नहीं जीता?"

हमीद—"क्यों? इण्डिया जीतने से क्या हमें खुशी नहीं होती?"

हमीद के इस प्रश्न से सावल्या खामोश हुआ। भारत ने मैच जीता, इस खुशी में हमीद पटाखे फोड़ रहा था। हमीद के सम्बन्ध में अशरफ के मन में सन्देह पैदा हुआ। "हमीद हिन्दुओं से डरता है। पटाखे चलाकर वह हिन्दुओं का विश्वास जीतना चाहता है। यह लाचारी है। ऐसे लाचार मुसलमानों को ही राष्ट्रवादी मुसलमान कहते हैं। हिन्दुओं को लाचार मुसलमानों की जरूरत है। स्वाभमानी मुसलमान नहीं।" अशरफ चिढ़ गया था। सूत गिरनी और चीनी कारखाने की ओर से भी पटाखों की आवाज आ रही थी।

शर्त जीतनेवाले तथा हारनेवाले, दोनों प्रकार के लोग उस्मान के ढाबे पर थे। सभी टेबल फुल थे। सभी टेबलों पर पेग भरे हुए थे। सभी ओर सिगरेट का धुआँ फैला हुआ था। शर्त जीतनेवाले बड़ी मात्रा में थे। प्रत्येक टेबल पर कुंबले की प्रशंसा चल रही थी। सचिन पर टीका-टिप्पणी हो रही थी। भारत ने मैच को कैसे उलटा घुमा दिया, इसी की रसभरी चर्चा चल रही थी। प्रत्येक के नस में से नशा रिस रहा था। सभी की निष्ठाएँ ढीली हो चुकी थीं। प्रत्येक व्यक्ति लगातार बोल रहा था। भर-भर के पी रहा था। कस्टमर के बोलने की आवाज और हिन्दी सिनेमा संगीत इनका अजब कॉकटेल हुआ था। वेटर दौड़-धूप कर रहे थे। उस्मान काउंटर पर बैठा था।

आगलावे नई लड़की को लेकर बैठा था। केबल पर ब्लू फिल्म शुरू हो गई थी। वेटर ग्राहकों को सीलबन्द बोतलें देकर सील तोड़ रहा था। आज नीचे से हवा घुट रही थी। परन्तु चमड़े की दुर्गन्ध नहीं आ रही थी। कुछ तो गलत सलत सा लग रहा था। केरबा और सोनबा की हत्या के बाद बस्ती में चल रहे चमड़े का व्यापार बन्द हो चुका था। बस्ती में स्थित दुर्गन्ध खत्म की गई थी। उस्मान बिल ले रहा था। आज वह भरपूर कमा रहा था।

रात में पुलिस वालों ने हीरा केबल पर छापा मारा। अश्लील सीडी जब्त कर लिए गये। पिण्टया भाग गया था। पुलिस वालों ने केबल्स का सामान उठा लिया था। केबल बन्द हो जाने के कारण 'हीरा केबल्स' का फोन बज रहा था परन्तु फोन उठाने के लिए वहाँ कोई नहीं था।

❑ ❑ ❑

वेद अध्ययन केन्द्र की जगह कबीर काम्बले के परदादा की थी। यह जगह उनके नाम पर दर्ज थी। अकाल के कारण उन्होंने इस जमीन पर कुछ बोया नहीं था। उनकी मृत्यु के बाद यह जमीन ऐसी ही पड़ी रही। कबीर काम्बले के पिताजी ने उस जमीन को जोतने का प्रयत्न किया था। गाँव वालों ने उसकी काफी पिटाई की थी। "यह चरागाह की जमीन है। यहाँ गाँव के जानवर चरते हैं। अगर तूने जमीन जोत ली तो गाँव के जानवर कहाँ जाएँगे?" गाँव के आतंक के कारण जमीन ऊसर हो गई थी। कबीर काम्बले ने इस जमीन पर फिर से अपना हक जतलाया। गाँव वालों ने फिर से अपने हाथों में लाठियाँ ली थीं। जमीन का विवाद चल रहा था। वैसे वह जमीन ऊसर ही थी। यह अछूतों की वंश-परम्परागत जमीन थी। तात्या काम्बले की हत्या के बाद कबीर काम्बले खामोश था।

दलितों की वंश-परम्परागत जमीन पर वेद अध्ययन केन्द्र को खड़ा किया गया था। यह अतिक्रमण था। दलितों ने अपनी इस जमीन पर कब्जा प्राप्त करने हेतु कानूनी रास्ता अपनाया था। अपने इस प्रश्न की ओर सरकार का ध्यान आकृष्ट करने हेतु वे बीच-बीच में मोर्चे भी निकालते थे। वेद अध्ययन केन्द्र के कारण दलितों की माँग में जान आ चुकी थी।

गैर-कानूनी ढंग से हड़प लिए गये दलितों के वंश-परम्परागत जमीन की जाँच-पड़ताल के आदेश प्रान्ताधिकारी को दिए गये थे। विभागीय आयुक्त ने ये आदेश दिए थे। स्वामी राघवेन्द्र ने दलितों की वंश-परम्परागत जमीन को जबरदस्ती से हड़प लिया है, इसकी जाँच-पड़ताल कर वह जमीन सरकार वापिस लें, ऐसा शिकायत भरा प्रार्थना-पत्र कबीर काम्बले की पत्नी ने दिया था। इस सम्बन्ध में प्रान्ताधिकारी जगदीश जोशी ने प्रत्यक्ष घटनास्थल पर जाकर जाँच करें और अपना रिपोर्ट विभागीय आयुक्त के सम्मुख प्रस्तुत करें—ऐसे आदेश दिए गये थे। जिला भूमि अभिलेख द्वारा की गई गिनती को दलितों ने अस्वीकार किया था।

स्वामी राघवेन्द्र जेल में थे और बाहर उनके खिलाफ आन्दोलन शुरू हुआ था। भविष्य में कभी ऐसा संकट खड़ा होगा, इसकी कल्पना भी कभी स्वामी राघवेन्द्र ने की नहीं थी। दिन-ब-दिन दलित संगठित हो रहे थे, शिक्षित हो रहे थे। संघर्ष कर रहे थे। बहुत समय तक अब दलितों को दबाए रखना कठिन हो गया था। हजारों

वर्षों से जिस और जैसी अवस्था में दलित थे, उस और वैसी ही अवस्था में वे आगे भी रहेंगे, ऐसी कल्पना काल की कसौटी पर गलत साबित हो गई थी। दलितों की आक्रामकता को देखते हुए स्वामी राघवेन्द्र ने इस जमीन की कीमत देना कबूल किया था परन्तु दलितों ने उस प्रस्ताव को अस्वीकार किया। उन्होंने कहा—"हमें हमारी जमीन वापिस चाहिए।" इस कारण यह प्रश्न और भी जटिल हुआ था।

स्वामी राघवेन्द्र जेल में जाने के बाद उनके विरोध में अब तक दबी हुई आवाजें अब प्रगट होने लगी थीं। स्वामी राघवेन्द्र की प्रतिष्ठा को और अधिकार को ग्रहण लग चुका था। दलित कार्यकर्ताओं ने ठीक इसी अवसर का फायदा उठाया था। स्वामी राघवेन्द्र की ओर से महादेव माली आन्दोलनकर्ताओं से चर्चा करता। उनसे क्या बातचीत करनी चाहिए इसे स्वामी राघवेन्द्र ने कह रखा था।

महादेव माली—"संस्कृत यह प्राचीन भाषा है। उसका अध्ययन यहा होता है। संस्कृत देववाणी है। संस्कृत खत्म न हो इस हेतु यहाँ प्रयत्न किए जा रहे हैं, इसे कृपया आप ध्यान में लें।"

काशीनाथ पोलके—"संस्कृत सीखने का शूद्रातिशूद्रों को अधिकार नहीं था। बाबासाहब अम्बेडकर संस्कृत विषय नहीं ले सके थे। उन्हें संस्कृत के बजाए फारसी सीखना पड़ी। संस्कृत मृत भाषा है। उस का मर जाना ही ठीक है। साढ़े तीन फीट गहरा गड्ढा खोदकर उसमें संस्कृत को दफना दिया जाना चाहिए।"

महादेव माली—"आप आक्रामक मत होईए। यहाँ धर्मशास्त्र का अध्ययन होता है। यह गुरुकुल है।"

सिद्धार्थ पगारे—"गुरुकुल पद्धति के कारण ही हमारे इस राष्ट्र का अत्यधिक नुकसान हुआ है। केवल मुट्ठीभर लोगों को ही गुरुकुल ने शिक्षा दी। शूद्रातिशूद्रों को और स्त्रियों को शिक्षा के अधिकार कभी भी नहीं दिए। इस पद्धति को समाप्त कर देना चाहिए।"

महादेव माली—"इस संस्था की काफी चर्चा हो चुकी है। यह एक प्रतिष्ठित संस्था है। इस भूखण्ड की कीमत आपको दी जाएगी।"

काशीनाथ पोलके—"यह हमारी वंश-परंपरागत जमीन है। अपनी वंश परम्परागत संस्कृति पर आपका जितना प्रेम है, उतना ही हमारा हमारी वंश-परंपरागत जमीन पर है। आपने हमारी जगह पर अतिक्रमण किया है। यह गैरकानूनी है।"

स्वामी राघवेन्द्र जेल में जाने के बाद दलितों ने उपरोक्त भूमिका ली थी। प्रशासन इस प्रश्न पर कोई स्पष्ट भूमिका नहीं ले पा रहा था। "हम हमारी जमीन पर जबरदस्ती से कब्जा कर लेंगे। उसके लिए शक्ति का उपयोग करना पड़ेगा। तो भी करेंगे।" काशीनाथ पोलके ने अपनी भूमिका स्पष्ट की।

वेद-अध्ययन केन्द्र के ब्रह्मचारी इकट्ठे होने पर मन्त्र पठन करने के बजाए अछूतों का विनाश हो, ऐसी प्रार्थना ईश्वर से कर रहे थे। स्मृति, श्रुति, पुराण, ऋचा और मन्त्रों में स्त्री और शूद्रों के प्रति भरा हुआ द्वेष जाग्रत हो चुका था। जनतन्त्र देश के लिए हानिकारक है। सबको समान रूप से अधिकार देने के कारण ही शूद्रातिशूद्र और स्त्रियाँ बराबरी की और अधिकार की भाषा बोल रहे हैं। धर्म में ग्लानि आई है। फिर से एक बार वैदिक व्यवस्था अस्तित्व में लानी चाहिए।

''शम्बूक के वंशजों का सिर उड़ा देना चाहिए एकलव्य के उत्तराधिकारियों के अँगूठे तोड़ देने चाहिए।

राजा शिवाजी के उत्तराधिकारियों को गद्दी पर बैठने से फिर से एक बार रोक लगानी चाहिए।

हे भगवान! ऽ
अछूतों की जिव्हा टूट जाए।
वे ईश्वर और धर्म को गालियाँ देते हैं।
अछूतों की आँखें फूट जाएँ।
वे ज्ञान-विज्ञान के सहारा लेना चाहते हैं।
अछूतों का दिमाग सड़ जाए।
वे स्वतन्त्रता के सपने देख रहे हैं।
हे भगवान ऽ ऽ
अछूतों को गधों की तरह पूँछ दें।
वे कुत्तों की तरह भौंकते रहे।
वे सूअर की तरह गन्दगी में लोटते रहे।

हे भगवान, तू अवतार ले और ब्राह्मणों के कार्यों में विघ्न लाने वाले इन राक्षसों का निःपात कर दे। तूने जिस चातुर्वण्य-व्यवस्था को निर्माण किया था, उसे खत्म करने निकले शूद्रातिशूद्रों का तू विनाश कर।

इस चराचर में स्थित स्वतन्त्रता की भावना सड़ जाए।
सबके मन में केवल गुलामी बनी रहे।
ईश्वर और धर्म के प्रति उनमें भय पैदा हो।

अगर ऐसा नहीं हुआ तो पृथ्वी पर पाप बढ़ जाएगा। कलियुग आएगा और यह जगत डूब जाएगा।''

ब्रह्मचारी जोर-जोर से प्रार्थना कर रहे थे। उनकी आवाज से फाँसी के पहाड़ में विचरण करने वाले दरिन्दे भी भयभीत हो रहे थे।

❑ ❑ ❑

एक प्रकरण में बलशेटवार को साढ़े तीन वर्ष की जेल हो गई।

❑ ❑ ❑

कलशेट्टी की हत्या के कारण रद्द चुनाव की तारीख घोषित होने वाली है, ऐसी चर्चा थी। विकास मोर्चे की ओर से रंजना कदम चुनाव के लिए खड़ी होंगी, ऐसा कहा जा रहा था। उस्मान भी चुनाव में खड़े होने हेतु मोर्चा बाँध रहा था। चीनी कारखाने के समर्थन पर वैशाली चुनाव लड़नेवाली है, ऐसा भी एक समाचार था।

उस्मान ने मुस्लिम समाज की एक बैठक बुलाई थी। इस बैठक हेतु बस्ती के सभी मुसलमान आए थे। उस्मान को मुसलमानों का सम्पूर्ण समर्थन प्राप्त हुआ था। "उस्मान भाई अपनी बस्ती में एक बड़ी ताकत के रूप में उभर रहे हैं। हमें उनका साथ देना होगा। आज तक अपनी ताकत नहीं थी।" बैठक में यूनुस उस्मान की तारीफ कर रहा था। हिन्दू हो या मुसलमान, वे सब असुरक्षितता से पीड़ित थे। प्रत्येक जाति असहिष्णु और हिंसात्मक हो रही थी। अगर हमें सुरक्षित रहना है तो अपनी जाति की ताकत बढ़ानी होगी, ऐसा विचार प्रत्येक जाति के मन में चल रहा था। इस कारण प्रत्येक जाति को अपनी जाति में स्थित अपराधी भी हीरो लग रहा था। कलशेट्टी एक हिन्दू गुण्डा था। अब उसकी जगह मुस्लिम गुण्डा ले चुका था।

मुस्लिम मुहल्ले में हुई बैठक के कारण अब उस्मान का 'उस्मान भाई' हो चुका था। सबने मिलकर उसका नामकरण किया था। इतना ही नहीं, कुछ उत्साही लोगों ने अपने मुहल्ले का नाम उस्मानपुरा होना चाहिए, ऐसी सूचना भी विचारार्थ रखी थी। यह सूचना उस्मान को बहुत अच्छी लगी थी। उस्मान ने सबको खुश करने का एक प्रस्ताव रखा, "अब इसके आगे आप किसी को भी झोंपड़ी का भाड़ा नहीं देंगे। हम सरकारी जमीन पर रहते हैं।" उस्मान की सूचना सबको अच्छी लगी। उस्मान मुसलमानों के मन जीत चुका था।

झोंपड़ी का किराया न देने का निर्णय मुसलमानों ने सामूहिक रूप से लिया है, यह समाचार ज़ाहिरा तक पहुँचा और उसकी नींद ही गायब हो गई।

बलशेटवार जेल में था। बाहर ज़ाहिरा के सम्मुख भयावह आर्थिक संकट पैदा हुआ। उस्मान ने एक ही पत्थर में दो पक्षियों को मार दिया था। एक ओर मुसलमान खुश तो दूसरी ओर ज़ाहिरा अड़चन में आ गई थी। उस्मान ज़ाहिरा को हतोत्साहित कर रहा था। दूसरे दिन मुस्लिम मुहल्ले की ओर जानेवाली सड़क पर 'उस्मानपुरा' नाम से एक बोर्ड लग गया।

सुरेखा माने सवेरे-सवेरे ज़ाहिरा के घर आई थी। सुरेखा माने को देखकर ज़ाहिरा का मानसिक सन्तुलन बिगड़ गया था। सुरेखा माने पूरी निर्लज्जता के साथ हँसते हुए ज़ाहिरा के घर में आ बैठी। "तू हमारी लड़कियों से मिल। उन्हें धन्धे की चार

बातें सुना। हमारी लड़कियाँ तुझसे मिलने को बहुत उत्सुक है। आती रह। तेरा समय भी कट जाएगा।'' सुरेखा माने प्रौढ़त्व की आवाज में बोल रही थी। ज़ाहिरा ने सुरेखा माने के इस उपदेश को दिल पर पत्थर रखकर सुना था। वह अब और संकटों को निमन्त्रित करना नहीं चाहती थी। ज़ाहिरा ने मौन धारण किया। उसके मन में क्या चल रहा है, समझ पाना कठिन था। उसकी नजर से भी पता नहीं चलता था कि उसके भीतर क्या चल रहा है। उसका चेहरा निष्पर्ण लग रहा था। वह कुछ भी बोल नहीं रही थी। सुरेखा माने उसे बोलने लगवाने का प्रयत्न कर रही थी।

सड़क पर लोगों का एक समूह आते हुए दिखाई दिया। लोग गुस्से में थे। सुरेखा माने सड़क पर आई। ज़ाहिरा भी दरवाजे पर आकर खड़ी हो गई। लोगों में आवेश था। भावडया, प्रशान्त, रघु, गोविन्दा और तुषार भीड़ का नेतृत्व कर रहे थे। उनके हाथों में 'गणेश नगर' नामक बोर्ड था। वे सबके सब उस बोर्ड को लगाने निकले थे। सुरेखा माने भी भीड़ के साथ चली गई। उन सबने 'उस्मान पुरा' बोर्ड के विरुद्ध दिशा में 'गणेश नगर' का बोर्ड लगा दिया। सबके चेहरे अभिमान से फूल उठे थे।

अचलपुर-धरणगाँव रोड़ के कॉर्नर पर अब तीन बोर्ड दिखाई दे रहे थे। 'उस्मानपुरा', 'गणेश नगर' और 'गरीबी हटाओ झोंपड़पट्टी'। 'गरीबी हटाओ झोंपड़पट्टी' का बोर्ड अलबत्ता काफी पुराना हो चुका था। पाइप लाइन की ओर जानेवाले बूढ़ों को अलबत्ता इन सब बातों में मजा आ रहा था। सभी बूढ़े 'गणेश नगर' में से पाइप लाइन की ओर निकले थे। कासिम 'उस्मानपुरा' से आकर उनसे मिल गया था। पाइप लाइन पर रँगाई गई कलशेट्टी के चुनाव की छत्री अभी भी खुली ही थी। बलशेटवार का चुनाव चिह्न घोड़ा भी अभी वहीं खड़ा था।

रात 'गरीबी हटाओ झोंपड़पट्टी' का बोर्ड रँगाया गया। अब उस बोर्ड पर 'रमाई नगर' यह नाम अत्यन्त सुन्दर अक्षरों में दिखलाई दे रहा था।

उस्मान के आतंक से परेशान होकर आगलावे सावल्या से जाकर मिला था। उन दोनों ने पिंकी और रिंकी के भाइयों को भी अपने गैंग में खीच लिया था। इस गैंग में सभी हिन्दू गुण्डे थे। यूनुस उस्मान की गैंग में चला गया। उस्मान की गैंग में मुसलमान गुण्डों की अधिकता थी। बस्ती की गुण्डागर्दी को सामाजिक समर्थन प्राप्त हुआ था। और उसे राजनीतिक रंग भी प्राप्त हुआ था। अपराधियों के विश्व में भी जात-जमातवाद घुस गया था।

❑ ❑ ❑

अचलपुर पुलिस ने बण्टी को मुम्बई पुलिस से अपने कब्जे में ले लिया था। रमा बाबर के हाथ काटने के सिलसिले में पुलिस उसकी तलाश में थी। पुलिस वालों ने

बण्टी को पकड़ लिया है, इसकी चर्चा हो रही थी। सुरेखा माने बण्टी से मिलने अचलपुर गई थी।

❑ ❑ ❑

झोंपड़पट्टी से सम्बन्धित प्रश्नों पर मोर्चा निकालने का निर्णय विकास मोर्चे ने किया था। उप चुनाव की तैयारी हेतु विकास मोरचे की यह रणनीति थी। प्रत्येक झोंपड़पट्टी में उन्होंने बैठकें लेना शुरू किया था। जगह-जगह पर 'झोंपड़पट्टी बचाव परिषद' के पोस्टर लगा गये थे। उस्मान पुरा, गणेशनगर तथा रमाई नगर में नागरिक सुविधाओं से सम्बन्धित प्रश्नों पर बैठकें ली जा रही थीं। झोंपड़पट्टी के खराब रास्तों से वहाँ के निवासी परेशान थे। उसमें असुरक्षितता की भावना फैल चुकी थी। बढ़ता अपराधीकरण, कारखानों के कारण होनेवाला प्रदूषण और कचरा इस कारण बस्ती गन्दी हो चुकी थी। जुए, शराब और वेश्याओं के कारण बस्ती में अराजकता की स्थिति थी। झोंपड़पट्टी में स्थित कानून और सुरक्षा का प्रश्न महत्वपूर्ण बन गया था।

खराब सड़कें, पानी की अत्यधिक किल्लत, बढ़ता अपराधीकरण बस्ती में चल रहे काले धन्धे, अनियन्त्रित रूप से होनेवाली बिजली की आपूर्ति और स्थलांतर से होनेवाली समस्या—इन सब प्रश्नों से झोंपड़पट्टी के लोग संत्रस्त थे। इन प्रश्नों से आज तक कोई रू-ब-रू नहीं हुआ था। विकास मोर्चे के कार्यकर्ता लोगों को चौक-चौक में इकट्ठा कर उनसे संवाद शुरू कर चुके थे। सन् 2005 तक की झोंपड़ियाँ स्थायी बना दें, यह माँग जोर पकड़ रही थी।

रंजना कदम, विश्नाथ कुलकर्णी, राजा शितोले, सय्यद, काशीनाथ पोलके और सिद्धार्थ पगारे पूरी झोंपड़पट्टी घूम चुके थे। रमा बाबर ने झोंपड़पट्टी धारकों की बैठक ली थी। उपचुनाव की तारीख घोषित करने के पूर्व ही विकास मोर्चे के कार्यकर्ता काम पर लग गये थे। रंजना कदम को अविरोध चुन कर लाने की बात चल रही थी। "गुण्डों को निकाल बाहर करो।" ऐसा खुलकर बोला जा रहा था। फिर से एक बार वातावरण गर्म हुआ था।

विकास मोर्चे ने झोंपड़पट्टी का बहुत बड़ा मोर्चा निकाला था। उस्मानपुरा, गणेशनगर तथा रमाइ नगर के लोग बड़ी संख्या में मोर्चे में शामिल हुए थे। प्रत्येक के नाम पर झोंपड़ी नियमित करना, उन्हें राशनकार्ड उपलब्ध करा के देना, झोंपड़पट्टी में स्थित सड़कें तारकोल की बनाना, पीने के पानी हेतु सार्वजनिक नलों की संख्या बढ़ाना, बस्ती में चल रहे काले धंधों पर रोक लगाना, प्रत्येक झोंपड़ी को स्वतन्त्र रूप से बिजली का कनेक्शन देना, झोंपड़ियों के आस-पास कचरा डालने हेतु कूड़ेखाने की व्यवस्था करना, झोंपड़पट्टी में रह रहे कुख्यात गुण्डों को निकाल बाहर करना,

इन प्रश्नों पर विकास मोर्चे का यह मोर्चा था। लोगों के भीतर एक आँधी आकार ले रही थी। बूढ़े-बच्चे सभी घोषणा दे रहे थे। बुरखा डालकर मुस्लिम महिलाएँ भी मोर्चे में शामिल थीं। मोर्चा धीरे-धीरे आगे बढ़ रहा था।

शिवशक्ति ने प्रतिमोर्चा निकाला। शिवालय से 'हिन्दू जनजागृति मोर्चा' निकाला था। इस मोर्चे में बड़ी संख्या में वेद अध्ययन केन्द्र के ब्रह्मचारी और मन्दिर परिसर में स्थित व्यापारी थे। इस मोर्चे का नेतृत्व हेमा पण्डित, महादेव माली और माणिकचन्द कर रहे थे। मोर्चे में शामिल लोगों के हाथों में त्रिशूल थे। वे शंखनाद कर रहे थे। डमरू बजा रहे थे। 'हर ऽ हर ऽ ऽ महादेव' के नारे लगा रहे थे। स्वामी राघवेन्द्र को मुक्त करें। इस माँग हेतु यह मोर्चा निकला था।

विकास मोर्चे और शिवशक्ति का मोर्चा निकलनेवाला था, इसलिए पुलिस बन्दोबस्त बढ़ाया गया था। रास्ते में जगह-जगह पर पुलिस खड़ी की गई थी। विकास मोर्चे का मोर्चा तथा शिवशक्ति का मोर्चा मुंबई नाके पर आमने-सामने हुआ। पुलिस ने दोनों मोर्चों को चौक में रोक दिया। विकास मोर्चे में स्थित लोग 'हम सब एक हैं' का नारा लगा रहे थे तो शिवशक्ति में शामिल लोग 'गर्व से कहो कि हम हिन्दू हैं' का नारा दे रहे थे। पुलिस वालों ने पहले शिवशक्ति के मोर्चे को आगे निकलने के लिए जगह बनाकर दी क्योंकि यह मोर्चा संख्या की दृष्टि से छोटा था। 'गर्व से कहो कि हम हिन्दू हैं' का नारा देते हुए शिवशक्ति का मोर्चा आगे निकल गया। विकास मोर्चे में आ रहे अनेक हिन्दू 'गर्व से कहो कि हम हिन्दू हैं' ऐसा नारा देते हुए शिव शक्ति के मोर्चे में शामिल हो गये थे। विकास मोर्चा के कार्यकर्ताओं ने उन्हें रोकने का विफल प्रयत्न भी किया। विकास मोर्चे के कार्यकर्ता यह स्थिति देख मायूस हो गये थे।

❑ ❑ ❑

ज़ाहिरा जबरदस्त तनाव में जी रही थी। सभी ओर से वह परेशान हो चुकी थी। बलशेटवार जेल में सड़ रहा था। उस पर अनेक गुनाह दर्ज थे। इसके बाद के कालखण्ड में उसे और भी सजाएँ होने वाली थीं। 'मेरा अब क्या होगा?' इस प्रश्न से ज़ाहिरा टूट चुकी थी। असुरक्षितता के भय से वह परेशान थी। उसके घर पर पत्थर बाजी हुई थी। वह डर गई थी। कोई तो उसके घर पर नियमित रूप से पत्थर मार रहा था। बलशेटवार की प्रतीक्षा करने में अब कोई मतलब नहीं था। उसकी प्रतीक्षा में जीना मानो सजा ही थी। ज़ाहिरा अब अपने भविष्य को लेकर सोचने लगी। कहाँ जाएं? क्या करे? उसकी सभी राहें अँधेरे से भरी हुई थीं।

कहाँ जाकर देह-विक्रय करें? किसकी रखैल बन जाए? जीने के लिए और क्या किया जा सकता है? शरीर ही मेरी एकमात्र पूँजी है। क्या करें ज़ाहिरा के सम्मुख

असंख्य प्रश्न निर्मित हुए थे। देश छोड़ कर आने के अपने निर्णय का आज उसे पश्चाताप हो रहा था।

दरवाजे पर कोई तो आ गया है, इसका संकेत उसे मिला। उसे लगा कि कोई तो ग्राहक आ गया होगा। वह रोमांचित हुई। उसे लगा कि वह अब भी किसी कोठी में है। हवलदार शरद काले उसके दरवाजे पर खड़ा था। उसकी वर्दी देखकर वह घबरा उठी थी। शरद काले बलशेटवार का पुराना दोस्त था।

''भाभी, एक बुरी खबर देने आया हूँ। पुलिस तुझे गिरफ्तार करने वाली है। तू यहाँ से निकल जा।''

''कहाँ जाऊँ?''

''कहीं पर भी।''

''उस्मान ने तेरे खिलाफ शिकायत दर्ज की है, तू बांग्लादेशी है कहकर।''

''उसने क्यों शिकायत की?''

''होते हैं कुछ लोग ऐसे, विघ्नकारी। मुझे नहीं तो किसी को भी नहीं।''

''क्या होगा?''

''पुलिस जाँच-पड़ताल कर सकती है। तेरे पास पासपोर्ट-वीज़ा है क्या? तू इस देश में गैर-कानूनी रूप से रहती हैं, ऐसा आरोप लगाया जा सकता है। पहचान सिद्ध करने हेतु पहचान का सबूत माँगा जा सकता है। पेरोल का फार्म भर कर ले सकते हैं। तुझे यह सब बतलाने हेतु मैं यहाँ आया था। पर मेरा नाम किसी को मत बता। तू उस्मान से क्यों नहीं मिल लेती?''

''उस्मान ने ही भेजा होगा तुझे रुपए देकर? मुझे डर दिलाने के लिए?''

''मैं ड्यूटी पर हूँ। चलता हूँ।''

ग्राहक जैसे बाहर निकल जाता है, वैसे हवलदार शरद काले बाहर निकल गया।

ज़ाहिरा घबरा गई थी। 'लोगों को लगेगा कि मैंने देह-विक्रय शुरू किया है। शरद काले को वे ग्राहक ही समझेंगे। अब ग्राहकों की लाईन ही लग जाएगी। प्रत्येक के साथ सोना होगा।' ज़ाहिरा का भविष्य बिखर चुका था।

ज़ाहिरा अन्तुर्मखी हो गई। दरवाजे पर किसी के पैरों की आवाज आई। उसे लगा सुरेखा माने आई हैं। वह उसकी मालकिन है। वह ग्राहकों का हिसाब पूछेगी।

दरवाजे पर रंजना कदम खड़ी थी। वह चुनाव के पूर्व के प्रचार के काम में लग गई थी। वह घर-घर जाकर मतदाताओं से मिल रही थी। उसने ज़ाहिरा को नमस्कार किया। ज़ाहिरा को उसके इस नमस्कार पर सुखद आश्चर्य लगा।

''मैं रंजना कदम। विकास मोर्चे की उम्मीदवार।''

''यह मेरा देश नहीं है।''

"तू पागलों की तरह यह क्या बोल रही है?"

"मैं इस देश की नागरिक नहीं हूँ। मैं बाहर से आई हूँ।"

"उससे क्या होता है? यहाँ सभी बाहर से ही आए हैं। आर्यों से लेकर अंग्रेजों तक। कितने ही लोग।"

"पासपोर्ट और वीजा लेकर वे आए होंगे?"

"वे शस्त्र लेकर आए थे।"

"मैं आर डी एक्स लाना भूल गई।"

"क्या बोल रही है तू?"

"मैं बांग्लादेशी हूँ?"

"अब देश की सीमाओं का अर्थ ही कहाँ बचा है।?"

"तू मुझे बांग्लादेश भेज देगी?"

"तू पागल हो गई है क्या? ऐसा कुछ बोल मत। संकटों में फँस जाओगी।"

रंजना कदम ने ज़ाहिरा की ओर विचित्र नजरों से देखा। ज़ाहिरा पर उसका कोई परिणाम नहीं हुआ। रंजना कदम प्रचार हेतु दूसरे घर की ओर निकली। ज़ाहिरा की बातचीत सुनकर वह बेचैन हो गई थी। उसे सब कुछ निरर्थक लग रहा था। वह उदास हो गई थी। ज़ाहिरा की पागलपन की अवस्था उसे बेचैन कर रही थी। 'यह मेरा देश नहीं।' ज़ाहिरा का यह वाक्य उसके अस्तित्व पर प्रहार कर रहा था। उसके माथे से आँधी टकरा रही थी। उसके कान गरम हो गये थे। वह आत्ममग्न हो गई थी।

'कुत्तों और बिल्लियों के साथ जिस तरह से आचरण किया जाता है उससे भी अधिक हीनता के साथ इस देश में अछूतों के साथ आचरण किया जाता है। उनकी छाया, स्पर्श और आवाज भी अपवित्र मानी जाती है। इस व्यवस्था ने मनुष्य के मनुष्यत्व को ही नकारा है। आज भी दलितों पर अन्याय-अत्याचार हो रहे हैं। इस देश को दलित अपना देश क्यों माने? सवर्णों को अपने बन्धु कैसे कहें?' रंजना कदम के दिमाग में आँधी उठी थी। वह सुन्न हो चुकी थी। उसका सिर संवेदनशून्य हो चुका था। उसने पीछे मुड़कर देखा। अनेक स्त्रियाँ आ रही थी। वे सभी उसका प्रचार कर रही थी। झोंपड़ी-झोंपड़ी में जनतन्त्र की जड़ें अपने पैर जमा चुकी थी।

रंजना कदम—"आप सब कब आईं?"

राजा शितोले की पत्नी—"हम तो तेरे ही साथ हैं।"

रंजना कदम—"यह पदयात्रा हम लोगों ने निकाली है क्या?"

सय्यद की पत्नी—"हम प्रचारार्थ निकली हैं।"

राजा शितोले की पत्नी—"तू शायद थक गई है।"

सावित्री—"ताई, तेरा माथा सिन्दूर-हल्दी से भर गया है। तू देवी की तरह दीख

रही है।"

रंजना कदम—"कैसे क्या?"

सावित्री ने अपने पर्स में से आईना निकाला और उसके चेहरे के सम्मुख पकड़ा दिया। प्रत्येक घर में उसके माथे पर सिन्दूर-हल्दी लगाई गई थी। उसका माथा उसी से भर गया था। रंजना कदम को उसके स्कूल के दिन याद आ गये । स्वतन्त्रता दिवस के अवसर पर हुए कार्यक्रम में वह भारतमाता हुई थी।
अपने साथ आई स्त्रियों पर रंजना कदम ने एक दृष्टि डाली। बस्ती की अनेक स्त्रियाँ रंजना कदम के प्रचारार्थ उसके साथ सड़क पर आई थीं। जब वह घर से निकली थी तब अकेली थी। अब उसकी पदयात्रा बन गई थी। उसके साथ कई स्त्रियाँ थीं। सभी जातियों की औरतें आई थीं। रंजना कदम की आँखों से आँसू आए। एक नया रसायन उबल रहा था। एक नये राष्ट्र का निर्माण हो रहा था। वह एक अभूतपूर्व दृश्य था।

❑ ❑ ❑

पाइप लाइन पर बूढ़े इकट्ठे हो गए थे। क्षितिज पर नयन रम्य रंग बिखेर चुके थे। पक्षियों का कलरव शुरू हो गया था। थके-हारे लोग अपने-अपने घर की ओर लौट रहे थे। सोनबा की पत्नी टेम्पो चला रही थी। केरबा की पत्नी उसके साथ बैठी हुई थी। उन दोनों ने अब फूलों का व्यवसाय शुरू किया था। उन्हें आज भी मन्दिर में प्रवेश नहीं था। परन्तु उनके पास से खरीदे गये फूल भगवान की मूर्ति पर चढ़ाए जा रहे थे।

"औरतें अब टैम्पो चलाने लगी हैं।"

"उनके हाथों में सत्ता आ गई तो देश चलाएँगी।"

"सही कह रहे हो। अभी चुनाव की तारीख भी घोषित नहीं हुई है तो भी अपनी बस्ती में औरतें धूम-धड़ाके से प्रचार कर रही हैं।"

"अपना समय अलग था, यह समय अलग है।"

"नये सुधार हो रहे हैं। नया ज्ञान-विज्ञान आ रहा है। दुनिया अधिक खूबसूरत होती जा रही है। हम अलबत्ता इस सुन्दर दुनिया को देखने बहुत वर्षों तक नहीं रह पाएँगे। हमारे दिन अब खत्म हो रहे हैं।"

"प्रत्येक को कभी न कभी जाना ही पड़ता हैं।"

"क्यों रे, समाज बदलेगा?"

"जातियाँ दृढ़ करना, धर्म की राजनीति करना और उस बलबूते पर सत्ता प्राप्त करना—चल रहा है।"

"पहले जैसा अब कहाँ है? बहुत बदल गया है।"

"क्या बदला है? बस्ती जैसी थी, वैसी है।"

"बस्ती की सड़कें मजबूत नहीं हुई हों तो चलेगा, बिजली न भी आए तो भी चलेगा, परन्तु बस्ती में खुलकर साँस लेते जाना चाहिए। जनतन्त्र मजबूत हो जाना चाहिए। इन औरतों की ओर देखो, कैसे वे सब एक हो गई हैं। अब रात में घर के बाहर निकलने में कोई दिक्कत महसूस नहीं होती। अब रास्ते में कोई किसी को रोकेगा नहीं।"

"यह अलबत्ता सच है।"

बूढ़े शाम की गपशप में मग्न थे। सूर्यास्त हो रहा था। पाइप लाइन पर पतंग उड़ाने वाले लड़कों को उनके भाई बुलाने आए थे। माँओं की आवाजें सुनाई दे रही थीं। कबूतरों को नीचे उतरने हेतु इशारे किए जा रहे थे। माँगने आये भिखारी अपनी झोलियाँ लेकर लौट रहे थे। "चलो भाई ऽऽऽ अँधेरे के पहले निकल जाएँगे।" नाना उठकर खड़ा हो गया। रूंधी प्रकाश में बूढ़े चलने लगे।

ज़ाहिरा बस स्टॉप पर आकर खड़ी थी। वह एक अज्ञात और आकलन के परे ऐसे जीवन की खोज में निकली थी। अब उसके आगे वह अपना नाम 'उमराव' कहने वाली थी। बस्ती की ओर अंतिम बार देखते समय उसका मन भारी हो गया था। वह बस की प्रतीक्षा में थी। बूढ़ों की गरदनें उसकी ओर मुड़ गई। बस आ चुकी थी। बस में से सवारियाँ निकली। बस चली गई। ज़ाहिरा भी चली गई।

प्रीति और रफीक आए थे। प्रीति के पास उसका बच्चा था। रफीक के पास सामान। कासिम ने उनको पहचाना। उनसे बात करने के लिए कासिम रुका। अन्य बूढ़े भी कासिम के पास रुके।

नाना—"क्यों रे, कैसे क्या आया?"

रफीक—"मतदान करने आया हूँ नाना?"

कासिम—"बेटा है या बेटी?"

प्रीति—"बेटी।

अब्बू—"क्या नाम रखा है?"

प्रीति—"सोनिया।"

दादूया।—"सोनिया गाँधी का नाम रखा है शायद।"

प्रीति और रफीक के मन में स्थित डर गायब हो गया था। बस्ती के लोग उनकी ओर कौतूहल से देख रहे थे। बस्ती में एक अन्य आश्चर्यजनिक घटना हुई थी। उनके घरों में बिजली के दिए चमक रहे थे। अलबत्ता बलशेटवार के घर पर दिया लगानेवाला कोई नहीं था।

❑ ❑ ❑

दामोदर पोतदार की जिस दिन हत्या हुई उस दिन से शिवमन्दिर में आनेवाले श्रद्धालुओं की भीड़ कम होती गई। दामोदर पोतदार का भूत मध्यरात्रि को मन्दिर में आता है, मन्दिर के दिये प्रकाशित होते हैं, मन्दिर में स्थित घण्टियाँ अपने आप बजने लगती हैं, लोबान की सुगन्ध सभी ओर फैलने लगती है, दामोदर पोतदार का भूत महादेव की आरती करता है—ऐसी अफवाहों में तेजी आई थी। मरने के बाद भी दामोदर पोतदार की महादेव पर की श्रद्धा थोड़ी भी कम नहीं हुई—ऐसा लोग बोल रहे थे। स्वामी राघवेन्द्र की गिरफ्तारी के बाद मन्दिर में प्रातःकाल होनेवाली आरती बन्द हो चुकी थी। रात में भी मन्दिर के दरवाजे जल्दी ही बन्द कर दिए जाते थे। दलितों के निरन्तर के आन्दोलन के कारण वेद अध्ययन केन्द्र सम्बन्धी का नयापन कम हो चुका था। महादेव माली को मन्दिर का पूरा कारोबार नियन्त्रित करना कठिन लग रहा था। इस कारण स्वामी राघवेन्द्र ने रामेश्वर को अपने उत्तराधिकारी के रूप में घोषित किया था। रामेश्वर स्वामी राघवेन्द्र की रसोई बनाता था और मन्दिर की व्यवस्था भी देख रहा था। रामेश्वर ने छोटी-छोटी बातों में दखल देना शुरू किया था, इस कारण महादेव माली बेचैन हो गया था।

अब महादेव माली मन्दिर के घण्टानाद से भी भयभीत होने लगता। उसे गर्भगृह में स्थित ओंकार की प्रतिध्वनि का भी डर लगने लगा। श्रद्धालुओं की भीड़ कम हो जाने के कारण मन्दिर परिसर की कुछ दुकानें हमेशा के लिए बन्द हो गई थीं। पार्किंग तथा जूते-चप्पलों की व्यवस्था देखने वाले ठेकेदार ने अपना काम बन्द कर दिया था। चुनाव में हारने के बाद हेमा पण्डित एक बार भी मन्दिर में नहीं आई थी। मन्दिर में बेहद खामोशी थी। घण्टानाद की अपेक्षा बन्दरों के ही भू ऽ ऽ भू ऽ ऽ से मन्दिर परिसर गूँज रहा था।

ईश्वर के मस्तक, बाहू, जाँघें और पैरों में से निर्माण हुई चातुर्वर्ण्य व्यवस्था से टूटती जा रही थी। श्रुति-स्मृति की दैवी आज्ञाओं की अवज्ञा हो रही थी। दुनिया डुबनेवाली है—ऐसी मुनादी दी जा रही थी। धर्म रक्षणार्थ ईश्वर को अब अवतार लेने की जरूरत निर्माण हुई थी। मन्दिर में होनेवाली तमाम प्रार्थनाएँ ईश्वर के दर्शनार्थ व्याकूल हो गयी थी।

महादेव मन्दिर के पेड़ों पर बन्दरों ने काफी शोर मचाया था। बन्दर अब सभा-मण्डप में आ रहे थे। एक बन्दर तो गर्भगृह में जाकर नैवेद्य उठा ले गया था। इस कारण मन्दिर में आनेवाले श्रद्धालुओं को हार-नारियल के साथ बन्दरों को डर बताने हेतु छड़ी भी खरीदनी पड़ रही थी। महादेव माली नेवैद्य लेकर घर की ओर निकला था। उसे देख बन्दर पेड़ों पर से कूद पड़े थे। बन्दरों की आक्रामकता को देख महादेव माली वापिस लौटा था। बन्दरों ने गाँव में भी उत्पात पैदा किया था।

बन्दर को अगर सद्यःप्रसूता की गंध आ जाए तो वह घर में घुसकर उसके साथ

जबरदस्ती से संभोग करता है। ऐसी लोगों की पूर्व परम्परा से आई हुई समझ थी। इस कारण गाँव की सद्यःप्रसूता स्त्रियाँ बन्दरों से बहुत डर रही थी। सदाशिव मोरे की पत्नी पाँचवीं बार प्रसूता हुई थी। उसके घर पर बन्दर आए थे। उसके आँगन में सूखने हेतु डाले गये प्याज को वे उठा ले गये थे। उसने घर का दरवाजा भीतर से लगा रखा था। बन्दर घर में घुसते तो नवजात बच्चे को उठा ले जाते, इस डर से वह रुआँसी हो गई थी। बन्दरों को देखकर गली के बच्चे इकट्ठे हुए थे। उनका शोर बढ़ गया था। ''बाल्या ऽ ऽ बाल्या ऽ ऽ हूप ऽ ऽ तेरी पूँछ पर सेर भर घी'' कहते हुए बच्चों ने शोर मचाया था। वे बन्दरों को पत्थरों से मार रहे थे। शोर बढ़ जाने के कारण बन्दर यहाँ से भाग गये थे।

बस्ती के पास स्थित इमली के वन में बन्दरों ने हो-हल्ला मचा रखा था। इस कारण वहाँ की इमली के पेड़ों की शाखाओं में फल़ की तरह चिपके हुए चमगादड़ उड़ गये थे। चमगादड़ और बन्दरों की आवाज में वेद अध्ययन केन्द्र का मन्त्रोच्चार लुप्त हो गया था।

महादेव माली ने मन्दिर के दरवाजे आज जल्दी ही बन्द कर दिए। महादेव माली का ध्यान मन्दिर के काम पर अब पहले जैसा नहीं था। अब वह विभूति (शिवलिंग पर लगाया जाने वाला भस्म) बेचने लगा था। दामोदर पोतदार की पत्नी का सफेद माथा उसे डरा रहा था। वह भिभूति की बड़िया बनाता और बेचता। उसकी बायीं आँख हमेशा फड़फड़ाने लगी थी। बायीं आँख फड़फड़ायी कि वह रोता। दायीं उड़ने लगी कि खुश होता। परन्तु पिछले दो दिनों से उसकी बायीं आँख फड़फड़ा रही थी इस कारण वह बहुत बेचैन हो गया था। रात में उसे जल्दी नींद नहीं आई। वह जगा भी जल्दी ही।

गाँव पर धुँध छा गई थी। सड़कें धुँध में डूब गई थीं। वह मन्दिर की ओर निकला था। घने कोहरे में से चलते हुए वह अपने आस-पास देख रहा था। मानो आकाश में स्थित सफेद बादल धरती पर उतर आए हों। प्रवेश द्वार में से वह मन्दिर में गया। कोमल सूर्य किरणों के कारण धुँध छँट रही थी। बेल के पेड़ के नीचे एक मरा हुआ बन्दर गिरा हुआ था। उस अशुभ दृश्य को देखकर वह परेशान हुआ। वह जोर से चिल्ला उठा। बन्दर मर चुका था।

महादेव माली तत्काल मन्दिर के बाहर आया। बन्दर का मरना अशुभ- होता है। गाँव पर अब संकट आएगा। अकाल पड़ेगा अथवा बाँध फट जाएगा। अथवा भूकम्प होगा, महामारी आएगी। कुछ तो अनर्थ अनिष्ट होगा। उस अशुभ से महादेव माली परेशान हो गया। बन्दर मर जाने की खबर गाँव में फैल गई। गाँव के लोग अफसोस व्यक्त कर रहे थे।

गाँव वालों ने बन्दर की शवयात्रा निकाली। पूरा गाँव इस शवयात्रा में शरीक

हो गया। मृत बन्दर को मन्दिर परिसर में ही दफनाने का निर्णय हुआ और वहाँ एक मन्दिर खड़ा किया जानेवाला था। गाँव को पाप से मुक्त करने हेतु लोग पूरे उत्साह से आगे आ रहे थे। स्वामी राघवेन्द्र को गिरफ्तार करने के कारण ही गाँव पर यह संकट आया है—ऐसी चर्चा थी। दामोदर पोतदार के भूत ने ही बन्दर की हत्या की है, ऐसी भी अफवाह उठाई गई। बन्दर की मृत्यु के कारण गाँव पाप में फँस गया था। बन्दर की मौत जंगल में ही होनी चाहिए। बन्दर अगर किसी गाँव में मर जाए, तो उस गाँव पर संकट आ जाते हैं—इस भावना से गाँव भयभीत हो गया था। लोग चिढ़ गये थे। "स्वामी राघवेन्द्र को गिरफ्तार करने के कारण ही ऐसी अभद्र घटना घटित हुई है, इसके लिए पुलिस ही जिम्मेदार है" लोगों का गुस्सा असहनीय हो गया था।

बन्दर की शवयात्रा पुलिस चौकी के पास पहुँच गई। गुस्से में आए लोगों ने पुलिस चौकी पर तूफान पत्थरबाजी की। लोगों को बिखेरने हेतु पुलिसवालों ने हवा में गोलियाँ चलाईं। लोग आक्रामक हो चुके थे। बन्दर की शवयात्रा सड़क पर थम गई थी। लोग प्रक्षुबध होकर नारे लगा रहे थे—

"बजरंग बली की जय।"

"रामभक्त हनुमान की जय।"

गोलियाँ की आवाज़ से चमगादड़ उड़ चुके थे और बन्दरों ने भी छलांग लगाई थी। बन्दरों ने हमेशा के लिए वह गाँव छोड़ दिया। वे सब फाँशी के पहाड़ पर चले गये।

❑ ❑ ❑

स्वामी राघवेन्द्र को जिस गेस्ट हाउस में कैद करके रखा गया था, उस ओर जानेवाली सभी सड़कों पर वाहनों की भीड़ लग गई थी। स्वामी राघवेन्द्र की गिरफ्तारी होने के बाद उनके सम्बन्ध में अच्छी-बुरी खबरें छप कर आ रही थीं। इस कारण उनकी बदनामी हो रही थी। मानहानि हो जाने के कारण स्वामी राघवेन्द्र ने शायद अपने जीवन को ही खत्म कर दिया होगा, ऐसा सन्देह प्रत्येक को हो रहा था। सड़क पर से जानेवाली भीड़ 'हर ऽ ऽ हर ऽ ऽ महादेव' की गर्जना कर रही थी। गेस्ट हाउस में प्रवेश करने हेतु लम्बी लाइन लगी हुई थी। गेस्ट-हाउस के परिसर में पुलिस-बन्दोबस्त व्यवस्थित था। श्रद्धालुओं की भीड़ गेस्ट-हाउस पर जाने के कारण मन्दिर में खामोशी थी। प्रेसवालों की भीड़ थी। सबकी जुबान पर दैवी चमत्कार की चर्चा थी। स्वामी राघवेन्द्र अपनी आध्यात्मिक शक्ति से लुप्त हो गये हैं। यह दिव्य चमत्कार है, ऐसी चर्चा लोगों में हो रही थी।

स्वामी राघवेन्द्र जिस बेड पर सोते थे, उस बेड पर मनुष्य के आकार में अस्थियाँ और राख फैली हुई थी। तपोबल की ताकत पर साधु पुरुष अपना नश्वर शरीर त्याग

कर स्वर्ग में जा सकता है, ऐसी चर्चा थी। पुलिस अलबत्ता इस चमत्कार पर विश्वास रखने को तैयार नहीं थे। मनुष्य देह अगर बेड पर भस्मीभूत हो जाता तो क्या बेड शीट जल नहीं जाता? कमरे की छत पर धुएँ के दाग दिखलाई देते? वे दाग नहीं थे। कमरे में स्थित फर्नीचर, परदे, गद्दी, बेडशीट, तकिया, चादर आदि वस्तुएँ जैसी की तैसी थीं। देह अगर जल जाती, तो अन्य वस्तुएँ भी जल जातीं। केवल देह जलती है और उसके सम्पर्क में स्थित एक भी वस्तु को आग नहीं लगती, यह कैसे संभव है? पुलिस वालों को यह एक पहेली थी। कमरे को बाहर से ताला लगाया गया था। स्वामी राघवेन्द्र का देह अपने आप अगर भस्मीभूत हुआ हो तो बाहर से किसने ताला लगाया होगा? यह प्रश्न भी अनुत्तरित था। अस्थियाँ और राख यह स्वामी राघवेन्द्र की हैं अथवा वह अन्य किसी की है, इसका सन्देह भी पुलिस वालों को हो रहा था। इस कारण उन अवशेषों की डी. एन. ए. टेस्ट करवा लेने की भी चर्चा थी।

विकास मोर्चे के कार्यकर्ताओं ने "यह दैवी चमत्कार न होकर इसके मूल में कोई रहस्य है। इसकी जाँच होनी चाहिए।" ऐसा विचार रखा था। यह प्रश्न लोगों की श्रद्धा और भावना से सम्बन्धित होने के कारण पुलिस सावधानी बरत रही थी। मीडिया ने इस घटना को घर-घर पहुँचाया था। पुलिसों ने प्राथमिक जाँच पड़ताल हेतु स्वामी राघवेन्द्र के रसोइये रामेश्वर को बुला लिया था।

विकास मोर्चे ने जगह-जगह यह पोस्टर लगवाए थे। उस पर इस प्रकार का मजमून था–

- सभी धार्मिक स्थलों पर अन्धश्रद्धा निर्मूलन केन्द्र की स्थापना की जाए।
- लोगों को वैज्ञानिक दृष्टि का अनुसरण करना चाहिए।
- लोगों को चाहिए कि वे सर्वधर्म सद्भाव को बनाए रखें।
- लोगों को जनतान्त्रिक जीवन प्रणाली का स्वीकार करना चाहिए, और मानव अधिकार की रक्षा करनी चाहिए।

विकास मोर्चे के इस पोस्टर पर कोई तो पान खाकर थूक चुका था। विकास मोर्चे के इस पोस्टर के कारण लोग घटना के दूसरे आयाम पर भी सोच रहे थे। चैनेलों ने इस घटना पर आधारित विशेष कार्यक्रम भी प्रसारित किए थे।

झेलम एक्सप्रेस की गति कम हो रही थी। झेलम चम्बल का पुल पार कर रही थी। चम्बल की घाटियाँ भग्न किले के अवशेषों की तरह दिखाई दे रही थीं। वह खिड़की में से बाहर देख रही थी। उसे किसी फिल्म के डाकुओं के घोड़ों के पैरों की आवाज सुनाई दी। उसके मन में डर की लहर उठीं। उसने नकाब हटाई। उसके मन में घुड़दौड़ शुरू थी। वह जम्मू के लिए निकली थी। अगर मैं अपने देश में रही होती,

तो मेरी यह स्थिति न होती। ऐसा वह सोच रही थी। उसकी आँखें भर आयीं।

बर्थ पर बैठा हुआ व्यक्ति उठकर बैठा। उसे उसका चेहरा परिचित लगा। उसकी आँखें, उसकी भौहें और नाक उसे चिर-परिचित लगे। वह उलझन में पड़ गई। वह भी उसकी ओर अनिमेष आँखों से देख रहा था। वह और भी परेशान हुई। इस चेहरे को मैंने रोज देखा है। शायद अपने ही घर में। कौन होगा यह? कहाँ मुलाकात हुई होगी? वह सोच रही थी।

वह वैष्णव देवी को निकला था और उसे हिमालय में जाकर तप करना था। वह उसकी नजर को टाल नहीं पा रही थी। वह उसके तपस्वी चेहरे में विलीन हो रही थी। पहला प्यार ऐसा ही होता होगा, ऐसा वह मन में सोचने लगी।। वह उसके पास आकर बैठ गया और अचानक उसे अपने घर का कैलेण्डर याद आ गया। स्वामी राघवेन्द्र का चेहरा याद आया और उसके गालों पर स्मित उभरा। उसने अपनी वेशभूषा बदली थी। बाल काट लिए थे। उसने उसकी पूछताछ की। वह उसकी आवाज भी पहचान गई।

"तेरा नाम क्या है?"

"उमराव। आपका?"

"श्रीपाद।"

दोनों एक-दूसरे से झूठ बोल रहे थे। परन्तु उनकी नजरों ने एक-दूसरे के मन में स्थित रहस्य को जान लिया था। वह संगम को जाकर मिली थी। और उसकी साधना अब शुरू हो गई थी। अपरिचित ग्राहक को बात करने के लिए उकसाने की कला से उसे परिचित थी। उसने उसकी ओर दयार्द्र नजरों से देखा। सन्तति हो इसलिए मन्दिर में आनेवाली स्त्री की तरह वह उसे लगी। वह उसे बातचीत में उलझा कर रख रही थी।

"कहाँ जा रहे हैं आप?"

"जम्मू! आप कहाँ?"

"वैष्णव देवी।"

"आप स्वामी राघवेन्द्र हैं न?"

"तूने मुझे कैसे क्या पहचाना?"

"हमारे घर में आपका केलेण्डर है न!"

"मैंने संन्यास को त्याग दिया है।"

"मैंने घर छोड़ दिया है।"

"तेरा पति, तेरे बाल-बच्चे?"

"मैं अकेली हूँ।"

रेल ने गति पकड़ी थी। दोनों के शरीर जान-बूझकर एक-दूसरे से टकरा रहे

थे। स्पर्श से साँसें गर्म हो रही थीं। उन दोनों में स्थित अन्तर ढह रहा था। 'हेमा पण्डितसे भी यह सुन्दर है। समझदार है। एक क्षण में यह मुझे जान गई।' स्वामी राघवेन्द्र का मन उन दोनों में तुलना कर रहा था। स्वामी राघवेन्द्र को गिरफ्तार किया गया था, इसे भी वह भूल गई थी। उसे वह देवदूत की तरह लगा। वे दोनों अब पति-पत्नी की तरह बैठे थे।

फल लाने हेतु वह नीचे उतरा। वह भी पैर खुले करने हेतु उसके साथ नीचे उतरी। इतनी कम अवधि में उन दोनों ने नये जीवन के सपने भी देखना शुरू किया था। वे दोनों इतने तन्मय हो चुके थे कि रेल निकल गई, इसका अहसास भी उन्हें नहीं रहा। मानो उनकी जिन्दगी का यह पहला प्यार था। वे दोनों सूने प्लेटफार्म पर खड़े थे। कुली उनकी ओर देख रहा था।

हवा में ठण्डक थी। बादल भर आए थे। रात के साढ़े नौ बजे थे। वे दोनों नई दिल्ली रेलवे स्टेशन के बाहर आए। रिक्शावाले ने उन्हें परेशान कर दिया था। वे पहली बार नई दिल्ली में आए थे। उनके पास किसी भी प्रकार का सामान नहीं था। वे दोनों लॉज की पूछताछ कर रहे थे। आज तक मैंने अनेक पुरुष देखे हैं, पर यह व्यक्ति अलग है। ऐसा व्यक्ति कभी तो मिल जाता है। वह मन-ही-मन तुलना कर रही थी। वह कइयों के साथ घूम चुकी थी। उसे इसमें कुछ भी नया नहीं लग रहा था। उसे अलबत्ता डर लग रहा था। पराई स्त्री साथ में होने के तनाव से वह विचलित हुआ था।

वे दोनों 'प्रभात लॉज' के ऑफिस में गये। वहाँ के प्रबन्धक ने उन्हें लगेज के सम्बन्ध में पूछा। उन्होंने कहा कि रेल निकल गई। प्रबन्धक ने उन्हें लॉज में प्रवेश देने से इंकार किया। ज़ाहिरा ने उसे विनती की थी। प्रबन्धक ने उनके सामने रजिस्टर रख दिया था। रजिस्टर भरते समय वह लड़खड़ाया था। मेरे साथ की स्त्री मुसलमान है। मैं हिन्दू हूँ। इस कारण मैं अड़चन में आ जाऊँगा। वह विचार कर रहा था। प्रबन्धक प्रत्येक स्तम्भ में जानकारी भरने के लिए कह रहा था। उसने अपना नाम 'जहीर' लिख दिया और अपनी पत्नी के रूप में उमराव का नाम दर्ज किया। हस्ताक्षर कर अग्रिम राशि दे दी। प्रबन्धक ने वेटर के साथ 302 की चाबी दी। वे वेटर के साथ लिफ्ट में खड़े थे। वे दोनों अपना भूतकाल भूल चुके थे। वह बुरकाधारी थी, इसलिए उसने अपना धर्म बदल दिया था। इतनी सहजता से धर्म बदला जा सकता है, इसका उसे पहली बार अहसास हुआ था। मन्दिर, धर्मग्रन्थ और धर्मयुद्ध की निरर्थकता का उसे तीव्रता से अहसास हुआ। आत्मा कपड़े की तरह देह बदलता है। देह कपड़े की तरह धर्म बदलता है। उसके दिमाग में धर्म ने तूफान मचा दिया था।

वेटर ने रूम का दरवाजा खोल दिया था। वेटर ने बेडशीट बदल दी। पानी

लाकर रख दिया। तौलिया और साबुन लाकर दिया। गीज़र का बटन भी बता दिया। "जय भीम यार ऽ ऽ नाइट है क्या?" एक वेटर ने दूसरे वेटर से पूछा। "ये अभी आए हैं। इनकी ऑर्डर ले। मैंने तीन सौ दो में दो कॉफी और बिसलरी बोतल दिया है।" वेटरों में बातचीत चल रही थी। स्वामी राघवेन्द्र को उनकी जाति का पता लग गया था। वेटर अछूत था। उसके हाथ का पानी उनको पीना पड़ रहा था। यहाँ रामेश्वर नहीं था। रामेश्वर ने जान खतरे में डाल उनकी सहायता की थी।

"चलो साब, मैं जाता हूँ। सुबह मेरी ड्यूटी है। कुछ लगे तो नाईन नम्बर दबाना। गुड नाईट।" वेटर ने रूम का दरवाजा खींच दिया था। उसने भीतर से कुण्डी लगा ली। धर्म भ्रष्ट हो रहा है या कालातीत हो रहा है, यह उसकी समझ में नहीं आ रहा था। वह बेचैन हुआ था।

वह बाथरूम में से बाहर आई थी। शरीर कितना हलका-हलका लग रहा था। दो दिन से नहाई नहीं थी। उसे बहुत तरोताजा लग रहा था। उसने अपने गीले बाल झटक दिए। उसके चेहरे पर गीले बालों के झटकने से पानी की बूँदें उछलीं। वह रोमांचित हुआ था। तीर्थ से भी वे बूँदें उसे अधिक सजीव लगीं। वह उसकी ओर कौतूहल से देख रहा था। दरवाजे पर की बेल बजी, पुलिस भीतर आई थी। पुलिस वालों ने उनसे पूछताछ शुरू की।

"यह मेरी पत्नी है।"

"यह मेरे पति हैं।"

पुलिस निकल गई थी। उसने दरवाजा बन्द कर लिया था। स्वामी राघवेन्द्र ने पुलिस को उसका परिचय पत्नी के रूप में करा दिया था। इस कारण वह प्रभावित हो गई थी। उसे उसके प्रति आदर महसूस हुआ। उन दोनों में जन्म-जन्म का नाते का निर्माण हुआ था। वह पहली रात के लिए उत्सुक हो गई थी। "उसकी पहल से ही नवजीवन शुरू करें।" ऐसा उसने मन ही मन सोच रखा था।

"पुलिस क्यों आई होगी?"

"ऐसे होटलों में लोग वेश्याओं को लाते हैं। उन्होंने छापा मारा होगा।"

"अच्छा हुआ! मैंने नहाने के बाद जनेऊ नहीं पहना था।"

"हम पति-पत्नी हैं, यह सुनकर वे बाहर निकल गये।"

"हम जब तक यहाँ हैं तब तक हमें पति-पत्नी की तरह ही जीना पड़ेगा।"

"हनीमून करने का विचार है शायद!"

उसका यह शरारत भरा प्रश्न सुनकर वह मन से हँसा था। वे दोनों इतने थके हुए थे कि वे कब बिस्तर पर फैल गये, उन्हें ही पता नहीं चला। वे गहरी नींद में थे। उसके सपने में दामोदर पोतदार आया था। वह उसके साथ झगड़ रहा था। उसके सपने में टाउट आए थे। वह ढाका की सड़क पर घूम रही थी।

सबेरे फिर दरवाजे पर की बेल बजी। वह आँख मलते हुए बैठा। उसके गोरे रंग के बदन पर चादर डाल दी और दरवाजा खोल दिया। वेटर ने उसे अंग्रेजी दैनिक पत्र तथा गुलाब पुष्प देकर गुडमॉर्निंग किया। उसने हँसते हुए दरवाजा बन्द किया। उसे उसने नींद में से उठाया। और उसके हाथ में गुलाब पुष्प दिया। उसने हँसते हुए उसे स्वीकार किया। वह उसकी छाती पर सिर रखकर सोयी। उसके मन पर ओस कण बरसे थे और बदन में धुध छा गई थी।

दरवाजे पर की बेल फिर से बज उठी। वह चिढ़कर उठ गया। ''यह वेटर जान-बूझकर तकलीफ दे रहा है।'' कहते हुए वह दरवाजे की ओर गया। वह वेटर को डाँटना चाहता था। उसने दरवाजा खोला। दरवाजे में दिल्ली पुलिस खड़ी थी। ''स्वामी राघवेन्द्र आप ही हैं?'' दिल्ली पुलिस ने उसे डाँट कर यह सवाल मराठी में पूछा। दिल्ली पुलिस ने इस एक वाक्य को मराठी जाननेवालों से सीख लिया था। स्वामी राघवेन्द्र अब परेशानी में आ गया था।

❑ ❑ ❑

पाइप लाइन के पास बूढ़े इकट्ठे हुए थे। अब उनकी संख्या काफी बढ़ चुकी थी। बूढ़े इकट्ठे होकर जोर-जोर से हँसने का प्रयोग कर रहे थे। प्रत्येक के हँसने की पद्धतियाँ भिन्न-भिन्न थीं। बूढ़ों के हँसने की आवाज दूर तक सुनाई देती थी। हँसते-हँसते अब बूढ़े और जोर-जोर से हँसने लगे।

रमाई नगर, गणेश नगर और उस्मानपुरा—ये तीन बस्तियाँ अब स्पष्ट रूप से दिखाई दे रही थीं। इन तीनों के त्यौहार और संस्कार इस कारण उनमें स्थित अन्तर स्पष्ट रूप से महसूस होता था। ये बस्तियाँ एक-दूसरे में घुल-मिल गई थीं। बावजूद इसके उनमें विभक्तता के जीवाणु थे ही। उनमें स्थित बैर कभी भी अपना फन उठाता। कभी कबूतर उड़ाने को लेकर तो कभी रंग डालने की घटना को लेकर। कहीं किसी महिला को छेड़ने पर तो कभी मुर्गी चुराई गई इस पर से झगड़े की चिंगारी गिरती और दो समुदायों में तनाव निर्माण हो जाता। इस पृष्ठभूमि पर बूढ़ों का हँसना निगर्वी निष्पाप लगता। बूढ़े अब खुलकर हँस रहे थे।

उनके हँसने के इस व्यायाम को देखकर आने-जानेवालों का भी अच्छा मनोरंजन हो जाता।

सूर्य फाँसी के पहाड़ के पीछे चला गया था। और क्षितिज पर अनेक रंग छा गये थे। हरे, नीले, भगवे और कितने तो। पश्चिम दिशा विलोभनीय लग रही थी।

बूढ़े घर की ओर निकले थे। ऊँटों का काफिला जैसे जाता है, वैसे वे जा रहे थे। उनके पैर अपने आप रुक गये। मानो कोई उसके गले में फंदा डालकर उन्हें खींचते हुए ले जा रहा है। ऐसा आभास उन्हें हुआ।

वे बेचैन हो गये। उन्होंने बण्टी को बस में से उतरते हुए देखा। बण्टी जमानत पर छूटकर आया था। बूढ़ों ने अपना अगला पैर पूरी दृढ़ता के साथ उठाया। वे घर की ओर जाने के बजाए विकास मोर्चे के कार्यालय की ओर निकले थे।

बण्टी उनकी ओर देखकर कुत्सित रूप से हँसा था।

बण्टी जमानत पर छूट कर आया है, यह समाचार बस्ती में तेजी से फैला।

दिन दहाड़े कोर्ट रूम में घुस कर कुख्यात अपराधी कलशेट्टी की हत्या करने वाले अस्सी लोगों का समूह भड़क गया था। उनके कान तप्त हुए थे। उनकी आँखें आग बरसा रही थी। रमा बाबर उन्हें समझा रही थी, "कोई भी कानून अपने हाथ में नहीं लेगा।"

बस्ती में चल उठीं इस संतप्त लहर को महसूस कर बण्टी घबरा गया था। झोंपड़पट्टी दादाओं को लोगों से डर लगने लगा था।

❑ ❑ ❑

शब्द-सूची

1. भिसी : महाराष्ट्र के निम्न और मध्यवर्ग में पैसों की बचत करने तथा कर्ज लेने-देने की एक पद्धति। इसमें दस या दस से अधिक स्त्री या पुरुष इकट्ठे आकर प्रति मास एक विशिष्ट राशि जमा करते हैं। प्रत्येक माह उन सबके नाम पर लॉटरी निकाली जाती है। जिसके नाम लॉटरी लग जाती है, उसे उस मास इकट्ठा सारा पैसा दिया जाता है। इस प्रकार प्रत्येक मास किसी एक को 'भिसी' की राशि मिल जाती है।

2. कड़कलक्ष्मी : मातृ उपासना से सम्बन्धित एक देवता। मन्दिर की प्रतिकृति को अपने हाथों बनाकर, उसमें विविध देवी-देवताओं की तस्वीरें रखकर इस जाति से सम्बन्धित पति-पत्नी देहातों में भीख माँगने जाते हैं। इसे कड़क लक्ष्मी कहा जाता है।

3. पोतराज : मातृ उपासना से सम्बन्धित एक प्रथा। अछूत जाति के पुरुष स्त्रियों की तरह बाल बढ़ाते हैं। घागरा पहनते हैं। कमर के नीचे का हिस्सा ढका हुआ। शेष शरीर नंगा। अपने ही हाथों छाती और पीठ पर पूरी ताकत से कोड़े लगाते हैं और बदले में अनाज अथवा पैसों की उम्मीद रखते हैं।

4. गोन्धल : मातृ उपासना से सम्बन्धित एक विधि। इस विधि को करनेवाली की एक जाति ही है, उन्हें गोन्धली कहते हैं। विवाह के पूर्व अथवा कुछ विशेष अवसरों पर इन्हें आमन्त्रित किया जाता है। ये रात भर लोक संगीत की ताल पर देवी की एक कथा कहते हैं। रात दस से सूर्योदय तक इनकी विधि चलती है। इसमें महत्व होता है देवी की कथा कहने वाले का। इसमें नाट्यात्मकता होती है, गीत होते हैं, संगीत भी। तीन या चार हिजड़े और मुरली हुई औरतें यह विधि पूर्ण करते हैं।

5. वाध्या-मुरली : मातृपासना से सम्बन्धित अछूत जाति में देवी के नाम पर अपने बेटा या बेटी को समर्पित किया जाता है। देवी को समर्पित पुरुष को 'वाध्या' तथा स्त्री को 'मुरली' कहते हैं। इनका विवाह ईश्वर से हो जाता है। इस कारण दाम्पत्य जीवन में ये प्रवेश नहीं कर सकते। नाच-गाने से ये जीवन-निर्वाह करते हैं। अर्थात् मन्दिर के पुजारी से लेकर अमीरों के लिए ये भोग के साधन बन जाते हैं।

❑❑❑